Leonardo Novo Oliveira Andrade de Araújo

DIREITO OPERACIONAL

© Copyright 2019
Ícone Editora

Proibida a reprodução total ou parcial desta obra, de qualquer forma ou meio eletrônico, mêcanico, inclusive por meio de processo xerográficos, sem permissão do editor (Lei nº 9.610/98).

Capa e diagramação
Luiz Antonio Gonçalves

Revisão
Tânia Lins

CIP-BRASIL. CATALOGAÇÃO NA PUBLICAÇÃO
SINDICATO NACIONAL DOS EDITORES DE LIVROS, RJ

A69d

    Araújo, Leonardo Novo Oliveira Andrade de
       Direito operacional / Leonardo Novo Oliveira Andrade de Araújo. - 1. ed. - São Paulo : Ícone, 2019.
       376 p. ; 23 cm.

    Inclui índice
    ISBN 9788527413220

    1. Direito - Brasil. 2. Segurança pública - Brasil. 3. Policiais - Brasil. 4. Prevenção de crimes - Brasil. I. Título.

19-58439   CDU: 34:351.75(81)

Leandra Felix da Cruz - Bibliotecária - CRB-7/6135

17/07/2019   22/07/2019

Todos os direitos reservados pela
ÍCONE EDITORA
Rua Javaés, 589 - Bom Retiro
CEP: 01130-010 - São Paulo/SP
Fone/Fax: (11) 3392-7771
www.iconeeditora.com.br
iconevendas@iconeeditora.com.br

DEDICATÓRIA

Como a família é a base de tudo, não poderia deixar de dedicar, primeiramente, esta obra aos meus familiares. Dedico este livro à minha mãe Pricila, a quem devo tudo que sou hoje; a meu pai, grande Araújo, onde ele estiver, sempre protegendo a todos nós. Ele, meu exemplo e minha inspiração, coronel de operações especiais, mesmo sem nunca ter frequentado qualquer curso militar. Dedico esta obra a Daniely, minha única irmã, que sempre me incentivou e se preocupou comigo quando eu estava a serviço de inúmeras operações policiais, e à minha esposa Najla, por todo o apoio, por compreender meus momentos de ausência, decorrentes das intermináveis horas de trabalho e estudo, e pelo maior presente de nossas vidas, nosso milagre de São Miguel, o pequeno Mateus. Não poderia deixar de agradecer também a todos os policiais que estiveram ao meu lado nos momentos duros de combate, em que derramávamos sangue, suor e lágrimas, ao eterno "15", ao saudoso capitão Matos, exemplo de profissional, que nunca será esquecido. Finalmente, dedico esta obra aos meus alunos, heróis que dispõem de suas vidas em favor do próximo, que continuam firmes no propósito de defender a sociedade apesar de não obterem o devido reconhecimento.

AUTOR

Leonardo Novo Oliveira Andrade de Araújo é major da Polícia Militar do Estado do Rio de Janeiro. Ele é formado em Direito e pós-graduado em Direito Penal e Processual Penal pela Universidade Candido Mendes, e mestrando em Criminologia pela Universidade Fernando Pessoa, na cidade do Porto, Portugal. Na área pedagógica, é instrutor de prática operacional da Academia de Polícia Militar D. João VI e no CFAP (Centro de Formação e Aperfeiçoamento de Praças) da Polícia Militar do Estado do Rio de Janeiro, formando, operacionalmente, oficiais e praças de uma das polícias mais operacionais do Brasil.

Na área de formação especializada, exerceu, durante 4 anos, a função de chefe de instrução especializada do BOPE PMERJ — unidade com o maior número de combates reais em todo o mundo —, treinando policiais e militares de diversas instituições do Brasil e do mundo, que buscam conhecimentos operacionais nesta renomada unidade.

Na formação operacional, o Major Novo possui diversos cursos, entre eles o COEsp (Curso de Operações Especiais) BOPE-RJ, realizado em 2008, no qual foi o primeiro colocado, recebendo o honroso título de caveira 152; e o COPES (Curso de Operações Policiais Especiais) da Polícia Nacional Colombiana, no ano de 2009.

Dentre as diversas funções realizadas, destacam-se a de comandante da Companhia de Policiamento da Comunidade Cidade de Deus, no 18° BPM PMERJ; oficial de operações, comandante de equipe, comandante da unidade de intervenção tática, chefe de pessoal, inteligência, operações e instrução — todas exercidas no BOPE. No BPChoque, exerceu as funções de chefe de instrução, operações e comandante do GTM (Grupamento Tático de Motociclistas), no qual está lotado atualmente, exercendo a função de subcomandante operacional da maior unidade da PMERJ.

Fora da atividade operacional, exerceu as importantíssimas funções de comandante do corpo de alunos do CFAP, sendo o responsável pela formação de aproximadamente mil recrutas da Polícia Militar carioca, e a importante atuação jurídica de juiz militar na AJMERJ (Auditoria de Justiça Militar do Estado do Rio de Janeiro).

São incalculáveis as horas de operações policiais, principalmente em áreas de alto risco, participando diretamente de todas as operações de implementação das UPPs (Unidades de Polícia Pacificadora), resultando na prisão e neutralização de muitos criminosos e apreensão de diversos armamentos. O Major Novo destaca-se também na ação de retomada dos complexos das favelas do Alemão e da Penha, iniciada exclusivamente pelo BOPE muito antes de noticiado pela mídia, retirando, mesmo que temporariamente, os moradores das referidas localidades do julgo e dos abusos de criminosos.

SUMÁRIO

CAPÍTULO 1
SEGURANÇA PÚBLICA

1.1 – Previsão legal e a amplitude do tema 27
1.2 – Ramos do conhecimento com influência direta na segurança pública 28
1.2.1 – Educação 28
1.2.2 – Saúde 29
1.2.3 – Ordenamento urbano e infraestrutura 31
1.2.4 – Estrutura familiar 31
1.2.5 – Economia e emprego 33

CAPÍTULO 2
SISTEMA JURÍDICO POLICIAL BRASILEIRO

2.1 – Polícia Militar 38
2.2 – Polícia Civil 41
2.3 – Polícia Federal 42
2.4 – Polícia Rodoviária Federal 44
2.5 – Guarda Municipal 45
2.6 – Ministério Público 45
2.7 – Poder Judiciário 46
2.8 – Sistema prisional 47
2.9 – Força Nacional de Segurança 49
2.10 – Forças Armadas 50
2.11 – Colapso do Sistema 50

CAPÍTULO 3
ASPECTOS CONSTITUCIONAIS, DIREITOS E GARANTIAS FUNDAMENTAIS

3.1 – Proibição do anonimato 56
3.2 – Direito de resposta 58
3.3 – Liberdade de expressão e vedação da censura 60
3.4 – Proteção da imagem do agente público 61
3.5 – Proteção domiciliar e as abordagens em edificações 62
3.6 – Sigilo das informações 63
3.7 – Liberdade de locomoção 65
3.8 – Direito de reunião 66
3.9 – Requisição administrativa 67
3.10 – Inafastabilidade do poder judiciário 68
3.11 – Direitos sociais 69

CAPÍTULO 4
ASPECTOS PENAIS

4.1 – Art. 13 - Ações e omissões e seus reflexos no Direito Penal 73
4.1.1 – Socorro do agressor 75
4.1.2 – Policial 24 horas por dia 76
4.2 – Art. 17 – Crime impossível 76
4.2.1 – Lesividade parcial do objeto (simulacro) 77
4.2.2 – A diferença entre a vida e a morte, a prisão e a liberdade estão na fração de segundos 78
4.2.3 – Matar o morto 78
4.3 – Art. 21 – Erro sobre a ilicitude do fato, erro de proibição 79
4.3.1 – Ignorância e falta de conhecimento não excluem o crime 79
4.3.2 – Justiça com as próprias mãos 80
4.3.3 – A relevância da quantidade de condutas incriminadoras dificultam sua identificação e seu conhecimento 80
4.4 – Art. 22 - Coação irresistível e obediência hierárquica 81
4.4.1 – A condição de policial não exclui a possibilidade de ameaça 81
4.4.2 – Coação física "forçar o gatilho" 82
4.4.3 – Crime cometido sob coação mais constrangimento 82
4.4.4 – Condições da obediência hierárquica: "ordem absurda não se cumpre" 83
4.4.5 – Hierarquia e disciplina, bases do militarismo 84

4.5 – Art. 23 - Excludentes de ilicitudes, as justificativas legais operacionais 85
4.5.1 – Desarquivamento de inquéritos policiais 86
4.5.2 – Estado de necessidade.. 86
4.5.3 – Legítima defesa real e putativa... 89
4.5.4 – Estrito cumprimento do dever legal 97
4.5.5 – Exercício regular de um direito... 98
4.5.6 – Consentimento do ofendido 99
4.5.7 – Excesso 101
4.6 – Art. 26, 27 e 28 - Inimputabilidade, quem não sofre as sanções do Direito Penal 104
4.6.1 – Necessidade de intenção danosa.. 105
4.6.2 – Imputabilidade, quem pode sofrer as sanções do Direito Penal.......... 106
4.6.3 – Maior idade penal 107
4.6.4 – Embriaguez e usuários de drogas 107
4.6.5 – O profissional deve agir com a razão.. 109
4.7 – Art. 29, 30 e 31 - Concurso de pessoas, pluralidade de criminosos 110
4.7.1 – Aproveitadores do caos 112
4.7.2 – Domínio total ou parcial do fato criminoso 113
4.7.3 – Utilização de terceiros para o cometimento de crimes 114
4.7.4 – Diferentes auxílios criminosos 115
4.7.5 – Material escasso 116
4.8 – Art. 69 e 70 - Concurso de crimes: material e formal.................................. 116
4.8.1 – Cálculo de pena 118
4.9 – Art. 71 – Crime continuado, extensão da condição flagrancial.................... 120
4.10 - Art. 73 - Erro na execução, quanto mais difícil a atividade, maior é a possibilidade de erro 122
4.10.1 – "Bala perdida" 122
4.11 – Resultado diverso do pretendido, "errar é humano" 123

CAPÍTULO 5
ASPECTOS PENAIS (PARTE ESPECIAL)

5.1 – Art. 21 – Homicídio 127
5.1.1 – "Polícia que mais mata" 129
5.1.2 – Comprovação técnica operacional de óbito.. 130
5.1.3 – Homicídio doloso, intenção de matar... 131
5.1.4 – Homicídio privilegiado e a considerável aceitação social 132
5.1.5 – Homicídio qualificado, repulsa social 133
5.1.6 – "Operação cavalo de troia".. 134

Sumário

5.1.7 – Proteção especial aos agentes de segurança 135
5.1.8 – Polícia, atividade pautada na técnica 136
5.1.9 – Proteções especiais 137
5.1.10 – Milícia 138
5.2 – Art. 129 – Lesão corporal 138
5.2.1 – Banalização da resolução de conflitos pela via violenta 140
5.2.2 – Níveis de lesão 141
5.2.3 – Diferença entre lesão corporal e tentativa de homicídio 141
5.3 – Art. 135 - Omissão de socorro 142
5.3.1 – O peso legal de ser garante 143
5.3.2 – Proteção especial das crianças 143
5.3.3 – Socorro a ferido 144
5.3.4 – Interpretação do conceito de autoridade 145
5.3.5 – Impossibilidade de prestação de socorro 146
5.4 – Art. 136 – Maus-tratos 147
5.4.1 – Cursos e treinamentos operacionais 147
5.4.2 – Crime intramuros e familiar 149
5.5 – Art. 137 – Rixa 151
5.5.1 – Demonstração de força para não usar a força 151
5.5.2 – Tumulto generalizado 151
5.5.3 – Marcação de rixa pela internet 152
CRIMES CONTRA A HONRA 153
5.6 – Art. 138 – Calúnia 153
5.6.1 – Degradação da imagem pessoal 154
5.6.2 – Disseminação de boatos 154
5.6.3 – Polícias e autoridades públicas: principais alvos de determinados setores da imprensa 155
5.7 – Art. 139 – Difamação 156
5.7.1 – Degradação da imagem perante a sociedade 156
5.7.2 – A verdade afasta o tipo 157
5.8 – Art. 140 – Injúria 157
5.8.1 – Xingamentos 157
5.8.2 – Início de crimes mais graves 158
5.8.3 – Proteções especiais 159
5.8.4 – "Homens de preto matando pretos" 159
5.9 – Qualificadora 159
5.9.1 – Velocidade da informação 160
5.9.2 – A difícil relação entre polícia e imprensa 160

5.10 – Art. 142 – Possibilidade de exclusão da figura incriminadora 161
5.10.1 – Importância de conhecimentos processuais 161
5.10.2 – Registro pessoal irresponsável 162
Dos Crimes contra a Liberdade Pessoal 162
5.11 – Art. 146 – Constrangimento ilegal 162
5.11.1 – Abrangência do tipo 163
5.11.2 – Ocorrência com suicidas 163
5.12 – Art. 147 – Ameaça 164
5.12.1 – Ameaça não falada 164
5.12.2 – "Cão que late também morde" 165
5.13 – Art. 148 – Sequestro e cárcere privado 165
5.13.1 – Cárcere privado benéfico 166
5.13.2 – Diferenciação com o abuso de autoridade 166
5.13.3 – Amor bandido 167
5.13.4 – Sequestro de policiais 168
5.14 – Art. 150 – Violação de domicílio 168
5.14.1 – Policiais expulsos de suas residências 170
5.14.2 – Uso da garantia legal pelos criminosos 170
5.14.3 – "Barraco" é domicílio? 171
5.14.4 – Revogação da autorização de entrada 171
5.14.5 – Utilização de lajes 172
5.14.6 – Titular da autorização 172
5.14.7 – Impacto da desordem urbana 173
5.14.8 – Formas qualificadas 173
5.15 – Art. 155 - Furto 174
5.15.1 – Definição de patrimônio 175
5.15.2 – "Ladrão que rouba ladrão não merece punição" 175
5.15.3 – Proteção de patrimônio lícito 176
5.15.4 – Furto de uso, argumento do criminoso 176
5.15.5 – Retirada efetiva do bem 176
5.15.6 – Furto privilegiado e punição capital 177
5.15.7 – Furto de energia e "gato net" 177
5.15.8 – Diferenciação de furto de veículo e furto no veículo 179
5.15.9 – Empregado de confiança 179
5.15.10 – Criar confusão como distração 180
5.15.11 – Túneis 180
5.15.12 – Batedor de celular 180
5.15.13 – "Chave micha" 181

Sumário

5.15.14 – Pluralidade de autores 181
5.15.15 – Crimes transfronteiriços 181
5.16 – Art. 157– Roubo 182
5.16.1 – Criminosos em fuga 183
5.16.2 – "Pega ladrão" 183
5.16.3 – Diferenciação de roubo e furto, "quem não deve não teme?" 184
5.16.4 – "Arrastão" 185
5.16.5 – Roubo armado 185
5.16.6 – Arma de brinquedo e simulacro 186
5.16.7 – A fatal "visão de túnel" 187
5.16.8 – Imputação de conduta mais gravosa aos menores de idade 187
5.16.9 – Policial realizando serviço de escolta privada 188
5.16.10 – Roubo com restrição de liberdade 189
5.16.11 – Modalidade mais gravosa, resultando lesões ou morte 190
5.16.12 – O preço de uma vida, policial como vítima de latrocínio 191
5.17 – Art. 158 – Extorsão 192
5.17.1 – Policial exercendo segurança privada 193
5.17.2 – Golpe do falso sequestro 194
5.18 – Art. 159 – Extorsão mediante sequestro 194
5.18.1 – "Sequestro" de animais, veículos e autoridades 195
5.18.2 – Agravantes e questões especiais 197
5.19 – Art. 163 - Dano 198
5.19.1 – Golpe do seguro 199
5.19.2 – Manifestações criminosas 200
5.19.3 – Modalidade qualificada 200
5.20 – Art. 180 – Receptação 200
5.20.1 – Crime socialmente aceito 201
5.20.2 – "Robauto" 202
5.20.3 – "Robin Hood tupiniquim" 203
5.20.4 – "Primeira dama do crime" 203
5.20.5 – Condutas sucessivas 204
5.20.6 – Receptação de coisa própria 205
5.20.7 – Crime mercantilista 206
5.20.8 – Ignorância como instrumento de defesa 207
5.20.9 – Modalidade culposa e indícios visíveis de crime 207
5.20.10 – *Drive thru* do crime 208
5.20.11 – Autonomia de autoria 208
5.21 – Art. 286 - Incitação ao crime 209

Sumário

5.21.1 – Incitação de crime contra policiais 210
5.22 – Art. 287 - Apologia de crime ou criminoso 211
5.22.1 – "Bandidolatria" 212
5.22.2 – "Proibidão" 213
5.22.3 – Marcha da maconha 213
5.23 – Associação criminosa 214
5.23.1 – Dupla no crime 215
5.23.2 – Aspirante no crime 216
5.23.3 – Militantes 216
5.23.4 – Figuras qualificadas 217
5.23.5 – "Nem tudo é o que parece" 218
5.24 – Art. 327 - Conceito de funcionário público 219
5.25 – Art. 312 – Peculato 221
5.25.1 – Policial que não devolve arma acautelada 221
5.25.2 – Espólio de guerra 222
5.25.3 – Utilização de viatura em assuntos particulares 223
5.25.4 – O peso legal de ser funcionário público 224
5.25.5 – Policial desatento 224
5.25.6 – Perda da arma de fogo 225
5.26 – Art. 316 – Concussão 225
5.26.1 – Polícia privada 226
5.27 – Art. 317 – Corrupção passiva 227
5.27.1 – Corrupção exaurida, solicitar e receber 228
5.27.2 – Corporativismo negativo 229
5.28 – Art. 319 - Prevaricação 229
5.28.1 – Impessoalidade na atividade policial 230
5.29 – Art. 320 – Condescendência criminosa 231
5.29.1 – Denúncias 231
5.30 – Art. 321 – Advocacia administrativa 232
5.30.1 – Pedido indiscreto 232
5.31 – Art. 325 - Violação de sigilo funcional 233
5.31.1 – O valor da informação 233
5.31.2 – Investigação sigilosa 234
5.31.3 – Minuto de fama, autoridade *popstar* 235
5.31.4 – Vazamento de operações policiais 235
5.31.5 – Banco de dados 236
5.32 – Art. 328 – Usurpação de função pública 236
5.32.1 – Falso policial 237

5.33 – Art. 329 – Resistência 238
5.33.1 – O excesso legitima a resistência 238
5.33.2 – Importância das identificações funcionais 238
5.33.3 – "Você sabe com quem está falando?" 239
5.34 – Art. 330 – Desobediência 240
5.34.1 – Nem toda ordem legal é justa 240
5.34.2 – Não comparecimento para depor 241
5.35 – Art. 331 – Desacato 242
5.35.1 – Gestos com potencial lesivo 242
5.35.2 – Crime "cara a cara" 243
5.35.3 – Policial de folga pode ser desacatado? 244
5.36 – Art. 332 – Tráfico de influência 245
5.36.1 – "Lobistas" 245
5.36.2 – Pedir é crime? 247
5.37 – Art. 333 – Corrupção ativa 247
5.37.1 – Dar e receber agrados 248
5.37.2 – Enfraquecimento do instituto da fé pública 249
5.37.3 – Solicitações desagradáveis 249
5.37.4 – "Presentes" 250
5.37.5 – Ajuda ilegal 251
5.38 – Art. 339 – Denunciação caluniosa 251
5.38.1 – Dano resultante de investigação 252
5.38.2 – "X9" 252
5.38.3 – Flagrante forjado 253
5.38.4 – Investigação criminal iniciada por notícia midiática 253
5.38.5 – "Disque vingança" 254
5.39 – Art. 340 – Comunicação falsa de crime ou contravenção 254
5.39.1 – "Trote" 255
5.40 – Art. 342 – Falso testemunho ou falsa perícia 255
5.40.1 – Testemunha suspeita 256
5.40.2 – Fragilidade institucional: na dúvida, prende-se o policial 257
5.41 – Art. 345 – Exercício arbitrário das próprias razões 258
5.41.1 – Impessoalidade, policial deve conduzir a ocorrência e não fazer parte dela 259
5.42 – Art. 347 Fraude processual 260
5.42.1 – "Plantar" ou "embuchar" arma 260
5.42.2 – Alteração justificável de local de crime 261
5.42.3 – "Arredondar" ou ajustar ocorrência 262
5.42.4 – Troca de tiro sem arma 262

5.43 – Art. 348 – Favorecimento pessoal 263
5.43.1 – "Simpatizantes" do crime 264
5.43.2 – Mentira criminosa 265
5.44 – Art. 349 – Favorecimento real 265
5.45 – Art. 351 – Fuga de pessoa presa ou submetida à medida de segurança 267
5.45.1 – Utilização de algemas 268

CAPÍTULO 6
LEGISLAÇÕES PENAIS ESPECIAIS

6.1 – Lei 4.898/65 – Abuso de autoridade 271
6.1.1 – Abordagem de pessoas 273
6.1.2 – "Sarque", condução de suspeitos para a delegacia, a fim de verificar possíveis pendências judiciais 273
6.1.3 – Violação de domicílio mesmo sem adentrar nele 275
6.1.4 – Ocupações 275
6.1.5 – Protesto com objetivo de frustrar reunião ou evento legal 276
6.1.6 – Uso da força como regra 277
6.1.7 – A linha tênue entre abuso, censura e o direito à segurança 278
6.1.8 – A reportagem que custou uma vida 278
6.1.9 – Ingerência política: o caso museu do índio 279
6.1.10 – "Escrachada", policial nunca pode trocar de lugar com o criminoso 280
6.1.11 – Súmula vinculante número 11, dois pesos e duas medidas 281
6.1.12 – Amigos de interesse 282
6.1.13 – Nem sempre a restrição da liberdade é a pena mais dura 284
6.1.14 – Perda do porte de arma 284
6.1.15 – Competência 285
6.2 – Lei 9.455/97 - Lei de tortura 286
6.2.1 – Policial ameaçado 287
6.2.2 – Diferenciação de tortura e maus-tratos 288
6.2.3 – "Coloca no saco" 289
6.2.4 – Confissão forçada 289
6.2.5 – Traficante fanático religioso 291
6.2.6 – Fazer "vista grossa" 293
6.2.7 – Aplicação "legal" de tortura 295
6.2.8 – Perda do cargo para policiais 296
6.3 Lei 10.826, decretos 5.123 e 3.665, regulamentação de arma de fogo 297
6.3.1 – Evolução do poder bélico do crime 298

Sumário

Art. 2º Ao Sinarm compete: 300
6.3.2 – "Armeiros" 300
6.3.3 – Acesso aos bancos de dados policiais 301
6.3.4 – Armas de fogo de militares e autoridades 301
6.3.5 – Guardas municipais 304
6.3.6 – Porte especial do CAC (Colecionador, Atirador Desportivo e Caçador) e a legítima defesa 306
6.3.7 Porte direto 308
6.3.8 – "Caçador" 309
6.3.9 – Porte para pessoas comuns 310
6.3.10 – Policial bêbado armado 310
6.3.11 – Conceitos fundamentais 311
ARMAS CURTAS 311
ARMAS LONGAS 312
6.3.12 "Kit rajada" 312
6.3.13 – "Muleta 7.62" 313
6.3.14 – Simulacro 313
6.3.15 – "Air soft" 314
6.3.16 – "Disparo fantasma" 315
6.3.17 – "Caçar ou abater criminosos" 316
6.3.18 – Colete balístico 318
CRIMES PREVISTOS NA LEI 10.826 320
6.3.19 – Art. 12 – Posse irregular de arma de fogo de uso permitido 320
6.3.20 – Crime "intramuros" 320
6.3.21 – Registro vencido 321
6.3.22 – Arma inservível ou histórica 322
6.3.23 – Entrega da arma para as autoridades competentes 322
6.3.24 – Aplicação do princípio da insignificância 322
6.3.25 – Art. 13 – Omissão de cautela, "arma é sinônimo de responsabilidade" 323
6.3.26 – Art. 14 - Porte ilegal de arma de fogo de uso permitido 324
6.3.27 – Empréstimo de arma de fogo 326
6.3.28 – Revista pessoal em autoridades armadas 326
6.3.29 – Ocultação de arma de fogo de terceiro 327
6.3.30 – Porte de arma inservível, de brinquedo e desmuniciada 328
6.3.31 – Pluralidade de armas 329
6.3.32 – Roubo "à mão armada" 330
6.3.33 – Condutas típicas de receptação, homicídio e tráfico somadas ao porte 331
6.3.34 – Art. 15 – Disparo de arma de fogo, "tiroteios", disparo a esmo e "bala perdida" 332

6.3.35 – Emprego tático operacional de metralhadoras na atividade policial 334
6.3.36 – Disparos e os homicídios dolosos e culposos 335
6.3.37 – Condutas típicas de porte e roubo somadas ao disparo 336
6.3.38 – Art. 16 – Posse ou porte ilegal de arma de fogo de uso restrito 337
6.3.39 "Arma raspada" 338
6.3.40 – "Potencialização" do armamento e fraude especial 338
6.3.41 – Granada, coquetel molotov e fogos de artifício 339
6.3.42 Equiparação de arma raspada à arma de uso restrito 340
6.3.43 – "Meninos" armados 340
6.3.44 – Explosão de caixa eletrônico 341
6.3.45 – Utilização de armas apreendidas pelas forças de segurança 342
6.4 – Lei 11.343/06 – Lei antidrogas 343
6.4.1 – Não basta parecer ou ser, deve ter efeito 344
6.4.2 – "Fraude" no tráfico de drogas 345
6.4.3 – Art. 28 - Usuário: doente ou causador? 345
6.4.4 – "Fila na boca de fumo" 346
6.4.5 – Material ilícito nunca tem dono 347
6.4.6 – Usar não é crime 347
6.4.7 – Impacto do uso de drogas para terceiros 347
6.4.8 – Impossibilidade de prisão do usuário sob qualquer hipótese, a relação polícia e usuários 348
6.4.9 – Transporte de sementes e cultivo de maconha 350
6.4.10 – Critério do reconhecimento judicial, diferenciação entre usuários e traficantes.. 351
6.4.11 – Importância do depoimento do policial 351
6.4.12 – A polêmica distinção entre uso e tráfico 351
6.4.13 – A falta de agilidade do sistema persecutório 353
6.4.14 – Art. 33 – Tráfico 354
6.4.15 – "Disque droga" 354
6.4.16 – "Adulteração" de drogas 354
6.4.17 – Material de endolação e atacadistas e varejistas das drogas 355
6.4.18 – Ostensividade das "bocas de fumo" 356
6.4.19 – "Mulas" e "aviãozinho" do tráfico 356
6.4.20 – Ingredientes de drogas 357
6.4.21 – Festa "regada" a drogas 359
6.4.22 – Beneficiários indiretos do tráfico 359
6.4.23 – Uso compartilhado, "cachimbo da paz" 360
6.4.24 – Uso recreativo 361
6.4.25 – A indignação policial: "polícia prende e judiciário solta", se justifica? 362

Sumário

6.4.26 – Tráfico privilegiado 362
6.4.27 – Funções no tráfico 362
6.4.28 – Flagrante preparado no tráfico... 363
6.4.29 – Material de endolação 364
6.4.30 – Prisão de traficante só ocorre em comunidade carente? 366
6.4.31 – "Simpatizantes" do tráfico 366
6.4.32 – "Fogueteiro e radinho".. 367
REFERÊNCIAS BIBLIOGRÁFICAS 369

PREFÁCIO

Conheci o Major Novo quando ele era Tenente no Batalhão de Operações Policiais Especiais (BOPE) do Rio de Janeiro há, aproximadamente, 10 anos.

Assim que terminei uma instrução com a tropa, o Major Novo me procurou e me fez uma série de questionamentos e ponderações. Ali, naquele exato instante, nascia uma grande amizade, que só foi crescendo ao longo dos anos.

A cada questionamento, a cada ponderação, percebia naquele policial militar uma avidez por conhecimento, uma vontade de aprender mais a cada dia. Na verdade, o que meu querido amigo não sabia é que eu era o aluno, pois sua experiência como combatente, numa cidade que se vive um problema crônico de violência, me deixava perplexo com cada uma de suas brilhantes e sempre bem ponderadas argumentações.

Independentemente de ser um guerreiro urbano que enfrenta, diariamente, os horrores praticados por criminosos na cidade do Rio de Janeiro, o Major Novo, desde sempre, demonstrou ser também um exímio pesquisador, um estudioso incansável.

A experiência dele — principalmente como oficial de uma das unidades de operações especiais mais respeitadas do mundo — aliada ao seu conhecimento acadêmico resultaram em um trabalho que, dificilmente, terá outro parecido.

Direito Operacional é um livro escrito por alguém que, realmente, conhece os problemas que afligem nossa sociedade e, em especial, os policiais que atuam na defesa dela.

Não é incomum que um policial se veja envolvido em algum tipo de ocorrência e que tenha dúvidas em resolvê-la. Todos nós sabemos da carência de recursos, ou mesmo de seus desvios, que seriam destinados às forças de segurança pública. Os policiais, na verdade, são deixados à própria sorte e, sem recursos, não conseguem levar a efeito instruções necessárias à tropa.

Por isso, o livro de autoria do Major Novo pode ser considerado, sem exagero, como uma "tábua de salvação", no qual o policial buscará soluções seguras para os problemas que enfrenta em sua realidade nas ruas.

A obra parte do conceito de segurança pública, analisa o sistema jurídico brasileiro e seus atores (polícia, ministério público, magistratura etc.), enfrenta os aspectos constitucionais dos direitos e das garantias fundamentais, mergulha, profundamente, nos problemas penais e processuais penais, inclusive aqueles que constam em nossa legislação penal extravagante, tudo muito bem organizado e pensado por um agente que lida e conhece os problemas enfrentados pelos seus pares.

A obra — se eu puder escolher apenas um adjetivo para me referir a ela — é sensacional. Com ela, o Major Novo inicia uma nova fase na sua já consagrada carreira. Como escritor, não fica nada a dever ao guerreiro que, há anos, combate diariamente uma das piores espécies de criminalidade.

O livro, a partir de agora, servirá como base de apoio e deverá estar presente em cada viatura policial, em cada unidade policial, assim como acontece com o Código de Defesa do Consumidor que, por lei, deve constar em cada comércio. Nele, o policial encontrará respostas seguras e confiáveis, fruto da experiência e pesquisa de um incansável guerreiro das armas e das letras.

Ao meu querido amigo Major Novo só tenho a agradecer pelo privilégio de ter, antecipadamente, tomado conhecimento deste conteúdo fantástico, desta obra que ocupará com toda a certeza um lugar de destaque nas prateleiras daqueles que lidam com a segurança pública.

Rogério Greco

Pós-doutor pela Università degli Studi di Messina (Itália)

Doutor pela Universidad de Burgos (Espanha)

Mestre pela Universidade Federal de Minas Gerais

Formado pela National Defense University em combate às organizações criminosas e ao terrorismo (Washington – EUA)

APRESENTAÇÃO

Polícia não é emprego, é sacerdócio. É uma profissão na qual os profissionais dispõem 24 horas por dia dos bens mais importantes para qualquer ser humano: a vida e a liberdade. Necessitando, logicamente, de algo a mais do que bons salários e boas condições de serviço para se manterem firmes no propósito de servir e proteger a sociedade, mesmo com o sacrifício da própria vida.

O presente livro é destinado a todos os profissionais de segurança pública e operadores primários do Direito e aborda o assunto de maneira inédita pelo viés não de um especialista jurídico, mas de um combatente que observa o Direito acontecendo, muitas vezes, abrigado e sob fogo de criminosos.

Profissão marcada pelo risco e estresse extremos, é pautada, tecnicamente falando, pela interdisciplinaridade, podendo ser citados como ramos necessários do conhecimento para seu pleno exercício a Antropologia, Sociologia, Psicologia, Criminologia e o Direito — sendo este último o foco da obra. Esses conhecimentos são fundamentais para o exercício profissional.

Os policiais operacionais são os únicos servidores a observarem essa disciplina acadêmica acontecer ao vivo e em cores diante de seus olhos, não se resumindo a procedimentos e processos autuados posteriormente, demonstrando, assim, o fascínio desta nobre atividade laboral.

Como ensinado nas lições técnicas e operacionais, o policial deve sempre estar preparado basicamente em três aspectos: físico — carregamos no mínimo 10 quilos de equipamentos durante horas sob chuva ou sol; psicologicamente — atuamos no caos, tomando decisões sobre direitos e garantias fundamentais, sob risco extremo e em frações de segundo; e, por último e não menos importante, o preparo técnico, que não se resume e se encerra nas escolas de formação policial, devendo este ser buscado nas diversas fontes disponíveis, surgindo aqui a ideia de construção de um livro de policial para policial.

Apresentação

Durante nossa breve formação jurídica, chegamos a duas importantes conclusões: a primeira é a necessidade e relevância do Direito na atividade policial. Como garantir e cobrar a norma sem seu conhecimento pleno? A segunda é que de fato a norma não acompanha a realidade dos fatos. Sendo assim, nosso ordenamento jurídico apresenta um atraso às necessidades operacionais para o pleno cumprimento da missão e das demandas sociais, principalmente, no tocante à segurança pública. Não temos dúvidas de que o curso de Direito é de extrema importância, entretanto, nesta área do conhecimento, nem sempre os policiais operacionais são o foco. No mercado, faltam materiais de consulta com linguagem direta e simples para esse público, possibilitando acesso direto e simplificado às informações mais relevantes, mesmo para aqueles sem formação jurídica.

Nos capítulos iniciais, foi apresentada uma breve contextualização da crise na segurança pública do Brasil, definindo e explicando o sistema jurídico policial brasileiro e mostrando todos os atores do processo, bem como suas atribuições legais amparadas pela Constituição Federal. Também foi comparado o previsto com o que ocorre de fato, sendo esta discrepância uma das razões pela ineficiência na prestação do serviço de segurança pública. Neste momento, cabe a ressalva de que as críticas expostas no trabalho não são e nunca devem ser individuais, muito menos direcionadas às instituições legalmente previstas. Elas sempre serão direcionadas aos gestores públicos. Como aprendemos nos bancos escolares castrenses, a culpa é sempre do comandante.

Nos comentários do ordenamento jurídico propriamente dito, o Direito constitucional — com posição superior no ordenamento jurídico — é o ponto de partida. A Constituição Federal de 1988 é analisada focando-se nos tópicos diretamente ligados à segurança pública, pouco debatida pela doutrina. Seguindo a didática proposta, comentaremos os artigos e os termos positivados, explicando o que avaliamos como os mais importantes na atividade policial operacional, fazendo a devida citação de casos concretos vivenciados ao longo da carreira policial do autor.

Em seguida, serão abordados os aspectos penais, partindo da parte geral do Código Penal. Na sequência, os artigos estabelecidos pela lei, citando alguns que são julgados como fundamentais pelo número de ocorrências policiais, demonstrando, assim, sua aplicabilidade na atividade operacional. Mantendo a linha proposta, exemplos reais — vivenciados ou observados —, mesmo que adaptados, serão colocados à disposição do leitor, fazendo a relação entre teoria e prática, que é fundamental no desenvolvimento dos trabalhos literários nessa área.

No último capítulo, analisamos quatro leis especiais importantíssimas na atividade policial: 4.898 (abuso de autoridade), 9.455 (tortura), 10.826 (lei de armas) e, por último, a 11.343 (lei de drogas) pelo simples motivo de apresentarem grande número de ocorrências policiais, necessitando do policial um relativo domínio dessas normas. Em suma, até a Lei, na dúvida, escuta o especialista. Apesar de, na maioria das vezes, a própria regra geral regulamentar o caso concreto, alguns assuntos, por sua importância, são pormenorizados, saindo da tutela do Código Penal, criando o que chamamos de normas extravagantes. Logo, para os operadores primários do Direito, não basta o domínio do Código Penal, existe a necessidade de aplicação dos conhecimentos, uma vez que grande parte de sua atuação é regulada em legislação esparsa, explicando, assim, a extensão deste trabalho.

Por fim, o ordenamento jurídico nacional tem como característica a pluralidade de normas. A cada dia, surge uma nova lei, dificultando o acompanhamento e a atualização por parte dos profissionais de segurança pública, reforçando a ideia de que a formação jurídica é apenas mais um dos ramos do conhecimento necessários para o desenvolvimento profissional. Nós, policiais, devemos estar atentos e acompanhar todas as modificações jurídicas e suas devidas interpretações. Não vamos enganá-lo. Essa não é uma tarefa fácil, mas, sem a menor sombra de dúvida, você, leitor, já passou por missões mais complexas. Se fosse fácil, todos fariam. Não desista, não peça para sair.

Boa leitura a todos.

CAPÍTULO 1

SEGURANÇA PÚBLICA

1.1 – Previsão legal e a amplitude do tema

O artigo 144 da Constituição Federal preleciona:

Art. 144. A segurança pública, dever do Estado, direito e responsabilidade de todos, é exercida para a preservação da ordem pública e da incolumidade das pessoas e do patrimônio...

A Constituição Federal apresenta um capítulo específico para tratar do assunto estudado, entretanto, apesar da importância, ela o aborda de maneira genérica, sem definir, inclusive, um valor mínimo de investimento na área, como faz em importantes setores de atuação pública, tais como saúde e educação. Fica a dúvida se os constituintes assim quiseram ou se não imaginariam que, em apenas 30 anos, enfrentaríamos crise tão grave no setor.

Neste importante artigo, começamos a destacar o trecho "responsabilidade de todos". Apesar de positivo e de extrema clareza, na prática, o imaginário popular entende que a eficiência deste direito fundamental se resume à atuação policial, recaindo sempre nela a cobrança por resultados na prestação do serviço público e a consequente redução da violência aos agentes operacionais, que estão na linha de frente no combate à criminalidade ou no atendimento de ocorrências junto ao grande público.

Grande equívoco é achar que segurança pública se faz somente com polícia. O maior percentual de redução dos índices de violência está diretamente ligado às causas econômicas e sociais do que à eficiência das forças policiais. É importante frisar que, em alguns momentos, segurança pública é inversamente proporcional a conforto e direitos, devendo toda a sociedade abrir mão de alguns benefícios em prol do bem comum.

Seguindo a linha pedagógica proposta, imaginemos alguns exemplos: todos somos criminosos em potencial e, de maneira direta e indireta, atrapalhamos a segurança pública. Qual é a quantidade de pessoas que bebem e dirigem, que compram produtos de procedência criminosa — seja receptação, contrabando ou descaminho — somente porque é mais barato? Quem não gosta de ter película para escurecer os vidros do carro mesmo sabendo que tal hábito dificulta a ação policial? São vários os exemplos de condutas que achamos simples e comuns mas que, na prática, afetam todo o sistema e interferem de maneira direta na segurança coletiva e que em nenhum momento são de responsabilidade direta das instituições policiais.

Outro fator fundamental é que a segurança pública é necessária e, em determinados casos, fundamental para a prestação dos demais serviços, nas esferas públicas ou privadas; ou seja, sem segurança nada funciona, e essa ineficiência impacta diretamente na rotina de toda a sociedade. A fim de ilustrar tal assertiva e relevância deste direito constitucionalmente previsto, mas nem sempre garantido, citaremos exemplos práticos, vivenciados ou relatados, reforçando a ideia de sistematização da segurança pública bem como a participação de diferentes atores, de diversas áreas do conhecimento, não se restringindo somente aos agentes de segurança.

É um completo equívoco atribuir somente às forças policiais o atual cenário em que nos encontramos. Devemos sempre buscar uma visão sistêmica dessa problemática, sendo isso fundamental para o entendimento dos efeitos das políticas públicas. Quando falamos em analfabetismo, não culpamos o professor de maneira exclusiva. Quando falamos das condições de nossa saúde pública, o médico não é responsabilizado. Quando reclamamos da morosidade de nossa justiça, não podemos culpar nossos juízes e servidores do judiciário. Logo, seguindo esse raciocínio, por que o policial, para muitos, é o responsável exclusivo pelo colapso de nosso sistema de segurança pública?

1.2 – Ramos do conhecimento com influência direta na segurança pública

1.2.1 – Educação

Educação é a base de qualquer sociedade. Países que investem nesse setor possuem maior desenvolvimento. A qualidade das escolas é fundamental para o progresso; o que está sendo ensinado e como está sendo ensinado reflete diretamente nos aspectos gerais da segurança pública. É importante, desde cedo, a conscientização do cidadão de que a escola tem esse importante papel, ensinando aos alunos não só os direitos mas também seus deveres como aspectos essenciais para a prática da cidadania.

Somente no município do Rio de Janeiro existem mais de 1.500 escolas segundo dados da Secretaria Municipal de Educação, sendo a maior rede de ensino público da América Latina. Grande parte dessas escolas se encontra sitiada em comunidades carentes, sob forte influência do tráfico de drogas, que impõe efeitos nefastos sobre esse grupo social, tais como indisciplina, inversão de valores e desinteresse pelo ensino. Autoridades públicas, utilizando-se de grande capilaridade na imprensa, apresentam o discurso de que as operações policiais impossibilitam a realização das aulas. Mas não é melhor ter a polícia do que o tráfico na porta de nossas escolas?

Com esse discurso irresponsável, divulgado de maneira tendenciosa por parte da imprensa, os efeitos são drásticos para o sistema. Exemplificando o pensamento: em vídeos, divulgados amplamente nas redes sociais e pela mídia, é possível observar uma equipe policial em operação na comunidade de Antares, na zona oeste do município do Rio de Janeiro. Ao patrulhar a porta de uma escola, os policiais são xingados e ameaçados pelos alunos — crianças e adolescentes.

Apesar da falta de importância dada a esse fato pelos gestores públicos e pela sociedade em geral, a questão é grave. Falta disciplina e, infelizmente, alguns confundem e deturpam essa qualidade fundamental. Não é algo raro ver professores sendo agredidos moral e fisicamente, estamos perdendo nossos jovens para o crime, e, podemos entender como um dos fatores o desinteresse pelas escolas e, em nenhum momento, poderemos culpar exclusivamente nossos professores por isso.

1.2.2 – Saúde

Recentemente, a indústria cinematográfica colocou em pauta as dificuldades enfrentadas por profissionais de saúde que trabalham nas diversas emergências públicas das grandes cidades brasileiras. No caso especificamente citado, o médico se encontrava no dilema ético de salvar um policial ou um traficante — estando este em estado mais grave. De maneira deturpada, foi vinculado que o médico e os participantes de um programa de TV escolheram salvar o traficante, gerando muita polêmica e crítica. Tentando explicar o caso tecnicamente, um médico não escolhe paciente, dá prioridade ao mais grave, independente da origem do ferido, sob pena e responsabilizações idênticas aos policiais com relação à sua posição de garante. Entretanto, devido às mazelas sociais e ao cansaço do grande público em relação à violência e à manipulação midiática, é comum e compreensível avaliações equivocadas da realidade.

Apesar de parecer absurda a ideia do programa, ela não está longe da realidade. A falta de infraestrutura e o grande número de feridos por PAF (Projétil de Arma de Fogo) atendidos na rede pública de saúde fazem médicos se depararem com a situação de ter de escolher quem sobrevive, não por opção, mas sim pela falta dela. O impacto da violência junto ao sistema de saúde é grave, seja no aspecto financeiro, com os altos custos de intervenções e recuperação dos pacientes com lesões oriundas de armas de fogo, ou no aspecto psicológico, relacionado à falta de segurança mínima em que esses agentes exercem sua atividade. Recentemente, no Rio de Janeiro, um médico foi sequestrado e levado para uma comunidade para atender um traficante que se encontrava ferido após entrar em confronto com a polícia.

Outro caso que chamou a atenção recentemente, também relacionado ao mau funcionamento da saúde e às condições de insegurança pública, aconteceu na maior emergência pública do Estado do Rio de Janeiro. Um criminoso, oriundo da facção Comando Vermelho, internado na unidade após ser baleado pela polícia, foi resgatado por sua quadrilha formada por mais de 10 criminosos, todos armados de fuzil. Na ação criminosa, ocorreu uma troca de tiros com as forças policiais, resultando em mortes e no resgate do criminoso. Sem fazer um estudo de caso detalhado, o episódio evidencia a fragilidade das unidades de saúde bem como a influência direta da criminalidade nesse serviço público essencial.

No aspecto operacional, é protocolo que em todas a emergências tenham equipes policiais dando o apoio necessário e fazendo os registros relacionados às práticas violentas. Por motivos óbvios, nas unidades no interior de comunidades sob influência do tráfico torna-se inviável a presença desses agentes de segurança, deixando estes nosocômios à mercê das ordens de criminosos. Durante nossa vivência operacional, começamos a observar que alguns criminosos feridos em confronto com nossas equipes não buscavam as unidades de saúde, gerando dúvidas sobre o paradeiro deles. Tornou-se um hábito comum encontrar Centros de Tratamento Intensivo (CTI) improvisados nas principais favelas do Rio de Janeiro e, pelo nível de medicamentos e de infraestrutura, ficava óbvia a participação de profissionais de saúde nesses atendimentos.

1.2.3 – Ordenamento urbano e infraestrutura

O ordenamento urbano e a infraestrutura influenciam diretamente na segurança pública. Somente no Rio de Janeiro, atualmente, existem mais de mil favelas, número esse que não para de crescer. Segundo pesquisa recente, a cada cinco cariocas, um mora em comunidade. Sem analisar as questões sociais, que tanto impactam nos aspectos da segurança pública — discussão esta bem mais profunda —, de maneira simplista, a falta de organização urbana dificulta a mobilidade do policiamento ostensivo; a ausência de ruas e de avenidas impossibilita o policiamento motorizado; e a falta de controle dos órgãos responsáveis dificulta a definição de endereços o que, na prática, inviabiliza qualquer modalidade de notificação do poder público, por exemplo.

A desordem urbana fomenta o crime. A famosa teoria de combate à violência desenvolvida em Nova Iorque, conhecida como vidraças quebradas, tinha como um de seus princípios o ordenamento urbano. Seus idealizadores entendiam que, organizando a cidade e reprimindo pequenos delitos como depredações e vandalismo, os delitos mais graves não aconteceriam. Apesar de controversa, não se pode negar que a medida deu resultado. Aqui, nossas favelas não possuem o mínimo, e os órgãos de manutenção ou fiscalização só podem atuar com apoio policial ou sob as condições do tráfico na grande maioria delas, impedindo, assim, a implementação de qualquer política pública dessa natureza.

Um bom exemplo a ser citado é a Comunidade da Rocinha, localizada na zona sul carioca, no nobre e importante bairro de São Conrado. A referida favela possui somente uma grande rua para a circulação de veículos, inviabilizando o policiamento ou qualquer prestação de serviço motorizado. Seria extremamente necessária a abertura de vias para a melhoria da qualidade de vida desses moradores, como foi realizada na Colômbia, mais precisamente na cidade de Cali. Entretanto, tais medidas, além de caras, necessitam de apoio populacional e diálogo entre a sociedade e o poder público, o que, atualmente, se mostra precário.

1.2.4 – Estrutura familiar

Princípios e valores se aprendem em casa, no seio da família, e educação não se resume à escola. O conceito de família foi acertadamente ampliado, acompanhando as evoluções sociais, entretanto, o que observamos é uma total desestruturação desse importante instituto social; sendo esse, sem dúvida, um dos maiores fatores de impacto no fenômeno da criminalidade. Pesquisas apontam que a maior parte dos criminosos apresenta famílias desestruturadas e, na maioria das vezes, esses indivíduos são criados sem a presença da figura masculina. Tentando entender o que faz um indivíduo escolher atividades ilícitas como meio de vida, sempre conversávamos com nossos presos e confirmávamos o constatado nas pesquisas. O crime sempre tem a mesma origem: ausência de base familiar; chegando-se a uma simples conclusão: de regra, a família estruturada, independente de que classe social, é a primeira barreira para a criminalidade.

Família é a base de tudo. É nela que aprendemos o conceito do certo e do errado. A ausência dela ou a existência sem ensinamentos trará resultados catastróficos que, em algum momento, impactarão diretamente na segurança pública. Um bom exemplo é o caso do menino Sandro, que ficou nacionalmente conhecido após o fatídico episódio do ônibus 174. Analisando individualmente o criminoso, constatamos que ele foi criado no meio da violência, sofrendo os efeitos colaterais dela e, apesar das diversas tentativas de apoio, prevaleceu o errado, vindo a acontecer uma tragédia já anunciada, dentre tantas outras que ocorrem diariamente em nosso país.

Assuntos tratados como dilema ou tabu pelas classes dirigentes, com impactos significantes em nossa atividade, o planejamento familiar e o controle de natalidade devem ser discutidos com toda a seriedade de que necessitam. Essa questão nos saltou aos olhos quando, em 2009, um garoto de 11 anos arremessou uma granada em nossa equipe, ferindo dois policiais. Nossas crianças estão fazendo filhos, se tornando pais e mães, e só o poder público não quer ver essa dura realidade. Isso sem entrar no mérito legal do estupro de vulnerável, que ocorre quase diariamente em nossas comunidades carentes. Qual estrutura familiar e formação informal esse indivíduo terá? Em que ambiente irá crescer e que cidadão será formado? São perguntas que, em primeira análise, parecem duras, mas que precisam ser respondidas.

Medidas práticas de planejamento familiar devem ser adotadas para que esse problema não seja enfrentado somente pela polícia, em confrontos armados absurdos entre homens da lei e crianças. Somente quem viu meninos armados com armas de guerra e teve que atirar em alguém com uma vida inteira pela frente — que poderia ser seu filho —, sabe a dificuldade e a necessidade urgente de se fazer algo por nosso futuro.

1.2.5 – Economia e emprego

Atualmente, o desemprego é um problema mundial, e o Brasil não foge à regra. Pesquisas recentes mostram uma massa de mais de 10 milhões de desempregados no país, e a insegurança pública tem grande influência nesse fenômeno social negativo. O Estado do Rio de Janeiro, recentemente, sofreu uma onda de roubos a cargas, tendo como consequência o deslocamento para outras unidades federativas de grandes empregos e fábricas, e o desaparecimento de postos de trabalho, ficando evidente a relação direta entre criminalidade e desemprego nesse caso.

"A ordem pública e a incolumidade das pessoas e do patrimônio", positivadas no artigo 144, da Constituição Federal, não são garantidas em sua plenitude pelo poder público. A garantia desses importantes bens jurídicos passa pelos órgãos devidamente constituídos, mas não são de sua responsabilidade exclusiva, devendo toda a população entender que sua participação é fundamental para a melhoria desse serviço, sendo esta a única maneira de tirar o Brasil do difícil momento em que se encontra atualmente. Ou mudamos nossos hábitos como cidadãos, ou perderemos essa guerra para a criminalidade e seremos as próximas vítimas.

CAPÍTULO 2

SISTEMA JURÍDICO POLICIAL BRASILEIRO

Gramaticalmente falando, qualquer sistema presume integração das partes em busca de um resultado comum. Este assunto, como todos os outros relacionados à segurança pública, apresenta grande complexidade. O objetivo do trabalho não é tecer críticas a qualquer instituição legalmente constituída, mas demonstrar os problemas desse sistema que, comprovadamente, não se mostra eficiente na prestação deste importante e fundamental serviço público. O conteúdo é extenso, mas esse breve introito se faz necessário para a contextualização, definindo funções institucionais, bem como o amparo jurídico de órgãos e instituições participantes, fazendo como linha doutrinária proposta a correlação fundamental entre teoria e prática.

Em primeira análise, devemos entender que não existe por parte da Constituição hierarquização, muito menos grau de importância entre os órgãos integrantes do sistema. Entretanto, alguns gestores públicos, como de costume, distorcem tal entendimento, criando ruídos entre os órgãos e as instituições, empenhando diferentes valores de investimento, seja na questão salarial ou de infraestrutura, criando um descompasso entre as instituições públicas, que impacta diretamente na qualidade da prestação de serviço à sociedade. Poder representa investimento; investimento representa salário; e salário é *status*. Enquanto as instituições disputam benefícios e alimentam as fogueiras das vaidades, o criminoso avança. Sendo essa assertiva comprovada pelos índices criminais largamente divulgados em nosso país.

As funções institucionais estão expostas na Constituição Federal. E, em alguns casos, de maneira genérica. Como observaremos detalhadamente, a seguir, essa positivação acaba criando ruídos de exercício da função pública. É o famoso quem faz o que e até onde. Usurpações de funções, busca de ampliações de funções e prerrogativa, mesmo sem cumprir com eficiência as já existentes, são uma constante dentro desse sistema. Na prática, a Polícia Militar quer andar desuniformizada, a Polícia Civil quer andar fardada, o Ministério Público quer investigar, as Forças Armadas querem poder de polícia, a Polícia Rodoviária Federal quer operar fora das rodovias, e a Polícia Federal não está em nossas fronteiras, dentre outros inúmeros exemplos. Não podemos afirmar que esses questionamentos e essas práticas não melhoram a segurança pública. É necessário um estudo detalhado para analisar índices e dados, mas o que fica claro é que os interesses pessoais, em muitos casos, sobrepõem-se aos institucionais e republicanos, deixando que o corporativismo negativo venha à frente da importante e nobre missão de servir a sociedade.

É importante destacar que, a partir do momento que exijo ou exerço funções fora de minhas prerrogativas, quando as tenho definidas, presume-se de imediato que minhas atribuições estão sendo exercidas na plenitude, com total eficiência, o que não ocorre em relação às instituições públicas brasileiras. Devemos analisar: será que não temos mais de uma instituição fazendo a mesma coisa? Isso é interessante para o sistema, é funcional, sustentável? São vários questionamentos que devem ser respondidos, mas o que podemos afirmar de pronto é que o modelo atual não funciona, não está devidamente integrado, e o resultado observamos facilmente em nosso cotidiano.

É extremamente necessário que o profissional de segurança pública, aquele que está dispondo em cada serviço do bem jurídico mais precioso em nosso ordenamento — a vida —, seja crítico e entenda o contexto e as dinâmicas desse sistema, procurando a valorização profissional, mas nunca se esquecendo de sua missão principal que é servir a sociedade.

A integração, que autoridades geralmente explanam em entrevistas midiáticas como respostas desesperadas, não existe e, quando acontece, se dá por relações pessoais entre integrantes vocacionados de cada órgão. Mas, apesar das melhores intenções, essa integração apresenta fragilidade e não é suficiente para a resolução do problema. Nosso sistema deve ser revisto, só existe igualmente em três países, não sendo estes exemplos no campo da segurança pública. Será que o mundo está errado e nós estamos certos? Sem dúvida, não. A discussão sobre nosso sistema é urgente, e o profissional de segurança pública deve ter participação efetiva nesta mudança.

2.1 – Polícia Militar

O artigo 144 da Constituição Federal, que prevê os órgãos da segurança pública, em seu inciso V cita as Polícias Militares. Iniciaremos a análise legal por esses órgãos, por possuírem o maior efetivo, tendo maior capilaridade operacional e contato direto com a população.

§ 5º Às polícias militares cabem a polícia ostensiva e a preservação da ordem pública; aos corpos de bombeiros militares, além das atribuições definidas em lei, incumbe a execução de atividades de defesa civil.

§ 6º As polícias militares e corpos de bombeiros militares, forças auxiliares e reserva do Exército, subordinam-se, juntamente com as polícias civis, aos Governadores dos Estados, do Distrito Federal e dos Territórios.

A ostensividade se dá pela caracterização da força policial, seja pelo uniforme ou pela caracterização de viaturas e postos fixos, e tem por objetivo principal a identificação de maneira imediata por parte da população, seja para o atendimento de ocorrências ou para inibição de práticas criminosas. O legislador definiu estas forças ostensivas como militares, o que de nada impede que forças civis utilizem da mesma estratégia, ampliando a visibilidade e a sensação de segurança na população.

A existência de órgãos uniformizados é fundamental no sistema policial, sejam eles militares ou militarizados. A sensação de segurança e a prevenção direta do delito ocorrem, em parte, pela presença policial, ou seja, precisamos ser vistos, e nada melhor para alguém em perigo que observar o policial mais próximo.

Uma observação importante refere-se às prerrogativas destes órgãos públicos. Qual seria o significado e a abrangência do termo "preservação de ordem pública"? O assunto é controverso. Como a norma não define, abre margem a interpretações controversas, ficando estas instituições servindo de uma espécie de "faz tudo", atuando em várias frentes, por vezes, sozinhas, sendo o único braço estatal atuante, principalmente nas comunidades menos favorecidas.

Ordem pública é fundamental para a evolução de qualquer sociedade organizada, mas sua plenitude é utópica, pois não são todos os indivíduos que possuem civilidade e colaboram para a manutenção e preservação desse importante bem jurídico, existindo, assim, a necessidade de uma instituição estatal para atuar na prevenção e, se for o caso, no restabelecimento da ordem. E, por força constitucional, no Brasil, são as polícias militares os órgãos imbuídos dessa nobre missão.

A abrangência do termo ordem pública apresenta dois vieses: um negativo, como o mencionado anteriormente, na falta de clareza de atribuições, prerrogativas e competências das instituições mencionadas no artigo 5º da Constituição Federal. Por outro lado, o termo em análise pode representar grande poder a estes órgãos, cabendo atuação em todos os ramos da atividade pública e nas relações sociais, desde que a ordem seja ameaçada ou rompida.

Diversas situações podem ser usadas como exemplos: quando determinada categoria prestadora de serviço público paralisa suas atividades por força de greve, causando grandes transtornos à população, poderão e deverão as polícias militares atuarem por seus meios, a fim de evitar o caos. No ano de 2010, a região serrana do Rio de Janeiro foi devastada por grande volume de chuva, ocorrendo um dos maiores desastres naturais da história brasileira. Coube à Polícia Militar o apoio à Defesa Civil, apoio médico, ações de logística e salvamento, mesmo não sendo essas suas atividades principais e corriqueiras. Mas visando à restauração da ordem pública, se fez necessário o emprego da Polícia Militar.

Delitos em sentido amplo são inerentes a qualquer sociedade, e de alguma maneira afetam a ordem pública. Logo, atividades de controle são necessárias. Na prática e, principalmente para indivíduos contidos, a atividade de polícia ostensiva é desagradável. E, principalmente nos países subdesenvolvidos, as polícias ostensivas apresentam pouco reconhecimento e apreço, uma vez que grande parte da população não é cumpridora de maneira plena do ordenamento jurídico.

As polícias militares, devido aos seus efetivos superiores com relação aos demais órgãos do sistema e às suas funções legais, apresentam maior ostensividade, tendo contato direto e constante com a população em geral, seja na prevenção ou repressão. O número de atendimentos e ocorrências no Brasil é enorme, o que por si só já justificaria melhores investimentos nessas instituições, ganhando não só os servidores, mas toda a população usuária do serviço.

Devido sua capilaridade, esses órgãos, através de seus servidores, são os primeiros a se depararem com ocorrências e crises, sendo assim caracterizados como agentes primários do Direito, devendo decidir e atuar amparados na técnica e na legalidade, com pouco temor e risco da própria vida. Diversos procedimentos legais e jurídicos são realizados com maior frequência pelos integrantes das polícias militares. Podemos citar: prisões em flagrante, notícia crime, preservação de locais de interesse criminal e depoimentos em diversas condições, atos que serão detalhados em momento oportuno, confirmando a importância desses agentes e seus conhecimentos dentro do sistema, deixando claro que o produzido pelo operacional será decisivo nas decisões do poder judiciário.

A modalidade escolhida e positivada por nossa Constituição são as polícias militares estaduais, sendo *força reserva do exército*, baseadas na *hierarquia e disciplina*, sendo *subordinadas aos governadores de Estado*. Assim, surgem vários órgãos pelo país com as características mais variadas possíveis, sejam no aspecto logístico, de recursos humanos ou realidade operacional. As características de transnacionalidade e atuação interestadual de facções criminosas vêm obrigando a padronização, o fluxo de informação e intercâmbio entre as diferentes polícias estaduais, sendo uma unificação forçada de protocolo, tendo efeitos positivos, mas ainda ineficientes em relação ao combate à criminalidade.

2.2 – Polícia Civil

§ 4º Às polícias civis, dirigidas por delegados de polícia de carreira, incumbem, ressalvada a competência da União, as funções de polícia judiciária e a apuração de infrações penais, exceto as militares.

Outra modalidade de Polícia Estadual, a Polícia Civil realiza a atividade investigativa, com exceção legal dos crimes militares, apresenta atribuição residual em relação à Polícia Federal, entretanto, o número de investigações supera o da Polícia Judiciária da União. De maneira literal, a Polícia Judiciária tem como função precípua o auxílio ao poder judiciário, buscando provas de autoria e materialidade dos crimes.

Os delegados de carreira, obrigatoriamente bacharéis em Direito, são os dirigentes da instituição, sendo responsáveis pela capitulação, ou seja, a correlação do fato concreto ao tipo penal. Analisam o caso concreto vindo das diversas fontes: polícias ostensivas, cidadão comum ou da própria instituição e dão o devido prosseguimento dentro do sistema Ministério Público, para o devido oferecimento ou não da denúncia.

Tais órgãos apresentam grande diversidade dentro dos Estados da Federação, mas é uma realidade o fenômeno da operacionalização, caracterizado pela ostensividade de seus agentes e equipamentos, seja pela utilização de uniforme por seus agentes ou sinalização de suas viaturas, realizando, mesmo que de maneira indireta, o policiamento ostensivo. Sem entrar no mérito se esse fenômeno usurpa a função da Polícia Militar, o importante é que, ao exercer funções operacionais, os servidores desses órgãos devem estar preparados tecnicamente, o que inclui conhecimentos na área do Direito operacional, o que nem sempre é ensinado com plenitude nos bancos escolares dos órgãos de origem, muito menos nas faculdades.

2.3 – Polícia Federal

§ 1º A polícia federal, instituída por lei como órgão permanente, organizado e mantido pela União e estruturado em carreira, destina-se a: ("Caput" do parágrafo com redação dada pela Emenda Constitucional nº 19, de 1998)

I - apurar infrações penais contra a ordem política e social ou em detrimento de bens, serviços e interesses da União ou de suas entidades autárquicas e empresas públicas, assim como outras infrações cuja prática tenha repercussão interestadual ou internacional e exija repressão uniforme, segundo se dispuser em lei;

II - prevenir e reprimir o tráfico ilícito de entorpecentes e drogas afins, o contrabando e o descaminho, sem prejuízo da ação fazendária e de outros órgãos públicos nas respectivas áreas de competência;

III - exercer as funções de polícia marítima, aeroportuária e de fronteiras; (Inciso com redação dada pela Emenda Constitucional nº 19, de 1998)

IV - exercer, com exclusividade, as funções de polícia judiciária da União.

Único órgão policial que apresenta sua função de maneira pormenorizada pela Carta Magna, tratando-se de uma polícia híbrida, ou seja, atua no policiamento ostensivo como, por exemplo, os incisos II e III e na atividade judiciária, como os incisos I e IV.

Polícia de abrangência nacional, com competência e atribuições abrangentes, efetivo composto por delegados, agentes e corpo técnico. Grande problemática é o pequeno efetivo, necessitando de apoio constante dos órgãos estaduais ou até mesmo das forças armadas para o bom desenvolvimento de suas atribuições.

Sua atuação é de caráter nacional, apresentando padronização de procedimentos, facilitando o combate aos crimes interestaduais. Essa característica é uma realidade. Organizações criminosas paulistas utilizam armas de criminosos cariocas e atuam no nordeste do país. Nesses casos, por força de lei, a competência deveria ser exclusiva da Polícia Federal, mas como as dimensões territoriais do país e a deficiência atual no efetivo desse órgão são grandes, como mencionado anteriormente, fica inviável a plena realização do combate à criminalidade, sendo necessário total apoio das forças estaduais.

No âmbito das operações especiais, a Polícia Federal possui o Comando de Operações Táticas (COT), sediado em Brasília. Apesar do excelente preparo, é comum que tropas de operações especiais estaduais, tais como o BOPE, assumam ocorrências de competência federal por questões de viabilidade operacional.

A prevenção e repressão do tráfico de drogas é uma política que países desenvolvidos não conseguem aplicar com eficiência, uma vez que a questão das drogas extrapola os aspectos policiais. É fato que grande parte das drogas consumidas e as armas utilizadas em nosso território não são produzidas no Brasil. No ano de 2017, 82% dos fuzis apreendidos pelo BOPE, no Rio de Janeiro, tinham origem estrangeira segundo dados da seção de estatísticas da unidade especial.

São inúmeros os fatores que dificultam a repressão dos diversos tipos de tráfico. Podemos citar a extensão territorial, falta de integração dos órgãos envolvidos, descontrole das autoridades internacionais, vizinhança com os principais produtores de drogas. Sendo assim, é totalmente injusto cobrar exclusivamente a Polícia Federal, mesmo estando prevista essa atribuição a ela, em nossa Constituição Federal.

O policiamento de fronteira, aeroportuário e marítimo só apresenta efetividade com a devida integração com as forças armadas, polícias estaduais e órgãos aduaneiros, além do emprego maciço de tecnologia, o que não ocorre na prática, gerando grande instabilidade em território nacional. Observamos alguns políticos e especialistas em segurança pública citando que devemos fechar nossas fronteiras, o que vem à cabeça é que essa medida é necessária, mas a questão é como podemos colocá-la em prática. O Brasil possui mais de 16 mil quilômetros de fronteira terrestre, boa parte dela formada por floresta amazônica. Somente quem atuou nesse terreno sabe da dificuldade de policiamento nessa área.

2.4 – Polícia Rodoviária Federal

§ 2º A polícia rodoviária federal, órgão permanente, organizado e mantido pela União e estruturado em carreira, destina-se, na forma da lei, ao patrulhamento ostensivo das rodovias federais.

Polícia ostensiva da União, com área de atuação exclusiva em estradas federais. Apesar da aparente restrição operativa, vias federais cruzam as grandes cidades brasileiras, entrando na área de atuação das demais forças de segurança estaduais, apresentando, assim, as mesmas problemáticas e a mesma realidade operacional. A integração se faz cada vez mais necessária, visto que a Polícia Rodoviária Federal apresenta o mesmo problema que sua coirmã — a Polícia Federal: um pequeno efetivo para cobrir o extenso território nacional.

A malha rodoviária brasileira apresenta proporções gigantescas, com características diversas de criminalidade, necessitando emprego diversificado por parte da polícia, variando de crimes de trânsito a roubo de cargas com emprego de armamento de guerra. No Rio de Janeiro, as vias federais são, na maioria dos casos, cercadas por comunidades sob influência de criminosos, que cometem crimes nelas ou as utilizam para deslocamentos, sempre fortemente armados e em forma de "bondes", usando mais de um veículo e forçando a PRF a criar estruturas compatíveis e aptas para responder à altura e com segurança tais demandas.

A ocorrência pode iniciar na estrada e terminar no interior de uma favela, devendo esses servidores estar preparados, conhecendo todas as particularidades do combate em áreas de alto risco, solicitando o apoio das forças estaduais, não sendo raras as atuações de maneira conjunta. A conhecida BR-101, rodovia que corta o município de São Gonçalo, apresenta forte atuação criminosa. É constante a ocorrência de confrontos armados entre criminosos e policiais rodoviários federais, forçando estes últimos a buscarem qualificação e integração com policiais militares e civis, atuantes na área, o que costumamos dizer no mundo policial, é que "a bala une".

2.5 – Guarda Municipal

§ 8º Os Municípios poderão constituir guardas municipais destinadas à proteção de seus bens, serviços e instalações, conforme dispuser a lei.

É crescente e necessária a atuação das guardas municipais no sistema jurídico policial, necessitando a integração dela no policiamento ostensivo, seja preservando o patrimônio público, seja agindo na prevenção e na repressão quando necessário, levantando a discussão sobre a municipalização da segurança pública.

A população quer policiamento na rua, não importando qual o órgão ou ente de poder está oferecendo o serviço. Apesar de quantidade não representar qualidade, o aumento de efetivo ou a atuação de mais órgãos no policiamento ostensivo tem reflexo direto na sensação de segurança. Sem dúvida, a entrada das guardas municipais no sistema apresenta inúmeras vantagens. A mais relevante é a proximidade com a população, pois são os municípios e seus agentes que, devido à proximidade, conhecem as dificuldades de cada localidade.

A atividade de policiamento no Brasil é complexa, independente da localidade. Logo, os servidores devem ser preparados na plenitude, envolvendo os aspectos técnicos, operacionais e jurídicos para a missão. Com nossos índices criminais e aumento da violência, o porte e emprego de arma de fogo são necessários para a devida atuação no combate à criminalidade. A lei 10.826 — Estatuto do Desarmamento — permite o porte de arma a estes servidores públicos, condicionando-o ao número de habitantes do município de atuação, fazendo a presunção perigosa de que só existe criminalidade violenta nas grandes cidades.

2.6 – Ministério Público

Composto por promotores e procuradores de justiça, atuando nas esferas federais e estaduais, ressalvadas as características de cada ente federativo, seus membros são obrigatoriamente formados em Direito, possuindo relação direta com a atividade policial em diferentes ramos de suas atividades profissionais.

Fiscal da lei, titular da ação penal, responsável pela análise das provas colhidas durante a instrução probatória realizada pela polícia na fase de inquérito, decidindo pelo oferecimento da denúncia ou arquivamento dos autos, incidindo seus atos diretamente pelo prosseguimento do fato inicial no judiciário, sendo responsável pela acusação no caso de ação penal, dentre outras, como preleciona o artigo 129 da Constituição Federal.

Recentemente, por decisão do Supremo Tribunal Federal (STF), este órgão adquiriu a capacidade investigativa. Tal prerrogativa é importante, uma vez que as polícias judiciárias, por diversos motivos e devido à alta demanda, não conseguem atender todas as necessidades. Entretanto, sabemos que, na prática, atividades investigativas, em determinados atos, necessitam de um braço operacional e, como esta instituição apresenta sua estrutura em grande parte administrativa, só atuará com o apoio das demais instituições operacionais, sendo mais uma vez fundamental a integração delas.

Diversos atos investigativos previstos no decreto lei 3.689 — Código de Processo Penal — necessitam de atividade de campo por parte da autoridade responsável, e inúmeros desses atos legais apresentam riscos. Como o membro do Ministério Público atuará com a devida segurança se em sua formação não há previsão de treinamentos táticos operacionais, inerentes às carreiras policiais?

Outra questão relevante está no inciso sétimo, do artigo 129, da Constituição Federal, no qual os membros do parquet têm como função constitucional o controle externo da atividade policial. O controle de órgãos públicos sempre deverá ser visto com bons olhos, sendo uma atividade totalmente necessária. Para sua efetividade, o agente fiscalizador deverá conhecer a atividade policial, devendo ressaltar que esta ação não representa qualquer subordinação entre os órgãos, e que eles devem atuar em cooperação, buscando sempre a melhoria da prestação do serviço público.

2.7 – Poder Judiciário

Mesmo sabendo da abrangência deste poder republicano, por questões doutrinárias, trataremos o referido titular da autoridade jurisdicional do Estado como órgão, a fim de fazer o melhor enquadramento e a melhor relação com os demais integrantes do sistema jurídico policial brasileiro.

Da tripartição dos poderes, o Judiciário é o que apresenta maior credibilidade perante a opinião pública, responsável pelo julgamento e pela aplicabilidade das leis penais ao caso concreto. Suas atribuições e a devida organização funcional e administrativa estão na Constituição Federal, a partir do artigo 92. A inércia é a característica principal desse poder, necessitando de acionamento pelos entes ou indivíduos com capacidade postulatória, não podendo se omitir, sendo o destinatário final das provas sistematizadas e produzidas durante todo o sistema estudado anteriormente.

Uma constatação observada no dia a dia policial é o afastamento de parte dos juízes da realidade das ruas. O crime, na sua essência, apresenta características e pormenores que nem sempre estão autuados nos processos. A distância entre policiais e julgadores é grande, e ambos estão dentro do mesmo sistema, e suas ações são dependentes entre si. Por mais que a função do judiciário seja em grande parte administrativa, os aspectos criminais e das forças que combatem esse problema são particulares, devendo sempre o magistrado buscar uma aproximação a fim de entender e interpretar de maneira mais efetiva as entrelinhas do processo.

Fenômeno recente de grande importância na garantia de direitos constitucionais, relacionado à ampla defesa e às garantias da integridade física e psicológica dos presos, as audiências de custódia vêm sofrendo críticas, criando celeumas aparentes entre a opinião pública, os agentes policiais e as autoridades julgadoras. O discurso das ruas é simples: a polícia prende e o Judiciário solta. Por mais que o procedimento seja recente e necessite de melhorias, é necessário que tal discurso não se torne realidade, gerando ainda mais o famigerado sentimento de impunidade na população; no criminoso, de que o crime compensa; e, nos policiais, o de estarem "enxugando gelo".

Visando diminuir as distâncias entre a polícia e os membros do Judiciário e do Ministério Público, o BOPE-RJ, por meio de sua seção de instrução especializada, promove o chamado Treinamento Operacional (T.O.), passando conhecimentos policiais básicos a estas autoridades, a fim de compartilhar um pouco da realidade enfrentada pelos agentes operacionais, que atuam na linha de frente no combate à criminalidade. O referido treinamento apresenta grandes resultados, aproximando os órgãos, facilitando o entendimento das particularidades da atividade, servindo de exemplo de integração e disseminação de informações úteis dentro do sistema.

2.8 – Sistema prisional

O Brasil apresenta a terceira maior população carcerária do mundo em números absolutos, com altos índices de reincidência. Logo, não precisa pensar muito para entender que nosso sistema não cumpre sua missão precípua e fundamental com plenitude: a tão almejada e importante ressocialização. É difícil para os gestores fazerem investimentos na área, não seria nada simpático para a população é pouco rentável politicamente. Entretanto, é importante ter a consciência de que em algum momento os detentos voltarão a ter seu convívio social devolvido, e, com as péssimas condições de nossas penitenciárias, é questão de tempo entrar novamente no sistema, normalmente pelas mãos das polícias ostensivas.

Com a estrutura atual, não passamos de depósitos de criminosos, que estão esperando a primeira oportunidade de fuga ou qualquer benefício legal para voltarem para as ruas e cometerem novos crimes. Isso quando não os cometem dentro do próprio confinamento. O pensamento popular de que o criminoso tem de ser maltratado é equivocado. Eles têm de cumprir sua pena, se possível trabalhando, reparando o dano causado e se preparando para voltar à sua vida livre.

Atualmente, como nas polícias, no sistema apresentam-se duas estruturas carcerárias — as estaduais e as federais — e, assim como nas forças de segurança, as estruturas da união possuem menor demanda e maior investimento, apresentando hoje melhores condições. Os presídios federais, de segurança máxima, através de solicitação dos Estados, recebem os presos de alta complexidade, violentos e chefes de organizações criminosas, com o objetivo de dificultar o controle de suas quadrilhas, mesmo de dentro dos presídios. Atualmente, nestas unidades sobram vagas, ao contrário das unidades estaduais, que apresentam superlotação, potencializando o risco de rebeliões, que colocam presos e funcionários sob intenso risco de vida.

Os agentes penitenciários têm formação especializada, variando entre as unidades da Federação e a União. O sistema prisional vem se aprimorando a cada dia, mesmo com a falta de investimentos e a demanda crescente. No Brasil, é comum ouvir que se prende muito, mas não podemos concordar com essa afirmativa. Só quem combate a criminalidade diariamente sabe a quantidade de criminosos que está à solta nas ruas. O melhor a ser dito é que tratamos mal nossos presos, dificultando suas chances de melhora.

A formação desses profissionais necessita de conhecimentos operacionais e jurídicos similares a de qualquer policial; os primeiros, estão relacionados às atividades de escolta e às intervenções, na maioria relacionadas com a utilização de arma de fogo; e os conhecimentos legais se fazem necessários uma vez que, mesmo dentro do sistema prisional, ocorrem crimes constantemente, devendo estes agentes atuarem em caso de flagrante delito, ainda que o reincidente já esteja cumprindo pena, pouco importando essa condição para a realização do ato legal coercitivo.

Especificamente, no Rio de Janeiro, a Polícia Militar atuava até pouco tempo em presídios e casas de custódia, o que não é raro em outras unidades federativas. Apesar de algumas semelhanças relativas a legislações e práticas operacionais, a formação de agentes penitenciários e policiais é bem diferente, uma vez que suas atividades são distintas no cotidiano. De regra, os primeiros realizam a captura, e os outros aplicam a pena diariamente. Independente das diferenças, em algum momento, a atividade desses servidores se relacionará dentro do sistema estudado.

2.9 – Força Nacional de Segurança

Criada em 2004 pelo decreto 5.289, mesmo não estando prevista na Constituição Federal, é formada por policiais militares, civis e bombeiros dos Estados. Na prática, é um braço operacional policial do governo federal. Não possui efetivo permanente, trabalhando com efetivo cedido, atuando em apoio a crises através de parcerias com os Estados, em demandas específicas.

Os custos são altos uma vez que os policiais recebem diárias além de seus salários, sendo deslocados de suas sedes e, em muitos casos, com *déficit* de efetivo. Os resultados operacionais são contestáveis. No Rio de Janeiro, suas atuações são meramente paliativas. O empenho de agentes de outros Estados em território totalmente desconhecido aumenta o risco e diminui a eficiência operacional. Não vai ser criando uma nova instituição, sem investir nas já existentes, que resolveremos a questão da segurança pública.

A enorme extensão territorial brasileira faz com que tenhamos diferentes realidades operacionais, fazendo com que os agentes operacionais locais estejam mais adaptados à criminalidade. Exemplo trágico, referente à atuação da Força Nacional, foi a morte de um militar na Favela da Maré pelo simples motivo de ter entrado na comunidade sem conhecê-la. Morte essa que poderia ter sido evitada se ele conhecesse o terreno operativo.

Não podemos negar que a permanência nesta força policial é interessante para os servidores, visto que, por lei, o militar, quando deslocado de seu domicílio, recebe diária para arcar com os custos. Apesar dos esforços de treinamento e padronização de procedimentos, necessários devido à origem heterogênea dos servidores, o que se observa é um uso político da Força Nacional no seu emprego, que até poderá conter uma crise, mas nem de longe resolve o problema da violência.

2.10 – Forças Armadas

A participação das Forças Armadas na segurança pública se dá por meio de Garantia da Lei e da Ordem (GLO), através de decreto presidencial em casos excepcionais. A partir do momento que usamos as Forças Armadas no combate à criminalidade, o que tem previsão legal no decreto 3897/01, temos que dar os meios necessários para esses servidores no tocante ao treinamento, à logística e à segurança jurídica, buscando a integração com os órgãos do sistema sem comprometer suas missões originárias.

Como já externamos, segurança pública não se resolve exclusivamente com o emprego de tropa e policiamento ostensivo. São inúmeros fatores que impactam nesse direito fundamental. Recentemente, o Estado do Rio de Janeiro sofreu uma intervenção federal no campo da segurança pública, subordinando suas forças ao comando das Forças Armadas. Os resultados foram poucos expressivos, mas não por culpa dessas respeitadas instituições, mas sim pela complexidade do problema.

A entrada dos militares federais no sistema traz consigo todos os problemas do cotidiano policial: corrupção de servidores, visto que isso não é exclusividade das polícias; questionamento de ações pela população e por órgãos da imprensa, diminuindo a credibilidade perante a opinião pública; e o pior de todos: perda de companheiros em combate. Em setembro de 2018, o Exército Brasileiro perdeu três combatentes em uma operação no Complexo do Alemão, no Rio de Janeiro. A participação das Forças Armadas é importante e fundamental sempre de maneira excepcional. Militares são bem-vindos ao difícil mundo policial brasileiro.

2.11 – Colapso do Sistema

De fato, o Brasil é um país violento, e suas autoridades, instituições e seus órgãos não conseguem prestar com eficiência uma segurança pública. Após breve análise do sistema jurídico policial brasileiro, especificando cada órgão e a relação entre eles, devemos sempre fazer uma análise crítica, sem culpar qualquer um. É sempre mais fácil apontar o erro dos outros do que verificar o que estamos fazendo. Todos têm sua parcela de culpa e podem dar sua contribuição.

Inicialmente, falamos que sistema necessita de sinergia. Para que isso ocorra, é fundamental integração, palavra que é utilizada politicamente mas que, na prática, é pouco vista pelos operadores operacionais da segurança pública. Nosso sistema busca o nivelamento com base no Direito, o que particularmente não entendemos como a melhor matéria para a carreira policial operacional, visto que sua atividade cotidiana extrapola esse ramo do conhecimento. Parte dos policiais militares, civis, federais e rodoviários, delegados de polícia, promotores e juízes compartilham desse conhecimento, facilitando na linguagem e no fluxo das informações dentro do sistema. Mas, apesar do progresso, ainda estamos longe do nivelamento técnico, logístico e, principalmente, de investimento nos diferentes órgãos atuantes na persecução criminal.

As vaidades persistem. Discussões sobre interesses pessoais e corporativistas superam os valores institucionais e republicanos. A nobre missão de servir, inerente a todos os servidores públicos, é trocada pela busca de salários e benefícios. Enquanto perdemos tempo brigando e discutindo questões inúteis, o criminoso se organiza, se arma e ataca toda a sociedade. Ao policial não resta outra alternativa, apenas se preparar nos aspectos físico, técnico e psicológico, uma vez que nós estamos na ponta da linha e, como aprendemos no primeiro dia de formação, polícia não é profissão, é vocação, porque aqui você dispõe o tempo todo de seus dois bens mais importantes — a vida e a liberdade —, que, devem ser valorizados.

CAPÍTULO

3

ASPECTOS CONSTITUCIONAIS, DIREITOS E GARANTIAS FUNDAMENTAIS

A Constituição Federal de 1988, conhecida como a constituição cidadã, trouxe importantes garantias para toda a sociedade brasileira. O Estado Democrático de Direito é uma conquista irrevogável, e o papel do policial como homem da Lei é de extrema importância para a manutenção dessas garantias. Tecnicamente, a Carta Magna deve tratar de assuntos fundamentais do Estado, usando linguagem direta, evitando a massificação de termos técnicos e jurídicos, buscando o entendimento do homem médio, seja ele policial ou não.

A análise histórica é fundamental para entendermos alguns conceitos jurídicos atuais e algumas práticas formalizadas por julgados dos tribunais superiores, com repercussão geral, que afeta diretamente a atividade policial. O constitucionalismo é a forma de legitimação do Estado pela supremacia do interesse público, estando a Constituição Federal no topo do ordenamento jurídico e servindo de padrão para todo o regramento social, em todos os ramos do Direito, ou seja, se o policial estiver na dúvida, é necessário que busque esclarecimento na lei suprema e em suas interpretações.

A interpretação de princípios constitucionais torna-se a direção dos julgados. A ruptura com o padrão positivista, caracterizado pela premissa "vale o que está escrito", foi reflexo de mudanças ocorridas no mundo pós Segunda Guerra, onde o regime nazista conseguiu positivar violações de direitos humanos pelo simples fato de se tratar de leis, portanto, deveriam ser cumpridas independente de suas consequências. Hoje, todas as normas têm que atender a princípios preestabelecidos, e aquelas que vão de encontro a esses princípios não serão aceitas no ordenamento vigente. Logo, os princípios são superiores às normas, e os agentes operacionais devem estar antenados a essas mudanças.

Como todas as decisões apresentam pontos negativos e positivos, a hermenêutica constitucional abre espaço para a aplicação de diferentes visões sobre o fato concreto e a aplicação da norma, surgindo análises e, consequentemente, decisões distintas para o mesmo caso concreto. Fator com fortes reflexos na atividade policial, uma vez que as autoridades responsáveis pela atividade jurisdicional do Estado sofrem influência direta dos acontecimentos sociais, sejam eles bons ou ruins. Logo, como operadores primários do Direito, nós, policiais, temos que acompanhar não só a lei, mas como está sua interpretação pelos órgãos do judiciário.

O termo polícia é mencionado de maneira genérica e esparsa na Constituição vigente. Outros conceitos relevantes para a atividade operacional só serão aplicados, de fato, com a direta atuação policial, por isso, daremos o devido destaque. Os conceitos, sejam eles diretos ou indiretos, serão analisados sempre pelo foco policial, buscando sempre uma análise tática e operacional, tentando sempre aplicar os conceitos teóricos às práticas vivenciadas ou observadas, seguindo a dinâmica do trabalho proposto.

Dentre todos os artigos de nossa extensa Constituição Federal, o quinto é o mais importante. Ali estão os princípios basilares de todo o nosso ordenamento jurídico. É de suma importância que os agentes policiais os conheçam e apliquem no terreno, uma vez que são operadores primários do Direito. A prática é bem mais complexa que a teoria. Nas ocorrências policiais, por diversas vezes, esses princípios entram em confronto e, como nem sempre há hierarquia entre eles, deverá o policial, através de seus conhecimentos, decidir. A crise, seja ela de qualquer dimensão, não espera. Os conflitos operacionais são decididos pela polícia, não há tempo de chegar ao judiciário. Daí, surge a importância de estarmos em dia com os importantes e fundamentais conhecimentos advindos do Direito Constitucional.

3.1 – Proibição do anonimato

Art. 5º IV - é livre a manifestação do pensamento, sendo vedado o anonimato.

O direito à manifestação, extremamente legítimo, é importante para o desenvolvimento da democracia. De maneira clara, a Constituição veda o anonimato, sendo uma condição legal para a realização do ato a possibilidade de identificação dos autores. Como explicar a denominada prática *"Black Bloc"*, onde essa garantia é revestida de ilegalidade? A utilização de máscaras cobrindo o rosto tem um único objetivo: encobrir a prática de atos criminosos, seja por depredações do patrimônio público ou privado ou violência contra as forças policiais.

Com o acirramento das manifestações populares, grupos oportunistas, aproveitando-se da legítima manifestação popular, se escondiam de maneira covarde no meio da população, usando-a como escudo. Inúmeras vezes as forças policiais foram criticadas por parte de alguns beneficiários do caos, da política ou da imprensa, mas a utilização da força se dava como reação aos ataques aos agentes públicos legalmente constituídos, sendo a única maneira de restabelecimento da ordem.

Caso prático interessante foi quando eu exercia a função de chefe de operações do Batalhão de Polícia de Choque, no ano de 2013. Discutindo com a equipe de Psicologia da unidade, fui questionado por que do uso da força por parte da unidade. De maneira simplória, respondi que apenas nos defendemos, que a polícia era atacada por criminosos infiltrados só por estar presente, e que era necessária a atuação para garantir a incolumidade física e do patrimônio e a manutenção da ordem pública. Como teoria não anda separada da prática, sugeri que, na próxima manifestação, os especialistas acompanhassem as equipes operacionais para a realização de importante estudo de campo.

Chegando ao terreno, devidamente equipados, expliquei que toda manifestação tinha uma sequência natural: os manifestantes chegavam de maneira ordeira, mas com o aumento da massa e a possibilidade de anonimato, o nível de descontentamento aumentava. Primeiro, eram realizados atos simbólicos patrióticos, como o canto do hino nacional e a utilização de palavras de ordem. Posteriormente, começava o xingamento aos governantes e, como eles, na maioria das vezes, estavam bem longe dali, sobrava para a Polícia Militar, que estava ali, dar segurança para os presentes; dos xingamentos, evoluíam para agressões, com tentativa de depredações e invasões de prédios públicos por parte de uma minoria, não restando outra alternativa às tropas senão o emprego da força.

Operacionalmente, armamento menos letal não possui a mesma precisão que os letais. Quando usados, atingiam a multidão, sendo seus efeitos sentidos pelos manifestantes constitucionalmente garantidos, e pelos criminosos infiltrados, acirrando os ânimos, jogando a população de bem contra as forças policiais. Como garantir um direito fundamental de um povo se uma minoria, muitas vezes motivada politicamente, cria caos e desordem, desestabilizando o poder constituído? Esse é mais um bom exemplo da complexidade da atividade policial no Brasil.

O direito de manifestação é fundamental na evolução democrática de qualquer sociedade. Atualmente, o Brasil, marcado por corrupção e incompetência no campo político, torna-se um ambiente extremamente fértil para o acontecimento de manifestações populares. O compreensível descontentamento jamais deverá ser confundido com desordem e descumprimento das normas preestabelecidas; nada justifica o emprego ilegal da violência. Até para expor nossas vontades e reivindicações devemos fazer com disciplina. Nosso direito termina quando começa o do próximo. Qualquer evento deve ter regras mínimas. As manifestações impactam na vida dos demais cidadãos, por isso, a polícia deve regular diversos fatores para a segurança de todos. Fechamento de vias, áreas de escape e acesso de forças de emergência devem ser planejados. Logo, qualquer manifestação deve ser preservada e garantida pela polícia, mas isso só é possível com o devido aviso prévio.

A polícia — mais precisamente o servidor público — não deve agir com emoção e, mesmo concordando com o pleito dos manifestantes, deverá agir com profissionalismo, usando a força e os meios necessários de forma proporcional, para garantir o direito constitucional ou impedir qualquer cometimento de crime que fira a ordem pública.

3.2 – Direito de resposta

V - é assegurado o direito de resposta, proporcional ao agravo, além da indenização por dano material, moral ou à imagem.

O agente público está constantemente exposto aos meios de comunicação. Programas policiais são extremamente difundidos em todos os canais televisivos, e as matérias voltadas à segurança pública consomem boa parte dos jornais e telejornais. A mídia, usando da prerrogativa de liberdade de imprensa, divulga, muitas vezes de maneira irresponsável, pessoal e vingativa, matérias contra agentes policiais, formando uma opinião pública negativa, criando danos, muitas vezes, irreparáveis às instituições e, consequentemente, aos seus integrantes.

A liberdade de imprensa, em alguns momentos, conflita com o direito à privacidade. Nem sempre o interesse público caminha na mesma direção dos interesses individuais. Fato corriqueiro, a exposição da imagem de agentes públicos e, em alguns casos, de maneira depreciativa, aumenta o risco desses servidores. No caso de dano ao servidor, a situação deve ser levada à apreciação do judiciário pela esfera civil, sendo a matéria tratada pela lei especial 13.188-15. Apesar de sua importância e da prestação de serviço à democracia, maus profissionais de imprensa não estão acima da lei e devem ser responsabilizados pelos excessos cometidos.

Por vezes, no contato direto com a tropa operacional ou na função de instrutor, somos questionados sobre qual seria a postura institucional perante ataque à imagem de seus servidores ou ao próprio órgão, por parte de setores da imprensa. Resumidamente, as instituições policiais, por questões inerentes de direito administrativo, não apresentam capacidade postulatória direta, dependendo das respectivas procuradorias gerais dos Estados para ingressar no judiciário e realizar suas defesas. Porém, muitas vezes, por questões políticas, isso não acontece, uma vez que entrar em litígio com poderosas instituições formadoras de opinião nem sempre é interessante aos nossos gestores, ficando nossos policiais sozinhos, em uma verdadeira luta de Davi e Golias.

Recentemente, houve uma crise de segurança no Estado do Espírito Santo, caracterizada pelo movimento das esposas e de familiares de policiais militares ocupando a porta dos batalhões para impedir que os agentes públicos saíssem para realizar o policiamento ostensivo. O movimento influenciou outras instituições pelo Brasil. Especificamente, no Rio de Janeiro, o movimento, apesar das manifestações, não ganhou força. Em um programa de TV aberta, determinado apresentador sensacionalista afirmou que a PMERJ não aderiu ao movimento uma vez que seus agentes não poderiam parar de trabalhar, porque se o fizessem, perderiam o dinheiro adquirido com base na corrupção.

Com essas palavras, afirmou categoricamente que se a Polícia Militar do Estado do Rio de Janeiro ficasse aquartelada, não receberia seu "arrego". A absurda declaração causou dano grave a todos os bravos policiais que sangram diariamente na defesa da sociedade carioca, sendo necessário, por força judicial, o dever de retratação por parte do irresponsável profissional de imprensa.

Falta de ética existe em qualquer profissão, e a imprensa não está imune a esse mal. O problema é a capilaridade e o alcance da informação, causando danos incalculáveis e de difícil reparação. Recentemente, no Rio de Janeiro, um jornal de grande circulação divulgou que um policial militar atuava como garoto de programa em uma boate *gay*. Após apuração detalhada, constatou-se que o fato era inverídico. Nós nos indagamos como reparar tal dano. Se não bastassem as dificuldades inerentes ao combate à criminalidade, os agentes operacionais ainda têm sua honra atacada. A pergunta que fica é: quem ganha com o fomento da descredibiidade das instituições e dos agentes de segurança?

Aos agentes que, atualmente, não possuem qualquer retaguarda jurídica institucional, resta somente a opção de buscar de maneira individualizada, ou através de instituições de classe, a reparação do dano. Apesar da grande desproporcionalidade de força, em que órgãos da imprensa massacram principalmente policiais militares, é fundamental que tais lides cheguem ao judiciário, mudando a cultura de impunidade. Não se pode jamais confundir liberdade de imprensa com salvo-conduto para o cometimento de crimes contra a honra.

3.3 – Liberdade de expressão e vedação da censura

IX - é livre a expressão da atividade intelectual, artística, científica e de comunicação, independentemente de censura ou licença.

As consequências do período da Ditadura Militar permanecem até hoje, e as forças policiais, devido ao contato direto com a população, sofrem com os reflexos daquele período histórico mais até que as próprias Forças Armadas, detentoras diretas do poder. A livre expressão é fundamental para o desenvolvimento e a evolução do estado democrático de direito, entretanto, a divulgação de informação e de dados tem que ter por obrigação a responsabilidade e a verificação de procedência, evitando denegrir a imagem de pessoas e instituições, criando instabilidade e danos sociais e pessoais, às vezes, irreversíveis.

Hoje, o fluxo de informação é extremamente rápido, dinâmico e incontrolável, principalmente pelo meio da internet e de suas redes sociais, que ainda carecem de controle estatal. A disseminação de boatos torna-se verdade até que se prove o contrário, e nem sempre uma única imagem retrata a realidade dos fatos. Censura adquiriu um significado negativo, entretanto, tal instrumento se faz necessário em alguns casos. As denominadas *fake news* são altamente lesivas, devendo ser excluídas dos diversos meios de comunicação o mais rápido possível, minimizando os danos individuais e coletivos.

A operação Lei Seca, realizada de diferentes maneiras no Brasil, trouxe bons resultados, diminuindo de maneira considerável o número de mortes no trânsito. No Rio de Janeiro, foi criando um *twitter* que tinha por objetivo informar os locais de realização de operações, diminuindo a efetividade delas, beneficiando grupo de infratores e colocando em risco todos os usuários do sistema de trânsito. No Brasil das distorções, o referido meio de comunicação foi premiado pelos serviços prestados, mas a sua atuação é um verdadeiro desserviço, devendo ser censurada por parte dos órgãos públicos.

Os policiais militares administram conflitos todo o tempo e, devido à complexidade de suas atividades, fica inviável que se adquira todos os conhecimentos durante a formação regular. A definição de atividade científica, artística e profissional é algo bem abrangente. O que é arte para alguns, poderá ser desrespeito para outros. No caso de dúvidas e conflitos, geralmente, serão os policiais operacionais os acionados.

Recentemente, um caso polêmico foi divulgado amplamente na mídia: um homem nu era tocado por crianças em um museu. O ato foi considerado arte por uns e pedofilia por outros. O bom senso e a estabilidade social devem prevalecer, sem que a situação seja normatizada pela norma, o que, na prática, demora a ocorrer, ou, quando decidida pelo judiciário, caberá à polícia, por ato administrativo, atuar e manter a ordem.

3.4 – Proteção da imagem do agente público

X - são invioláveis a intimidade, a vida privada, a honra e a imagem das pessoas, assegurado o direito à indenização pelo dano material ou moral decorrente de sua violação.

Intimidade e vida privada são outras garantias constitucionais. A discussão do momento na doutrina é a limitação desses direitos em benefício da segurança pública. Situações extremas necessitam de medidas extremas. A violência nacional chegou a patamares insustentáveis. A utilização de câmeras de monitoramento é fundamental para a prevenção e a repressão de delitos, e o argumento de que elas restringem direitos não se sustenta. Como em qualquer pacto social para melhorarmos direitos, devemos, obrigatoriamente, flexibilizarmos outros.

A imagem das pessoas deve ser preservada, e os excessos devem ser punidos, independente do autor. É comum observarmos que policiais, muitas vezes, por orgulho ou vaidade, quando da prisão de alguns criminosos, os expõem como verdadeiros troféus. Tal atitude vai de encontro com o direito analisado. Como agentes de segurança, devemos agir dentro da lei, preservando os presos e a nós mesmos, evitando esse tipo de procedimento, uma vez que o preso ainda não teve a oportunidade de exercer seu direito de defesa. E esse ato, na prática, leva a uma condenação pública antecipada, gerando um mal irreparável a essa pessoa.

Observamos que a responsabilização do agente público ocorre com frequência quando da violação da imagem de algum criminoso; o contrário, nem sempre. Recentemente, numa operação correcional na qual quase uma centena de policiais militares foi presa pelo crime de corrupção, no ato de prisão, número considerável de profissionais da imprensa filmaram e fotografaram os servidores, divulgando na grande mídia suas imagens. Após aprofundamento das investigações e julgamentos, chegou-se à conclusão de que a maioria era inocente. O que fazer para reparar o dano na imagem desses profissionais? Não resta outra opção do que entrar no Judiciário contra os profissionais que, de maneira irresponsável, divulgaram as imagens. Apesar de poucas decisões nesse sentido, a lei deve ser igual para todos, como preleciona a Constituição Federal.

3.5 – Proteção domiciliar e as abordagens em edificações

XI - a casa é asilo inviolável do indivíduo, ninguém nela podendo penetrar sem consentimento do morador, salvo em caso de flagrante delito ou desastre, ou para prestar socorro, ou, durante o dia, por determinação judicial.

Garantia fundamental com grande impacto na atividade operacional, pormenorizada nos regramentos penais e processuais penais, onde teremos a oportunidade de focar, desmembrando o assunto em detalhes. A Constituição trata a casa como algo inviolável, o que não podia ser diferente. Não podemos estar mais seguros do que dentro de nossas casas, mas a questão é que crimes acontecem dentro de residências, e estas não poderiam ser um salvo- conduto, impedindo o cumprimento de medidas operacionais e judiciais relevantes.

O conflito de garantias em questão é a inviolabilidade do lar, e a supremacia do interesse público, a supremacia da justiça e, em alguns casos, a da própria vida. Como de praxe, a Carta Magna trata o assunto de maneira genérica, devendo o policial recorrer à legislação infraconstitucional e até à doutrina ou até mesmo à jurisprudência, a fim de dirimir o significado de conceitos relevantes.

De fato, por mais que se questione, as ações policiais se concentram nas áreas mais carentes do país, onde, infelizmente, pessoas vivem em condições sub-humanas e, apesar da precariedade, aqueles sítios são suas residências. No caso de uma necessidade de intervenção policial, em que a legislação precondiciona uma autorização judicial que, pela norma, deverá ser restrita, pontual e justificada, como agir se não se tem endereço e as condições de segurança impedem verificação preliminar da área?

Só os moradores e quem trabalha em favelas, como os policiais operacionais, sabem o funcionamento dessas localidades. Nessas áreas, nem sempre temos endereço fixo. A ausência de controle estatal permite que a área seja extremamente mutável em suas vias de acesso, inviabilizando qualquer decisão judicial. Operacionalmente falando, somente uma ordem judicial genérica e coletiva daria condições necessárias para a atuação das forças de segurança. A questão que fica é que os benefícios de tal medida, no campo da segurança pública, se sobrepõem à garantia protegida pelo inciso analisado.

3.6 – Sigilo das informações

XII - é inviolável o sigilo da correspondência e das comunicações telegráficas, de dados e das comunicações telefônicas, salvo, no último caso, por ordem judicial, nas hipóteses e na forma que a lei estabelecer para fins de investigação criminal ou instrução processual penal.

Informação é poder. E com a variedade dos meios de comunicação fica cada vez mais difícil que as forças policiais tenham acesso a informações relevantes, utilizadas como meio de prova. Este tópico exemplifica de maneira direta um dos principais argumentos deste trabalho: a lei não acompanha a velocidade dos fatos sociais. Como os agentes públicos têm por obrigatoriedade agirem conforme os ditames legais, e isso é fundamental, as forças policiais sempre estarão um ou mais passos atrás do crime.

Aplicativos de mensagens por meio de internet — sendo o mais popular o WhatsApp —, que não permitem até o presente momento interceptação confiável, são as ferramentas ideais para a comunicação segura do crime. Segundo entendimento do Superior Tribunal de Justiça (STJ), observados no RHC 67379 – RN (informativo 593) e RHC 51531 – RO (informativo 583), o acesso a dados e informações só poderá ocorrer com autorização judicial, mesmo que o aparelho tenha sido apreendido no ato da prisão. Além da Constituição Federal, outras duas legislações levam ao mesmo entendimento: lei 9.472-97 (lei das telecomunicações) em seu artigo 3°, inciso quinto, e lei 12.965-14 (marco civil na internet) em seu artigo 7°. Logo, o atual posicionamento visa a garantir o direito à intimidade, já analisado anteriormente, em detrimento à segurança pública e ao eficiente exercício da justiça.

Com a devida vênia, entendemos ser isso uma violação ao direito da supremacia do interesse público, visto que as provas ali existentes são fundamentais para a elucidação de crimes. E, devido ao caráter efêmero delas, o princípio da oportunidade deverá ser levado em consideração, devendo o agente público se ater aos conteúdos ligados ao fato criminoso em análise. Fugindo dessa premissa, deverá ser responsabilizado por abuso de autoridade.

Seguindo a mesma linha, podemos citar o HC 315220-RS, que mantém a obrigatoriedade de autorização judicial para acesso a conteúdo de e-mail em computador devidamente apreendido. Sendo entendido que as mensagens via WhatsApp sigam o mesmo procedimento, podendo ocorrer a invalidação de prova bem como a responsabilização do agente público.

O fator surpresa é de extrema importância tática nas operações policiais, o que vem se tornando algo cada vez mais difícil nos dias de hoje, uma vez que a agilidade dos meios de comunicação somada à dificuldade de acompanhamento e controle dessas redes de comunicação acabam por fortalecer o crime. A função de "fogueteiro" — indivíduo que avisa a chegada da polícia soltando fogos de artifício — está em extinção. Hoje temos o homem "zap", que passa a localização das forças policiais em tempo real a um maior número de pessoas, com exposição de imagem, comprometendo a segurança e o resultado das missões de combate à criminalidade.

Certa feita, em uma operação bem planejada em uma área de alto risco, fomos praticamente emboscados pelos traficantes. Graças ao potencial operacional da equipe, ninguém ficou ferido. Ao chegar a um local de venda de droga, um criminoso, ao sair desesperado, deixou seu aparelho carregando sem estar protegido por senha. Após rápida análise, verificamos que nossa equipe estava sendo monitorada desde o deslocamento inicial, ao passar próxima à comunidade da mesma facção, mesmo a quilômetros de distância do objetivo. Dentro da comunidade, havia um grupo com a participação de mulheres, jovens e idosos que não levantava qualquer suspeita, dando informações relevantes aos criminosos, tais como localização, efetivo, equipamentos, dentre outras, aumentando o risco das já arriscadas operações policiais nos morros cariocas.

Outro exemplo interessante foi quando chegou a informação que um policial militar tinha sido sequestrado por traficantes e levado para o alto do morro, onde seria julgado e, certamente, condenado à morte através do que os criminosos chamam de micro-ondas, ou seja, queimado vivo. Ao nos dirigirmos à extensa localidade, ficava inviável a revista e localização do policial a tempo. Então, decidimos pegar os telefones dos mototáxis, que sabidamente tinham ligações com o tráfico local. E, em um grupo de conversa, localizamos o endereço desejado. Sem dúvida, nesse caso, violamos a intimidade, mas salvamos aquela vida.

3.7 – Liberdade de locomoção

XV - é livre a locomoção no território nacional em tempo de paz, podendo qualquer pessoa, nos termos da lei, nele entrar, permanecer ou dele sair com seus bens.

O inciso, ora analisado, representa o direito de ir e vir e a liberdade de locomoção, sendo proibida, de regra, qualquer restrição a esse direito, como veremos ao longo do trabalho. A regra e a liberdade à restrição dela só se darão respeitando os procedimentos legais existentes.

Com a explosão da violência, o cidadão de bem tem seu direito constitucional de livre deslocamento constantemente violado, evitando sair à noite e, principalmente, ir a áreas com altos índices criminais, ficando preso dentro de suas próprias residências, encastelados atrás de seus ofendículos, enquanto criminosos circulam livremente. Apesar de todo o esforço das forças policiais, aqui observamos um bom exemplo de garantia não contemplada, que só existe no papel.

Durante operações em comunidades sob influência do tráfico de drogas, é comum equipes policiais abordarem indivíduos em fundada suspeita — conceito jurídico de interpretação complexa —, que discutiremos em momento oportuno. Um bom exemplo é o caso no qual indivíduos não possuem qualquer identificação e, na impossibilidade logística e de segurança de verificar qualquer restrição legal contra eles, os policiais restringem, momentaneamente, o direito constitucional de ir e vir, conduzindo os abordados à unidade policial mais próxima. Prática essa denominada na atividade operacional de "sarque". Outra vez, observamos conflitos de garantias, nos quais o policial deverá decidir entre violar o direito momentâneo de ir e vir, ou liberar um foragido da justiça e colocar em risco a segurança da coletividade.

Nosso ordenamento jurídico deixa claro os tipos de prisão, não existindo a previsão de prisão para averiguação. Logo, como a lei não obriga que os cidadãos portem documentos de identidade, a restrição deverá ser somente durante a abordagem, configurando um mero aborrecimento, normal, em benefício da importância da segurança pública. As autoridades públicas devem desenvolver meios ágeis e eficientes de verificação de identidade, permitindo que os policiais realizem seu trabalho com todas as seguranças jurídicas.

Dois casos interessantes podem ser citados como exemplos. O primeiro foi no Morro da Providência, no centro do Rio, onde uma equipe pegou um indivíduo sem qualquer identificação em fundada suspeita, levando-o para a delegacia mais próxima. Chegando lá e nada sendo constatado contra ele, o suspeito abordado foi liberado em sede de Polícia Judiciária, em deslocamento para casa. Ele foi abordado e assassinado por facção rival, recaindo a culpa sobre os policiais militares. O segundo é o mundialmente conhecido caso Amarildo, ocorrido na Favela da Rocinha, no qual os policiais condenados sustentam como tese de defesa que o indivíduo, após verificação de antecedente na base policial, foi pego e assassinado pelo tráfico local, sob a alegação de ser um informante da polícia.

3.8 – Direito de reunião

XVI - todos podem reunir-se pacificamente, sem armas, em locais abertos ao público, independentemente de autorização, desde **que não frustrem outra reunião anteriormente convocada para o mesmo local, sendo apenas exigido prévio aviso à autoridade competente.**

Inciso complementar, com direta relação aos já comentados anteriormente. As instituições públicas têm o dever de garantir o livre direito de manifestação para o bem de todos — manifestante e demais cidadãos —, que não param suas atividades rotineiras por conta de um protesto. O ordenamento prevê comunicação prévia às autoridades competentes, o que, na prática, não ocorre, muitas vezes por falta de liderança dos movimentos ou por má intenção em usar do movimento para o cometimento de delitos.

Lição básica de cidadania é que meu direito se encerra quando começa o do próximo. A legislação permite a livre manifestação, mas tal ato não poderá restringir o direito dos demais cidadãos. Um caso concreto foi quando, em um movimento, bancários tentavam impedir os colegas de assumir seus postos de trabalho, necessitando da intervenção policial para conter tal restrição, sem analisar o mérito. Aí observamos um conflito de garantias. Manifestações são válidas, mas o direito ao trabalho também é assegurado, e a adesão ao ato deve ser voluntária, não podendo se obrigar a participação, sob pena de responsabilização penal.

No auge das manifestações, foi arduamente discutida, por diversos órgãos públicos e da sociedade civil, se a ausência de comunicação prévia à autoridade competente, isso inclui as forças policiais, poderia dar causa ao cancelamento. Após análise técnica e política, chegou-se à conclusão de que a interrupção do evento colocaria em risco a ordem pública, mas devemos considerar que a ausência de planejamento prévio dificulta a ação das forças públicas, aumentando os riscos e os transtornos para a população, devendo seus organizadores ser responsabilizados por todos os atos lesivos resultantes dos eventos não autorizados.

No Rio de Janeiro, o palácio Guanabara, sede do governo estadual, possui do outro lado da via de acesso um hospital particular com atendimento de emergência. Quando da realização de manifestações, o acesso a ele ficava inviabilizado, sendo necessário planejamento prévio, visando à previsão de desobstrução emergencial da via, no caso de atendimento médico. Na prática, não acontecia. Nem os manifestantes nem as forças policiais chegavam a um acordo, colocando em risco os pacientes que necessitavam do atendimento no referido hospital.

3.9 – Requisição administrativa

XXV - no caso de iminente perigo público, a autoridade competente poderá usar de propriedade particular, assegurada ao proprietário indenização ulterior, se houver dano.

Dispositivo jurídico com grande aplicabilidade operacional, sendo denominado de *requisição administrativa*, podendo ser civil ou militar.

A presente garantia está baseada no princípio da supremacia do interesse público, em que os servidores, em casos excepcionais, não havendo outros meios, deverão usar dos meios necessários, mesmo sendo estes particulares, para afastar um perigo, atendendo sua ocorrência. São inúmeros os exemplos operacionais abarcados por esse inciso. Durante policiamento em um grande clássico do futebol carioca, chegou a informação pelo rádio que, do outro lado do estádio, torcidas entravam em confronto, colocando cidadãos e policiais em inferioridade numérica em grave risco. Objetivando chegar mais rápido no auxílio e sem dispor de viatura, um ônibus comum foi utilizado no deslocamento, não havendo qualquer ilegalidade nesse ato.

Nas comunidades cariocas, é bem comum a utilização de barricadas por integrantes do tráfico de drogas local, para fechar as ruas, impedindo o acesso da polícia. É comum a utilização de maquinário pesado particular, do tipo retroescavadeira, para retirar grande quantidade de entulhos, abrindo as vias, restabelecendo o direito de ir e vir não só das forças policiais mas de todos os prestadores de serviços públicos e particulares, bem como da sociedade local, que, de regra, vive sob o julgo de criminosos.

3.10 – Inafastabilidade do poder judiciário

XXXV - a lei não excluirá da apreciação do Poder Judiciário lesão ou ameaça a direito.

Conhecido como "inafastabilidade do poder judiciário", significa que qualquer assunto, independente da origem, respeitados os requisitos processuais, não poderá ser impedido de análise do poder judiciário. O inciso analisado pretende garantir e aumentar a acessibilidade de todos ao poder judiciário, independente de classe social.

Como discutido no início deste trabalho, explicamos como funciona o sistema jurídico policial, cabendo ao policial operacional, de regra, a comunicação do fato através da notícia crime, que poderá chegar ou não à apreciação do judiciário. Lição fundamental que aprendemos nos bancos escolares policiais é que a ocorrência termina na delegacia, não podendo os policiais restringirem, sob qualquer hipótese, o acesso do fato à apreciação das demais autoridades públicas, mesmo que pareça algo óbvio e sem importância.

Por outro lado, policiais também são detentores de direito, com as dificuldades inerentes à profissão. Por vezes, essa premissa é esquecida. Em ocorrências de troca de tiro, que normalmente resultam em apreensão de drogas, armamentos de guerra, morte seguida de resistência ou prisões em flagrante, é natural que o crime de tentativa de homicídio contra os agentes policiais seja negligenciado em decorrência das outras violações penais. Reforçando que agentes policiais não possuem apenas deveres, mas, como qualquer cidadão, eles têm direitos que devem ser levados sempre à apreciação do poder judiciário, mesmo que os casos ocorram diariamente.

Os agentes operacionais se expõem diariamente em benefício da sociedade, dispondo constantemente de bens importantíssimos como a vida e a liberdade. Apenas um erro levará o policial, na maioria das vezes, para a prisão ou para o cemitério. Mesmo com todas essas dificuldades, as instituições não possuem um corpo jurídico de defesa de seus integrantes, devendo esses policiais recorrerem a defensores advogados para a apreciação de suas demandas pelo poder judiciário.

3.11 – Direitos sociais

Art. 6º São direitos sociais a educação, a saúde, a alimentação, o trabalho, a moradia, o lazer, a segurança, a previdência social, a proteção à maternidade e à infância, a assistência aos desamparados, na forma desta Constituição.

No artigo seguinte da Constituição, são tratados os direitos sociais, cabendo destaque que, dentre todos os direitos de suma importância em nossa sociedade, a segurança está positivada, sendo citada pela primeira vez em nossa Carta Magna. Sem segurança, os demais direitos e as garantias se tornam inviáveis. Tal argumento serve para destacar ainda mais a importância dos agentes responsáveis pela prestação desse tipo de serviço — nossos policiais —, por mais que se diga o contrário.

A importância dessas garantias se mostra com sua positivação na Constituição Federal, entretanto, a existência de legislação não significa que o Estado, através de seus governantes, conseguirá implementar tais direitos. De maneira direta, a grande maioria deles está somente no papel, tendo impacto direto na segurança pública e, consequentemente, em seus operadores diretos e indiretos.

Educação sucateada, professores mal valorizados, sem o mínimo de condições de trabalho, sendo constantemente agredidos e desrespeitados em sala de aula. Saúde pública sendo constantemente deteriorada, investimento em atendimento básico insuficiente. Em pleno século 21, ainda temos pessoas morando nas ruas ou em condições sub-humanas, em favelas, pelo nosso país. Previdência em crise: trabalharemos a vida inteira sem ter a certeza de que seremos pagos após merecido descanso. Infância, apesar da normativa especial, nossas crianças, futuro de nossa nação, estão em perigo, famílias desestruturadas, Estado omisso e falta de oportunidades de crescimento e assistência aos desamparados, que, apesar de iniciativas da sociedade civil, ainda observamos moradores de rua expostos a todos os tipos de riscos. E, no final de toda essa problemática, a sociedade e os governantes querem que os policiais resolvam o problema da violência sozinhos.

CAPÍTULO 4

ASPECTOS PENAIS

4.1 – Art. 13 - Ações e omissões e seus reflexos no Direito Penal

Relação de Causalidade

Art. 13. O resultado, de que depende a existência do crime, somente é imputável a quem lhe deu causa. Considera-se causa a ação ou omissão sem a qual o resultado não teria ocorrido.

Superveniência de causa independente

1º - A superveniência de causa relativamente independente exclui a imputação quando, por si só, produziu o resultado; os fatos anteriores, entretanto, imputam-se a quem os praticou.

Relevância da omissão

2º - A omissão é penalmente relevante quando o emitente devia e podia agir para evitar o resultado. O dever de agir incumbe a quem:

a) tenha por lei obrigação de cuidado, proteção ou vigilância;

b) de outra forma, assumiu a responsabilidade de impedir o resultado;

c) com seu comportamento anterior, criou o risco da ocorrência do resultado.

O artigo 13, no *caput*, trata da relação de causa e efeito, ou seja, a minha ação ou omissão deve ter sido fundamental para o acontecimento do delito. Para responder pelo crime, tenho que ter agido, realizando a conduta típica ou me omitindo, existindo a previsão legal do crime. Já no parágrafo segundo, do mesmo artigo, surge um dos mais importantes conceitos jurídicos para a formação policial dentro de nosso ordenamento jurídico, a figura do agente garantidor, tendo a alínea "a" relação direta com a atividade policial operacional. Aqui, ao contrário da cabeça do tipo penal, a omissão é equiparada ao resultado final do ato criminoso, visto que as pessoas elencadas no artigo são consideradas garantes, mesmo que de maneira transitória.

Sem dúvida, as nossas forças policiais são as que mais entram em confrontos com criminosos no mundo. Aqui é o único lugar do planeta onde nossos agentes operacionais são covardemente atacados pelo simples fato de serem policiais. Durante patrulhamento em comunidade sob forte influência do tráfico de drogas, equipe da Polícia Militar é atacada. Ao se defender, inicia confronto armado, vitimando civil inocente, que residia próximo ao local. Apesar da gravidade do fato, denominado como *bala perdida,* não pode ser imputada culpa aos agentes públicos, como alguns órgãos da imprensa e de setores políticos tentam fazer constantemente. Em nenhum momento, esses profissionais deram causa ao evento trágico. A realização do policiamento se faz necessária, e a responsabilização é exclusiva dos criminosos.

Na prática, além de todas as dificuldades inerentes à manutenção da ordem pública e ao combate à criminalidade, essa figura penal tem como objetivo responsabilizar certas pessoas que possuem o dever de cuidado potencializado pela norma. No caso do policial, existe a obrigação legal de agir, tentando evitar o resultado e, no caso de omissão, deverá ser responsabilizado pelo resultado, mesmo que sua conduta passe longe do verbo especificado no tipo penal. Esse instituto jurídico permite que essas pessoas respondam por homicídio sem ter matado alguém, respondam por tráfico sem ter vendido drogas ou até mesmo por tortura, sem ter tido qualquer contato com a vítima.

Em primeira análise, devemos atentar que a obrigação deverá está sempre ligada com a possibilidade de atuação, devendo ser usado o padrão do homem médio, sem colocar o profissional em riscos desnecessários. Atos de heroísmo são inerentes aos profissionais atuantes nesta área, mas o direito penal não cobra e nem deveria cobrar que o policial se torne um herói. Entramos na polícia para servir, não para morrer.

Na doutrina, encontramos bons casos ligados à área policial, como, por exemplo, o policial que omite socorro ao traficante, que acabou de ser baleado em confronto. Se o criminoso morrer, o agente responderá por homicídio; policial que é acionado para roubo em andamento e, agindo de maneira morosa, permite que aconteça a lesão ao patrimônio, responderá por roubo sem ter usado de violência ou grave ameaça para atacar patrimônio alheio. É evidente que a avalição do caso concreto se torna extremamente necessária, estudando as provas no curso da apuração.

No tocante ao homicídio, para aqueles que estão vivendo o dia a dia desta verdadeira guerra urbana, o preparo técnico e psicológico é fundamental para, por exemplao, socorrer com o devido empenho o criminoso que atentou contra a vida do agente de sua equipe ou de terceiros. A avaliação fria, longe do terreno, é mais confortável, e a tomada de decisão no gabinete é sempre mais cômoda. O Direito nem sempre leva em consideração tal observação, cabendo ao agente avaliar suas ações, tendo a devida calma na tomada de decisão, evitando ser responsabilizado com o agravo da condição de garantidor.

4.1.1 – Socorro do agressor

Durante intensa troca de tiro, em área sob influência do tráfico, resultando em um ferido, o policial deverá socorrer a vítima imediatamente, usando de todos os meios necessários, uma vez que, na prática, a situação ficará insustentável, aumentando o risco de todos os agentes, na qual, com a chegada de familiares e a iminente reação de marginais, as medidas de proteção da vida se sobrepõem às questões processuais.

Atualmente, existe a discussão e a consequente dúvida dos policiais se, ao prestar socorro, existiria o cometimento do crime de fraude processual. Tal alegação, dependendo do caso concreto, chega a ser absurda, uma vez que estaremos preservando ou tentando preservar o bem jurídico mais importante do ordenamento jurídico — a vida —, não só dos policiais, mas de toda a população exposta a novos confrontos. Se a ocorrência for em uma área de alto risco, aqueles que defendem essa corrente, com toda a certeza, nunca entraram em uma área sob influência do tráfico de drogas para fazer qualquer tipo de policiamento.

Todavia, se o policial durante esse deslocamento, agindo de maneira pessoal, emocional e não técnica, escolhe o caminho mais longo até o hospital, sem a devida presteza, sendo provada a falta de empenho no socorro, provando a relação de causa e efeito entre a demora no socorro e a morte, o agente poderá ser responsabilizado pelo crime de homicídio, mesmo agindo em legítima defesa. Inicialmente, o que tem que ficar claro é que a justificativa de defesa da vida e a dura realidade policial, agravada pela condição de garante, nunca deverá ser um salvo-conduto para o cometimento de crime.

4.1.2 – Policial 24 horas por dia

A utilização da arma de fogo na folga é uma escolha individual do policial, tendo relação direta com o tópico estudado. O que costumamos ouvir no meio policial é que esses profissionais estão de serviço constantemente. Mas, é importante analisar algumas situações para entender a realidade. Primeiro: ser identificado como policial, estando desarmado, pode levar à morte, como ocorre normalmente no Rio de Janeiro. Segundo: estar armado, acompanhado de sua família, em caso de necessidade de agir, colocará todos em situação de risco. Logo, o policial deve entender que a lei coloca um peso maior em relação às suas responsabilidades. A arma, sem dúvida, possibilita a atuação, mas aumenta, consideravelmente, o risco e as consequências de uma ação.

Infelizmente, no Brasil, onde a consciência legal de boa parte da população é limitada, se faz necessária a utilização do armamento como instrumento de autoridade. Agir ou prevaricar é a questão a ser analisada. Para responder tal indagação, basta pensar se tenho os meios necessários e disponíveis para uma atuação segura, se minha ação será oportuna naquele momento e se as possíveis consequências previsíveis de minha atitude não seriam até mais graves que o próprio delito atual. Durante discussão de trânsito, um policial de folga observa o cometimento do crime de lesão corporal. Usando o uso progressivo da força, tenta verbalização sem sucesso; em ato contínuo, saca a arma e se identifica como policial, mas, por estar em inferioridade numérica considerável, perde todos os agressores de vista, vindo a ser agredido e assassinado com sua própria arma.

A periculosidade e a dedicação exclusiva, somadas à condição de garantidor, colocam os agentes policiais em uma condição de extrema exposição jurídica. A avaliação do caso concreto deverá sempre levar em consideração os diversos fatores que influenciam e dificultam a atividade policial. Na ponderação de uma possível responsabilização, devemos agir. É assim que somos treinados, quem escolhe etsa profissão tem o heroísmo na veia, mas, apesar da obrigação legal, ela deve ser possível, porque o importante é mantermos nossos policiais vivos.

4.2 – Art. 17 – Crime impossível

Art. 17. Não se pune a tentativa quando, por ineficácia absoluta do meio ou por absoluta impropriedade do objeto, é impossível consumar-se o crime.

O assunto é bem discutido na doutrina jurídica, que trata da eficiência do meio ou instrumento utilizado na prática do crime. Já o objeto é se a vítima ou o bem jurídico tutelado tem a capacidade de sofrer com a ação delituosa. São exemplos corriqueiros na doutrina de ineficácia absoluta do meio: utilização de arma desmuniciada ou inutilizada, utilização de meio grosseiro para falsificação e troca de substância inerte por veneno. Já no tocante ao objeto, podemos citar: atentar contra a vida de um morto, tentar o aborto não estando grávida ou furtar um bem de sua propriedade.

O dispositivo, por ser extremamente complexo, pode, em alguns momentos, parecer injusto, uma vez que, mesmo não atentando diretamente contra o bem, por quaisquer dos motivos abrangidos pelo referido artigo, pode parecer agressivo ou mesmo atentatório aos princípios morais, principalmente quando observados por um terceiro.

4.2.1 – Lesividade parcial do objeto (simulacro)

A principal discussão doutrinária do momento é a impropriedade relativa do objeto, onde, apesar de não ter lesividade direta, pode causar dano à vítima de maneira indireta ou secundária. É bem comum, durante um patrulhamento, encontrar indivíduos realizando roubos com armas de brinquedo ou simulacros. Apesar das correntes de pensamentos contrárias, é de fácil percepção que os referidos instrumentos, apesar de não apresentarem lesividade direta para o crime de homicídio, são extremamente eficientes no crime de roubo, servindo como meio suficiente para o emprego de ameaça.

A lei 10.826 proíbe a fabricação de brinquedos similares a armas de fogo. Durante operação, policial observa indivíduo armado, colocando em risco a população local e os demais integrantes de sua equipe. Realizando um disparo, vindo a socorrer o elemento, constata que seu armamento tratava-se de um simulacro com absoluta impropriedade de causar dano. Apesar de absurdas decisões judiciais, que responsabilizam o policial operacional que neutraliza indivíduo com arma de brinquedo ou simulacros, deve-se entender que a legítima defesa, excludente de ilicitude do exemplo, é real ou iminente, permitindo que o policial se antecipe ao fato e, apesar da incapacidade de um simulacro, a leitura de cenário é real, não havendo tempo para indecisões, agindo o policial em erro, tópico que estudaremos a seguir, não devendo esse profissional ser responsabilizado nessas hipóteses. No centro das grandes cidades brasileiras, é comum o acontecimento de roubos e furtos a pedestres, muitos desses crimes ocorrem por meio de instrumentos improvisados ou simulações de armas. É comum criminosos, muitos deles menores de idade, usarem chinelos ou qualquer outro instrumento, fazendo um volume na cintura, ameaçando as pessoas para roubar seus bens. Sem dúvida, esses instrumentos não apresentam capacidade lesiva para o crime de homicídio, entretanto, tais atos devem ser responsabilizados pelo crime de roubo. E, no caso de reação policial, deverá ser analisado o caso concreto mas, com os atuais índices de criminalidade, é compreensível que esses profissionais cometam erros.

4.2.2 – A diferença entre a vida e a morte, a prisão e a liberdade estão na fração de segundo

Durante patrulhamento na Comunidade do Jacaré, incursionando pela linha férrea após uma longa troca inicial de tiros, usuários de *crack* ficavam cruzando a linha de tiro das equipes policiais, aumentando a tensão da arriscada operação. Parados os tiros, reiniciando o deslocamento, um dos viciados vem em direção à equipe e saca uma arma. O dedo, automaticamente, vai ao gatilho, mas, devido à experiência na avaliação de risco, o policial pensa mais um pouco, hesitando por uma fração de segundo, o que poderia levá-lo à morte. Foi possível observar que o instrumento tratava-se de uma arma de brinquedo. Não era o dia do usuário morrer, nem do policial responder e correr o risco de perder sua liberdade. A arma era de brinquedo, mas seu efeito lesivo, sem dúvida, é considerável. Assim, chegamos a uma conclusão: nunca deveremos avaliar o meio ou/e o objeto isolados do teatro operacional.

4.2.3 – Matar o morto

Uma, entre várias tragédias da violência carioca, foi a morte de uma adolescente dentro de uma escola localizada próxima a uma comunidade sob influência do tráfico, durante operação policial. Mais divulgada que a própria morte de uma adolescente inocente, foi a cena na qual policiais, que se encontravam em confronto armado segundos antes, são filmados atirando em criminosos armados já no chão, presumindo uma execução. A questão jurídica central, sem entrar nas questões éticas, é o momento do óbito do criminoso. Se ele já estivesse morto no momento do disparo que foi filmado, apesar da impactante cena, não há crime, uma vez que é impossível matar um morto, por impropriedade do objeto.

4.3 – Art. 21 – Erro sobre a ilicitude do fato, erro de proibição

Art. 21. O desconhecimento da lei é inescusável. O erro sobre a ilicitude do fato, se inevitável, isenta de pena; se evitável, poderá diminuí-la de um sexto a um terço.

Conhecido na doutrina como erro de proibição, de maneira simplória, é quando o agente sabe o que faz, mas acha que sua conduta é lícita, amparada pelo ordenamento jurídico. Ao contrário do senso comum, o argumento de desconhecimento da lei não o isenta de pena, sendo essa conduta inescusável, podendo, dependendo do caso concreto, ser uma mera atenuante.

O Direito penal deve ser usado como o último recurso do poder estatal. Para isso, é importante que a consciência da ilicitude seja desenvolvida em todas as organizações sociais em sentido *lato sensu* e de maneira ostensiva. Bom exemplo é o dito popular que fala "o exemplo está em casa". Se os pais cometem infração na presença dos filhos, ensinarão, mesmo que de forma indireta, que os menores poderão agir da mesma forma. Quando nossas crianças, que se encontram no período de formação moral, cometem algum erro e não são repreendidas, são impedidas de desenvolver atributos jurídicos e sociais fundamentais para o desenvolvimento individual, tão importantes para o convívio em sociedade.

4.3.1 – Ignorância e falta de conhecimento não excluem o crime

A utilização de crianças como *longa manus* do crime é algo abominável. Quando realizada pelos próprios pais, agrava ainda mais a situação. Analisando os registros de ocorrência, identificando uma mancha criminal de furto, iniciou-se a investigação das causas, chegando à conclusão de que, na referida região, crianças ficavam pedindo dinheiro no sinal de trânsito, sem grandes dificuldades. Observou-se o *modus operandi* dos menores infratores. Enquanto um distraía a vítima pedindo, o outro furtava objetos, tudo sob as ordens da mãe. O questionamento chave é: que futuro terá essa criança? Mas, apesar disso, a genitora, mesmo que ignorante, responderá aos ditames legais, sendo esse um bom exemplo de que nem todo o problema de criminalidade é problema de polícia.

Recentemente, a região sudeste do país sofreu com um surto de febre amarela, fato largamente noticiado pela mídia. A principal evidência da manifestação da doença é a morte de macacos, como barreiras e indicadores da enfermidade. Por ignorância, cidadãos começaram a matar os animais, achando que sua conduta seria benéfica e que estariam amparados por lei. Total engano. Apesar da falsa percepção, ou até mesmo boa intenção, a conduta vai de encontro ao artigo 29 da lei 9.605, dos crimes ambientais, não excluindo os autores de responsabilizações.

4.3.2 – Justiça com as próprias mãos

O emprego da força, de regra, é monopólio do Estado, e esta prerrogativa é fundamental para a preservação e manutenção da ordem pública. O descrédito social nos órgãos públicos pode gerar condutas que, apesar de criminosas, são aceitáveis por grande parte da população, levando o agente ao erro, achando que o ordenamento jurídico ampara sua conduta. O linchamento de criminosos, comum quando o cidadão realiza a prisão, pode levar a lesões corporais e até mesmo a homicídio. A conduta de linchar ou de se omitir perante o crime, no caso dos policiais que podem evitá-lo, não é justificante, mesmo que a alegação seja de desconhecimento da norma ou erro de interpretação. A vida e a integridade de quem quer que seja devem ser preservadas.

4.3.3 – A relevância da quantidade de condutas incriminadoras dificultam sua identificação e seu conhecimento

De fato, a legislação brasileira é muito extensa e dinâmica e seu acompanhamento se torna uma missão quase impossível, entretanto, os agentes de segurança, mais que qualquer um do povo, devem buscar o conhecimento da norma, uma vez que a lei é o seu principal instrumento de trabalho. O conhecimento da legislação extravagante é fundamental para a realização de prisões, ou até mesmo na defesa, e o desconhecimento pode causar prejuízos consideráveis a todos os envolvidos em ocorrências policiais.

As polícias, principalmente a militar, têm atuação decisiva e fundamental no pleito eleitoral, realizando toda a segurança das urnas e dos locais de votação, permitindo o livre exercício da democracia. Ao entrar na polícia, o policial aprende que datas importantes, tais como carnaval, ano-novo e eleições, não são celebradas no convívio familiar, e sim trabalhando. A lei eleitoral apresenta crimes extremamente específicos, devendo este profissional está em dia com o conhecimento deles. Cidadão, ao realizar seu ato cívico de voto, decide filmar a urna como lembrança de um momento tão importante, sendo preso em flagrante por crime eleitoral. Esse é um exemplo clássico do artigo estudado. Apesar de o indivíduo não saber da prática delituosa, será responsabilizado.

4.4 – Art. 22 - Coação irresistível e obediência hierárquica

Art. 22. Se o fato é cometido sob coação irresistível ou em estrita obediência a ordem, não manifestamente ilegal, de superior hierárquico, só é punível o autor da coação ou da ordem.

A denominada coação irresistível deve ser interpretada como coação moral irresistível, em que o autor do crime é influenciado psicologicamente pelo autor mediato, sem que exista qualquer alternativa a não ser o cometimento do delito. A responsabilidade será exclusiva do "coator", ou seja, aquele que está coagindo a vítima. O exemplo clássico da doutrina é o do gerente de banco que tem sua família sob a mira de criminosos e se vê forçado a retirar um valor do cofre, do qual sabe o segredo.

4.4.1 – A condição de policial não exclui a possibilidade de ameaça

Agentes policiais podem ser perfeitamente vítimas desse tipo de conduta. Imaginemos que um agente responsável por um procedimento apuratório venha a sofrer ameaça pessoal ou direcionada à sua família, cometendo, em consequência da coação, o crime de fraude processual. Deve-se observar que a conduta delitiva sofreu influência, afastando a exigibilidade de conduta diversa, a culpabilidade e, consequentemente, o crime.

No caso citado acima, o importante a avaliar é se a coação era ou não resistível. Uma análise bem complexa deve levar em consideração diversos fatores. No caso de resistível, não será afastado o crime pelo tipo estudado, sendo aplicada a atenuante prevista no artigo 65, inciso terceiro, alínea "c" do Código Penal, diminuindo a pena do autor imediato.

Sem dúvida, essa análise é mais fácil nos livros do que na prática. No exemplo do gerente de banco, se fosse alegado o motivo pelo qual não acionou as forças policiais, esse argumento, por mais que plausível, deve ser analisado individualmente, devendo ter poucos efeitos jurídicos.

A complexidade desse tipo de ocorrência e suas possíveis consequências drásticas somadas à imprevisibilidade inerente a essas crises, sempre devem ser levadas em consideração. Logo, mesmo orientando que nesse caso a vítima procure a polícia, não seria coerente o Estado exigir conduta diversa da realizada pela autor do crime, vítima de coação tão grave.

No caso dos policiais, presume-se que eles têm obrigatoriedade de agir em qualquer circunstância, assumindo os riscos integralmente, uma vez que escolheram tal profissão. Raciocínio equivocado. Embora tenham coragem diferenciada, uma vez que decidiram defender a sociedade, eles possuem todos os direitos, as garantias e a vulnerabilidade, sendo plenamente possível sofrerem coação, agindo, assim, sob influência de outrem.

A realidade do sistema carcerário brasileiro é caótica. Agentes prisionais vivem sob constante risco e ameaças. Se determinado agente tem família sequestrada por facção criminosa, sendo solicitada em troca da liberdade de seus entes queridos a facilitação de fuga de um criminoso preso, é perfeitamente aplicado o tipo em análise ao exemplo narrado.

4.4.2 – Coação física "forçar o gatilho"

Como já citado, a coação moral, prevista no artigo estudado, não se confunde com a coação física. Esta, por sua vez, exclui a tipicidade e não a culpabilidade. Exemplo de coação física é o exposto na conhecida produção cinematográfica *Cidade de Deus*, quando um traficante obriga um menor a realizar disparo de arma de fogo contra pessoa, realizando este a força física no dispositivo do gatilho. Apesar de o dedo usado para o acionamento ser o do menor, esse autor não tinha qualquer intenção de fazê-lo, nem mesmo a possibilidade de reagir, afastando o crime e, consequentemente, qualquer tipo de responsabilização — restando essa de maneira exclusiva ao coator.

4.4.3 – Crime cometido sob coação mais constrangimento

Boa discussão doutrinária é acerca do concurso de crimes entre o realizado pela vítima da coação com o crime de constrangimento ilegal. Segundo doutrina majoritária, a conduta mais gravosa absorveria o constrangimento ilegal. Neste caso, ficamos com a corrente minoritária, por entender que obrigar alguém a cometer um crime contra sua própria vontade é mais grave que cometer o crime pelos seus próprios atos. Defendemos sim ser responsabilizado o agente, sempre de maneira potencializada pelo concurso de crimes. Voltando ao caso do gerente de banco, a melhor opção seria responder pelo crime de roubo, constrangimento ilegal e sequestro, caso tenha ocorrido restrição de liberdade dos familiares.

4.4.4 – Condições da obediência hierárquica: "ordem absurda não se cumpre"

Assim como a coação moral irresistível, a obediência hierárquica atua na análise da culpabilidade. Logo, no caso concreto, se comprovado que o agente agiu obedecendo ordem superior, a conduta criminosa estará excluída. A avaliação não é tão simples, devendo-se respeitar alguns requisitos cumulativos, para que se afaste a culpabilidade e a repreenda estatal.

Em primeiro plano, o conceito se aplica ao direito público nas relações baseadas pelo princípio da hierarquia, estudadas nas importantes lições de direito administrativo, tendo impacto direto para os funcionários públicos. Analisando os requisitos, o primeiro deles está relacionado à hierarquia funcional entre o autor da ordem e aquele que a cumpre. É fundamental existir essa relação entre os atores, sendo obrigatório que a ordem venha sempre da autoridade superior para a inferior, hierarquicamente.

As forças policiais, como já discutimos neste trabalho, são monopólios estatais, sendo fácil citarmos vários exemplos: oficiais determinando praças nas corporações militares, delegados e agentes ou inspetores nas polícias judiciárias dos Estados ou da União, e os diferentes níveis de inspetorias na Polícia Rodoviária Federal e Guardas Municipais pelo Brasil, sendo suas atividades baseadas na obediência hierárquica.

Segundo requisito é o cumprimento da ordem ou determinação dentro dos limites em que foram emanadas. Sendo assim, todos os excessos na execução do ato deverão ser de responsabilidade do executor. Durante operação policial, chefe determina que equipe em diligência adentre em residência fora dos parâmetros previstos no CPP (Código de Processo Penal), configurando latente ilegalidade. Os subordinados, por conta e risco, entram, danificando a porta da casa. Nessa hipótese, a alegação de obediência hierárquica se torna inviável em virtude do excesso cometido pelos executores.

Caso emblemático é o retratado no filme *Tropa de Elite*, em que a ordem da autoridade era para as equipes táticas entrarem no estabelecimento prisional para conter uma rebelião. Subordinado entra e realiza disparo, matando o preso causador da crise. Nesse caso, comprovado o excesso, a autoridade emitente da ordem não poderá ser responsabilizada pelo erro cometido por terceiro hierarquicamente inferior, sempre levando-se em consideração que a ordem emanada foi legal e que o policial não estivesse agindo em legítima defesa.

Por último, a ordem não poderá ser manifestamente ilegal, deverá está dentro da legalidade. É o que aprendemos desde cedo no bancos escolares policiais: "ordem absurda ou ilegal não se cumpre". A ilegalidade deverá estar mascarada, sendo de difícil percepção, devendo sempre ser analisada, no caso concreto, a capacidade do recebedor da ordem. Oficial da PM determina que soldado entre em determinada residência a fim de realizar prisão judicial, alegando estar com o devido mandado. O executor não verifica a documentação, agindo fora da legalidade, não sendo justa a responsabilização do subordinado.

4.4.5 – Hierarquia e disciplina, bases do militarismo

No caso específico dos militares, onde as instituições têm por base os princípios da hierarquia e disciplina, a questão se potencializa, existindo no CPM crimes específicos protegendo a base dessas instituições. Embora esses princípios sejam fundamentais para a manutenção da ordem em instituições armadas, alguns conceitos positivados merecem breve explicação. O superior hierárquico deverá ser restringido ao chefe imediato, a ordem deverá ser sempre legal ou revestida de aparente legalidade e, na dúvida sobre essa questão, peça explicação até mesmo por escrito, o que não configurará qualquer ilícito, mesmo na rígida justiça castrense.

Comandante determina que equipe encaminhe-se a uma comunidade, onde comumente ocorrem diversos delitos, a fim de reprimir evento musical que ocorre sem a devida autorização estatal. Imaginemos as duas situações hipotéticas: na primeira, o comandante determina que a equipe proceda e, chegando ao evento, quebre toda a aparelhagem de som. Nesse caso, fica claro que a equipe não deve cumprir a ordem, mesmo sendo de seu superior hierárquico, uma vez que ela está revestida de ilegalidade.

Na segunda hipótese, se o comandante ou chefe imediato determina a repressão, e o agente operacional, chegando ao evento, por conta e risco, decide quebrar tudo, mesmo que o número de problema à segurança pública, oriundo do baile, seja grande, o servidor estará excedendo a ordem e responderá pelos delitos cometidos nesse caso, impossibilitando a alegação de obediência hierárquica.

O pensamento doutrinário evolui e se transforma, elaborando teorias que servem de base para decisões judiciais que influenciam diretamente na atividade operacional. Umas dessas teorias modernas trata da coculpabilidade, pensamento inovador que relaciona a desigualdade social à negligência estatal, englobando toda a sociedade. A maior responsabilização de indivíduos, sem qualquer estrutura ou oportunidades, é fato, o perigo é a utilização política desse argumento. Os menos abastados, sem dúvida, estão mais expostos às consequências da criminalidade, bem como às atividades repressivas do Estado. Apesar da necessidade de atenção dos agentes operacionais a essa questão, não será a polícia, na ponta da linha, que resolverá essa problemática, e muito menos deve ser responsabilizada por essa dura realidade nacional.

4.5 – Art. 23 - Excludentes de ilicitudes, as justificativas legais operacionais

Art. 23. Não há crime quando o agente pratica o fato:

I - em estado de necessidade;

II - em legítima defesa;

III - em estrito cumprimento de dever legal ou no exercício regular de direito.

Excesso punível

Parágrafo único. O agente, em qualquer das hipóteses deste artigo, responderá pelo excesso doloso ou culposo.

Conceito jurídico extremamente relevante, principalmente na defesa, visto que na atividade operacional policial é inevitável o cometimento de alguns crimes, sendo o delito afastado por uma dessas excludentes, isentando de pena os servidores, tirando o peso da reprimenda estatal ao autor do fato típico. Detalharemos cada dispositivo, fazendo o devido emprego prático, bem como o entendimento que poderá ser utilizado como argumento de defesa dos policiais quando processados.

Ao estudar o crime de maneira bem simplória e direta, o definimos como fato típico, antijurídico ou ilícito e culpável. De maneira subjetiva, pode ser identificado como a contrariedade de um comportamento frente às exigências sociais definidas no ordenamento jurídico. O ponto tratado refere-se à ilicitude ou antijuridicidade. Visando um melhor entendimento, estudaremos as excludentes de ilicitude, ficando mais fácil a compreensão dos aspectos e das justificativas da contrariedade da norma jurídica.

4.5.1 – Desarquivamento de inquéritos policiais

É uma preocupação corriqueira para todos os policiais operacionais o desarquivamento de inquéritos, gerando grande instabilidade jurídica e emocional dos servidores da linha de frente no combate à criminalidade. Segundo a norma, com o surgimento de prova nova, como preleciona a súmula 524 do STF, o inquérito poderá ser desarquivado a qualquer tempo. Esse fator apresenta dois lados: um positivo, permitindo a punição de autores a qualquer tempo, corrigindo possíveis injustiças, e outro negativo, relacionado com a instabilidade jurídica, podendo ser alterada a qualquer tempo.

A discussão é complexa, levando inclusive os nossos tribunais superiores a discordâncias. Segundo o STJ, o inquérito devidamente arquivado por força de excludente de ilicitude faz coisa julgada, não podendo ser desarquivado. Em sentido contrário, está o posicionamento do STF, instância superior de nossa organização judiciária, que decidiu que o inquérito poderá ser desarquivado a qualquer momento, com o surgimento de prova nova.

Normalmente, observamos policiais angustiados por voltarem a ser investigados após decorridos longos lapsos temporais. O referido fato não significa que os servidores cometeram qualquer ilegalidade, uma vez que somente a investigação é algo desagradável para quem é alvo dela. É importante frisar que é extremamente aceitável o esquecimento de detalhes, visto o número de ocorrências realizadas por aqueles que combatem o crime diariamente, devendo o policial montar um arquivo pessoal para consulta, no momento de oitivas, evitando declarações contraditórias.

4.5.2 – Estado de necessidade

Art. 24. Considera-se em estado de necessidade quem pratica o fato para salvar de perigo atual, que não provocou por sua vontade, nem podia de outro modo evitar, direito próprio ou alheio, cujo sacrifício, nas circunstâncias, não era razoável exigir-se.

1º - Não pode alegar estado de necessidade quem tinha o dever legal de enfrentar o perigo.

2º - Embora seja razoável exigir-se o sacrifício do direito ameaçado, a pena poderá ser reduzida de um a dois terços.

Este tipo penal permissivo está caracterizado pela colisão de dois bens jurídicos protegidos por lei, autorizando, se for o caso, o sacrifício de um deles em benefício do outro. O Código Penal brasileiro adotou a teoria unitária, não existindo uma mensuração ou pré-valorização dos bens jurídicos, sendo todos relevantes em nosso regramento. Apesar disso, na prática, bens são mais ou menos valorados por uma determinada sociedade, não restando outra opção a não ser o sacrifício do menos importante. A avaliação do caso concreto ponderará sempre, levando em consideração os princípios constitucionais, com o principal enfoque de supremacia da vida e do respeito aos direitos humanos, tendo como base o princípio da razoabilidade.

O Código Penal Militar (CPM), que não teve as mesmas atualizações que o Código Penal (CP), adota a teoria diferenciadora alemã, pré-valorizando os bens, dividindo o estado de necessidade justificante e exculpante, sendo este avaliado no âmbito da culpabilidade, assunto que será analisado posteriormente neste trabalho. Na prática, os militares ou civis, quando submetidos ao jugo da justiça castrense, poderão ter a conduta típica excluída pelo estado de necessidade de maneira distinta, podendo ser absolvidos ou punidos de maneira mais branda, após análise do caso concreto.

O termo "Perigo atual" significa que a lesão ao bem jurídico deve estar acontecendo, não cabendo a antecipação por parte do agente de conduta protetiva. O agente policial, operando em área conflagrada, ao progredir, depara-se com um beco que, possivelmente, tenha vários elementos armados. Visando se abrigar e se defender de possíveis disparos, em ato contínuo, arromba uma residência, cometendo os delitos de dano e violação de domicílio. No caso concreto, não poderá alegar estado de necessidade, uma vez que a situação era presumida, mesmo sendo possível o ataque à vida do servidor. A alegação dessa excludente só seria possível após a lesão ou ameaça ao bem jurídico que, no referido exemplo, seria a integridade física ou até mesmo a vida.

"Que não provocou por vontade própria" — o dispositivo delimita que, para alegar a excludente, o agente não pode ser quem provocou o ataque ao bem jurídico. É uma questão bem óbvia, visto que a excludente não pode ser, em nenhuma hipótese, a possibilidade de vingança, ou que ocorra de maneira préordenada, visando interesses pessoais. Incomodado com o cachorro do vizinho, o policial provoca o animal e é atacado. Após o ataque, ele realiza disparo contra o animal. A alegação de estado de necessidade, visto que se trata de ser irracional, somada ao fato de que a vítima inicial provocou o ataque, afasta a possibilidade da exclusão da ilicitude prevista na lei de crimes ambientais (Lei 9.605-98).

"Não podia de outro modo evitar" — quando o legislador cita essa condição para a utilização da excludente, nas entrelinhas, ele diz que a conduta deverá sempre está pautada na proporcionalidade. O uso progressivo da força é uma máxima na atividade operacional. No livro *Atividade policial*, o professor Rogério Greco, grande estudioso da área policial, cita o exemplo do policial que atira contra um transformador, visando cortar a energia, uma vez que a iluminação estaria colocando a vida dos agentes em risco. O exemplo prático vivenciado está revestido de legalidade, mas essa conduta, para ser justificada, deve ser utilizada em caráter de exceção e como única opção, visto o prejuízo que causará ao grande universo de usuários desse importante serviço. A referida excludente não pode, em hipótese nenhuma, ser um salvo-conduto para o cometimento de ilegalidades.

Ao falar em "direito próprio ou alheio", o legislador ampliou a proteção de terceiros, em que o ataque ao bem, em detrimento de outro, não se restringe à lesão ou ameaça direta. Voltando ao exemplo do transformador de energia, imaginemos que um atirador de elite, posicionado com a função de proteção da equipe, observa que ela encontra-se em risco e vê como única opção a destruição do equipamento. Mesmo não sendo ele o ameaçado, a excludente em análise caberá perfeitamente ao caso concreto.

No parágrafo primeiro, a lei exclui os policiais, aqueles que têm o "dever legal de enfrentar o perigo". Nunca é demais reforçar que nosso ordenamento legal, onde se encontra o Código Penal, não exige heroísmo de ninguém, mesmo a estes profissionais que, só de escolher essa atividade de alto risco, deveriam ser considerados verdadeiros heróis. É óbvio que, apesar do impedimento legal, os agentes policiais podem alegar a excludente, que será avaliada dentro dos parâmetros processuais, cabendo ao judiciário a análise e o julgamento.

O assunto, pela importância, apresenta grande complexidade. Bom exemplo foi o recente entendimento do STF de que uma gravação, mesmo que fora dos ditames legais como, por exemplo, sem a devida autorização judicial, em regime de exceção, poderá ser usada como instrumento probatório, somente para alegar inocência, se esta for a única prova. A alegação será baseada na excludente do estado de necessidade, existindo um confronto evidente entre os bens: liberdade e intimidade sobrepujando o primeiro.

Policial é acusado de torturar e executar um colaborador do tráfico local, e é massacrado pela opinião pública, pela imprensa e pelos órgãos responsáveis pela investigação do fato. Ele decide realizar gravação por conta própria de conversa entre traficantes locais que assumem o assassinato. Sendo essa a única prova de defesa dele, não há de se falar em ilegalidade, uma vez que esse foi o único instrumento capaz de provar sua inocência.

4.5.3 – Legítima defesa real e putativa

Art. 25. Entende-se em legítima defesa quem, usando moderadamente dos meios necessários, repele injusta agressão, atual ou iminente, a direito seu ou de outrem.

Por mais que o poder público seja eficiente na prestação de seus serviços, o Estado nunca será onipresente. Como o crime pode ocorrer a qualquer hora, em qualquer lugar, contra qualquer pessoa, e, na impossibilidade de colocação de agentes de segurança em cada esquina, o ordenamento jurídico autoriza a autodefesa ou defesa real, quebrando o monopólio de uso da força pelo Estado, em regime de exceção, fundamentando o instinto de sobrevivência do ser humano através da legítima defesa.

A garantia de defesa do bem jurídico, positivada pela excludente analisada, poderá e deverá ser alegada pelos agentes públicos, tendo como elemento subjetivo o *animus defendendi*, ou seja, vontade de defender inerentes aos representantes do Estado, mesmo estando de folga. Na prática, é o dispositivo mais alegado pelos policiais em contato direto com a violência, sofrendo constantes ataques aos seus direitos, principalmente à vida, o que nos leva a relacionar tal justificante ao crime de homicídio. Entretanto, podemos utilizá-la para qualquer bem jurídico tutelado.

Detalhando o dispositivo, iniciamos pela expressão "usando moderadamente os meios necessários" — a atividade policial pode ser expressada e baseada no bom senso. O termo moderado está diretamente ligado ao uso progressivo da força, alicerçado no trinômio operacional: necessidade, adequação e oportunidade.

A moderação configura-se pela eficiência na ação, não extrapolando os limites, agindo somente o necessário até cessar a agressão, mas essa avaliação não é tão simples. São vários fatores operacionais que influenciarão na tomada de decisão do operador. Um policial, de pequena compleição física, durante patrulhamento de rotina, depara-se com uma ocorrência de rixa. Tentando cumprir seu papel legal, é ameaçado por elemento mais forte fisicamente, com características típicas de lutadores de artes marciais. Após seguir tecnicamente as etapas do uso progressivo da força, iniciando pela verbalização, estando em inferioridade numérica, realiza disparo de arma de fogo na perna do possível agressor. A ação, apesar de gravosa, pode ser considerada legítima a atuação do policial, visto que o risco de uma inércia poderia resultar na morte do agente público.

A vida é o bem jurídico mais importante em nosso ordenamento, e no caso dos policiais, como protetores e detentores de direitos, não pode ser diferente. No exemplo supracitado, a ação pode ser considerada moderada, visto que o agente não possuía outro meio disponível. Ao realizar o disparo em membros inferiores, apesar da grave lesão causada, este profissional provavelmente, não causará a morte do indivíduo e, em hipótese nenhuma, poderia correr o risco de ter seu armamento tomado, colocando sua vida e a dos demais transeuntes em risco. É lógico que são inúmeras variáveis em cada caso, tais como: calibre da arma, quantidade de disparos, distância e local de impacto do tiro, servindo de argumentação de defesa no curso da investigação e da possível ação penal.

Os "meios necessários" são os instrumentos ou as ações realizadas pelo agente policial no desenrolar da ocorrência. Tratando-se de instrumentos, é uma realidade nacional, com raras exceções, que as forças policiais estão sucateadas, com equipamentos ultrapassados, deixando seus integrantes vulneráveis, sendo cada vez mais expostos a processos judiciais. Em relação às ações realizadas, o treinamento e a capacitação são fundamentais para a eficiência de qualquer instituição, mas, na maioria dos casos, as polícias são usadas politicamente, em que a quantidade sobrepõe-se à qualidade, deixando nossos profissionais sem treinamento constante, estando cada vez mais vulneráveis ao erro.

Voltando ao caso concreto citado, a crise poderia ser solucionada com um armamento de eletrochoque por exemplo, sendo moderado o meio necessário para rechaçar a agressão, preservando a integridade do autor, sendo eficiente e, o mais importante, não levando o servidor e, consequentemente, o Estado a serem responsabilizados judicialmente. Nunca podemos deixar de lembrar que a tomada de decisão no teatro de operações, sob risco e com tempo escasso, é sempre mais difícil do que em qualquer gabinete, devendo esse fator ser usado na ponderação em qualquer ato decisório.

A "injusta agressão" atua diretamente como a justificativa do agente para uma ação ou reação, legitimando um ato de autodefesa, não se restringindo somente a atitudes criminosas tipificadas pelo ordenamento jurídico, podendo a reação ser envidada contra ações justificadas ou revestidas de legalidade. Nesse caso, a complexa explicação teórica se torna simples com a exposição de um exemplo prático.

Policial saindo de casa para o trabalho observa que um cidadão não identificado pega sua motocicleta, tendo a leitura de cenário compatível ao crime de furto. Entretanto, o objetivo do desconhecido era o uso para posterior restituição, sem causar dano ao bem, configurando um furto de uso, conduta não penalizada em nosso ordenamento jurídico. Mesmo o ato revestido de legalidade, o referido policial poderá atuar para proteger seu bem, desde que cumpra os requisitos legais já comentados.

Outro fator relevante é que contra justa agressão não caberá a alegação de legítima defesa, levando-se sempre em consideração que o Estado, através de seus agentes constituídos, possui o monopólio do uso da força, e esta se faz necessária em vários momentos, sendo essa a diferença do emprego ou não da violência dentro da legalidade. Equipe policial, a fim de cumprir um mandado de prisão, sofre resistência, não deixando outra alternativa ao agente que o cometimento de uma justa agressão para repelir tal resistência, não sendo possível a alegação de legítima defesa por parte do resistente, sem entrar no mérito do estrito cumprimento do dever legal excludente, que analisaremos posteriormente.

Essa justificante independe da imputabilidade do autor da agressão, podendo este ser inimputável. Exemplo: nas comunidades cariocas, onde adolescentes e até mesmo crianças são utilizados ou atuam diretamente no tráfico de drogas, atentando contra a vida das forças policiais com armamentos de guerras. Na prática operacional, não há tempo de avaliar discernimento. No combate, o que vale é a vida. Logo, a excludente poderá ser invocada a qualquer momento, independente da condição do autor, sendo esta uma garantia fundamental para a preservação dos servidores da área de segurança.

É fundamental a criação e manutenção de forças especiais policiais pelo Brasil. Situações especiais necessitam de profissionais de mesmo nível. É comum que estas unidades sejam responsáveis por ocorrências de crise, dentre elas, ocorrências com reféns, suicidas e com alienados mentais. Unidade de operações especiais foi acionada para ocorrência com refém, onde homem com histórico de insanidade mental mantinha a própria família sob a mira de uma arma. Após horas de negociação, ele libertou a família, sendo este o foco da ocorrência. Na entrega do armamento, em um momento de delírio, o indivíduo realiza vários disparos contra a equipe, sendo imediatamente neutralizado. Apesar de não ser esse o resultado ideal para uma ocorrência policial, o agente agiu em legítima defesa, mesmo com a condição de ausência de plenitude mental do agressor.

"Real ou iminente", dentre os termos utilizados pelo tipo, estes são os mais polêmicos, devendo o agente operacional dominar seus conceitos e sua aplicabilidade. Quando o legislador cita a expressão real, não se apresentam grandes dificuldades de entendimento. É aquela agressão que está acontecendo no momento presente como, por exemplo: estão roubando o meu carro, estão disparando contra minha equipe. As dúvidas e controvérsias começam com hipóteses de iminência de agressão, uma vez que a definição do lapso temporal permissivo entre ação e reação, para atuação legal da vítima ou de terceiro, é de difícil aplicação.

Iminente, na prática, seria a antecipação da reação, evitando assim o dano, uma vez que este poderá ser, dependendo do caso concreto, irreversível. A melhor situação para exemplificar tal dispositivo está no confronto armado, ou seja, na tentativa de homicídio contra o agente público. É claro que devemos sempre frisar que o policial não precisa esperar ser atacado para somente depois reagir, por motivos óbvios. A lei permite a antecipação da reação, ou seja, o ataque em caráter excepcional. Operacionalmente falando, se o policial esperar ser atacado por criminoso armado de fuzil — arma que possui como único objetivo a letalidade —, não estará vivo para reagir e muito menos para se defender no poder judiciário. Como dizemos no jargão policial: é melhor ser julgado por sete do que carregado por seis.

O liame entre a legítima defesa e o crime de homicídio decorrente da intervenção policial, o popularmente conhecido auto de resistência, é tênue, sendo a análise dos juristas atuantes na persecução penal de grande responsabilidade, uma vez que os resultados do enquadramento jurídico ao caso concreto terão consequências totalmente diferentes para o policial. Comprovada a atuação em legítima defesa, apesar de o policial ser submetido ao processo de persecução penal, o que já é um considerável transtorno, no final, a excludente afastará o delito, não resultando em qualquer tipo de pena. Do contrário, se for condenado, será submetido a sanções penais, civis e administrativas. Resumidamente: perda da liberdade, de dinheiro e até mesmo da carreira.

Essa excludente não poderá ser usada como justificativa ou para maquiar execuções. No contexto de violência extrema que nos encontramos, como o policial dará voz de prisão para um elemento fortemente armado, disposto a matar e morrer a fim de evitar sua prisão, sem se colocar em risco? Essa realidade só quem está enfrentando o crime conhece, sendo esse importante tema pouco debatido nos livros pelos legisladores ou até mesmo pelas autoridades atuantes dentro do sistema jurídico policial brasileiro.

Nas operações policiais, em comunidades carentes sob influência do tráfico de drogas, os profissionais operacionais da segurança pública trabalham em inferioridade numérica e bélica, além de inúmeras outras dificuldades. Deparando-se com criminosos em flagrante, ao dar voz de prisão, é fato que o poder Estatal não será respeitado, sendo este atacado na figura dos policiais, Como atuar nessa difícil situação jurídica operacional de maneira menos agressiva? Ficando a resposta para os inúmeros especialistas.

O momento da agressão é fundamental para a utilização da excludente, não cabendo a reação a agressões passadas, configurando mera vingança. Após ocorrido o atentado, caberá a devida comunicação ao ente público responsável, de maneira exclusiva ao uso da força. O mesmo argumento vale às agressões futuras resultantes de ameaças, onde o agente não poderá alegar legítima defesa, justificando que seu ato evitou um dano. Nem todas as ameaças se concretizam, existindo tempo hábil para comunicar as autoridades competentes, se distinguindo grandes lapsos temporais do conceito de iminência citado na norma.

A justificante protege "Direito próprio ou de terceiro". Próprio é quando sou vítima direta do delito ou bem jurídico de minha propriedade está sendo ou será atacado, ou seja, estou sendo roubado, furtado ou agredido. O legislador decidiu ampliar a proteção dos bens, permitindo a proteção de bens de e por terceiros, quando a vítima direta encontra dificuldades para a realização da autodefesa. Para o policial, que por força legal tem a obrigação de agir, desde que tenha a possibilidade, é recorrente sua atuação na defesa de direito alheio, independendo de consentimento da vítima, devendo o policial evitar o dano de maneira imediata.

Importante e fundamental especialidade policial operacional, o *"sniper"* é uma realidade na atividade policial carioca, sendo uma das funções operacionais exercidas com excelência no Batalhão de Operações Policiais Especiais (BOPE). Na realidade enfrentada por esses profissionais, torna-se necessário o emprego dessa ferramenta, servindo de segurança e cobertura para o patrulhamento em áreas de alto risco. Na prática, o agente tem a capacidade de realizar disparos letais com total eficiência a longas distâncias, zerando a ocorrência com efeitos colaterais, tais como as popularmente denominadas "balas perdidas", dando a eficiência fundamental para as operações em áreas urbanas com altos índices demográficos.

O argumento jurídico para utilização dessa ferramenta por esse profissional está baseado na legítima defesa de terceiros. No caso de iminência ou ataque às forças policiais de infantaria, ou seja, de contato terrestre aproximado, esse profissional estará legitimado para a utilização de força letal dentro dos parâmetros já mencionados anteriormente. São inúmeras as críticas a essa atividade operacional, principalmente, devido à letalidade que apresenta. Entretanto, a atuação possui amparo legal indiscutível pelo ordenamento jurídico, devendo ser frisado que a ferramenta deverá sempre ser usada como última alternativa para a preservação da vida dos agentes em detrimento da do criminoso agressor.

Já a legítima defesa putativa é um exemplo de erro cometido pelo autor da excludente, resultante de uma falsa percepção da realidade. O agente, ao analisar a situação, acredita que está ocorrendo uma agressão real ou iminente, todas as evidências o levam a essa conclusão. Mas, apesar de tudo, existe um equívoco. Deve ser avaliado se todo o homem médio agiria da mesma forma no caso concreto em análise, servindo de parâmetro para a responsabilização ou não do autor.

Policial responsável pela segurança do deslocamento de uma equipe em área de alto risco, com forte influência do tráfico de drogas, onde costumeiramente ocorrem confrontos armados, observa elemento a certa distância. Localizado em uma laje, atitude realizada por criminosos, dirigindo-se à equipe, o indivíduo aponta objeto com a forma de uma arma na direção dos policiais. Imaginando estar agindo em legítima defesa de terceiro, de perigo iminente, o policial realiza um disparo letal. Após a devida verificação de segurança e possível socorro, observa-se que o indivíduo atingido não se tratava de um criminoso, e sim de um cidadão curioso portando não uma arma, mas sim uma furadeira.

Uma verdadeira tragédia, com resultados sem parâmetros. Em primeiro lugar, aos familiares do cidadão morto e, em segundo, ao agente público que, após o trauma, foi submetido a toda persecução criminal somada a críticas e exposição feita por órgãos da imprensa. Esse profissional carregará em sua consciência a autoria de fato tão danoso, mesmo que revestido de legalidade. O policial, apesar de toda a capacidade técnica, cometeu um erro inevitável, provado por todos os meios de provas legais, evidenciando que seria impossível diferenciar o objeto utilizado de uma arma de fogo — no caso específico, uma submetralhadora — e, devido ao contexto da missão e de todos os antecedentes, qualquer policial agiria da mesma maneira, sendo esse o argumento utilizado para sustentar a absolvição.

Observação mais detalhada, se possível sem colocar o agente em risco, evita danos e suas consequências. Adentrando em uma comunidade no veículo blindado, onde existiam várias informações de que os criminosos ali atuantes teriam em sua posse um armamento antiblindagem. Não bastando toda a tensão da operação, surgem dois elementos em uma motocicleta portando objeto suspeito, em direção à viatura. Integrantes da patrulha informam ao comandante responsável pela segurança da equipe do risco, que chega a levar o dedo ao gatilho, mas decide avaliar e observar melhor o cenário operacional. Vendo que não se tratava de uma arma antiblindagem e sim de um cano utilizado em obras. Sem dúvida, aquele disparo traria graves consequências no mundo jurídico.

A avaliação mais detalhada no caso supracitado poupou o agente público, bem como as possíveis vítimas, de uma ação. É o que se deve recomendar aos nossos policiais, mesmo sabendo que essa análise dura mais tempo, podendo custar inclusive a vida do agente ou de um integrante de sua equipe. Nos casos de confronto armado, nervosismo e atividade operacional não combinam, mostrando que esses profissionais, além de tecnicamente, devem estar bem preparados psicologicamente, para o pleno exercício de sua atividade laboral.

Questão não recepcionada pelo ordenamento jurídico é a denominada legítima defesa recíproca, ou seja, o duelo, como observamos nos filmes de Velho Oeste. Inclusive, nos casos de desafio pré-agendado, acordado pelas partes, não poderá ser alegada essa justificante. Duas torcidas organizadas de times de futebol marcam uma rixa pela internet. Apesar de absurdo, é um fato bem comum hoje em dia. Concretizando o delito, não poderão os autores alegarem o afastamento do crime pela excludente da legítima defesa, uma vez que eles deram causa ao fato.

Outro assunto bem discutido na doutrina, de grande aplicabilidade na atividade operacional, é a legítima defesa pendular, na qual o autor e a vítima trocam de posição, invertendo a titularidade do Direito e a possibilidade de alegação da justificante. O conceito jurídico está diretamente ligado ao cometimento de excesso, em que a vítima inicial, ao atuar fora dos parâmetros legais, permite que o autor do ataque passe a ter o direito de defesa à ação inicialmente justificada.

O exemplo prático facilitará o entendimento: equipe policial sofre um ataque armado e, dentro da legalidade, responde baleando o criminoso. Avistando o indivíduo caído no solo, em vez de prestar o devido socorro, assume conduta delituosa, tentando executar o ferido, cometendo um excesso, atravessando a linha tênue entre legalidade e ilegalidade. Nesse momento, o ferido reage evitando a morte e mata o policial. Estando essa conduta amparada na legítima defesa, não impedindo que ele responda pela conduta inicial anterior, não existindo teoria da compensação no Direito penal, cada agente respondendo por seus atos, independentemente.

Como frisamos anteriormente, na basta saber a norma, mas a jurisprudência, para entender como os juízes estão julgando e interpretando a lei nos diversos assuntos do Direito. Em relação à legítima defesa, podemos citar alguns posicionamentos interessantes: policial agindo em legítima defesa realiza disparo de arma de fogo ilegal — "fria" —, vindo a matar criminoso. A tendência é ser absolvido pelo homicídio, por força da excludente, respondendo pelo porte ilegal de arma, sendo esse entendimento uma exceção. O princípio da consunção, nesse caso concreto o crime mais grave, não absorveu o crime menos grave como dita o princípio.

Outro posicionamento relevante, reforçando a ideia de que a justificante é aplicável em qualquer crime, está relacionado à gravação clandestina de áudio ou vídeo, sem a devida autorização judicial, no crime de concussão, no qual apenas a vítima tem ciência do ato. O entendimento do Supremo Tribunal Federal é de aceitabilidade da prova em caráter de exceção, visto que a vítima estaria agindo em legítima defesa.

4.5.4 – Estrito cumprimento do dever legal

A justificante, em análise, ao contrário das anteriormente estudadas, não apresenta definição detalhada como as demais no Código Penal, uma vez que o termo "dever legal" deve ser definido por legislação específica, visto que o conceito jurídico é extremamente amplo e variável em relação aos diferentes agentes públicos. Essa excludente está diretamente ligada ao conceito de poder de polícia, descrito no artigo 78 do Código Tributário Nacional (CTN), justificando a intervenção estatal na esfera do Direito privado.

O termo "legal", citado na excludente, pressupõe ações definidas em lei em sentido amplo, sendo as atividades profissionais amparadas pelo ordenamento jurídico, seja de matéria constitucional, penal ou administrativa. Caso prático, relacionado à atividade operacional, trata-se do flagrante compulsório, no qual o policial, por força de lei, é obrigado a prender aquele que se encontra em flagrante delito. O servidor atua amparado em estrito cumprimento do dever legal, visto que uma das atribuições desse profissional é prender. Outro exemplo importante está no caso em que os agentes de saúde, visando combater foco de mosquitos da dengue, arrombam uma residência, não podendo existir responsabilização pelo crime de violação de domicílio, por força da excludente.

A realidade enfrentada pelo policial brasileiro, principalmente nas grandes cidades, é *sus generis*, não ocorre em qualquer lugar do mundo. Aqui nossos agentes são atacados somente por serem policiais. Por instinto de sobrevivência, nossas instituições policiais têm por necessidade a formação de guerreiros, criando grandes distorções técnicas e jurídicas. É comum no discurso de legitimação do confronto e, consequentemente, da morte por intervenção policial, a utilização equivocada dessa excludente, deixando claro que não é função policial tirar a vida. Isso ocorre como última e única alternativa. Policiais não são executores, esses profissionais sim, possuem esse dever legal legitimado pelo Estado.

4.5.5 – Exercício regular de um direito

Assim como o estrito cumprimento do dever legal, o exercício regular de um direito não possui definição legal, devendo o termo "direito" ser interpretado de maneira ampla, sendo considerados leis, decretos, regulamentos e até mesmo costumes como fontes, levando em consideração os princípios e as garantias constitucionais, respeitando ainda o direito consuetudinário de cada sociedade. A causa justificante necessita de análise detalhada do caso concreto, principalmente em seus aspectos subjetivos como, por exemplo, observamos que alguns povos indígenas cultuam a mutilação do corpo, sendo para estes um direito, entretanto, para os demais integrantes da sociedade, tal conduta fere o dispositivo legal e os bons costumes. Em resumo, é tratar os desiguais com desigualdade, respeitando as particularidades de cada povo.

Voltando à questão operacional propriamente dita, um bom exemplo que afeta diretamente as grandes cidades diz respeito à atuação dos guardadores de carros, conhecidos popularmente no Rio de Janeiro como "flanelinhas". Segundo entendimento já ultrapassado, essa atividade caberia à condução do autor por contravenção penal de exercício ilegal da profissão. Nova interpretação dos tribunais superiores é que essa medida coercitiva não se justifica, porque tal atividade não é regulamentada, não existindo qualquer tipo de fiscalização por órgão público ou entidade de classe.

Embora o entendimento tenha coerência, não exime a análise específica da conduta e seu devido enquadramento nos demais tipos penais, tais como ameaça, constrangimento ou até mesmo extorsão, sendo essa atividade, apesar de dar emprego informal, um verdadeiro tormento aos órgãos de segurança pública e ao cidadão. Não havendo fiscalização, impera a desordem.

4.5.6 – Consentimento do ofendido

Considerada pela doutrina como causa supralegal de exclusão de ilicitude, é fundamental o emprego de alguns requisitos de validade para sua funcionalidade. Os requisitos de capacidade do ofendido, forma livre de aquiescência sem vícios, tais como fraude ou coação, e a disponibilidade do bem juridicamente tutelado devem atuar de modo cumulativo. Os direitos são classificados como indisponíveis, disponíveis e relativamente disponíveis, sendo alvos de muitas polêmicas e discussões doutrinárias. Exemplificando, o patrimônio e a integridade física são bens relativamente disponíveis, entretanto, para que a justificante tenha efeitos legais, é necessária a avaliação do caso concreto com a doutrina, jurisprudência e o direito consuetudinário.

Esse conceito jurídico chama a atenção pelo viés operacional, quando da ocorrência na qual menores de idade abandonam suas residências para viverem com traficantes no interior de comunidades sob influência do tráfico, em nome de um amor bandido. Pelo simples fato de ser menor de idade, não ter a capacidade civil e, consequentemente, de discernimento, torna-se inviável a alegação da excludente sobre lesão, mesmo que o bem seja disponível. O Código Penal positivou o pensamento no caso do estupro de vulnerável, em que mesmo havendo o consentimento, no caso de ato sexual com menor de 14 anos, configura-se crime.

Questão interessante é a relação do tema com os treinamentos militares operacionais. Segundo os críticos, alunos têm sua integridade física violada constantemente, ato esse sempre contestado por órgãos e entidades civis que não entendem que, treinamento duro resulta em combate fácil; não existindo outra maneira para enfrentar a realidade. O aluno que escolhe essa carreira está consentindo, mesmo que de maneira informal, dispondo seu bem em benefício da nobre e difícil missão. Cumprindo todos os requisitos citados anteriormente, não haverá qualquer tipo de ilegalidade.

É lógico que qualquer tipo de excesso deve ser apurado e punido, não pode ser tolerada qualquer tipo de violação desnecessária, fora dos limites legais. A questão é: como preparar profissionais para a guerra, sem aproximá-los dessa dura realidade? Lema operacional bem apropriado é:

"suor poupa sangue". Nossos cursos de operações especiais estão entre os mais exigentes do mundo. A restrição de sono, alimentação, tempo e a sobrecarga de instruções, sob intensa pressão psicológica, dependendo da interpretação, podem significar violações de direitos. Entretanto, duas situações devem ser levadas em consideração. A primeira é a voluntariedade nesse tipo de atividade, e a outra é que se a dificuldade no treinamento existe, é porque, depois dele, as situações serão cada vez mais difíceis para este profissional.

O momento do consentimento é fundamental para a aplicabilidade da causa de justificação supralegal, só tendo a consequência jurídica se autorizada antes da lesão, evitando tentativas de clemências por vínculos afetivos, mesmo que transitórios. Um furto realizado por uma criança, algo comum no centro do Rio de Janeiro, a vítima, constrangida com a situação de vulnerabilidade do autor, afirma que dispôs de seu bem, tentando evitar possíveis reprimendas estatais ao autor. No exemplo citado pela questão temporal, ficará inviável a aplicação da excludente, mesmo sabendo das mazelas sociais de nosso país. Tal prática serviria de fomento para a impunidade.

Situação comum, antes da mudança de titularidade da ação penal com a lei 11.340 conhecida como lei Maria da Penha, que regula crimes de violência doméstica. Após o acionamento da força policial, o cônjuge feminino, ao perceber que o agressor seria conduzido à delegacia policial, estando sujeito às penalidades legais, muda o discurso, afirmando que consentiu tal ato, sendo uma tentativa de preservar a pessoa com quem possui vínculo afetivo, não cabendo, à época, atuação das atividades persecutórias penais. Hoje, como a legislação especial definiu esses crimes como de ação pública, a manifestação da vítima não interfere na atuação estatal e, consequentemente, das forças policiais.

A revogação do consentimento anula de imediato os efeitos da excludente, sendo as condutas realizadas, após o ato, suscetíveis à reprimenda da lei. Amigo empresta seu veículo para participar de um "pega", mas, temendo possíveis danos, desiste, revogando o consentimento. Logo, os danos causados a partir desse momento serão enquadrados no crime de dano ao patrimônio, sem a possibilidade de alegação da justificante supralegal.

4.5.7 – Excesso

Dispositivo jurídico previsto no parágrafo único do artigo 23 do Código Penal, possui grande impacto nas atividades operacionais, sendo, por vezes, mal-interpretado pelas autoridades julgadoras, visto que a avaliação de determinados casos necessita de conhecimentos técnicos e até mesmo operacionais, sempre ponderados com a realidade enfrentada no cotidiano do combate à criminalidade violenta.

Situação que relaciona o conceito jurídico à afirmativa: policial de folga, em inferioridade numérica e bélica, é atacado por criminosos com o intuito de roubar sua motocicleta. A vítima, atenta, se antecipa ao ataque, justificado pela legítima defesa iminente, realizando disparos de arma de fogo, vindo a acertar um dos criminosos cinco vezes. Em primeira análise, salta aos olhos um possível excesso, entretanto, o calibre usado pelo policial era um 380, com baixo poder de parada, aumentando a necessidade de disparos para neutralizar o agressor. Esse básico conhecimento faz a diferença entre uma ação legítima e outra exagerada, sendo importante o domínio desses conceitos aos responsáveis pela atividade persecutória criminal, evitando, assim, diversas injustiças.

Como os demais assuntos debatidos no trabalho, a doutrina também divide esse tópico em diferentes tipos. Sem tirar a importância de todo o conhecimento desenvolvido pelos especialistas, manteremos a proposta de praticidade, sempre procurando ligar o conceito à realidade operacional, de maneira direta e reduzida, focando nos pontos mais relacionados à atividade policial operacional.

O denominado excesso doloso é caracterizado quando o agente sabe que excede, quer exceder, não existindo erro ou falsa percepção da realidade. Em uma troca de tiro, policial realiza disparo de arma de fogo e, mesmo neutralizando o agressor, causando-lhe lesão grave, por vontade livre e consciente continua atirando, visando ao óbito. A intenção do agente é matar. Mesmo estando em legítima defesa inicialmente, excedeu e sai da proteção da excludente, respondendo pelo excesso que causou a morte.

Quando o agente age em erro de proibição indireto, significa que o autor estende a conduta, achando que a excludente vai ampará-la, indo até as últimas consequências. O ditado popular com grande repercussão e efeito em nossa sociedade — "bandido bom é bandido morto" — tem direta ligação com o conceito analisado. Exemplo prático é quando um criminoso é agredido por populares, achando estes que sua ação é legítima. Ledo engano. Eles responderão pelos excessos, uma vez que a lei tem a obrigação de garantir a integridade de todos, inclusive dos criminosos mais odiosos.

Já o excesso culposo é um dispositivo resultante de uma má avaliação no emprego dos meios ou até mesmo da força utilizada na ocorrência. São inúmeros os exemplos possíveis, que poderão ser questionados ou usados como argumentos contra ou a favor, em sede processual, quando do julgamento do fato típico. Policial, ao realizar uma abordagem de veículos, observa que o abordado realiza um movimento brusco. O agente, achando que o outro reagiria, aciona sua arma de fogo, constatando, posteriormente, que o indivíduo pegaria os documentos do veículo. A falsa percepção da realidade ou o erro fez com o que o policial se excedesse, atuando de maneira desproporcional. A situação é delicada, uma vez que, por outro lado, se o policial não age e o indivíduo pega uma arma de fogo, estaria a vida do agente em sério risco.

A fim de responsabilização e, consequentemente, aplicação de pena, é importante a avaliação se o erro cometido seria evitável ou inevitável, em que, no primeiro caso, o agente responderia pelo crime a título de culpa, e na segunda hipótese, não haveria qualquer punição ao ato. Existe grande diferenciação entre as condutas, mas a avaliação não é tão simples, devendo ser analisado em que contexto e em quais condições o autor cometeu o erro. Situações extremas são suscetíveis a reações errôneas.

Tratando-se de risco de vida, a tomada de decisão se faz necessária em frações de segundo. Em caso trágico, largamente difundido pela mídia, equipe policial é informada via rádio sobre veículo ocupado por elementos fortemente armados, que realizavam crimes na região. Logo em seguida, um veículo, com as mesmas caraterísticas, passa em alta velocidade pela equipe policial. Os servidores decidem realizar a abordagem mas o veículo se evade. Os policiais, de maneira exagerada, realizam disparos e, após a parada dos suspeitos, verificam que não se tratava de criminosos, vitimando uma pessoa inocente.

É importante levar em consideração que diversos fatores influenciaram os policiais a acreditarem que o veículo abordado era ocupado por criminosos. O excesso está na realização de disparos em veículos em movimento, fugindo de todos os protocolos e das normas preestabelecidas, além da incerteza de identificação de possíveis alvos. Agora é importante destacar que esses policiais não puxaram esse gatilho sozinho. As arriscadas condições a que são submetidos e a ausência de treinamento e qualificação nos diversos ramos do conhecimento policial colaboraram e devem ser ponderadas nas questões processuais.

Na questão narrada, pela dramaticidade e pela pressão de diversos órgãos públicos e entidades civis, influenciadores de decisão, fica praticamente impossível a sustentação de excesso culposo, entretanto, o ideal é que todo o contexto seja avaliado, uma vez que a condição vivida pelos policiais e as informações colhidas previamente influenciaram na conduta dos agentes.

Outro exemplo prático foi quando uma equipe, ao realizar abordagem veicular em área de alto risco suscetível a ataque de criminosos, escuta estampido e reage, vindo a ferir o motorista. Ao aproximar-se do veículo, a equipe percebe que o barulho foi resultado do estouro de um pneu e não de um disparo, e que o motorista não era um criminoso. O excesso do disparo, uma vez que, de acordo com a técnica, o ideal seria abrigar-se e, sempre que possível, reagir após a identificação da ameaça. Entretanto, o som do estouro do pneu, muito parecido com um disparo, fez com que o policial avaliasse erroneamente o cenário, vindo a achar que estava sob ataque, sendo fundamental a análise de evitabilidade da ação para aplicar possíveis responsabilizações.

Excesso exculpante, com previsão legal no Código Penal Militar (art. 45), é outra modalidade aceita pela doutrina, não pela via da excludente, mas por inexigibilidade de conduta diversa, assunto que será discutido posteriormente. Causa supralegal, estando diretamente ligada à perturbação mental momentânea, uma realidade entre os policiais operacionais, fator pouco considerado nas decisões judiciais.

Quando uma mulher mata seu estuprador, há um entendimento justo e pacífico de que a vítima agiu sob forte emoção. Entretanto, quando um policial reage, mesmo que verbalmente após ser ofendido durante horas por uma multidão, essa questão não é suscitada. Apesar do treinamento e preparo que deveriam ser obrigatórios na formação, esses agentes são pessoas comuns, com os mesmos problemas e as mesmas dificuldades de toda a população, portanto, sujeitos ao cometimento dos mesmos erros.

O excesso de regra é caracterizado pela continuidade do ato mesmo depois de cessada a agressão. Entretanto, a identificação desse momento, na prática, é extremamente complexa. Policial após confronto armado acerta criminoso, que cai ainda de posse de seu armamento em condições de uso, representando ainda uma ameaça. Ao se aproximar do ferido, policial realiza mais um disparo, vindo a neutralizar elemento já caído no solo.

Essa conduta, vista a distância e fora do contexto, será facilmente interpretada como execução, mas o ponto fundamental é se o elemento, mesmo ferido, seria ainda uma ameaça, e se o agente não teria outra forma menos gravosa de atuação. O liame entre o excesso caracterizado no exemplo pela execução e a legítima defesa, uma vez que um indivíduo armado mesmo ferido, ainda apresenta risco de vida aos policiais, é tênue, devendo a análise do caso concreto ser pormenorizada sem influências externas, buscando a verdade dos fatos e a aplicação da justiça.

4.6 – Art. 26, 27 e 28 - Inimputabilidade, quem não sofre as sanções do Direito Penal

Art. 26. É isento de pena o agente que, por doença mental ou desenvolvimento mental incompleto ou retardado, era, ao tempo da ação ou da omissão, inteiramente incapaz de entender o caráter ilícito do fato ou de determinar-se de acordo com esse entendimento.

Redução de pena

Parágrafo único. A pena pode ser reduzida de um a dois terços, se o agente, em virtude de perturbação de saúde mental ou por desenvolvimento mental incompleto **ou** *retardado não era inteiramente capaz de entender o caráter ilícito do fato ou de determinar-se de acordo com esse entendimento.*

Menores de dezoito anos

Art. 27. Os menores de 18 (dezoito) anos são penalmente inimputáveis, ficando sujeitos às normas estabelecidas na legislação especial.

Emoção e paixão

Art. 28. Não excluem a imputabilidade penal:

I - a emoção ou a paixão;

II - a embriaguez, voluntária ou culposa, pelo álcool ou substância de efeitos análogos.

1º - É isento de pena o agente que, por embriaguez completa, proveniente de caso fortuito ou força maior, era, ao tempo da ação ou da omissão, inteiramente incapaz de entender o caráter ilícito do fato ou de determinar-se de acordo com esse entendimento.

2º - A pena pode ser reduzida de um a dois terços, se o agente, por embriaguez, proveniente de caso fortuito ou força maior, não possuía, ao tempo da ação ou da omissão, a plena capacidade de entender o caráter ilícito do fato ou de determinar-se de acordo com esse entendimento.

Continuando a análise dos elementos do crime, falaremos sobre culpabilidade, onde o elemento subjetivo é o vínculo psicológico que une o agente ao fato, em que a teoria neoclássica, com influência *neokantiana*, leva em consideração a reprovação do ato, dando um juízo de valor a ele, no aspecto positivo ou negativo, dentro dos parâmetros aceitos ou negados por uma sociedade específica.

São inúmeras as teorias que discutem o assunto, podendo ser destacadas duas: finalista ou normativa pura, em que é avaliada a consciência da ilicitude do fato — *dolo malus* ou dolo natural —, o que se distingue do conceito de dolo propriamente dito. Outra teoria interessante, que merece uma reflexão, é a finalista, que foca o estudo no efeito das penas, principalmente no aspecto preventivo. O Direito Penal deve ser tratado como último recurso, quer e precisa punir, buscando sempre a efetividade na proteção dos bens jurídicos tutelados.

4.6.1 – Necessidade de intenção danosa

Fato comum nas favelas cariocas é o fechamento ou a apropriação de residências ou estabelecimentos comerciais, por não possuírem autorização ou conivência com o tráfico de drogas, tornando-se pontos de venda de droga e fortificação armada do crime. Caso recentemente ocorrido no Complexo do Alemão, favela nacionalmente conhecida após operação realizada em 2010, equipes policiais militares, por questões de segurança, ocuparam diversas residências, anteriormente utilizadas por criminosos, sem o consentimento dos antigos proprietários, sendo interpretada a postura como delituosa.

A conduta relatada tem aparente similaridade com a realizada pelos traficantes locais e, de acordo com a teoria finalista, necessitaria da intervenção do Direito Penal. Mas a indagação que surge é se o crime em sentido *lato sensu* sempre terá consequências negativas? No caso em questão, os policiais, bem como os respectivos comandantes, foram denunciados, mas a análise da culpabilidade deve sempre recair na intenção do agente, avaliando se a conduta fere direito alheio ou beneficia o autor indevidamente. No caso estudado, os policiais só buscavam proteção individual e melhoria no policiamento, expulsando criminosos, mantendo a posição no terreno, permitindo, inclusive, a volta do proprietário original do imóvel.

A culpabilidade apresenta três elementos fundamentais, os quais analisaremos individualmente: Imputabilidade, potencial consciência da ilicitude e exigibilidade de conduta diversa. Para que exista a possibilidade de responsabilização a título de culpa, é necessária a presença dos três elementos obrigatoriamente.

4.6.2 – Imputabilidade, quem pode sofrer as sanções do Direito Penal

A imputabilidade nada mais é do que a capacidade de responsabilização criminal. Reflete o critério biopsicológico adotado pelo Código Penal Brasileiro, somando à presença de anomalias e à capacidade de entendimento ou autodeterminação. As definições de inimputáveis, seja por deficiência mental completa, definida obrigatoriamente por perito, ou a biológica pura, prevista no artigo 27 do CP, referente aos menores de idade, são de fácil entendimento, por isso, o foco será nos pontos polêmicos e controversos.

A questão do menor idade necessita de alguns comentários devido à alta relevância do assunto: seus impactos na atividade operacional, bem como os movimentos político-sociais de tentativa de redução da idade para responsabilização penal. Sem entrar no mérito da discussão, o importante a analisar é em que momento se daria o desenvolvimento completo, em que momento da vida chega o discernimento, com que idade o indivíduo estaria apto para a autodeterminação.

Os argumentos a favor e contra são inúmeros, mas, de fato, está cada vez mais constante a presença de crianças e adolescentes na prática de crimes violentos, e algo precisa ser feito. Juridicamente, existe a previsibilidade de imputabilidade aos menores de 18 anos nos artigos 50, 51 e 52 do Código Penal Militar (CPM), necessária devido à realidade de militarização de adolescentes quando da entrada em instituições militares de formação, sendo importante frisar que tal dispositivo não foi recepcionado pela Constituição Federal. Ampliação do investimento em educação, aumento da capacidade de responsabilização ou as duas medidas, em conjunto, podem ajudar na solução do problema, mas a certeza é que a realidade atual não pode perdurar e, mais uma vez, na linha de frente do problema, estão os policiais operacionais.

4.6.3 – Maior idade penal

A discussão acalorada sobre o assunto, muitas vezes realizada, na base da emoção, não é o caminho ideal para a tomada de decisões para qualquer tipo de profissional, principalmente com o nível de responsabilidade exigido aos policiais operacionais. Conhecimento importante a destacar é que a discussão em torno da alteração da maioridade penal, segundo interpretação do artigo 228 da Constituição Federal, não se daria pela promulgação de nova lei central, não sendo o assunto protegido por cláusula pétrea, ou seja, inalterável. Medidas simples normalmente não resolvem problemas complexos. Punir crianças e adolescentes não resolve a violência. Situações extremas devem ser avaliadas individualmente pelo ordenamento jurídico, evitando impunidades e injustiças.

Os criminosos, de maneira empírica, conhecem a lei, principalmente quando os beneficiam. É uma questão de sobrevivência. Ao realizar a prisão de uma quadrilha em que, devido às circunstâncias operacionais, fica difícil comprovar com exatidão a conduta de cada integrante, sempre sobrará para o menor de idade o ato mais grave, ou seja, o criminoso não conhece o conceito teórico de imputabilidade, mas sabe sobre seus benefícios. Apesar dessa realidade, boa parte dos agentes policiais negligencia tais conhecimentos.

4.6.4 – Embriaguez e usuários de drogas

Nosso Código Penal, em seu artigo 28, inciso segundo, preleciona que não se exclui a imputabilidade penal a embriaguez voluntária ou a relacionada aos efeitos de substâncias análogas. Logo, a partir do momento que o indivíduo usa substância que afeta sua capacidade de discernimento, responderá penalmente por seus atos. Entretanto, a lei de drogas — 11.343 —, em seu artigo 45 especifica a questão do usuário, isentando de pena o agente que, em razão de dependência, era no momento do fato, inteiramente incapaz de valorar sua conduta e as consequências de seus atos, trazendo essa análise para o campo técnico pericial. Não sendo o policial operacional o responsável em fazer essa avaliação, devendo conduzir as ocorrências envolvendo esse público dentro dos procedimentos técnicos e legais.

O tema das drogas apresenta grande complexidade e discutiremos alguns aspectos legais operacionais em tópico específico, mas, ainda dentro do assunto da culpabilidade, verificamos que o termo "dependência", utilizado no artigo 45 da lei especial, gera algumas dificuldades de interpretação e aplicabilidade prática. Com toda a capacidade técnica e probatória dos órgãos periciais, é extremamente complexa a definição da capacidade de entendimento do agente no momento do fato típico, e essa questão, de acordo com a letra da lei, é o que definirá a aplicação ou não da pena.

A dependência do *crack,* principalmente nas grandes metrópoles configura-se em um grande problema humanitário e não somente policial, como defendem algumas autoridades. Esses indivíduos usuários estão na plenitude de suas faculdades mentais? E no caso de cometimento de um ilícito penal, deverão ser responsabilizados? Na Avenida Brasil, principal rodovia que corta o Rio de Janeiro, próximo à Comunidade da Maré está localizada a maior "cracolândia" do Estado. Os usuários costumam realizar roubos e furtos para sustentarem seu vício. Ao tentar roubar um motociclista, o indivíduo perde o controle, vindo a cair e perdendo a vida. Como avaliar o discernimento do autor, aplicar ou não a pena, sem deixar proliferar o sentimento de impunidade?

A embriaguez não acidental, outra questão avaliada na culpabilidade, pode ser dividida em três modalidades definidas pela doutrina: a culposa, na qual o indivíduo não a deseja, mas ela é previsível, faltando um dever de cuidado. Cometendo um crime, de regra, responderá pela modalidade culposa; voluntária, na qual a pessoa tem a intenção de se embriagar, para comemorar algo ou esquecer um problema e, consequentemente, comete um crime. Neste caso, de regra, responderá a título de dolo; e, por fim, a preordenada, na qual o autor utiliza-se da bebida ou de outra substância análoga como um encorajador, para realizar seus atos. Nesse aspecto, responderá, de regra, também a título de dolo.

Criminosos utilizam embriaguez preordenada, sóbrios não possuem a coragem de realizar seus atos ilícitos. É comum realizar prisão de elementos extremamente embriagados ou drogados, o que aumenta muito o risco das ações, para os policiais ou para os cidadãos. Diversas vítimas de roubo relatam que os autores apresentavam sinais de perturbação, aumentando o número de lesões graves e morte das vítimas, mesmo sem qualquer tipo de reação. Ao parar em sinal de trânsito, motorista vê arma em seu rosto e escuta "perdeu, passa o carro". Ao tirar o cinto de segurança, é baleado gravemente. O criminoso preso apresenta sinais claros de uso de drogas, o que não afasta sua culpabilidade, sendo responsabilizado pelos seus atos a título de dolo, da maneira mais gravosa.

Teoria bem discutida pela doutrina, a "ação livre na causa", relacionada com o artigo 28, inciso segundo do Código Penal, analisa a imputabilidade antecipadamente para o momento da embriaguez, desconsiderando o momento da ação ou omissão do fato propriamente dito. Segundo a teoria, aqueles que se embriagam voluntariamente, em sentido amplo, serão responsabilizados. É o famoso "pagar para ver". Policial, estando armado, bebe voluntariamente. Pela teoria em questão, todas as condutas futuras serão imputáveis a esse agente, existindo grande possibilidade de responsabilização penal. Arma e bebida são incompatíveis.

O termo "caso fortuito" é proveniente de ato humano, imprevisível e inevitável, que impede a realização de algum ato. Veículo blindado tem o freio de estacionamento danificado, vindo a passar por cima da perna de policial militar, o mutilando. Após perícia, ficou provado que se tratou de falha de manutenção ou na fabricação do equipamento, isentando de culpabilidade o motorista da viatura de qualquer responsabilização.

Força maior, evento resultante das forças da natureza, previsível ou imprevisível, mas inevitável. O mesmo veículo do exemplo acima, ao começar a subir determinado morro, é pego por uma forte chuva, vindo a perder o controle, chocando-se contra um muro. O motorista, por maior que seja sua perícia e prudência, nada poderia fazer perante situação tão excepcional, não podendo ser responsabilizado.

4.6.5 – O profissional deve agir com a razão

Ainda no artigo 28, no inciso primeiro, o tipo afirma que emoção e paixão não excluem a culpabilidade. É nesse aspecto que o preparo psicológico do agente operacional é fundamental e deve ser trabalhado para o pleno desempenho de sua função. A pressão psicológica, o risco de morte e as demais dificuldades operacionais afetam diretamente na prestação do serviço à sociedade, mas o agente não poderá, como falamos no linguajar policial, se envolver na ocorrência. São inúmeros os exemplos nos quais o servidor deixa de agir tecnicamente, consumido pela emoção e, sendo, consequentemente, responsabilizado. O criminoso, seja ele habitual ou eventual, forçará o agente público a cometer crime, por vezes se excedendo, o que é uma falha. Na relação cidadão e policiais, estes últimos são os profissionais.

Com a intensificação das legítimas manifestações populares, é uma realidade infeliz que nem todos sabem exigir seus direitos e se escondem atrás da multidão para cometer crimes. Durante os atos, as forças policiais eram constantemente agredidas, seja física ou moralmente. Após constantes xingamentos, policial abalado psicologicamente, sendo desacatado, em vez de realizar a prisão em flagrante, respondeu às ofensas, agindo como um cidadão comum. Analisando a questão tecnicamente, o agente cometeu um erro, podendo mudar de posição na ocorrência, saindo da condição de condutor para conduzido, mudando de vítima para autor de crime. Sempre devemos lembrar que por trás de uma farda ou de um uniforme existe uma pessoa, mas esse argumento nem sempre é levado em consideração no curso da atividade persecutória.

4.7 – Art. 29, 30 e 31 - Concurso de pessoas, pluralidade de criminosos

Art. 29. Quem, de qualquer modo, concorre para o crime incide nas penas a este cominadas, na medida de sua culpabilidade.

1º - Se a participação for de menor importância, a pena pode ser diminuída de um sexto a um terço.

2º - Se algum dos concorrentes quis participar de crime menos grave, ser-lhe-á aplicada a pena deste; essa pena será aumentada até metade, na hipótese de ter sido previsível o resultado mais grave.

Circunstâncias incomunicáveis

Art. 30. Não se comunicam as circunstâncias e as condições de caráter pessoal, salvo quando elementares do crime.

Casos de impunibilidade

Art. 31. O ajuste, a determinação ou instigação e o auxílio, salvo disposição expressa em contrário, não são puníveis, se o crime não chega, pelo menos, a ser tentado.

Doutrinariamente, o assunto é bem discutido, existindo grande aplicabilidade prática e inúmeras polêmicas. O primeiro conceito relevante está no tocante à distinção entre crimes unissubjetivo e plurissubjetivo, no qual, um necessita apenas de uma pessoa para a realização da conduta delitiva, sendo esta união ilícita, facultativa e eventual. No segundo, o concurso é necessário para a própria existência da tipificação, podendo ser mencionado como um bom exemplo o artigo 288, do CP, que trata da associação criminosa, tipo que será analisado na parte especial do Código Penal.

A norma quando preleciona: "Quem, de qualquer modo, concorre para o crime incide nas penas a este cominadas...", nesta parte inicial da letra legal, o legislador adota a teoria monista pura, ferindo o princípio constitucional da individualização da pena, deixando de lado as várias circunstâncias e ações individuais, colocando nas mesmas condições todos os agentes que atuaram na conduta delitiva, autor, coautor e partícipe. Já, ao inserir a parte final do tipo, "na medida de sua culpabilidade", o legislador define como teoria em nosso código a teoria monista temperada, permitindo uma flexibilização na aplicação da pena aos criminosos, tendo esse conceito impacto direto na apresentação da notícia crime e, consequentemente, no testemunho policial, onde os detalhes da narrativa, somente possível para os autores da prisão, farão toda a diferença na atividade jurisdicional do Estado.

Como exceção em nosso Código, podemos citar as teorias dualistas e pluralistas, em que, ao contrário da teoria monista, a responsabilização se dá por tipos penais distintos, responsabilizando os autores de acordo com suas ações, sendo imputados a eles crimes diferentes. Bom exemplo dessas teorias está no abominável crime de corrupção, em que o legislador decidiu separar a responsabilização em corrupção ativa e passiva, dependendo da ação realizada por cada criminoso.

Para que ocorra o concurso de agentes, é necessário a ocorrência de alguns requisitos: o primeiro, óbvio, mas não menos importante, é a pluralidade de agentes e condutas. Em seguida, é a existência de relevância causal de cada conduta, ou seja, a ação do agente, obrigatoriamente, deve ter consequência relevante no crime. Indivíduo empresta seu veículo para um amigo, estando este intencionado a atropelar um desafeto visando, assim, a cometer um homicídio. O autor desiste do meio, cometendo o crime através do uso de uma arma de fogo. Logo, a responsabilização do dono do veículo seria inviável e injusta, uma vez que sua conduta tornou-se um indiferente penal, não tendo qualquer relação relevante com a prática do crime exemplificado.

4.7.1 – Aproveitadores do caos

O liame subjetivo, outro requisito obrigatório, é o vínculo psicológico entre os agentes, ambos devem ter a intenção de cometer o crime, não existindo a necessidade de ajuste prévio, só existindo a necessidade de a união ilícita ocorrer antes da consumação do crime. Durante as manifestações populares, ocorridas no ano de 2013, criminosos, usando-se do anonimato da multidão, aproveitavam momentos de grande confusão para realizar furtos em estabelecimentos comerciais. Os que aderiam à conduta criminosa, tornavam-se, por coautoria sucessiva, furtadores e, por consequência, os que aceitavam o produto, após o crime, cometiam receptação ou favorecimento real, dependendo do caso concreto.

Também pode ser identificado como requisito a identidade do ilícito penal, onde os autores querem ou cometem o mesmo delito, envidando esforços comuns. Cabe realçar que o próprio Código prevê exceções como, por exemplo, as diferentes corrupções já mencionadas anteriormente.

Algumas teorias discutem na doutrina a definição do agente criminoso de acordo com sua ação, caracterizando-o como autor, coautor ou partícipe. A teoria adotada pelo código é a objetiva formal, em que o autor é aquele indivíduo que realiza a conduta ou núcleo do tipo penal. No artigo 121, do CP, por exemplo, quando a lei descreve "matar alguém", o autor seria quem matou.

Uma questão alvo de várias críticas é em relação ao tipo supracitado, é em relação ao mandante. Mesmo que este sujeito não tenha realizado o núcleo do tipo, sua conduta foi fundamental para o evento delituoso, não sendo considerada por muitos como justa, muito pela consideração legal da condição beneficiária de partícipe. Matadores de aluguel são criminosos extremamente perigosos, mas os seus serviços só ocorrem após sua contratação, oriunda de acordos ilícitos. Sem esse ato, o crime não ocorreria, tornando a conduta do mandatário tão grave quanto a do executor.

Outra teoria bem debatida na doutrina é a subjetiva, em que o levado em consideração é a vontade do agente, vontade de autor responde como autor, vontade de partícipe responde como partícipe. Essa teoria apresenta grande dificuldade de aplicação, principalmente na ação probatória, ficando praticamente impossível descobrir qual era a real vontade do criminoso. Próximo à sanção penal, a tendência é mentir em defesa, diminuindo ou se eximindo de pena. Como dito no universo operacional, não existe réu confesso.

No caso onde indivíduo descobre desafeto de seu inimigo, tendo a intenção de matar, mas sem a coragem de realizar com as próprias mãos o ato criminoso, utiliza-se de terceiro, que também não tinha apreço pela vítima, realizando um induzimento velado. Com a consumação do crime, surge a dúvida: a intenção do autor mediato ou indireto era de autor ou partícipe? E, o mais difícil, como seria comprovar tal intenção na fase processual?

Duas teorias contemporâneas levantam boas discussões no mundo jurídico. Na finalista, o autor seria aquele indivíduo com o domínio final do fato, só podendo ser aplicada aos crimes dolosos, estando diretamente ligada ao poder de mando. Já na teoria funcional, que seria uma ampliação da finalista, o autor, ao dominar sua tarefa dentro do cometimento do crime, seria responsabilizado pelo delito como um todo, ampliando o poder punitivo do Estado.

4.7.2 – Domínio total ou parcial do fato criminoso

Bom exemplo de aplicação ou tentativa de argumentação com base nesta teoria está relacionado ao crime de lavagem de dinheiro, que pode possuir condutas extremamente abrangentes. Segundo a ideia, todos os integrantes da organização criminosa, por mais extensa que fosse, estariam cometendo crime por coautoria. Essa interpretação extensiva, dependendo do caso concreto, pode ser perigosa, uma vez que fazer parte de um suposto esquema não significa que exista o domínio ou o conhecimento de todas as condutas criminosas existentes na organização, podendo ampliar demais a tipificação e, consequentemente, a punibilidade dos agentes.

Um advogado, defensor de traficantes, recebe seu pagamento com capital de origem ilícita. Mesmo sabendo desse fato, caberia a responsabilização do profissional por todos os crimes relacionados ao seu cliente, com base na teoria finalista.

Recentemente, foi descoberto um grupo de policiais que divulgava informações de operações policiais a criminosos, via aplicativos de comunicação. De acordo com a teoria finalista, além da corrupção, seria possível a responsabilização deles por associação ao tráfico ou até mesmo a qualquer outro delito ocorrido durante as operações policiais divulgadas ilicitamente. Com a ampliação do domínio do fato, seria possível, mas seu emprego tem que ser ponderado, evitando exageros e, consequentemente, injustiças, por mais que a vontade e até mesmo a necessidade de punições mais graves sejam necessárias para a nossa dura realidade.

4.7.3 – Utilização de terceiros para o cometimento de crimes

Outra classificação de autoria se divide entre autoria direta ou imediata e indireta ou mediata. A primeira, não apresenta grande dificuldade de entendimento, já para a mediata ou indireta é importante uma breve explicação de sua aplicabilidade no cotidiano operacional. É a utilização de indivíduos sem o devido discernimento para o cometimento de delitos. Durante operação de combate ao tráfico de drogas na Comunidade da Maré, após grande apreensão de materiais entorpecentes, criminosos locais, insatisfeitos, induziram usuários de drogas a atacarem as equipes policiais com paus e pedras, causando lesões corporais e crimes contra o patrimônio público, sendo eles caracterizados como autores mediatos do crime.

Utilização de inimputáveis, coação física, coação moral irresistível, obediência hierárquica e indução ao erro são exemplos de coautoria mediata. Ao rodar pelas grandes cidades do país, não é difícil encontrar crianças de rua em condições de vulnerabilidade, cometendo furtos e roubos sob ordens e orientações de maiores e, em alguns casos, pelos próprios responsáveis, sendo esse outro bom exemplo de autoria mediata, no caso específico, pela utilização de inimputáveis por menoridade penal.

Durante operação na Comunidade do Jacarezinho, no Rio de Janeiro, ao adentrar em área utilizada por usuários de *crack*, vivendo em condições sub-humanas, sem qualquer discernimento ou noção de suas condutas, foi observado que os ataques sofridos, realizados por armas de fogo, vinham dos viciados, fato até então atípico nas operações. Apesar do risco, traficantes locais, em uma ação desesperada, armaram os viciados da Cracolândia a fim de impedir a incursão do BOPE. No caso citado, definindo os viciados como inimputáveis, seriam os traficantes coautores no crime de tentativa de homicídio contra os agentes do Estado.

A participação é o fruto da moderação da teoria monista, na qual nem todos são considerados autores. Alguns indivíduos, realizando ações acessórias ou secundárias, respondem de maneira justa. Caracterizado pelos verbos induzir, instigar, auxiliar, ajustar, determinar, dentre outros similares, sendo tentativa de participação inviável, uma vez que este agente não comete condutas previstas no tipo penal e sua punibilidade só se dar ao menos se o crime for tentado.

Participação e cumplicidade representam a mesma coisa, sendo o segundo termo mais usado no linguajar policial, dividindo-se em cumplicidade física ou moral, sendo a primeira caracterizada por um auxílio material. Indivíduo que empresta um veículo para que determinada quadrilha realize roubos a transeunte, sendo assim um cúmplice material. Fenômeno criminal comum é a terceirização de armamento por traficantes no Rio de Janeiro, alugando seus armamentos, seja para ataques em comunidades de facções distintas ou para o cometimento de outras modalidades criminosas, principalmente crimes contra o patrimônio, representando um exemplo contemporâneo do conceito estudado.

4.7.4 – Diferentes auxílios criminosos

A cumplicidade moral é caracterizada pelo auxílio em conhecimentos teóricos específicos. Chaveiro que possui grande conhecimento em arrombamento e o fornece a criminosos para o cometimento de furto, ou até mesmo um indivíduo que passa horários de um empresário, possibilitando a realização de uma extorsão mediante sequestro. Apesar de não realizar nenhum ato físico, são considerados cúmplices pela modalidade moral, fornecendo informações relevantes fundamentais para a realização da conduta delitiva.

A cumplicidade necessária, prevista no parágrafo primeiro deste tipo, funciona como uma atenuante no aspecto de diminuição de pena. A doutrina discute se o fornecimento de material sensível ou escasso para o cometimento de crime faria jus a esta redução. Deve-se levar em consideração que a atuação de alguns partícipes, pelo alto nível de periculosidade, não deveria ter qualquer benefício na aplicação de pena em suas condutas. É uma realidade em todo país o roubo de caixa eletrônico com utilização de explosivos. Apesar das falhas na fiscalização, sabemos que não é tão fácil adquirir este tipo de material e conhecimento, estando disponível no mercado negro. Do exposto, não seria justo para o fornecedor de material altamente lesivo o recebimento desse benefício em relação aos autores.

Na mesma linha, aquele que fornece arma de fogo deveria ter o mesmo tratamento do exemplo anterior, sem qualquer benefício. É raro observar a defesa desse posicionamento, visto que já estamos acostumados com a banalização de armas de fogo para o cometimento de crimes no Brasil, mas a interpretação de dar tratamento mais rigoroso aos fornecedores de armamento em sentido lato pode ser um grande avanço para o combate à criminalidade violenta no país.

4.7.5 – Material escasso

As críticas surgem no conceito genérico de "material escasso" que, de regra, devido à divergência de interpretações, cria grande instabilidade jurídica. Alguns entendem que um explosivo é escasso, uma pistola nem tanto, e um fuzil depende do Estado da Federação. No Rio de Janeiro e em São Paulo, a utilização desses armamentos é algo bem comum para o cometimento de crimes, já outros estados ainda não sofrem tanto com essa mazela. Sendo assim, qual deveria ser o entendimento e, consequentemente, a aplicação ou não do tipo penal analisado?

Tem grande relevância na atividade operacional a questão de como seria realizada a prisão de um partícipe. De fato, a caracterização de sua conduta geralmente se torna mais detalhada e, de regra, se dará por ordem judicial após investigação. Entretanto, suas características não inviabilizam a prisão em flagrante ou até mesmo a condução à autoridade policial, em caso de dúvida, pelo agente operacional.

O caso concreto deverá ser analisado com a devida atenção. Como a conduta do partícipe pode se dar em várias condutas, é bem possível que, no momento do flagrante, exista materialidade suficiente para realizar a prisão em flagrante. Durante confusão entre torcidas organizadas, agente policial percebe que indivíduo instiga os demais para que cometam o crime de lesão corporal, caberá prisão e a condução de todos — autores, coautores e partícipes —, a fim de avaliação por parte da autoridade de polícia judiciária.

4.8 – Art. 69 e 70 - Concurso de crimes: material e formal

Art. 69. Quando o agente, mediante mais de uma ação ou omissão, pratica dois ou mais crimes, idênticos ou não, aplicam-se cumulativamente as penas privativas de liberdade em que haja incorrido. No caso de aplicação cumulativa de penas de reclusão e de detenção, executa-se primeiro aquela.

1º - Na hipótese deste artigo, quando ao agente tiver sido aplicada pena privativa de liberdade, não suspensa, por um dos crimes, para os demais será incabível a substituição de que trata o art. 44 deste Código.

2º - Quando forem aplicadas penas restritivas de direitos, o condenado cumprirá simultaneamente as que forem compatíveis entre si e sucessivamente as demais.

Concurso formal

Art. 70. Quando o agente, mediante uma só ação ou omissão, pratica dois ou mais crimes, idênticos ou não, aplica-se-lhe a mais grave das penas cabíveis ou, se iguais, somente uma delas, mas aumentada, em qualquer caso, de um sexto até metade. As penas aplicam-se, entretanto, cumulativamente, se a ação ou omissão é dolosa e os crimes concorrentes resultam de desígnios autônomos, consoante o disposto no artigo anterior.

Parágrafo único. Não poderá a pena exceder a que seria cabível pela regra do art. 69 deste Código.

Não é nada incomum que criminosos cometam mais de um crime em um mesmo momento de desvio à norma penal, daí surge a figura do concurso de crimes, uma vez que não seria justo que com a existência da pluralidade de infrações, mesmo que resultante de uma única ação, o agente não respondesse de maneira majorada por seus atos. O legislador dividiu o concurso de crimes em: concurso material, previsto no artigo 69, e no concurso formal, que se divide em duas modalidades: próprio, previsto na primeira parte do artigo 70, e o impróprio, previsto na segunda parte do mesmo artigo.

No concurso material ou real de crimes, temos como pré-requisitos a pluralidade de crimes. Óbvio, senão não haveríamos de falar em concurso somado a pluralidades de condutas, bastando apenas duas ou mais ações ou omissões, dependendo da característica do ilícito penal, podendo ainda ser o mesmo tipo penal. Indivíduo entra no bar objetivando cometer um roubo. No instante em que aparece o dono do estabelecimento, a fim de assegurar a prática delitiva, comete uma lesão corporal grave. Observam-se, nesse caso, dois crimes diferentes, resultantes de duas condutas distintas, sendo um bom exemplo de concurso material.

Se no mesmo caso, um matador de aluguel tem por objetivo exclusivo matar o dono do estabelecimento e, após a consumação do delito, realiza outro homicídio contra uma testemunha do fato. Mesmo tratando-se do mesmo tipo penal, não terá qualquer diferença na aplicação da norma, visto que teremos que analisar a pluralidade de crimes, independente se estes são homogêneos ou heterogêneos.

4.8.1 – Cálculo de pena

A regra para este tipo de concurso é a aplicação do cúmulo material. As penas deverão ser somadas, devendo o juiz julgar cada ação individualmente e, ao final, estabelecer sua respectiva pena, realizando somatório de cada conduta criminosa, chegando, assim, à pena final. No exemplo citado acima, se o autor recebe uma pena de 4 anos na lesão corporal e mais 6 anos no roubo, sua pena final será de 10 anos. De regra, esta é a modalidade mais gravosa de concurso de crimes.

Questão que vem à cabeça de qualquer estudante e, principalmente, na dos policiais, é para que serve a aplicação de uma pena desta, baseada no concurso de crimes se, de acordo com o artigo 75 do nosso Código Penal, as penas privativas de liberdade nunca poderão passar do período de 30 anos, soando, para os leigos, inútil a aplicação de penas cumuladas, que ultrapassem esse período. Sem entrar no mérito do justo ou injusto, tal medida não é inerte, uma vez que terá aplicabilidade direta no regime de progressão de regime. Logo, quanto maior a pena, mais tempo o criminoso demorará para evoluir do regime fechado para o semiaberto ou aberto, ficando assim mais tempo no cárcere.

É duro para os policiais prenderem um indivíduo e observarem que, em um curto espaço de tempo, encontrará com ele novamente nas ruas. Mesmo não sendo objetivo do estudo, é importante parar e explicar a regra de progressão de regime. Após o cumprimento de um sexto da pena para os crimes comuns, dois quintos para os primários de crimes hediondos, e três quintos para os reincidentes dos mesmos tipos de crimes, o indivíduo poderá progredir de regime, saindo do mais grave para um menos grave.

Caso real relevante foi quando indivíduo foi preso, portando um fuzil e acabara de atentar contra a vida de uma equipe policial. Após prisão em flagrante, a autoridade policial autuou o indivíduo pelo crime de porte ilegal de arma, não entendendo haver provas do cometimento de crime de tentativa de homicídio contra a equipe, mesmo com os vários relatos dos agentes operacionais. Na fase processual, o Ministério Público acompanhou a capitulação, o que resultou em uma condenação de 6 anos. Na época, por se tratar de crime comum, não existia a lei 13.497, que transforma o porte ou a posse de arma de fogo de uso restrito em crime hediondo. Conclusão: em apenas um ano, ou seja, um sexto da pena, esse indivíduo de alta periculosidade estava no regime semiaberto, de volta às ruas.

Na outra modalidade de concurso, o formal próprio, previsto na primeira parte do artigo 70, do Código Penal, observamos, de regra, a pluralidade de crimes resultante de uma única conduta. O legislador entendeu que, nesses casos, por não haver desígnios autônomos, ou seja, vontade direta de cometer vários crimes, a aplicação da pena deverá ser mais benéfica. Na prática, esses crimes poderão ser resultantes de dolo inicial e culpa para os demais crimes, ou até mesmo, a título de culpa, todas as condutas.

Durante patrulhamento em área de alto risco, após ser atacado por criminosos, policial reage com seu fuzil, vindo a acertar o agressor, mas devido ao poder energético do projétil, inerente aos armamentos de guerra, ele atravessa o criminoso, vindo a acertar um morador que tentava se esconder do confronto armado. Sem dúvida, o policial teve dolo em atingir o criminoso, estando amparado pela excludente da legítima defesa, e culpa ao acertar o morador, podendo ainda responder por um crime de dano ainda a título de culpa, ou seja, teremos pluralidade de crimes resultantes de uma única conduta. Apesar do infeliz resultado, os que estão na linha de frente no combate à criminalidade estão expostos a isso diariamente.

Com relação à responsabilização de todos os crimes a título de culpa, podemos dar o exemplo: cidadão dirigindo seu veículo em pista molhada, resultado de fortes chuvas, perde o controle, atropelando diversas pessoas na calçada, causando lesões corporais e homicídios. Nesse caso, observamos pluralidades de crimes, oriundos de conduta única, sem qualquer intenção do agente, nem mesmo na conduta inicial, caracterizando um concurso formal próprio.

Nas condutas acima, não seria justo o somatório das penas, sendo esse o entendimento do legislador. Criou-se, então, a regra da exasperação, caracterizada pelo somatório de qualquer pena no caso de penas iguais, ou, no caso de penas diferentes, a maior, a um sexto até a metade da pena relacionada aos demais crimes, ponderando a proporcionalidade e a gravidade das condutas. Assim, no caso do policial supracitado, teríamos dois crimes diferentes: o homicídio culposo mais dano a mesmo título, visto que o homicídio doloso foi afastado pela excludente.

A pena mais alta neste caso, relacionada ao homicídio, seria somada de um sexto até a metade da pena do crime de dano. No outro exemplo, das lesões corporais, se todas tivessem a mesma gravidade, seria escolhida qualquer uma, somando a mesma diferença de frações previstas no tipo, sendo esta, de regra, figura mais branda de concurso.

Na segunda parte do artigo 70, observamos a figura do concurso formal impróprio, no qual, com única conduta, o agente comete pluralidade de crime, mas apresentando diferentes dolos ou intenções, sendo, assim, aplicada a regra mais gravosa, equiparada a do concurso material. Durante patrulhamento no Morro dos Macacos, equipe é atacada por traficantes com uma granada, produzindo grande quantidade de estilhaços. Somente quem já enfrentou criminosos portando esse tipo de artefato sabe o prejuízo que ele pode causar.

Na ocorrência, vários policiais foram feridos. Analisando juridicamente a ação criminosa, a conduta tinha o dolo de matar toda a equipe, sendo totalmente injusta a aplicação da pena exasperada. Nesse caso, com a existência de vários dolos, resultante de uma única conduta, a pena deverá ser somada, buscando maior responsabilização do criminoso.

No parágrafo único, a existência dele se dá por motivo bem óbvio, uma vez que o concurso formal próprio existe com um único propósito: beneficiar o autor do crime que atuou sem desígnios autônomos, é o que a doutrina chama de concurso material benéfico.

4.9 – Art. 71 – Crime continuado, extensão da condição flagrancial

Art. 71. Quando o agente, mediante mais de uma ação ou omissão, pratica dois ou mais crimes da mesma espécie e, pelas condições de tempo, lugar, maneira de execução e outras semelhantes, devem os subsequentes ser havidos como continuação do primeiro, aplica-se-lhe a pena de um só dos crimes, se idênticas, ou a mais grave, se diversas, aumentada, em qualquer caso, de um sexto a dois terços.

Parágrafo único. Nos crimes dolosos, contra vítimas diferentes, cometidos com violência ou grave ameaça à pessoa, poderá o juiz, considerando a culpabilidade, os antecedentes, a conduta social e a personalidade do agente, bem como os motivos e as circunstâncias, aumentar a pena de um só dos crimes, se idênticas, ou a mais grave, se diversas, até o triplo, observadas as regras do parágrafo único do art. 70 e do art. 75 deste Código.

Funciona como um limitador legal de pena, sendo uma modalidade de concurso de crimes com a única finalidade de beneficiar o réu. São inúmeros os questionamentos e as polêmicas, podendo ser destacada a seguinte questão: como um indivíduo que comete a prática reiterada de crime, tendo a chance de parar a qualquer momento, continua, e mesmo assim é beneficiado? Não seria esse artigo um fomento à impunidade?

A aplicação do benefício está diretamente condicionada a determinados requisitos cumulativos: pluralidade de ações ou omissões, pluralidade de crimes de mesma espécie, condições e condutas semelhantes e os crimes posteriores devem ser obrigatoriamente continuação do primeiro. De fato, a interpretação dos dois primeiros não apresenta grande dificuldade, mas como deve ser analisada a questão de condições e condutas semelhantes, sem pensar na possibilidade de impunidade a criminosos habituais, que têm suas condutas delitivas extremamente padronizadas.

Equipe policial, ao realizar vigilância em área sob influência do tráfico, durante dias, observa o funcionamento dos pontos de venda de drogas que, por sua rotina, repetem todos os *modus operandi*, de horário, local, pessoal e emprego de armamento. Com relação ao crime de porte ilegal de arma, tráfico de drogas e associação para o tráfico, acertadamente caberá punição mais rigorosa prevista no parágrafo único do dispositivo, visto que as condutas delitivas afetam mais de uma pessoa e diferentes bens jurídicos. Na prática, um número quase incalculável de usuários, além da saúde e da segurança públicas, direitos protegidos por legislações especiais, serão analisados ainda neste trabalho.

Importante relação do crime continuado com a atividade operacional está vinculada com a figura do flagrante permanente, ou seja, como o crime, de regra, se estende durante o tempo, o autor poderá ser preso a qualquer momento. Equipes de polícia judiciária investigam um crime de extorsão mediante sequestro e, de maneira inteligente, decidem cercar o cativeiro, observando a atuação dos criminosos, buscando informações relevantes para a realização do assalto tático, com o menor grau de risco possível. O crime se perdura no tempo, podendo ser analisado como várias condutas criminosas, mas, por estar dentro dos requisitos obrigatórios, será considerado um crime continuado, permitindo a realização do denominado flagrante esperado, no momento mais oportuno.

4.10 – Art. 73 – Erro na execução, quanto mais difícil a atividade, maior é a possibilidade de erro

Art. 73. Quando, por acidente ou erro no uso dos meios de execução, o agente, ao invés de atingir a pessoa que pretendia ofender, atinge pessoa diversa, responde como se tivesse praticado o crime contra aquela, atendendo-se ao disposto no §3º do art. 20 deste Código. No caso de ser também atingida a pessoa que o agente pretendia ofender, aplica-se a regra do art. 70 deste Código.

Apesar de utilizar o mesmo termo — "erro" —, o artigo analisado não pode ser comparado à figura do erro de tipo, já estudada neste trabalho. Aqui o que existe é um erro na execução da atividade criminosa, não existindo qualquer ruído ou confusão na percepção da realidade. O agente sabe perfeitamente o que quer. O erro sempre ocorrerá de pessoa para pessoa, mas por um acidente ou erro na execução, a vítima será diversa da intenção inicial ou somada a esta, caracterizando um excesso lesivo.

O tipo transfere para a vítima real todas as características do alvo inicial, sendo empregadas agravantes e atenuantes, mesmo que a vítima ou a situação concreta não possua tais características. Durante uma briga de bar, cidadão alterado inicia confusão. Ao discutir com idoso, tenta lhe dar um soco, acertando um segurança que tentava apartar a confusão. Mesmo a vítima real não sendo beneficiária de privilégio penal agravante, o autor responderá na figura de lesão corporal agravada.

4.10.1 – "Bala perdida"

A atividade policial operacional, principalmente nas operações de alto risco, geralmente realizadas em áreas de grandes índices demográficos, apresenta extrema dificuldade, ocorrendo o famigerado e discutido fenômeno da "bala perdida". De regra, a culpa sempre recai sobre Estado, personificado na figura dos policiais. A análise do caso concreto é fundamental, devendo sempre ser realizada no aspecto técnico, sem influência da mídia ou da opinião pública, independente do nível trágico do resultado.

A realidade operacional é de guerra, nenhuma polícia do mundo combate como a brasileira. O BOPE-RJ é considerado a tropa policial com o maior número de horas de confronto real no mundo, e a polícia, em geral, não fica longe disso. Entretanto, esse argumento nem sempre é levado para o interior do processo e para seu julgamento.

Durante operação no Morro do Alemão, equipes são atacadas constantemente por criminosos. Durante um dos confrontos, policial, a fim de se defender, coloca criminoso na sua mira, mas ao realizar o disparo, erra na execução, vindo a atingir uma criança que cruzou a linha de tiro, ferindo mortalmente o menor. Apesar da tragédia e comoção do caso sem precedentes, principalmente para a família da vítima, devemos entender que ocorreu um erro na execução. O agente queria acertar o criminoso, mas acertou uma criança inocente.

A responsabilização individual do agente seria injusta. O Estado tem a obrigação de indenizar, entretanto, o policial é pai e, em hipótese nenhuma, poderá ser condenado, visto que agiu em legítima defesa, sendo outra vítima de situação tão impactante. Ninguém é doente a ponto de querer matar uma criança inocente de graça e, dependendo do caso concreto, não existe outra maneira de se defender de um ataque armado que não seja atirando.

A responsabilização do servidor, dando uma resposta para a sociedade, é, sem dúvida, o caminho mais fácil, mas o argumento de dolo eventual, no qual o agente assume o risco ao agir, é um exagero, uma vez que este profissional está ali representando o Estado, em condições extremas, sem o devido apoio logístico ou até mesmo jurídico institucional, não tendo a intenção de causar dano, visto que será o primeiro responsabilizado.

Somente aqueles que entram em confronto, onde a diferença entre a vida e a morte está no detalhe, sabem que o erro é uma realidade. Logo, quem trabalha muito, tende a errar muito. Posturas incriminatórias de agentes públicos podem gerar estabilidade social momentânea mas, em contrapartida, produzem instabilidade jurídica, com graves efeitos atuais e futuros que impactam diretamente no combate à criminalidade.

4.11 – Resultado diverso do pretendido, "errar é humano"

Art. 74. Fora dos casos do artigo anterior, quando, por acidente ou erro na execução do crime, sobrevém resultado diverso do pretendido, o agente responde por culpa, se o fato é previsto como crime culposo; se ocorre também o resultado pretendido, aplica-se a regra do art. 70 deste Código.

Ao contrário do artigo anterior, que mostra a mudança de resultado delituoso de pessoa para pessoa, no artigo 74 temos a aplicação do erro quando o deslocamento for de coisa para pessoa, existindo uma mudança de bem jurídico lesionado. O mais importante é analisar a intenção do agente, uma vez que, em sentido contrário, de pessoa para coisa, deverá ser levado em consideração o dolo inicial, sendo mais justo, uma vez que a integridade das pessoas deve prevalecer em relação à proteção das coisas, dentro da hierarquia dos bens jurídicos no Código Penal.

Indivíduo revoltado com a prestação de serviço público de saúde, arremessa pedra contra um posto municipal. Por erro, acerta funcionário que estava dentro do estabelecimento. Como a mudança se deu de coisa — posto de saúde — para pessoa — funcionário — aplica-se a regra do artigo. No mesmo caso, se o motivo da revolta era o mau atendimento de um funcionário específico, sendo o ataque direcionado a ele e, por erro, a lesão se dá sobre a coisa, o emprego do artigo seria benéfico, causando impunidade, sendo desprezado o resultado, levando-se em consideração o dolo inicial, sendo imputado o crime intencional na modalidade tentada.

CAPÍTULO 5

ASPECTOS PENAIS (PARTE ESPECIAL)

Na parte especial do Código Penal, iniciada pelo artigo 121, estão positivados os crimes comuns, sendo identificadas as condutas incriminadoras com suas respectivas penas. O conhecimento dessa parte do dispositivo legal é fundamental na atividade operacional, permitindo que o policial diferencie a legalidade ou ilegalidade das diversas condutas humanas. Cabendo ressaltar que não se esgotam aqui todas as condutas incriminadoras, sendo necessário o estudo das leis penais especiais como atividade complementar.

5.1 – Art. 21 – Homicídio

Art. 121. - Matar alguém:

Pena - reclusão, de 6 (seis) a 20 (vinte) anos.

Caso de diminuição de pena

1º - Se o agente comete o crime impelido por motivo de relevante valor social ou moral, ou sob o domínio de violenta emoção, logo em seguida a injusta provocação da vítima, o juiz pode reduzir a pena de um sexto a um terço.

Homicídio qualificado

2º - Se o homicídio é cometido:

I - mediante paga ou promessa de recompensa, ou por outro motivo torpe;

II - por motivo fútil;

III - com emprego de veneno, fogo, explosivo, asfixia, tortura ou outro meio insidioso ou cruel, ou de que possa resultar perigo comum;

IV - à traição, de emboscada, ou mediante dissimulação ou outro recurso que dificulte ou torne impossível a defesa do ofendido;

V - para assegurar a execução, a ocultação, a impunidade ou vantagem de outro crime:

Feminicídio

VI – contra mulher por razões da condição de sexo feminino;

VII – contra agentes ou autoridades descritos nos artigos 142 e 144 da Constituição Federal, integrantes do sistema prisional e força nacional de segurança pública, no exercício da função ou em decorrência dela, ou contra seu cônjuge, companheiro ou parente consanguíneo até terceiro grau, em razão dessa condição:

Pena - reclusão, de 12 (doze) a 30 (trinta) anos.

§ 2º A. Considera-se que há razões de condição de sexo feminino quando o crime envolve:

I – violência doméstica e familiar

II – menosprezo ou discriminação à condição de mulher

Homicídio culposo

3º - Se o homicídio é culposo:

Pena - detenção, de 1 (um) a 3 (três) anos.

Aumento de pena

4º - No homicídio culposo, a pena é aumentada de um terço, se o crime resulta de inobservância de regra técnica de profissão, arte ou ofício, ou se o agente deixa de prestar imediato socorro à vítima, não procura diminuir as consequências do seu ato, ou foge para evitar prisão em flagrante. Sendo doloso o homicídio, a pena é aumentada de um terço, se o crime é praticado contra pessoa menor de 14 (catorze) anos ou maior de 60 (sessenta) anos.

5º - Na hipótese de homicídio culposo, o juiz poderá deixar de aplicar a pena, se as consequências da infração atingirem o próprio agente de forma tão grave que a sanção penal se torne desnecessária.

6º - a pena é aumentada de 1/3 (um terço) até a metade se o crime for praticado por milícia privada, sob o pretexto de prestação de serviço de segurança, ou por grupo de extermínio.

7º - A pena do feminicídio é aumentada de 1/3 (um terço) até a metade se o crime for praticado:

I – durante a gestação ou nos 3 (três) meses posteriores ao parto:

II – contra pessoa menor de 14 (catorze), maior de 60 (sessenta) anos ou com deficiência;

III – na presença de descendente ou de ascendente da vítima.

Abrindo a parte especial do Código, não podendo ser diferente, a norma inicia pela proteção do bem jurídico mais importante dentro de qualquer sociedade organizada — a vida. Atualmente, o Brasil é o país que mais mata no mundo. Temos a impressionante média de aproximadamente 60 mil homicídios por ano, e a polícia sofre diretamente com esse crime, seja no atendimento desse difícil tipo de ocorrência, sendo também autor e vítima desse tipo penal.

5.1.1 – "Polícia que mais mata"

"A polícia que mais mata", mas também é a que mais morre, frase extremamente difundida por autoridades e setores da imprensa que, apesar de sua colocação, por vezes, política e ideológica, apresenta veracidade, necessitando análise pormenorizada. É óbvio que este discurso tem como objetivo principal descredibilizar as forças de segurança, levantando-se sempre o argumento de emprego ilegal da violência e arbitrariedade nas operações policiais. Entretanto, que fique claro não ser função da polícia tirar a vida, pelo contrário, estes servidores, como operadores primários do Direito, deverão ser os primeiros defensores dos princípios constitucionais, dentre eles a preservação da vida.

Quando qualquer força policial é violentamente atacada com armas de guerra, não resta outra alternativa senão reagir, com o único interesse de se defender. Comparando a quantidade de mortes em operações policiais com o número de confrontos armados entre o poder público, representado pelos policiais e criminosos, fazendo uma proporcionalidade, verificaremos que a letalidade policial no Brasil não é tão grande quanto o divulgado. Em países desenvolvidos, entrar em confronto com forças policiais é sinônimo de morte ao agressor. Proporcionalmente, polícias estrangeiras apresentam maior letalidade, e não observamos tantos questionamentos como os realizados no Brasil.

Durante instrução realizada por determinada polícia europeia, foi perguntado ao agente quantos confrontos armados ocorreram no ano e quais foram os resultados. Para espanto da equipe de instrução, ele informou que ocorrem três e que em todos os criminosos foram neutralizados dentro da legalidade. Fazendo rápida análise matemática, significa 100% e, apesar do estereótipo de violência policial dos órgãos brasileiros, sem dúvida, estamos bem longe dessa proporcionalidade.

É comum ouvir de autoridades que o problema da letalidade se resolve com inteligência policial. Sem dúvida, essa área do conhecimento traz resultados significativos, mas demanda duas condições raras na polícia brasileira: tempo e recurso. No caso dos traficantes de drogas, se sabe onde eles atuam, encastelados nas comunidades carentes. Por mais eficiente que seja o serviço de informações, em algum momento, a força policial operacional terá que agir, e o confronto é inevitável, resultando mortes em de todos os lados. Criminosos de alta periculosidade não estão dispostos a dispor seus fuzis de guerra e entregarem-se em nome da lei. Quem fala o contrário, sem dúvida, nunca esteve em combate.

Em contrapartida, a letalidade não é a solução dos problemas, e nenhuma polícia do mundo deve ter a morte como meta. No Rio de Janeiro, vivemos a cultura do guerreiro, devido à dura realidade, entretanto, os policiais devem ser formados como soldados, estando preparados para a paz e para a guerra, quando necessárias. Como diz o velho ditado: "se queres a paz, prepara-se para a guerra". O argumento justificante para a morte resultante de intervenção policial sempre será a legítima defesa. Deve-se tirar do imaginário policial a ideia de que, nessas ações, o estrito cumprimento do dever legal seria a excludente do crime. Não é dever da polícia tirar a vida, mesmo do criminoso de extrema periculosidade.

5.1.2 – Comprovação técnica operacional de óbito

Voltando aos aspectos legais propriamente ditos, o sistema jurídico vigente utiliza-se do critério de morte encefálica para a cessação da vida, como prescreve o artigo 3º da lei 9.434, surgindo daí questões polêmicas no viés jurídico operacional: o policial seria preparado e capaz de identificar um óbito? Questão extremamente debatida empiricamente, apresenta consequências legais relacionadas ao crime de fraude processual tipificado com a prática de não preservação de local de crime. As dúvidas surgem, uma vez que o policial, por força legal, tem a obrigatoriedade de prestar socorro por sua condição de garante, já debatida neste trabalho e, na prática, a condição de vivo ou morto não possui fácil definição.

Após troca de tiros com criminosos que atentavam contra a vida dos policiais e da população local, o infrator cai no solo com um disparo de fuzil na cabeça, sendo óbvio o diagnóstico de morte, mesmo para um leigo. Respeitando o ordenamento jurídico, o procedimento padrão deverá ser a divisão da equipe: parte preserva o local de crime, enquanto a outra se dirige à autoridade de polícia judiciária para realizar a notícia crime. A autoridade, cumprindo previsão legal prevista no Código de Processo Penal, encaminha-se até o local de crime preservado. Tratando-se de área de alto risco, ocorre novo confronto, resultando em mais duas mortes de criminosos além de um policial ferido. Fica a indagação: será que é razoável e proporcional a realização de ato processual em detrimento do grave risco? Esse pode ser um bom exemplo de aplicação de leis de paz em momentos de guerra.

Por outro lado, é também importante destacar que maus profissionais, integrantes das forças policiais, utilizam-se de artifícios para acobertar práticas criminosas, socorrendo aqueles que não necessitariam de socorro, por já estarem em óbito, objetivando exclusivamente atrapalhar as investigações e responsabilizações. No caso de morte óbvia, a preservação do local de crime é obrigatória, desde que essa atuação não coloque em risco a equipe operacional nem a população local, servindo o ato para a própria segurança jurídica dos servidores, que um criminoso fortemente armado não se torne um trabalhador honesto da noite para o dia, por meros depoimentos de pessoas parciais, coniventes com o crime.

5.1.3 – Homicídio doloso, intenção de matar

O homicídio doloso tem como o elemento subjetivo obrigatoriamente o *animus necandi*, ou seja, a vontade de matar ou assumir o risco para tal, como observamos no instituto do dolo eventual, conceito jurídico de difícil definição que, quando não analisado de maneira contextualizada, pode causar injustiças e aplicação do famigerado direito penal do autor, caracterizado pela seletividade penal. Com a difusão do discurso de violência policial, não é raro ocorrer a capitulação mais gravosa a estes servidores, pela simples posição de policial, por influência do senso comum, potencializado pela grande mídia, devendo os agentes operacionais terem conhecimento e assistência jurídica adequada, preservando os profissionais que se colocam em risco para defender a sociedade.

5.1.4 – Homicídio privilegiado e a considerável aceitação social

No parágrafo primeiro do artigo 121, observa-se a figura do homicídio privilegiado com relativa aceitação social, entendido por muitos doutrinadores não como privilégio, mas sim mera redução de pena. Fazendo uma análise detalhada da letra da lei, o termo "social" está diretamente ligado ao interesse coletivo, aos hábitos e aos costumes de uma determinada sociedade e, em nome desses, o autor comete o crime, passando a impressão para todos de justiça no ato. Em determinada comunidade subjugada por criminosos, restringida de seus direitos, sofrendo ameaças constantes por parte de traficantes ou milicianos, fato comum nos dias de hoje, indivíduo, revoltado, mata o chefe da quadrilha. No exemplo, caberá a referida minorante, visto que o direito penal, dentre vários princípios, é regulado pela adequação social.

No tocante ao termo "moral", ele está diretamente ligado à individualidade, não podendo ser, em hipótese alguma, algo egoístico, devendo estar de acordo com o aceite social, como o termo anterior. Também desperta um sentimento de justiça na realização do ato criminoso. Um pai desesperado procura um agente policial e informa que um traficante, com forte influência na comunidade onde reside, estaria assediando sua filha menor de idade, temendo possíveis violações da dignidade sexual. Com a impossibilidade ou ineficiência das forças públicas, o indivíduo comete um homicídio contra o importunador. No exemplo, caberá também o referido privilégio.

Agir sob violenta "emoção" não exclui o homicídio, sendo também a ação uma mera redutora de pena. Entretanto, existem algumas condições fundamentais de admissibilidade. O termo "logo após" exige uma obrigatoriedade de reação imediata, não cabendo premeditação de ilicitudes. A "injusta provocação", segundo a doutrina, sempre deverá ser uma conduta ilícita por parte da vítima do homicídio. Para o policial operacional, é fundamental o preparo psicológico, o controle emocional e uma condição basilar para evitar o erro nas operações. O referido argumento é de difícil aplicabilidade aos agentes operacionais, haja vista a presunção de preparo técnico profissional, o que, de fato, não ocorre na plenitude, não sendo justo tolher esses servidores da utilização da minorante, uma vez que, apesar de profissionais, os policiais também são seres sentimentais.

"Sob o domínio de violenta emoção" é distinto da causa de diminuição de pena prevista no artigo 65, inciso 3, do CP, "sob influência....", não necessitando a esse a condição de imediatividade. O termo "logo após" é desnecessário para a aplicabilidade da benesse jurídica. Na prática, a emoção e seus efeitos podem perdurar. No caso de um indivíduo que sofre diversos atentados à sua honra e guarda sequelas durante anos, vindo a agir em um momento de instabilidade, não necessariamente após uma ofensa. Esse ato criminoso, apesar de pontual, teve origem remota, cabendo ao caso concreto aplicação da atenuante e não a figura do homicídio privilegiado. É o que observamos nos constantes e debatidos casos de *bullying*.

5.1.5 – Homicídio qualificado, repulsa social

O parágrafo segundo trata do homicídio qualificado, agravante na atividade de matar alguém, sendo bem comum na triste realidade brasileira de banalização da vida, existindo grande repulsa social. Na luta contra a criminalidade, policiais se veem na condição de vítimas ou autores do crime analisado. Buscar uma qualificadora para o crime, só pela condição de ser policial, é uma realidade, configurando uma completa inversão de valores, gerando instabilidade jurídica a esses servidores.

No inciso primeiro, o legislador, ao citar a situação de "mediante paga ou promessa de recompensa", é automático fazer a relação com o risco da atividade policial onde, em algumas cidades, a vida desses servidores está a prêmio. Uma prática de Velho Oeste invertida, na qual os agentes estatais são diariamente caçados. É fato pouco divulgado que, em algumas comunidades sob influência do tráfico, homicidas de policiais recebem benefícios, *status* e até mesmo recompensas pecuniárias por esses atos ilícitos. Apesar de posições doutrinárias contrárias, entendemos que o termo "recompensa", usado na letra da lei, representa qualquer tipo de benefício, não se resumindo a dinheiro, devendo esse criminoso ter seu crime qualificado.

Passando ao inciso terceiro, alguns termos possuem grande aplicabilidade operacional. A utilização de "explosivo", qualificando o crime, é lógica e pertinente, uma vez que, devido ao poder destrutivo desses artefatos, o perigo é comum a todos. Traficantes utilizam granadas defensivas, de uso exclusivo das forças armadas, produzindo estilhaços, atacando as forças policiais. Essa conduta, além de atentar contra os agentes da lei, coloca em risco a população ali residente, uma vez que os efeitos desses artefatos são incontroláveis quando utilizados no ambiente urbano.

Seguindo o mesmo raciocínio, o criminoso que dispara com seu armamento, principalmente fuzis, coloca em perigo toda a coletividade. O alcance útil desse tipo de armamento, de aproximadamente mil metros, bem como a energia do projétil, o tornam extremamente letal. A irresponsabilidade em relação à população residente, que se encontra no meio do fogo cruzado e sujeita às famigeradas "balas perdidas", deveria ser argumento automático de aplicação da agravante desse crime, seja na modalidade consumada ou tentada.

Já no inciso quarto, o termo "traição" é condição de agravamento do crime de homicídio. É importante e fundamental a proteção legal de agentes policiais, endurecendo penas contra aqueles que atacam o poder público e seus agentes. Entretanto, esses servidores especiais também deverão ser cobrados com mais intensidade pelo ordenamento jurídico, sendo a norma uma via de mão dupla. Agentes policiais, que cometem "crimes morais", devem ter punição exemplar pelo risco causado a companheiros, instituições e toda a coletividade usuária dos seus serviços.

Corrupção é uma doença social, e a polícia não está imune a isso. Infelizmente, é uma prática comum o vazamento de informações sigilosas de operações policiais, permitindo o monitoramento em tempo real de equipes no teatro de operações por parte de criminosos. Ocorrendo um homicídio, tendo como vítima um policial, provando que a informação sigilosa tem relação direta com o crime, o agente desviado, corrupto, deverá ser responsabilizado como coautor, tendo a sua conduta qualificada pela traição, devendo receber a punição mais agravada possível.

5.1.6 – "Operação cavalo de troia"

O termo "emboscada" apresenta duas vertentes operacionais: a primeira, trata-se do policial como vítima. Quando acionado o serviço policial, pela via convencional 190, equipe chega ao local da ocorrência, sendo atacada por criminosos. Constatando a falsa solicitação, sendo na prática acionados. Sendo perfeitamente aplicável a qualificadora para os assassinos, bem como para aqueles que acionaram intencionalmente as equipes policiais.

A segunda vertente está na atuação do policial como autor do crime de homicídio, com a agravante da emboscada. Conhecida operacionalmente como "troia", a atuação operacional remete ao lendário episódio histórico, caracterizado quando policiais, objetivando realizar prisões, devido a informações prévias relacionadas à dinâmica do serviço, realizam o coloquialmente denominado como patrulha de emboscada. As situações operacionais são diversas, necessitando a análise pormenorizada do caso concreto, podendo ser configurado crime qualificado ou afastada a ilicitude do fato por legítima defesa.

Se o policial se esconde em determinado local da comunidade, esperando o criminoso passar e realiza a voz de prisão, o que na prática dependente da periculosidade do criminoso, local e poder de fogo do crime, resultará em confronto. Não há o que se falar em emboscada, visto que não foi o agente policial que criou a situação flagrancial. Se no sentido oposto, o policial, por meios furtivos, marca encontro com criminosos, vindo a executá-los, é evidente que responderá de maneira qualificada ao crime por ora analisado.

No ano de 2013, na Comunidade da Nova Holanda, às margens da Avenida Brasil, um caveira perdeu sua vida em combate, algo raro na unidade, após sofrer uma emboscada covarde de criminosos. Ao desembarcar do veículo blindado, sofreu um disparo fatal na cabeça, realizado por criminosos que estavam esperando as equipes nas lajes das residências. O momento era caracterizado por manifestações populares. Visando desviar a atenção das forças policiais, criminosos determinaram que usuários de drogas fechassem a avenida, colocando fogo em ônibus, aterrorizando a população. O batalhão de choque foi acionado, controlando a situação, mas somente o BOPE tinha condições operacionais naquele momento de entrar na comunidade e controlar a crise, assim foi feito. Mas os criminosos, prevendo tal atuação, se posicionaram em pontos estratégicos, vindo a se vingar da unidade que, dias antes, tinha realizado grande operação, causando enormes prejuízos na estrutura do tráfico local.

5.1.7 – Proteção especial aos agentes de segurança

Encerrando o tópico da análise do homicídio qualificado, é importante comentar a alteração recente realizada pela lei 13.142, que inseriu o inciso sétimo, qualificando o homicídio quando cometido contra agentes de segurança, previstos nos artigos 142 e 144 da Constituição Federal, além dos integrantes do sistema prisional e seus familiares, quando o motivo do crime estiver ligado à condição profissional da vítima ou de seus familiares. Sem dúvida, a alteração legal é uma grande evolução na mudança de realidade desses servidores, o ataque a esses profissionais representa um ataque não só ao indivíduo, mas a todo o Estado legalmente constituído.

O termo "No exercício da função ou em razão dela", apesar de genérico, retrata a quase totalidade dos casos, uma vez que o policial, por sua posição legal de garante e, consequente aplicação do binômio obrigatoriedade e possibilidade de agir, encontra-se sempre em atividade. A análise do caso concreto é necessária para a aplicação ou não da qualificadora. No exemplo de uma discussão de trânsito, que resulta em morte do agente, que em nenhum momento se identifica como policial, ficaria impossível o emprego do inciso, visto que o crime não está relacionado com a atividade laboral da vítima.

Somente no ano de 2017, no Estado do Rio de Janeiro, 134 policiais militares foram assassinados, provando que apenas o endurecimento da legislação não será suficiente para solucionar essa problemática. O problema é sistêmico. Apesar dos avanços da norma, o Direito Penal não é a solução de todos os problemas, devendo haver investimento em todas as áreas com relação direta e indireta com a criminologia.

Pelo caráter recente da norma, a jurisprudência e a doutrina não estão devidamente consolidadas, ficando a dúvida da aplicação do homicídio qualificado privilegiado neste artigo. Nosso entendimento é pela aplicabilidade. Imaginemos que um policial que, agindo com abuso de poder, sofre ataque de sua vítima, que age sobre forte emoção, vindo a matar o agente público. Claro que, após análise do caso concreto, entendemos que as duas causas de alteração de pena poderiam ser aplicadas perfeitamente.

5.1.8 – Polícia, atividade pautada na técnica

Já no parágrafo quarto, que trata de um aumento de pena para o homicídio culposo, relacionado com a "inobservância de regra técnica de profissão", a ação deve ser caracterizada como algo deliberado, intencional, diferenciando-se de uma falha técnica, o que caracterizaria uma imperícia, fator presente na modalidade de crime culposo, sendo importante a diferenciação para que não ocorra a dupla punibilidade.

A diferenciação se faz necessária para uma análise da formação dos profissionais de segurança pública, atividade extremamente difícil, com consequências resultantes do erro com alto grau de complexidade mas, que, em contrapartida, esses profissionais, em sua grande maioria, não recebem formação nem treinamento na mesma medida das complexidades de suas missões, argumento que jamais poderá ser ignorado no mundo jurídico.

A formação de policiais em países desenvolvidos é baseada no profissionalismo e é comum, por exemplo, que esses profissionais realizem disparos de armas de fogo todos os dias antes de iniciar seu patrulhamento. Enquanto isso, no Brasil, com exceção de algumas tropas especiais, esse hábito básico e fundamental é utópico. Do exposto à análise da aplicação desta causa de aumento de pena deve ser ponderada, analisando não só o fato em si, mas todos os fatores antecedentes que acarretaram no cometimento do delito, relacionados com a formação e a manutenção desses profissionais.

O policial, ao cometer um erro, não comete sozinho, a responsabilização deverá ser extensiva aos gestores, que atuam em concausa em relação à conduta tipificada. Policial militar, ao realizar o patrulhamento, realiza disparo acidental, por não estar com seu armamento devidamente travado, vindo a lesionar transeunte. Ao analisar a carreira dele, em nenhum momento, o profissional teve a devida instrução com o armamento utilizado, sendo este o único disponível para a realização do patrulhamento, e todo o conhecimento ou falta dele foi adquirido de maneira empírica. No exemplo citado, não seria justa a condenação agravada e individualizada do agente, que exerce sua profissão com todas as dificuldade narradas.

5.1.9 – Proteções especiais

Outra alteração realizada no crime de homicídio, feita pela lei 13.104, está no agravamento em relação à idade da vítima — menor de 14 e maior de 60 anos —, protegendo pessoas até o início da adolescência e os idosos. Com o passar do tempo e a evolução da sociedade, é fato que o ser humano desenvolve capacidade de discernimento cada vez mais cedo. Sendo assim, a criança de hoje não é a mesma do século passado. Sem entrar na polêmica de redução da maioridade penal, fenômeno observado operacionalmente é que o criminoso está cada vez mais jovem, sendo comum encontrar meninos de 14 anos portando fuzis e com poder de decisão em perigosas quadrilhas. Logo, a simples subsunção do fato à norma, pode gerar o efeito lesivo de sensação de impunidade.

5.1.10 – Milícia

Finalizando o artigo 121, trataremos o artigo 6°, introduzido pela lei 12.720, aumentando a pena em até um terço quando o crime é cometido por milícia ou grupo de extermínio. A agravante está diretamente direcionada ao tipo penal descrito no artigo 288A, que analisaremos mais à frente no trabalho. No cometimento do homicídio, com a agravante de milícia, existe a necessidade de comprovação da associação criminosa "sob o pretexto de prestação de serviço de segurança". O tipo erradamente restringiu a apenas uma atividade realizada por esses grupos criminosos, sabendo-se que eles realizam várias outras ações criminosas voltadas ao lucro, necessitando ampliação da norma, visando punir esse grave crime.

5.2 – Art. 129 – Lesão corporal

Art. 129. Ofender a integridade corporal ou a saúde de outrem:

Pena - detenção, de 3 (três) meses a 1 (um) ano.

Lesão corporal de natureza grave

1º - Se resulta:

I - incapacidade para as ocupações habituais, por mais de 30 (trinta) dias;

II - perigo de vida;

III - debilidade permanente de membro, sentido ou função;

IV - aceleração de parto:

Pena - reclusão, de 1 (um) a 5 (cinco) anos.

2º - Se resulta:

I - incapacidade permanente para o trabalho;

II - enfermidade incurável;

III - perda ou inutilização de membro, sentido ou função;

IV - deformidade permanente;

V - aborto:

Pena - reclusão, de 2 (dois) a 8 (oito) anos.

Lesão corporal seguida de morte

3º - Se resulta morte e as circunstâncias evidenciam que o agente não quis o resultado, nem assumiu o risco de produzi-lo:

Pena - reclusão, de 4 (quatro) a 12 (doze) anos.

Diminuição de pena

4º - Se o agente comete o crime impelido por motivo de relevante valor social ou moral ou sob o domínio de violenta emoção, logo em seguida a injusta provocação da vítima, o juiz pode reduzir a pena de um sexto a um terço.

Substituição da pena

5º - O juiz, não sendo graves as lesões, pode ainda substituir a pena de detenção pela de multa:

I - se ocorre qualquer das hipóteses do parágrafo anterior;

II - se as lesões são recíprocas.

Lesão corporal culposa

6º - Se a lesão é culposa:

Pena - detenção, de 2 (dois) meses a 1 (um) ano.

Aumento de pena

7º - Aumenta-se a pena de um terço, se ocorrer qualquer das hipóteses dos §§ 4º e 6º do art. 121, deste código.

8º - Aplica-se à lesão culposa o disposto no 5 do art. 121.

Violência doméstica

9º Se a lesão for praticada contra ascendente, descendente, irmão, cônjuge ou companheiro, ou com quem conviva ou tenha convivido, ou, ainda, prevalecendo-se o agente das relações domésticas, de coabitação ou de hospitalidade:

Pena - detenção, de 3 (três) meses a 3 (três) anos.

10º Nos casos previstos nos §§ 1o a 3o deste artigo, se as circunstâncias são as indicadas no § 9o deste artigo, aumenta-se a pena em 1/3 (um terço).

11º Na hipótese do § 9o deste artigo, a pena será aumentada de um terço se o crime for cometido contra pessoa portadora de deficiência.

12º Se a lesão for praticada contra autoridade ou agente descrito nos arts. 142 e 144 da Constituição Federal, integrantes do sistema prisional e da Força Nacional de Segurança Pública, no exercício da função ou em decorrência dela, ou contra seu cônjuge, companheiro ou parente consanguíneo até terceiro grau, em razão dessa condição, a pena é aumentada de um a dois terços.

5.2.1 – Banalização da resolução de conflitos pela via violenta

Com a banalização da violência, existe uma tendência do ser humano de se acostumar com delitos, principalmente os de menor gravidade. As lesões corporais se tornam cada vez mais frequentes, por motivos banais que nem sempre seguem o canal legal e sofrem a reprimenda estatal, fazendo parte da denominada cifra negra ou subnotificações, não sendo computadas formalmente nos índices de criminalidade. Os policiais operacionais, em diversos momentos de suas carreiras, se deparam com esse tipo de ocorrência, seja como autor, sob o velho argumento da violência policial, seja na condição de vítima, resultante da total falta de respeito às autoridades legalmente constituídas.

Caracterizado como um crime de dano, possui como bem jurídico tutelado a integridade corporal e a saúde, tendo como elemento subjetivo o dolo de dano. Esta característica é fundamental para evitar erros na capitulação, fato bem comum, confundindo a conduta com a contravenção de vias de fato, onde a intenção da prática delitiva não é ofender a integridade corporal de outrem. As lesões corporais apresentam gradações, distinguindo-se em leve, grave e gravíssima. Não interferindo essas diferenciações na ação operacional das prisões em flagrante, existindo somente em segunda análise pelos órgãos periciais o devido exame técnico para realizar a devida capitulação com a devida responsabilização proporcional.

5.2.2 – Níveis de lesão

No parágrafo primeiro, a lei trata da lesão grave, e alguns termos merecem comentários. No inciso primeiro, quando o dispositivo utiliza "Incapacidade para ocupações habituais por mais de 30 dias", estas ocupações não se resumem a trabalho, podendo ser atividades sociais, desde que sejam lícitas. "Debilidade permanente de membro, sentido ou função", literalmente o termo permanente é imutável, ou seja, é importante perícia sobre a condição da vítima, levando-se em consideração as intervenções médicas bem como a interpretação de debilidade, que não significa supressão ou ausência, que estaria enquadrada na modalidade mais gravosa de lesão corporal.

O artigo segundo, apesar de não ter a nomenclatura legal do tipo de lesão, é pacífico na doutrina, com a classificação de gravíssima a "incapacidade permanente para o trabalho". Tem impacto direto nas questões pecuniária e previdenciária, gerando aposentadoria por invalidez. Atualmente, a doutrina entende que tal lesão deverá ser impeditiva para qualquer modalidade de trabalho. No caso de reabilitação a tipo penal, deverá ser desclassificado, seguindo a linha de reinclusão ao mercado de trabalho.

No dispositivo de maior gravidade, mais especificamente no inciso terceiro, observa-se a figura do preterdolo, em que, de maneira direta, a intenção do autor era uma, no caso citado, lesionar, e o resultado foi diverso, sem que houvesse previsibilidade para a morte. Policial, para realizar uma prisão legal, se excede, lesionando gravemente o braço do preso. Com o estresse da situação e o esforço despendido na resistência ao ato legal, o indivíduo lesionado vem a falecer por um infarto do miocárdio. Neste caso, o dolo do agente foi o de lesão, sendo impossível ele saber, preteritamente, que aquele indivíduo apresentava doença cardíaca. Portanto, é descabida a imputação do crime de homicídio.

5.2.3 – Diferença entre lesão corporal e tentativa de homicídio

Dúvida comum aos operadores primários do Direito está na diferença entre a lesão do artigo terceiro e o homicídio tentado. A distinção se dá na análise do dolo, ou seja, da intenção do agente no momento do cometimento do delito. De fato, esta interpretação pode causar algumas injustiças, uma vez que a diferença de pena entre os dois tipos penais é considerável.

No tocante à utilização de arma de fogo, seria razoável a capitulação em tentativa de homicídio. Essa análise deve ser estudada com afinco pela doutrina e pelos operadores do Direito, pelo volume de ocorrências desse tipo. No caso específico do fuzil, arma de guerra utilizada largamente pelo crime e por forças policiais brasileiras, ao observarmos suas características, chegamos à conclusão de que esse armamento possui um único propósito: a morte ou inutilização do combatente. Logo, aquele que utiliza esse armamento demonstra, de maneira direta, sua intenção, ou seja, cometer o crime de homicídio, não restando qualquer dúvida.

Ao contrário do senso comum, o emprego de pistolas, armas curtas com projéteis de baixa velocidade e poder energético, necessita avaliação do caso concreto, para diferenciar a conduta. Policial cercado por inúmeros indivíduos desarmados faz uso de sua arma de fogo, vindo a atingir um dos agressores na perna. Apesar de inúmeras variáveis possíveis, levando-se em consideração o emprego de uso progressivo da força, a conduta do agente deverá ser classificada como lesão corporal, sendo definida de acordo com o resultado, sem a análise de possíveis excludentes de ilicitudes. Não poderia ser alegada tentativa de homicídio, uma vez não ser essa a intenção do agente, caracterizada pela realização do disparo na perna, menos danoso à vítima.

A mesma alteração realizada pela lei 13.142, dando condição especial de vítima ao funcionário público com atuação específica no sistema de segurança pública e seus familiares, no crime de homicídio são aplicáveis as mesmas interpretações ao crime de lesão corporal. Ocorrências desse tipo são comuns no cotidiano policial. Ao entrar nesta profissão, ao contrário do senso comum, o servidor não dispõe de seus direitos, visto que a integridade física é inalienável. Logo, as agressões a agentes da lei devem ser majoradas. Se um agressor ataca forças policiais, imagine o que fará com o cidadão comum.

5.3 – Art. 135 - Omissão de socorro

Art. 135. Deixar de prestar assistência, quando possível fazê-lo sem risco pessoal, à criança abandonada ou extraviada, ou à pessoa inválida ou ferida, ao desamparo ou em grave e iminente perigo; ou não pedir, nesses casos, o socorro da autoridade pública:

Pena - detenção, de 1 (um) a 6 (seis) meses, ou multa.

Parágrafo único. A pena é aumentada de metade, se da omissão resulta lesão corporal de natureza grave, e triplicada, se resulta a morte.

Exemplo clássico de crime omissivo próprio, em que a norma jurídica apresenta caráter mandamental, dizendo ao indivíduo, nas entrelinhas, faça alguma coisa, evitando o dano ao bem jurídico ou o perigo a si mesmo. Relacionado ao dever temos a proteção, obrigatória a qualquer indivíduo em relação ao próximo, configurando que solidariedade é fundamental e a ausência desta necessita de reprimenda por parte do Estado. De acordo com o tipo penal, o agente é obrigado a agir, não existindo a opção de ser ou não solidário, uma vez que o direito do próximo, estando em risco, se sobrepõe ao livre-arbítrio caracterizado, muitas vezes, pelo egoísmo.

5.3.1 – O peso legal de ser garante

Inicialmente, devemos deixar claro que o tipo estudado não se aplica aos garantes de regra, figuras amplamente debatidas anteriormente nesta obra. Porém, tanto na parte especial como na parte geral do Código, é importante ressaltar que o dever de agir ou atuar deve estar obrigatoriamente atrelado ao poder ou a possibilidade física e humana de atuação, inexistindo a necessidade de agir a qualquer custo. Bombeiros, ao iniciarem salvamento em prédio em chamas, desistem da ação, uma vez que a construção está próxima de desabar. É óbvio que estes não poderão sofrer reprimenda penal, visto que, apesar de corajosos, não precisam colocar a vida em risco em benefício de terceiros, o que sabemos que, na prática, ocorre diariamente, devido ao heroísmo inerente às pessoas que escolhem essa brilhante profissão.

5.3.2 – Proteção especial das crianças

"Criança abandonada" — o termo em questão gera bastante polêmica. Neste ponto, o tipo penal está totalmente inerte, não existindo ao Estado qualquer infraestrutura para o implemento da persecução penal para todos os indivíduos que realizam esse delito. A doutrina é pacífica em dizer que, para existir o delito em análise, o bem jurídico deverá está em risco. Aí surgem as indagações: as crianças abandonadas à própria sorte, nas ruas não estão nesta situação? E toda a sociedade que nem se incomoda mais com tal barbárie estaria assim cometendo o crime estudado? Passar omisso por uma criança na rua, sem tomar qualquer providência, não seria um ato criminoso? De fato, quem nunca realizou uma conduta tipificada em nosso Código Penal?

Criança extraviada, que observamos com bastante frequência em locais com grande aglomeração popular, tais como praias e *shoppings*. O cidadão que observa tal fato e não toma providências para tentar encontrar os pais ou qualquer força pública, poderá responder por omissão de socorro. O Direito Penal não deixa de ser a positivação de conceitos humanitários.

A polícia tem como uma de suas principais funções a orientação a seus clientes, a população em geral. Durante patrulhamento ordinário, foi observado fato comum e curioso: uma determinada criança fazia pirraça, quando a mãe, ao observar a equipe policial, virou-se para o menino e disse: "filho, ou você para ou chamarei o policial para te pegar". O fato necessitou de uma orientação à mãe por parte dos policiais: "Se a senhora ensinar isso ao seu filho, só criará o afastamento do menino com relação à polícia e, no dia em que ele se perder, não procurará quem está sempre disposto a ajudá-lo. Policial não é um bicho papão, e sim um herói sempre disposto a atuar". A senhora concordou, agradeceu e com certeza aquele menino, no caso de perigo, procurará a polícia.

5.3.3 – Socorro a ferido

No caso de pessoa "ferida", é importante frisar que não é necessário para a responsabilização que o omitente seja o causador da lesão, sendo o fato causador do dano irrelevante, podendo até mesmo ter sido causado pela própria vítima. O dano deve ser considerável, a vítima deve estar em risco de vida ou à sua saúde, impedida de, por meios próprios, procurar socorro. Como está definido o bem jurídico tutelado do artigo, se a lesão for leve, não impedindo o deslocamento por meios próprios ao nosocômio mais próximo, seria desproporcional a tipificação do crime ao omitente.

O tipo penal menciona o acionamento de autoridades competentes. Apesar disso, não podemos entender ser opcional a prestação de socorro, sendo esta ação caracterizada pelo apoio imediato, não sendo substituída pelo acionamento de quem de direito, sendo este um apoio mediato, visto que, dependendo do caso concreto, a urgência necessita de intervenção direta, evitando consequências irreversíveis. A incapacidade técnica não exclui o crime, visto que o socorro, neste caso, é interpretado de maneira genérica, sendo um apoio à vítima, não se restringindo à questão física, podendo ser caracterizado até mesmo por um apoio psicológico.

A capacidade técnica, em determinados casos, é fundamental para que o dano não seja potencializado. Imaginemos uma vítima de um grave acidente envolvendo motocicleta, necessitando uma devida remoção. É importante que o socorrista não se precipite, devendo esperar pessoal especializado, permanecendo no local, prestando outros tipos de assistências.

Policial atropelou motociclista, causando graves lesões, visto que a vítima encontrava-se sem capacete. Apesar das infrações da legislação pela vítima, esse fato não muda a necessidade de prestação imediata de socorro. Ao parar, o policial tem seu carro cercado por transeuntes e, por se tratar de área de risco, decide se evadir do local, visando à sua autopreservação. Conhecendo a norma, aciona as autoridades competentes — polícia e corpo de bombeiros —, apresentando-se imediatamente em sede da polícia judiciária para comunicar o fato, mostrando, assim proatividade. Também justifica a ausência de socorro mediato pela excludente de ilicitude do estado de necessidade, uma vez que, permanecendo no local do crime, poderia ser ele a próxima vítima, e no Direito Penal um crime nunca justifica outro.

5.3.4 – Interpretação do conceito de autoridade

No tocante ao termo autoridade, se faz necessário o entendimento do conceito de autoridade especificamente para o tipo estudado, devido à sua amplitude. O acionamento deverá ser realizado no órgão específico e responsável pela demanda. Não adianta em nada comunicar um acidente de trânsito a uma autoridade tributária, nem um afogamento ao delegado de polícia, uma vez que, mesmo com boa vontade, de regra, não poderão ajudar em demanda tão específica.

Neste caso, os policiais militares, mais uma vez, apresentam grandes responsabilidades. Devido à capilaridade institucional, marcada pela presença constante nas ruas, esses servidores são acionados nos mais diversos tipos de ocorrências, seja dentro ou fora de suas competências legais originárias, sendo sempre essa força pública a chegar primeiro no socorro, exemplificando a importância dos órgãos, bem como a necessidade de formação profissional altamente qualificada.

Durante patrulhamento, indivíduo comunica à equipe que ocorreu um grave acidente automobilístico, com possíveis vítimas, e que o comunicante até tentou parar para prestar o devido socorro, mas por se tratar de área de risco, próxima a uma comunidade sob influência do tráfico, com constantes roubos e confrontos armados, decidiu comunicar à autoridade pública. Chegando ao local, a equipe constatou indivíduos correndo com a aproximação da polícia e, em vez de socorrer as vítimas, estavam furtando seus pertences, configurando, além da questão humanitária, ataque a diferentes bens jurídicos tutelados.

5.3.5 – Impossibilidade de prestação de socorro

A prestação de socorro é obrigatória somente nos casos de dano ou perigo à saúde ou à vida. Outros tipos de bens jurídicos não estão amparados como, por exemplo, o patrimônio. Cena observada com frequência na grande mídia, na qual criminosos furtam pessoas no centro das grandes cidades sem serem incomodados, com pessoas inertes, observando sem tomar qualquer atitude, mesmo podendo fazer algo, seja pela compleição física, superioridade numérica ou pela ausência de armamento dos criminosos. Tratando-se de lesão ao patrimônio, seria infundada a alegação do crime em análise por parte destes omitentes.

Assunto discutido na doutrina é a possibilidade de existência de coautoria e participação no crime de omissão de socorro. Respeitando as posições contrárias, entendemos ser plausível tal responsabilização, sendo importante a avaliação detalhada do caso concreto. Quando a atuação efetiva de um indivíduo na prestação de socorro alcançou o objetivo de salvar, evitando o dano, não seria necessária a responsabilização dos demais, visto que o Direito Penal não tem como objetivo caçar ou inventar autores. Entretanto, por outro lado, em uma situação que seja necessária a participação de mais de um cidadão atuando no socorro, e alguém nada faz, este deverá sofrer a reprimenda legal.

Em um desabamento em que a vítima ainda esteja respirando, uma vez que a omissão de socorro a morto é crime impossível, e crime impossível não é passível de punição, como já observamos anteriormente, um grupo de pessoas observa enquanto apenas um trabalha tentando desenterrar a vítima. Para tornar efetiva a ação e realizar o salvamento, seria fundamental a participação de todos os presentes. Logo, aqueles que permanecem inertes, cometem o delito previsto no artigo 135 do Código

Penal. Independente do resultado, a vida deve está sempre em primeiro lugar, e o ser humano sempre deve estar pronto para ajudar o próximo.

5.4 – Art. 136 – Maus-tratos

Art. 136. Expor a perigo a vida ou a saúde de pessoa sob sua autoridade, guarda ou vigilância, para fim de educação, ensino, tratamento ou custódia, quer privando-a de alimentação ou cuidados indispensáveis, quer sujeitando-a a trabalho excessivo ou inadequado, quer abusando de meios de correção ou disciplina:

Pena - detenção, de 2 (dois) meses a 1 (um) ano, ou multa.

1º - Se do fato resulta lesão corporal de natureza grave:

Pena - reclusão, de 1 (um) a 4 (quatro) anos.

2º - Se resulta a morte:

Pena - reclusão, de 4 (quatro) a 12 (doze) anos.

3º - Aumenta-se a pena de 1/3 (um terço), se o crime é praticado contra pessoa menor de 14 (catorze) anos.

Exemplo de crime próprio, uma vez que o autor necessita de condições especiais para enquadramento no tipo penal, limitando-se àqueles que têm autoridade, guarda ou vigilância sobre a vítima. O crime, na prática, é resultado de excesso ou rigor, causando perigo para a vida ou saúde de outrem, sendo esses bens jurídicos tutelados pelo artigo.

Além das especificações referentes às condições especiais de autor e vítima, o tipo também especifica os meios empregados para a capitulação do crime, definindo a interpretação jurídica *stricto sensu*, sendo limitada ao positivado pela norma. A análise do crime deve ser pautada no princípio da adequação social, onde a individualização dos grupos, bem como suas similaridades, devem ser analisadas e consideradas na subsunção da norma ao caso concreto.

5.4.1 – Cursos e treinamentos operacionais

Policiais e militares, estudando de maneira superficial o crime citado, naturalmente, se colocarão na condição de vítima ou autor de maus-tratos. Nos cursos de formação e, principalmente especialização operacional desta carreira, a relação de instrutor e aluno se encaixa nos requisitos de aplicabilidade penal. Instrutores, por diversas vezes, realizam os meios previstos no tipo, existindo a relação necessária entre os atores na relação delituosa. Entretanto, o importante a ser considerado é a existência do *animus laedendi*, ou seja, o dolo de lesionar. Nesses casos, a intenção é formar o profissional para a dura realidade desta profissão. Sem dúvida: "treinamento duro, combate fácil".

Cursos operacionais, principalmente os de operações especiais, andam no limite entre a legalidade e ilegalidade com relação ao delito estudado. Para aqueles que não conhecem a dura realidade da atividade policial, a interpretação sempre será de maus-tratos, daí a importância da análise individualizada do grupo em questão.

No COEsp (Curso de Operações Especiais), do BOPE-RJ, considerado por muitos como um dos cursos policiais mais duros do mundo, tem como característica e métodos de ensino a "privação de alimentação". Durante o período de sobrevivência, os alunos ficam por dias sem comer intencionalmente, objetivando uma atuação durante dias em campo sem acesso a alimentos; "privação de cuidados indispensáveis", relacionados à higiene, ao vestuário, à acomodação e à assistência médica; "sujeição a trabalhos excessivos", objetivando que cada homem chegue ao limite; "sujeição de trabalhos forçados", relacionados ao desvio de função ou falta de meios necessários, sem horas de descanso e, por fim, "rígidos meios de correição ou disciplina", estresse físico e psicológico, supressão de sono, dentre outros.

O importante é que esses cursos são exceções. A preparação é única, visto que estes agentes atuam em situações de grande complexidade, sendo a última linha de defesa do Estado. Por isso, é necessária uma formação beirando o limite. Mesmo que o grande público não entenda algumas práticas, esses servidores existem há séculos em qualquer sociedade organizada. Quando a coisa aperta, é deles que nos lembramos, então, as particularidades do treinamento devem ser respeitadas.

O tapa na cara, que ficou famoso graças à produção cinematográfica *Tropa de Elite,* com o jargão "pede pra sair", é conduta, de regra, inadequada para qualquer tipo de formação profissional. Não configura maus-tratos, por não atentar, em regra, contra a saúde ou a vida da vítima, configurando lesão corporal leve ou até mesmo desacato, dependendo do caso concreto. Instrutor, durante formação regular de soldados da PMERJ, desfere um tapa no rosto de um aluno, que dormia durante instrução, provavelmente inspirado no personagem do filme, sendo processado, julgado e condenado no crime de desacato, na Justiça Militar Estadual.

Durante curso de unidade especial da Polícia Militar, mais precisamente no Batalhão de Choque, alunos levavam tapas no rosto durante instrução específica, visando ao aumento do controle emocional deles. Durante manifestação popular, o agora formado e especializado policial, além de um tapa, recebe de um manifestante uma cusparada no rosto. Apesar da vontade de retribuir a agressão, o agente realizou o ato legal de prisão em flagrante sem cometer qualquer excesso. Sem dúvida, o treinamento fez a diferença, não configurou quaisquer maus-tratos, e os exemplos deixam claro a diferença de interpretação jurídica para cada caso concreto.

Instrutores de centro de formação policial, por desatenção ou inexperiência, deixam turma sentada no solo quente por longo período, vindo a causar lesões em todos os integrantes da turma, sendo denunciados por vários crimes em concurso material que, de regra, somam-se as penas, configurando desproporcionalidade na aplicação da pena ao delito praticado. No exemplo narrado, é pouco provável que os instrutores cometam dolosamente tal conduta. Como não existe a modalidade culposa no crime de maus-tratos e, apesar dos danos causados, juridicamente existe atipicidade, devendo a conduta ser avaliada na esfera administrativa ou deslocada para o crime de lesão culposa e, no caso de lesão grave, sendo capitulada na forma qualificada do tipo estudado.

5.4.2 – Crime intramuros e familiar

Saindo do mundo castrense, um exemplo que deveria causar indignação, mas que observamos poucas autoridades discutirem o assunto, é a questão do planejamento familiar, um assunto fundamental para o progresso de qualquer país sério, e com impactos diretos na atividade policial. Só quem atua em comunidades sabe a realidade delas. É importante discutir de maneira séria, sem oportunismo político, o futuro de nossas crianças.

Durante patrulhamento em comunidade carente da Baixada Fluminense, no meio da troca de tiro, equipe escuta criança chorando sem parar. Após cessar os disparos, a equipe entra no barraco e encontra um bebê no chão, sujo, só de fralda, no meio de ratos e restos de cigarro. Horas depois, chega a mãe, aparentemente embriagada, vindo de um baile *funk* que aconteceu durante toda a madrugada na mesma comunidade. Juridicamente, a mãe tem a guarda, está privando a criança de cuidados indispensáveis, colocando em risco a saúde do filho, configurando o crime de maneira direta, mas, sem dúvida, a questão social apresenta maior complexidade.

Recentemente, com o advento da lei 13.010, de 2014, popularmente conhecida como Lei da Palmada, o crime de maus-tratos veio à voga. Existe grande discussão doutrinária se tal atitude está amparada por exercício regular de direito o estrito cumprimento do dever legal, argumentando que o ato de educar, em sua maioria, compete aos pais, e que dentro dos limites de bom senso não há qualquer necessidade de criminalizar algo de acordo com a devida adequação social. Uma simples palmada não causa qualquer lesão, entretanto, a moderação se faz necessária. Durante patrulhamento, equipe observa que homem ameaça usar um cinto para bater no seu filho, necessitando intervenção policial, configurando a modalidade tentada no crime de maus-tratos, devido à gravidade possível das lesões e a ameaça ao bem jurídico tutelado.

As qualificadoras previstas no tipo são exemplos de crimes preterdolosos, com exceção da proteção dos menores de 14 anos, prevista no parágrafo terceiro. Esta figura jurídica se configura quando o agente pratica uma conduta delitiva dolosa, produzindo dano maior que o esperado, devendo responder na modalidade qualificada no tipo analisado. Durante treinamento operacional, aluno passa mal e, mesmo com a devida assistência médica, vem a falecer. Analisando a relação de subordinação entre autor e vítima e as particularidades do treinamento, ficou provado que se tratou de maus-tratos, tratamento desnecessário para a formação profissional, mas que a intenção nunca foi levar o aluno a óbito, devendo ser o instrutor responsabilizado pelo crime de maus-tratos qualificado, previsto no parágrafo segundo do artigo 136.

A legislação especial prevê modalidade especial de maus-tratos. Uma delas foi a inclusão do parágrafo terceiro do próprio artigo 136 do Código Penal, ampliada a proteção até os 14 anos. Em relação ao idoso, a proteção está em legislação extravagante, mais especificamente no Estatuto do Idoso, lei 10.741, dividindo a proteção em dois ordenamentos jurídicos diferentemente de outros tipos penais já estudados neste trabalho. Somos criados para criar, a relação de proteção familiar, inicialmente, é de pai para filho e, com o passar do tempo, se inverte, e os filhos passam a cuidar dos pais. Aqueles que não cuidam dos seus, o que farão com os nossos? Não é incomum a ocorrência de maus-tratos a idosos, filhos maltratando pais, configurando a figura prevista não detalhada no livro, mas a semelhante da legislação especial, cabendo a ressalva de que no Código Penal a punição contra os menores é mais grave, pelo aumento de pena previsto.

5.5 – Art. 137 – Rixa

Art. 137. Participar de rixa, salvo para separar os contendores:

Pena - detenção, de 15 (quinze) dias a 2 (dois) meses, ou multa.

Parágrafo único. Se ocorre morte ou lesão corporal de natureza grave, aplica-se, pelo fato da participação na rixa, a pena de detenção, de 6 (seis) meses a 2 (dois) anos.

5.5.1 – Demonstração de força para não usar a força

Crime extremamente comum mas que por suas características, dentre elas a diversidade de autores, apresenta grande dificuldade de repressão e investigação por parte das forças públicas atuantes no Sistema Jurídico Policial. Especificamente no crime de rixa, com nossos níveis educacionais e de civilidade, a presença policial só será respeitada e efetiva pela demonstração de força, caracterizada por emprego de grande efetivo com a utilização de equipamentos adequados, principalmente os voltados ao controle de multidão e baixa letalidade.

Equipe voltando de mais uma operação de alto risco, após intensa troca de tiro, passando pelo centro da cidade, próximo à rodoviária interestadual, depara-se com uma briga entre torcedores. Uma viatura com dois policiais convencionais, apesar da coragem, nada conseguiam fazer. Apesar de não ser a atribuição direta do BOPE como agente garantidor, ocorrendo um flagrante e visando apoiar os companheiros, uma vez que a integridade deles estava em risco, parou o veículo blindado, conhecido popularmente como caveirão, e, só ao desembarcar, sem necessitar qualquer outra intervenção, a rixa acabou imediatamente. Sem dúvida, uma polícia respeitada faz a diferença e, por vezes, o medo tem sua utilidade.

5.5.2 – Tumulto generalizado

A rixa é um crime de perigo, uma vez que a consumação independe do resultado, e o acontecimento do delito não coloca em risco somente os rixosos, visto que, na prática, a confusão generalizada sempre sobra para quem não tem nada com o conflito, uma vez que na proteção legal se dá em primeiro plano a integridade física, mas apresenta como objetivo secundário a manutenção e preservação da ordem pública. O tipo penal é caracterizado por agressões generalizadas, impossibilitando a identificação dos atos individuais de cada autor, sendo definido pela doutrina como "agressão tumultuária".

A intenção do agente tem que ser sempre levada em consideração, uma vez que aqueles que intervêm para separar uma rixa não podem ser responsabilizados, como especifica a própria letra da lei. O separador, ao agir, sendo agredido, poderá atuar em legítima defesa, sendo extremamente difícil, na prática, tal comprovação. A polícia, intervindo, prende todos em flagrante, ficando as devidas alegações para a fase investigativa. A referida excludente não se aplica aos autores, uma vez que, no Direito Penal, não existe a figura de compensação de culpa, ou seja, o coloquialmente conhecido "deixar elas por elas", bati mas apanhei, então, vamos deixar tudo com está.

Ao falarmos de rixa, vem diretamente em nossas mentes troca de socos e pontapés, mas o entendimento doutrinário majoritário é que para a configuração do delito não necessita o corpo a corpo. Durante confusão em uma festa, alguns indivíduos, por medo ou impossibilidade física, começam a arremessar latas de cerveja, cadeiras e tudo que veem pela frente. Mesmo não entrando em confronto direto, serão considerados rixosos.

5.5.3 – Marcação de rixa pela internet

A internet é um exemplo claro de um dos argumentos norteadores deste trabalho. A legislação não acompanha a velocidade dos fatos, tornando o mundo virtual um campo fértil para o cometimento de crime. Fenômeno recente, que gera grandes transtornos para a ordem pública, o uso de redes sociais disponíveis na internet para marcar encontros que resultam em rixas, sendo, neste caso específico, a possibilidade da modalidade tentada do crime. Setor de inteligência de unidade operacional, após acompanhamento de redes sociais, identifica grupos e possível local de rixa, antecipando-se, vindo a prender os autores por rixa tentada.

A rixa qualificada configura-se quando o confronto resulta em morte ou lesão corporal grave, sem que haja a identificação precisa do autor do fato, resultando no aumento de pena para todos os integrantes da rixa.

Como em todo assunto polêmico existem diferentes correntes, por um primeiro raciocínio, argumenta-se que tal dispositivo atenta contra o princípio de individualização da pena, mas o contraponto sustenta que um resultado tão grave, como uma morte ou lesão corporal grave, não merece pena tão branda, sendo esta conduta a materialização da omissão.

CRIMES CONTRA A HONRA

Este capítulo do Código Penal é um bom exemplo da banalização do crime. Se as agressões físicas, infelizmente, são constantes nas relações sociais, as agressões morais se potencializam a cada dia. Fenômenos como a intolerância e a polarização resultam em ocorrências policiais, sendo natural a confusão entre críticas, humilhações e liberdade de expressão, afetando a honra e a moral de todas as pessoas, dificultando a classificação de tipicidade desses delitos, sendo de extrema importância o conhecimento do assunto para os policiais atuantes no contato direto com a população.

5.6 – Art. 138 – Calúnia

Art. 138. Caluniar alguém, imputando-lhe falsamente fato definido como crime:

Pena - detenção, de 6 (seis) meses a 2 (dois) anos, e multa.

1º - Na mesma pena incorre quem, sabendo falsa a imputação, a propala ou divulga.

2º - É punível a calúnia contra os mortos.

Exceção da verdade

3º - Admite-se a prova da verdade, salvo:

I - se, constituindo o fato imputado crime de ação privada, o ofendido não foi condenado por sentença irrecorrível;

II - se o fato é imputado a qualquer das pessoas indicadas no número I do art. 141;

III - se do crime imputado, embora de ação pública, o ofendido foi absolvido por sentença irrecorrível.

5.6.1 – Degradação da imagem pessoal

"Falsamente" como "crime", obrigatoriamente o fato imputado deve ser mentira. Sendo verdadeira a acusação, o crime não será configurado. Por simples interpretação literal, o próprio tipo restringe a imputação do fato a uma conduta tipificada como crime, imputando contravenção ou qualquer outra infração administrativa. A conduta não será calúnia, reforçando a importância por parte do profissional de polícia da plena identificação das diversas condutas criminosas de nosso amplo ordenamento jurídico.

O tipo penal ataca a honra objetiva, ou seja, a reputação da vítima, o sentimento de apreço perante a sociedade. Utilizando linguagem coloquial, seria o "queimar o filme" da pessoa perante seus pares, levando em consideração que a acusação falsa terá que fazer a relação do fato à autoria. Policial é acusado de ter cometido o crime de corrupção passiva, o fato ocorreu. Entretanto, ocorreu um equívoco de autoria, sendo imputada a conduta a outro policial, que nada tinha a ver com o crime. Nesse caso, aquele que acusou responderá pelo delito estudado.

Tecnicamente, é importante a existência do elemento subjetivo de dolo de dano, a intenção de ofender, bem como a seriedade na divulgação da informação, ocorrendo a consumação quando a sociedade toma ciência da acusação de fato criminoso com o mínimo de detalhe. Grupo de amigos, a fim de brincar com o amigo funcionário público, divulga que ele trocou de carro por conta de corrupção. Com a velocidade do fluxo de informação, principalmente na internet, a brincadeira inicial perde o controle, vindo parar nos órgãos correcionais pertinentes, causando prejuízos à vítima. Nesse caso, por não haver intenção de causar dano, deverá ser configurada a atipicidade, não passando o fato narrado de uma brincadeira de mau gosto.

5.6.2 – Disseminação de boatos

"Propalar e divulgar", por força do artigo primeiro, essas condutas apresentam o mesmo grau de reprovação. Disseminar um boato é tão grave quanto criá-lo. Deve-se evitar divulgar informações sem comprovação, devido a grande velocidade do fluxo das informações, principalmente pelas redes mundiais de computadores, caiu na rede, perdeu o controle, sendo sempre bom lembrar que apuração de crimes cabe às autoridades legalmente constituídas.

Boatos e fofocas podem ter consequências trágicas. Recentemente, após divulgações irresponsáveis de que uma mulher com características físicas determinadas estaria sequestrando crianças numa comunidade, a população, assustada e manipulada, capturou uma pessoa com características semelhantes e a espancou até a morte. Alguns crimes, pelo alto grau de reprovação popular, podem produzir atos como o narrado. Então, é importante evitar acusações sem provas.

Infelizmente, é normal que as forças policiais sejam acusadas de corruptas e assassinas constantemente. Entretanto, para que haja a devida capitulação do tipo penal, deverá a imputação ser direcionada, definindo fato e agente, não podendo ser genérica. A análise do caso concreto é importante para decidir a tipicidade ou atipicidade do fato. Equipe policial realiza operação de trânsito, e indivíduo descontente divulga que o objetivo de tal procedimento administrativo é para arrecadar dinheiro. Nesse exemplo, será necessária a identificação pormenorizada de todos os policiais. Para que o crime seja capitulado, entendemos que não basta apenas um deles ser devidamente identificado.

5.6.3 – Polícias e autoridades públicas: principais alvos de determinados setores da imprensa

Normalmente, setores da imprensa, de maneira irresponsável, divulgam reportagens de ações policiais, incriminando agentes públicos antes mesmo do fim da persecução penal, criando prejuízos irreparáveis a esses servidores. Durante as investigações do "Caso Amarildo", surgiu a hipótese de que uma viatura do BOPE poderia ter retirado o corpo da vítima de dentro da comunidade, realizando, assim, a conduta criminosa de ocultação de cadáver.

Apesar de massificação na mídia e das declarações levianas de algumas autoridades, nada foi comprovado. Entretanto, os policiais que aparecem nas filmagem ficaram expostos, tendo sua reputação prejudicada perante a sociedade. Apesar da não ocorrer uma identificação formal, o aparecimento, através de filmagem, em todos os canais de televisão, causaram inúmeros danos, sendo esses agentes vítimas de calúnia. Esses policiais devem buscar reparação desses danos nas esferas penais e civis, contra qualquer autoridade pública ou privada.

5.7 – Art. 139 – Difamação

Art. 139. Difamar alguém, imputando-lhe fato ofensivo à sua reputação: Pena - detenção, de 3 (três) meses a 1 (um) ano, e multa.

Exceção da verdade

Parágrafo único. A exceção da verdade somente se admite se o ofendido é funcionário público e a ofensa é relativa ao exercício de suas funções.

5.7.1 – Degradação da imagem perante a sociedade

Este tipo penal, assim como a calúnia, também defende a honra objetiva, preservando a reputação, mas, em vez de imputação de fato criminoso, é mais abrangente, protegendo contra qualquer "fato ofensivo". É importante fazer uma avaliação dos costumes sociais, levando-se em consideração as condições de tempo e espaço e a individualidade das pessoas, visto que o Direito Penal sempre deverá ser regulado pelo princípio da adequação social. Fato que dentro de uma sociedade ofende, em outra, poderá ser irrelevante ou até mesmo motivo de orgulho ou exaltação. Policial é acusado de ser adúltero ou mulherengo, dependendo da sociedade ou até mesmo da vítima, a imputação não gera qualquer tipo de prejuízo ou dano à vítima, sendo algo extremamente pessoal e subjetivo, dificultando a avaliação do caso concreto.

É um tipo residual se a acusação não for de crime, mas ir de encontro à reputação, será enquadrada no tipo em análise, não necessitando ser falso o fato imputado que, apesar de determinado, não precisa ser detalhado. Tais características reforçam que ninguém tem nada com a conduta individual dos outros. Como falamos, na prática, cada um toma conta de sua própria vida. Vivemos em uma democracia, em liberdade, e não temos o direito de falar mal ou julgar as pessoas por suas condutas, cabendo a ressalva que, assim como na calúnia, aqueles que repassam a informação cometem nova difamação.

Parte da doutrina afirma que para a configuração do delito é importante, assim como na calúnia, o *animus* de ofender ou denegrir a imagem da vítima. Tal avaliação apresenta enorme subjetividade, sendo uma tendência os autores do crime usarem como argumentação de defesa que estavam brincando, mas se o dano foi criado, como não deixar que exista impunidade? Entendemos que, no caso de dúvida, deverá ser aplicado o tipo, sendo uma exceção ao princípio do *in dubio pro reo*.

5.7.2 – A verdade afasta o tipo

No parágrafo único, o legislador tratou da exceção da verdade. Nosso código tem por característica tratar, em alguns momentos, de maneira especial o funcionário público, seja protegendo a atuação dele ou ampliando a punibilidade. Este parágrafo é a única hipótese onde o autor pode tentar comprovar que a acusação feita é verdadeira, levando em consideração o princípio jurídico da supremacia do interesse público. Cidadão divulga que um vizinho funcionário público não trabalha, ou seja, é um fantasma em sua repartição, vindo a difamar essa pessoa. Após ser processado, o vizinho consegue as folhas de ponto, vindo a comprovar que a então vítima da difamação, o servidor, de fato, não trabalhava, afastando, assim, a reprimenda estatal prevista.

5.8 – Art. 140 – Injúria

Art. 140. Injuriar alguém, ofendendo-lhe a dignidade ou o decoro:

Pena - detenção, de 1 (um) a 6 (seis) meses, ou multa.

1º - O juiz pode deixar de aplicar a pena:

I - quando o ofendido, de forma reprovável, provocou diretamente a injúria;

II - no caso de retorsão imediata, que consista em outra injúria.

2º - Se a injúria consiste em violência ou vias de fato, que, por sua natureza ou pelo meio empregado, se considerem aviltantes:

Pena - detenção, de 3 (três) meses a 1 (um) ano, e multa, além da pena correspondente à violência.

3º - Se a injúria consiste na utilização de elementos referentes a raça, cor, etnia, religião ou origem:

Pena - reclusão de 1 (um) a 3 (três) anos e multa.

5.8.1 – Xingamentos

Este é o crime mais comum dentre todos do capítulo, caracterizado por uma adjetivação negativa ou um xingamento. Ao contrário dos outros dois tipos penais do capítulo, a injúria afronta a honra subjetiva, ou seja, o sentimento próprio e pessoal, ou seja, aquilo que a própria vítima pensa sobre si. O momento consumativo do crime ocorre quando o ofendido toma ciência da imputação, não existindo a necessidade de ser diretamente realizada pelo autor. Pessoa acessando as redes sociais toma conhecimento que desconhecido fez uma postagem denegrindo sua imagem, falando de seus atributos físicos pessoais. Mesmo tomando conhecimento do fato de maneira posterior e indireta, a conduta está configurada, cabendo a devida responsabilização.

A ofensa à "dignidade" está diretamente relacionada aos atributos morais, já o "decoro", aos atributos físicos ou intelectuais. Uma sociedade que não respeita sua polícia, sofre diretamente com seus atos. A depreciação desta importante instituição tem um custo caro, diretamente relacionado com a ineficiência na segurança pública e recrudescimento da violência. Acusar determinado profissional de ladrão ou burro, significando falta de capacidade intelectual, dependendo do caso concreto, deverá ser capitulado de acordo com o tipo estudado.

Animus jocandi é diferente de *animus injuriandi*. A utilização de palavrões em relação a determinada pessoa nem sempre será depreciativa, deve ser analisado no caso concreto qual era a intenção do autor. No meio operacional, onde a rusticidade é uma característica necessária e presente, é bem comum o tratamento afetivo com palavras de baixo calão, sendo esta conduta uma demonstração de respeito e companheirismo. A análise da conduta, por pessoas de fora deste grupo social, poderá soar como uma conduta típica. Exemplificando o raciocínio: é bem comum, quando se quer elogiar alguém no meio operacional, utilizar os termos "animal", "monstro", dando a ideia de alguém com muita disposição e coragem nas operações. Nesse caso específico, os termos utilizados não têm nada de depreciativo, pelo contrário.

5.8.2 – Início de crimes mais graves

Normalmente, agressões verbais evoluem para outras condutas criminosas mais graves. Pensando nisso, no parágrafo segundo, o legislador positivou a denominada injúria real, na qual a ação aumenta o nível de risco, indo além dos xingamentos, dando início ao emprego de violência, aumentando a pena por motivos óbvios. Maus exemplos não faltam. No meio legislativo, é comum a utilização das prerrogativas de função para o cometimento de crimes. Se nossas autoridades não se dão ao respeito, o que podemos esperar da sociedade? No caso do político que xinga outro parlamentar e, posteriormente, continua a agressão realizando uma cusparada, comete, sem dúvida, o crime previsto no artigo 140, parágrafo segundo, figura agravada do crime estudado.

5.8.3 – Proteções especiais

Já no artigo terceiro, modificado em sua redação pela lei 10.741, observamos a injúria qualificada, deixando claro a intenção do legislador de tornar mais gravosa tal conduta, protegendo minorias, visando à inclusão, refutando qualquer forma de preconceito. É importante fazer uma distinção entre esta conduta e a prevista no artigo 20, da lei 7.716 — Lei do Crime Racial. No caso da lei especial, a conduta ofensiva deve ser direcionada a um grupo de pessoas específico, tentando denegrir esta coletividade; enquanto na injúria a adjetivação deverá ser específica. O importante é fazer a distinção entre o xingamento e a tentativa de implementar a superioridade de determinados grupos sociais sobre outros.

5.8.4 – "Homens de preto matando pretos"

Constantemente, as forças policiais são acusadas de racismo. É intensamente divulgado que as polícias atuam nas comunidades carentes matando negros e pobres. Tal discurso oportunista e irresponsável só serve para dividir a população, jogar a sociedade contra as forças policiais, perpetuando em seus cargos políticos quem realiza esse discurso.

Argumento que refuta de maneira direta esse absurdo discurso é que parte da tropa é negra, não existindo qualquer segregação para ingresso na carreira. Além disso, também é pobre, devido aos baixos salários, e que, em nenhum momento, seja na atividade operacional ou de ensino, é estabelecido como critério de suspeição a condição de qualquer natureza discriminatória seja de cor, opção sexual, credo ou condição financeira, e é assim que deve ser, respeitando os princípios constitucionais e a pluralidade do nosso país.

5.9 – Qualificadora

Art. 141. As penas cominadas neste Capítulo aumentam-se de um terço, se qualquer dos crimes é cometido:

I - contra o Presidente da República, ou contra chefe de governo estrangeiro;

II - contra funcionário público, em razão de suas funções;

III - na presença de várias pessoas, ou por meio que facilite a divulgação da calúnia, da difamação ou da injúria.

Parágrafo único. Se o crime é cometido mediante paga ou promessa de recompensa, aplica-se a pena em dobro.

VI – contra pessoa maior de 60 (sessenta) anos, portadora de deficiência, exceto no caso de injúria.

Parágrafo único: se o crime é cometido mediante paga ou promessa de recompensa, aplica se a pena em dobro.

5.9.1 – Velocidade da informação

No artigo 141, nos exemplos de injúria qualificada, nos incisos segundo e terceiro, observamos uma proteção especial ao funcionário público. Tal prerrogativa está relacionada à atuação profissional, e se faz necessária, uma vez que ele atua em nome do Estado. O inciso seguinte está diretamente relacionado com a velocidade atual no fluxo de informação. Uma injúria cometida na internet será divulgada rapidamente, sem controle, e, em muitos casos, se perpetuando dentro das redes, gerando um dano quase que permanente. A mesma qualificadora é aplicada ao autor que gosta de plateia para denegrir terceiros, potencializando o crime por difundir de maneira mais rápida a imputação degradante.

Hoje, observamos a figura dos revoltados *on-line*, ou manifestantes de internet. São pessoas que se escondem atrás de seus computadores, cometendo todos os tipos de crimes, por total covardia ou certeza da impunidade. É extremamente comum policiais terem suas honras objetivas e subjetivas violadas neste tipo de ambiente. Não pode ser entendido que o servidor, por estar exercendo função pública, pode ter direitos violados, sendo exposto, uma vez que, atrás de um uniforme, tem um ser humano com direitos e deveres. No caso de ofensas e danos, deve ser empregada a agravante parágrafo único do artigo 145, do Código Penal.

5.9.2 – A difícil relação entre polícia e imprensa

Alguns jornais vivem quase que exclusivamente de falar mal das instituições policiais, seja por questões políticas, ideológicas, históricas ou pessoais. É fato que tal ato é um desserviço para a população, por que quem ganha com o enfraquecimento dessas instituições é o crime.

O que fazer em relação às manchetes degradantes? A resposta está no Direito Administrativo. As instituições policiais, em regra, são órgãos superiores, não apresentando capacidade postulatória, dependendo de atuação do órgão independente para ingressar com qualquer tipo de ação no Judiciário. Como esses órgãos são comandados por agentes políticos, não seria interessante comprar briga com órgãos da imprensa, com grande poder de persuasão popular, mas o que não impede o ingresso no Judiciário individualmente em caso de dano direto. Para o bem da democracia, nunca poderemos confundir liberdade de imprensa com salvo-conduto para cometimento de crimes contra a honra.

É fundamental para o exercício da função pública credibilidade. É notório que o momento é difícil, mas a ausência dessa condição às instituições e a um número considerável de servidores, não justifica, em hipótese nenhuma, a generalização de acusações às forças policiais. Exemplo de injúria reflexa: quando foi difundido para uma criança que ela só agia de determinada forma porque era filho de policial, ficando evidente a depreciação e caracterizando injúria reflexa — "tinha que ser filho de PM". O referido caso tem característica jocosa, caracterizando crime, mostrando a importância da interpretação da palavra e a contextualização dela para a devida tipificação.

5.10 – Art. 142 – Possibilidade de exclusão da figura incriminadora

Art. 142. Não constituem injúria ou difamação punível:

I - a ofensa irrogada em juízo, na discussão da causa, pela parte ou por seu procurador;

II - a opinião desfavorável da crítica literária, artística ou científica, salvo quando inequívoca a intenção de injuriar ou difamar;

III - o conceito desfavorável emitido por funcionário público, em apreciação ou informação que preste no cumprimento de dever do ofício.

Parágrafo único. Nos casos dos números I e III, responde pela injúria ou pela difamação quem lhe dá publicidade.

5.10.1 – Importância de conhecimentos processuais

O inciso primeiro faz referência a fatos ocorridos em audiência, caracterizando um tipo de imunidade judicial. É importante que os policiais sejam instruídos sobre regras processuais e como se comportar em audiência, visto ser este um dos atos legais mais executados pelos agentes operacionais nas mais diferentes posições — testemunha, vítima ou réu —, sendo esse fato uma constante na carreira policial.

É importante destacar que testemunha não é parte processual, e o inciso excludente do crime de calúnia trata somente autor e réu e seus respectivos representantes. Logo, o policial autor de prisão, quando agredido verbalmente por uma testemunha, deverá tomar as providências legais cabíveis. Durante audiência, testemunha vem a xingar de assassino o policial processado, sendo presa em flagrante pelo crime de injúria. As autoridades presentes não se omitiram e nem poderiam, em qualquer situação. O entendimento majoritário é que juiz não é parte, logo, terá a proteção contra a exclusão do crime previsto neste artigo.

5.10.2 – Registro pessoal irresponsável

O funcionário público, no exercício da função, em determinados momentos, tem que registrar a realidade dos fatos, independente se seu ato causará algum transtorno às questões morais de determinada pessoa. Só caberá reprovação penal para aquele que der publicidade indevida ao fato. Policial, durante operação lei seca, registra que o indivíduo abordado tinha sinais visíveis de embriaguez. Nesse caso, por ser ato de ofício do agente, não configura qualquer tipo de delito. Entretanto, se o policial, de maneira irresponsável, divulga a informação em meios informais, extrapolando sua atribuição legal, denegrindo a imagem, como, por exemplo, divulgar em um grupo de rede social de amigos, poderá e deverá ser responsabilizado.

Dos Crimes contra a Liberdade Pessoal

5.11 – Art. 146 – Constrangimento ilegal

Art. 146. Constranger alguém, mediante violência ou grave ameaça, ou depois de lhe haver reduzido, por qualquer outro meio, a capacidade de resistência, a não fazer o que a lei permite, ou a fazer o que ela não manda:

Pena - detenção, de 3 (três) meses a 1 (um) ano, ou multa.

Aumento de pena

1º - As penas aplicam-se cumulativamente e em dobro, quando, para a execução do crime, se reúnem mais de três pessoas, ou há emprego de armas.

2º - Além das penas cominadas, aplicam-se as correspondentes à violência.

3º - Não se compreendem na disposição deste artigo:

I - à intervenção médica ou cirúrgica, sem o consentimento do paciente ou de seu representante legal, se justificada por iminente perigo de vida;

II - a coação exercida para impedir suicídio.

5.11.1 – Abrangência do tipo

O tipo penal em análise é extremamente abrangente. São inúmeras as condutas que podem ser tipificadas como crime, ficando impossível citar todas as atitudes delituosas. O entendimento de dois princípios são fundamentais para a definição do crime: a liberdade de autodeterminação que, no caso, é o bem jurídico tutelado pelo tipo penal; e o princípio constitucional da legalidade, previsto na Constituição Federal.

Na prática, o autor do crime exige da vítima uma ação ou omissão, reduzindo sua capacidade de reação, realizando a conduta como instrumento meio para outros crimes, sendo aplicada, neste caso, a pena relativa à violência cometida, como prevê o parágrafo segundo deste mesmo artigo. No caso de resistência da vítima, estará configurada a tentativa do crime. No caso específico de funcionário público, pelo princípio da especialidade, a conduta será avaliada pelo manto da lei 4.898, abuso de autoridade.

As causas de aumento de pena são aplicadas para o concurso de pessoas, exigindo mais de três, sendo coerente, uma vez que, em grupo, o poder intimidatório se potencializa. No tocante à utilização de arma de fogo, apesar de discussão doutrinária, entendemos que deverá ser aplicado novamente o princípio da legalidade, fazendo o julgamento pelo prisma do Estatuto do Desarmamento, lei 10.826. Mesmo sendo a legislação especial mais gravosa, com o argumento de quem usa arma de fogo, atenta não só contra a vítima direta, mas contra toda a coletividade.

5.11.2 – Ocorrência com suicidas

O parágrafo terceiro exemplifica condutas que afastam a tipicidade, ambas com o mesmo viés, ou seja, a preservação da vida. Questão relevante, operacionalmente, está presente no inciso segundo, ao tratar do impedimento de suicídio, mesmo que tal conduta não seja responsabilizada pelo ordenamento jurídico, o Código Penal acompanhando a Constituição Federal, possui como norte principal a preservação da vida, sendo inviável responsabilizar uma pessoa que salvou uma vida.

Equipe policial foi acionada para ocorrência com refém — um cidadão fazendo a própria família refém. Chegando ao local, equipe percebe que o indivíduo, transtornado, portava uma arma de fogo, aumentando o risco da ocorrência. Tratando-se de um suicida, as opções táticas ficavam restritas. Após negociação, a família foi libertada, restando a ocorrência de autolesão. A utilização de arma de fogo impossibilita a ação de equipes do corpo de Bombeiros, que apresenta equipes altamente especializadas neste tipo de ocorrência. Como a negociação não evoluía, foi utilizada a alternativa de assalto tático, com o emprego de armamento menos letal, resultando em sucesso no salvamento, mesmo contra a vontade do suicida. Nesse caso, seria totalmente descabido e injusto punir agentes após ato de grande técnica e bravura.

5.12 – Art. 147 – Ameaça

Art. 147. Ameaçar alguém, por palavra, escrito ou gesto, ou qualquer outro meio simbólico, de causar-lhe mal injusto e grave:

Pena - detenção, de 1 (um) a 6 (seis) meses, ou multa.

Parágrafo único. Somente se procede mediante representação.

Delito menos grave, atentando contra a liberdade psíquica da vítima, uma vez que quem sofre ameaça perde sua tranquilidade, crime formal e de consumação antecipada, independe se a vítima se sente ou não em risco. A conduta de regra é subsidiária, sendo o antecedente de crimes mais graves — caso este aconteça, a ameaça será suprimida —, reforçando a importância da devida notícia crime, objetivando a tomada de medidas legais pelas autoridades constituídas.

5.12.1 – Ameaça não falada

Os meios de execução do delito são diversos, podendo ser falado, escrito e até mesmo por gestos, mas como o delito se consuma quando a vítima toma conhecimento, é fundamental que ela entenda o que está acontecendo. A interpretação de gestos pode gerar muitas dúvidas, uma vez que gestos iguais podem ter diferentes interpretações e significados.

Durante operações, é comum a utilização de gestos convencionados pelas equipes operacionais para a comunicação, mantendo a disciplina de ruídos. Um dos gestos previstos é a sinalização em forma de "L" — com os dedos indicador e polegar — o que indica possibilidade de elemento armado à frente. Para os leigos, tal gesto pode significar uma arma e interpretar que o agente estará ameaçando alguém de morte, podendo um movimento técnico ser confundido com uma conduta típica.

5.12.2 – "Cão que late também morde"

A discussão doutrinária gira em torno de como deve ser o ânimo do autor. No momento da ameaça, a corrente majoritária entende que, para configurar o crime, a ameaça deverá ocorrer de maneira calma e refletida, porque, como diz o ditado popular "cão que late não morde". Neste caso, ficamos com a segunda corrente, a minoritária, onde independe o ânimo de quem proferiu a ameaça, uma vez que, no caso concreto, a vítima se sentirá ameaçada de qualquer maneira, e o dano já terá ocorrido.

A embriaguez tem como um de seus efeitos a valentia. Nesse caso, adotando a primeira corrente, estaria afastada a conduta típica. Para a aplicação justa da norma, deve ser avaliado qual era o nível de embriaguez, para definir se o mal prenunciado pode ou não ser concretizado.

5.13 – Art. 148 – Sequestro e cárcere privado

Art. 148. Privar alguém de sua liberdade, mediante sequestro ou cárcere privado:

Pena - reclusão, de 1 (um) a 3 (três) anos.

1º - A pena é de reclusão, de 2 (dois) a 5 (cinco) anos:

I - se a vítima é ascendente, descendente ou cônjuge do agente ou maior de 60 (sessenta) anos;

II - se o crime é praticado mediante internação da vítima em casa de saúde ou hospital;

III - se a privação da liberdade dura mais de 15 (quinze) dias;

VI – se o crime é praticado contra menor de 18 (dezoito) anos;

V – se o crime é praticado com fins libidinosos.

2º - Se resulta à vítima, em razão de maus-tratos ou da natureza da detenção, grave sofrimento físico ou moral:

Pena - reclusão, de 2 (dois) a 8 (oito) anos.

O referido tipo penal apresenta consequências relevantes na prática operacional, sendo um exemplo de crime permanente, postergando o tempo do flagrante, tendo como consequência direta a possibilidade de ser realizada a prisão enquanto o bem jurídico tutelado, a liberdade, estiver sob restrição.

É importante fazer a diferenciação entre o tipo estudado e o crime de extorsão mediante sequestro, sendo este mais grave, uma vez que atenta contra o patrimônio da vítima por meio de violência e grave ameaça, usando a restrição à liberdade como meio para a atividade delituosa. É comum, de maneira coloquial, ser usado o termo sequestro, mas se o criminoso exige vantagem, o fato deve ser capitulado de maneira diversa. A questão do emprego coloquial é tão latente que algumas equipes policiais utilizam-se do termo antissequestro, mas, de fato, o que combatem, em regra, é o crime previsto no artigo 159 do Código Penal, por isso, vale o comentário.

5.13.1 – Cárcere privado benéfico

No cárcere privado, a restrição da liberdade é maior, havendo um confinamento sem qualquer liberdade de locomoção da vítima, mesmo que vigiada. Questão interessante e bem comum nos dias de hoje trata-se dos pais desesperados com a situação de dependência de drogas dos filhos e, tentando evitar um mal maior, prendem os filhos em casa, não tendo outra opção para impedir que os usuários tenham acesso às drogas. O referido exemplo não poderia, em hipótese nenhuma, ser tipificado como sequestro, muito menos com a qualificadora prevista no inciso primeiro, do artigo primeiro, pelo simples motivo que o *animus* deve ser analisado como requisito da capitulação e, no caso citado, em nenhum momento, o genitor tem o dolo de restringir o direito fundamental de seu filho, mas sim proteger e tratar dele.

5.13.2 – Diferenciação com o abuso de autoridade

Polêmica importante na doutrina está relacionada à condição de funcionário público para o cometimento do crime, uma vez que os artigos 3º e 4º da Lei de abuso de autoridade também regula a restrição da liberdade, existindo dois ordenamentos protegendo o mesmo bem jurídico, com um autor em características especiais. A lei especial utiliza o termo "atentado à liberdade de locomoção" que, ao nosso entendimento, é algo precário, temporário, não perdurando no tempo, sendo distinto do sequestro. Logo, funcionário público pode cometer o crime estudado, sendo fundamental a avaliação do quanto de tempo foi restringido da vítima, para diferenciar em qual ordenamento será responsabilizado.

A retenção configurada pelo impedimento de saída de ambiente confinado, consequentemente, restringindo a liberdade de pessoa, tem a ver com o pensamento doutrinário de que a capitulação do crime de sequestro ou cárcere independe do tempo de ataque ao bem jurídico tutelado. É sempre importante o bom senso na aplicação do Direito, evitando injustiças ou excessos penais.

Durante operação policial, equipes entram em um evento musical no qual ocorrem diversas violações de direitos, restringindo a saída dos participantes, objetivando definir condutas e apreender pessoas e materiais resultantes de possíveis flagrantes. Com a devida vênia, não poderia a equipe policial ser incriminada por esse ato, sendo caracterizada a famigerada prisão para averiguação, o que configuraria claramente um abuso, sendo importante que a restrição dure somente o necessário para a aplicação das medidas operacionais. O mesmo argumento vale para uma abordagem pessoal, na qual indivíduo tem sua liberdade restringida para verificação de documentos e de antecedentes criminais, sendo esta uma conduta comum nas operações policiais.

5.13.3 – Amor bandido

O consentimento legal da vítima exclui o crime, entretanto, para não existir a reprimenda estatal, esta pessoa, de maneira lógica, deverá ter capacidade para consentir. Família desesperada comunica à polícia que sua filha, garota de classe média alta da zona sul carioca, estaria sequestrada no alto de uma comunidade sob influência do tráfico. Ao dirigir-se à localidade, como de costume sob ataque de traficantes, a equipe encontra a vítima, uma adolescente de 15 anos de idade. A garota, revoltada, informa à equipe que estaria ali por vontade própria, namorando um criminoso maior de idade. Porém, sendo seu consentimento irrelevante para o Direito, ela foi encaminhada aos seus familiares.

Normalmente, o crime de sequestro exige atuação de equipes policiais especiais, devido à complexidade da operação de resgate, sendo, em regra, utilizadas equipes táticas, únicas capacitadas para realizar a técnica policial adequada de assalto tático, fator relevante na resolução da crise. É a definida pelos especialistas como Síndrome de Estocolmo, na qual a vítima, por questões psicológicas, se aproxima do autor, criando um vínculo afetivo com ele, podendo gerar consequências perigosas sobre o viés legal e operacional, para os profissionais atuantes na crise.

Diferenciação interessante é a distinção entre o crime em análise e o constrangimento ilegal, mesmo que uma simples restrição da liberdade, podendo ser caracterizada por um impedimento momentâneo ao tentar entrar em uma agência bancária, acabe, na prática, restringindo o direito protegido. A situação é um mero constrangimento, sendo inviável a aplicabilidade do tipo mais gravoso.

5.13.4 – Sequestro de policiais

Por fim, devemos analisar a questão do sequestro de funcionários públicos, principalmente policiais militares, no qual o único objetivo dos criminosos é cometer o crime mais grave como, por exemplo homicídio. No caso de frustração da atividade delitiva, por vontades alheia a do autor, não seria justo a penalização por sequestro tentado, visto que a intenção do autor seria cometer um crime contra vida. Na prática, qualificado pela tortura. Funcionários públicos, por diversas vezes, possuem em nosso ordenamento jurídico condições especiais de autor e vítima. Entendemos que tal distinção deverá ser aplicada ao tipo penal estudado através de mudança legislativa.

"Micro-ondas" é uma conduta bárbara utilizada por traficantes de drogas no Rio de Janeiro. Não possui esta nomenclatura o ato, visto que a ideia é assar desafetos, colocando-os em pneus, queimando a pessoa viva. Práticas da Inquisição, em pleno século 21. Equipe é acionada por familiares de policial, informando que ele havia sido sequestrado por criminosos na porta de casa. Correndo contra o tempo, uma operação emergencial foi iniciada, logrando êxito em encontrar o servidor no alto do morro amarrado dentro de pneus, banhado de gasolina. A vida do policial foi salva, e o sequestro tentado, sem dúvida, não é proporcional à conduta tão gravosa.

5.14 – Art. 150 – Violação de domicílio

Art. 150. Entrar ou permanecer, clandestina ou astuciosamente, ou contra a vontade expressa ou tácita de quem de direito, em casa alheia ou em suas dependências:

Pena - detenção, de 1 (um) a 3 (três) meses, ou multa.

1º - Se o crime é cometido durante a noite, ou em lugar ermo, ou com o emprego de violência ou de arma, ou por duas ou mais pessoas:

Pena - detenção, de 6 (seis) meses a 2 (dois) anos, além da pena correspondente à violência.

2º - Aumenta-se a pena de um terço, se o fato é cometido por funcionário público, fora dos casos legais, ou com inobservância das formalidades estabelecidas em lei, ou com abuso do poder.

3º - Não constitui crime a entrada ou permanência em casa alheia ou em suas dependências:

I - durante o dia, com observância das formalidades legais, para efetuar prisão ou outra diligência;

II - a qualquer hora do dia ou da noite, quando algum crime está sendo ali praticado ou na iminência de o ser.

4º - A expressão "casa" compreende:

I - qualquer compartimento habitado;

II - aposento ocupado de habitação coletiva;

III - compartimento não aberto ao público, onde alguém exerce profissão ou atividade.

5º - Não se compreendem na expressão "casa":

I - hospedaria, estalagem ou qualquer outra habitação coletiva, enquanto aberta, salvo a restrição do número II do parágrafo anterior;

II - Taverna, casa de jogo e outras do mesmo gênero

Um dos principais crimes relacionados à atividade operacional, possuindo interface direta com os direitos constitucional, processual penal e administrativo, sendo necessário, ao operador primário do direito, conhecimento multidisciplinar, sempre baseado no preceito soberano, positivado na Constituição Federal, mais especificamente no artigo 5º, inciso onze, dando a importância do bem jurídico tutelado, a tranquilidade do lar.

5.14.1 – Policiais expulsos de suas residências

Assunto pouco observado em debate ou focado pelas autoridades públicas, é uma realidade para os agentes policiais, que são expulsos de suas residências diariamente por criminosos, pelo simples fato de estarem em área de risco. Situação de difícil mensuração da afetação do bem jurídico no caso concreto. Policial militar procura o comandante da unidade, informando que teve o muro de sua residência pixado com a frase "vai morrer, polícia", não restando outra opção a não ser abandonar sua residência, evitando colocar-se em risco juntamente com seus familiares, sendo impossível prover a segurança de todos 24 horas por dia.

Por mais absurda que pareça a ideia, foi necessária a realização de uma operação de resgate, tendo apoio de um veículo blindado e um caminhão de mudança, causando no servidor dano direto em seu patrimônio, perda da tranquilidade familiar, dentre outras garantias e outros direitos fundamentais defendidos por lei.

5.14.2 – Uso da garantia legal pelos criminosos

Lar é o ambiente que deve ser entendido como sinônimo de segurança e tranquilidade. Todo indivíduo deverá entender que o ambiente doméstico, familiar é inviolável, entretanto, o crime não escolhe local e hora para acontecer, necessitando, em caráter excepcional, a flexibilização dessa garantia. O criminoso entende a norma, mesmo que de maneira coloquial, fazendo as interpretações que atendam aos seus interesses escusos. Do exposto, observamos que, em diversos momentos, infratores da lei utilizam-se da garantia em análise, por ora, para encobrir sua atividade ilegal.

Ser policial no Brasil é difícil, é atividade de eterno aprendizado, pois o crime se reinventa. Durante patrulhamento no Complexo da Maré, comunidade reconhecida pela forte influência do tráfico de drogas, constantemente alvo de disputas de diversas facções criminosas, equipes observam avisos fixados na porta das residências, informando ou, dependendo do ponto de vista, ameaçando as forças policiais de responsabilização do crime estudado, explicando as consequências e a repercussão legal no caso de violação de domicílio.

Iniciativa de uma ONG, com claros interesses políticos, tendo por objetivo intimidar as ações policiais. Apesar da necessidade de reforçar que violações cometidas por parte de funcionários públicos ocorrem, a conduta não se justifica, sendo inócua, uma vez que, um mero aviso, não impedirá o criminoso de realizar o ato, servindo somente de exposição institucional e atendimento a interesses políticos. O empenho no combate das outras atividades criminosas, ocorridas na mesma localidade, tais como tráfico de drogas, homicídios, receptação, dentre outros, e desvio de energia elétrica, não possuem o mesmo empenho dessas atividades ou da sociedade civil, mesmo violando bens jurídicos tão importantes. Sendo comum encontrar materiais ilícitos na casa de moradores, seja por conivência ou por medo dos criminosos locais, reforçando a importância da flexibilidade da norma, sempre dentro dos parâmetros legais.

5.14.3 – "Barraco" é domicílio?

Inicialmente, devemos observar o significado do termo domicílio, que limita o direito constitucional de ir e vir e, consequentemente, a realização do patrulhamento. O termo residência apresenta sentido amplo, não sendo levadas em consideração questões sociais ou de infraestrutura, não cabendo o julgamento por parte do agente operacional ou a avaliação pessoal se tal habitação apresenta características salutares de sobrevivência, estando ou não amparada pela proteção legal. Em comunidades carentes, é bem comum a existência de habitações sub-humanas, sem quaisquer condições básicas de sobrevivência, sem energia elétrica, rede de água ou esgoto ou até mesmo barreira física. Apesar disso, se ela for utilizada como habitação, as forças policiais não poderão adentrar no local sem respeitar requisitos legais.

5.14.4 – Revogação da autorização de entrada

"Entrar ou permanecer" expõe condições importantes do tipo, definido como crime de mera conduta, bastando que o policial entre e, após solicitação de saída ou revogação de autorização anterior, desobedeça, ignorando a ordem legal emanada, não existindo a necessidade de qualquer consequência ou dano real a qualquer outro bem jurídico. É comum, operacionalmente, que o morador autorize a entrada, não sendo interessante para ele a restrição do poder público, podendo ocorrer que quando da aproximação do flagrante seja pessoal ou material, ocorra a revogação da autorização, evitando responsabilização.

Excelente ferramenta policial, o cão farejador, utilizado durante patrulhamento em diversas comunidades, mostra extrema eficiência em atividades de vasculhamento. Morador franqueou a entrada de equipes convencionais, com certeza da impunidade. Após detalhada revista, nada foi encontrado apesar dos fortes indícios. Ao solicitar equipe canina especializada, proprietário revogou a entrada, deixando claro a existência de ilícitos. O cão, mesmo da porta da residência, deu o sinal e foi encontrada grande quantidade de droga em um fundo falso, em uma das paredes da residência, permitindo a entrada das equipes por força do flagrante.

5.14.5 – Utilização de lajes

"Clandestina e astuciosamente", termos de caráter subjetivo, podendo ser interpretado por diversas condutas. Questão operacional que salta aos olhos é a utilização de lajes e telhados, prática bem comum nas técnicas de combate urbano, principalmente nas denominadas áreas de alto risco. Em diversas comunidades sob influência do tráfico, principalmente nas planas, criminosos fazem a segurança do tráfico, posicionando-se nas edificações mais altas, esperando as equipes policiais em área privilegiada, realizando verdadeiras emboscadas, criando caminhos por meio de pontes improvisadas, facilitando o deslocamento e, consequentemente, o ataque. O policial que sobe na referida área não comete o crime estudado, porque o faz em defesa da vida própria ou de terceiro, não tendo por parte desse agente qualquer dolo em quebrar a tranquilidade doméstica, somada com a questão flagrancial, que permite a atuação direta da autoridade.

Questão polêmica extremamente prática acontece quando equipe é acionada em prioridade, visto que dois policiais foram atingidos fatalmente por criminosos, e suas respectivas equipes não conseguiam ao menos resgatar os corpos. Pela inviabilidade de progredir por vias convencionais, utilizam-se das lajes, entrando por uma residência sem autorização, visto que, apesar de romper temporariamente a tranquilidade doméstica, a ação está amparada pela excludente de ilicitude do estado de necessidade, já debatida neste trabalho.

5.14.6 – Titular da autorização

"Quem de direito"— a autorização deverá ser concedida pela pessoa que possui o direito, sem entrar na longa discussão doutrinária sobre os aspectos de subordinação ou igualdade. É importante ao operador avaliar quem tem a devida autonomia, devendo prevalecer o bom senso como regra. Ao realizar uma abordagem a uma edificação em local de grande índice criminal, após confronto nas cercanias, baseada em fundadas razões, visando à segurança dos moradores e as devidas prisões e apreensões, é acionado o morador, aparentemente o pai da família, que autoriza a entrada da equipe. Entretanto, o filho, por questões pessoais ou delituosas, tenta impedir a entrada do poder público. Nesse caso, é logico que a entrada é válida e deve ser efetuada.

5.14.7 – Impacto da desordem urbana

Determinadas áreas operativas são caracterizadas pela desordem urbana, logo, as operações policiais se tornam dificultosas. Como realizar uma ordem judicial de busca ou prisão sem endereço específico ou, mesmo que exista, é de extrema dificuldade a localização? O erro de tipo exclui o dolo, conceito básico e fundamental do Direito penal, é aplicado ao artigo analisado. Logo, por não existir a profissão de modalidade culposa, o crime estará afastado se a conduta realizada for a título de culpa. Policial, por uma falsa percepção da realidade, entende que um flagrante ocorre no interior de determinada residência. Entra, mas ao chegar no interior dela, tratava-se apenas de uma televisão alta com cenas de violência. É lógico que o agente público, em nenhum momento, teve a intenção de violar o bem jurídico, não devendo ser responsabilizado.

5.14.8 – Formas qualificadas

As modalidades qualificadas se repetem em alguns tipos penais. Focando naquelas com maior aplicabilidade operacional, analisaremos inicialmente a utilização de arma de fogo pelo alto potencial lesivo. Tratando-se de indivíduo sem a autorização legal de portar arma, deverá ser responsabilizado em concurso de crimes entre o artigo 150 do CP e a lei especial do Estatuto do Desarmamento; tratando-se de policial com a devida autorização legal, incidirá na qualificadora do parágrafo 1º.

Polêmica doutrinária interessante está na discussão da aplicabilidade do parágrafo segundo, quando se refere à condição especial do autor como "funcionário público", ou da utilização do artigo 3º, da lei especial 4.898. Sempre respeitando as opiniões contrárias, mas tratando-se de lei mais nova e especial, esta deverá sobrepujar, utilizando-se os princípios da especialidade e da novidade como argumentação básica.

Empregando violência contra pessoa ou coisa, o autor deverá ser responsabilizado no concurso formal, uma vez que tal conduta ataca mais de um bem jurídico. Agente invade a residência e, para isso, arromba a porta, causando um dano. Dentro da residência, ele agride o morador, causando lesão corporal leve. No caso em análise, deverá responder por todos os delitos praticados em concurso: violação de domicílio, dano e lesão corporal. Continuamos seguindo a linha de que os servidores, inclusive os policiais, necessitam de maior proteção jurídica, entretanto, no caso de cometimento de crimes, eles deverão ser responsabilizados de maneira mais gravosa, por representar o Estado, colocando toda uma estrutura em risco por seus atos.

5.15 – Art. 155 - Furto

Art. 155. Subtrair, para si ou para outrem, coisa alheia móvel:

Pena - reclusão, de 1(um) a 4 (quatro) anos, e multa.

1º - A pena aumenta-se de um terço, se o crime é praticado durante o repouso noturno.

2º - Se o criminoso é primário, e é de pequeno valor a coisa furtada, o juiz pode substituir a pena de reclusão pela de detenção, diminuí-la de um a dois terços, ou aplicar somente a pena de multa.

3º - Equipara-se à coisa móvel a energia elétrica ou qualquer outra que tenha valor econômico.

Furto qualificado

4º - A pena é de reclusão de 2 (dois) a 8 (oito) anos, e multa, se o crime é cometido:

I - com destruição ou rompimento de obstáculo à subtração da coisa;

II - com abuso de confiança, ou mediante fraude, escalada ou destreza;

III - com emprego de chave falsa;

IV - mediante concurso de duas ou mais pessoas.

5º - a pena é de reclusão de 3 (três) a 8 (oito) anos, se a subtração for de veículo automotor que venha a ser transportado para outro Estado ou para o exterior.

6º - a pena é de reclusão de 2 (dois) a 5 (cinco) anos se a subtração for de semoventes domesticáveis de produção, ainda que abatido ou dividido no local da subtração.

5.15.1 – Definição de patrimônio

Iniciando a análise dos crimes contra o patrimônio, se faz necessário a seguinte ressalva: nossa Constituição Federal, ao tratar do assunto segurança pública, em seu artigo 144, cabeça, garante a incolumidade do patrimônio, não podendo ser diferente, uma vez que, em qualquer sociedade capitalista e democrática, a busca pela ampliação do patrimônio de maneira lícita deverá ser incentivada e garantida, sendo fundamental para a movimentação da economia.

Analisando o significado do termo patrimônio que, por uma perspectiva moderna, percebemos que apresenta não só características de valoração econômica, mas o aspecto sentimental da vítima em relação ao bem subtraído, mudando a percepção do bem, principalmente nos julgados mais progressistas. Segundo entendimento recente do STJ, bens de baixo ou nenhum valor de mercado, mas de alto valor sentimental com mensuração individual e subjetiva da vítima, quando afetados pela conduta delituosa, representam crimes contra o patrimônio.

Durante passeio pelo centro da cidade, indivíduo tem um cordão de palha furtado, de valor irrelevante, pecuniariamente falando. Entretanto, fora confeccionado por sua avó já falecida, sendo tradição de família passá-lo entre as gerações. Mesmo que o preço de mercado seja baixo ou até mesmo irrisório, para o indivíduo lesado apresenta alto valor sentimental, tendo um impacto considerável em seu íntimo, sendo esta a questão relevante sob avaliação jurídica.

5.15.2 – "Ladrão que rouba ladrão não merece punição"

O bem jurídico tutelado é a posse ou propriedade da coisa. Nesse caso, a vítima não é necessariamente o proprietário, e o verbo típico "subtrair" representa, na prática, violência contra a coisa. Alguns ditos populares precisam ser desmistificados como, por exemplo, "ladrão que rouba ladrão não merece punição". A primeira questão é que, coloquialmente, utilizamos o termo roubo, que analisaremos posteriormente. A conduta de furto, como o próprio nome já indica, ocorre de maneira furtiva, sem qualquer violência ou grave ameaça. O "ladrão" será punido independente da vítima, visto que, no caso citado, o lesionado será o proprietário originário, que sofreu o primeiro furto.

Durante arrastão na praia, estrangeiro tem seus pertences furtados. Banhista, que observa a cena, percebe que o furtador deixou material na areia e vai na água se refrescar após se evadir. Decidindo apropriar-se do material do gringo, os dois são criminosos, sendo que a vítima é a que sofreu inicialmente a conduta criminosa. Apesar de aparentemente absurda, a situação é real, chegando-se à conclusão de como temos ladrões em nosso país.

5.15.3 – Proteção de patrimônio lícito

Em áudio recentemente divulgado nas redes sociais, um indivíduo, indignado com o país, realiza uma série de desabafos, dentre eles, de que no país só tem ladrões e furtadores visto que, ao deixar seu veículo em um lava a jato, teve seu cigarro de maconha furtado. Apesar da quase tragicomédia, é lógico que o Direito só protege bens lícitos, não cabendo a atividade jurisdicional para bens de origens ilícitas, não existindo possibilidade de reparação do dano ao exemplo hipotético.

5.15.4 – Furto de uso, argumento do criminoso

O debatido furto de uso não configura crime por não haver o especial fim de agir de inversão da posse ou patrimônio da coisa, sendo necessário que a utilização seja momentânea, de coisa infungível, e sem o decréscimo de patrimônio. Apesar de consolidada na doutrina, a situação é de difícil aplicação prática. Se todo furtador de carro resolvesse utilizar esse argumento ao ter sua conduta ilícita frustrada, como seria a vida dos policiais? Ninguém seria preso em flagrante pelo crime de furto.

Ao abastecer veículo, vítima deixa a chave na ignição e entra para comprar algo na loja de conveniência. Criminoso vê a oportunidade e furta o veículo, mas, observando cerco policial, volta e devolve o carro, alegando ser seu sonho dirigir um veículo daquele tipo. Por mais que o Direito penal seja a última esfera punitiva, a referida conduta terá que ser analisada pelo viés penalista, pela intenção do autor do crime.

5.15.5 – Retirada efetiva do bem

Com relação à consumação ou tentativa, apesar de discussão doutrinária, nossos tribunais superiores entendem que a inversão da posse consuma o crime, não existindo a necessidade de tranquilidade nela. Na Central do Brasil, durante entrevista que tratava do alto número de furtos na localidade, flagra-se crime, sendo o cordão da própria entrevistada furtado ao vivo. O repórter, por instinto, corre atrás do criminoso. Mesmo que a posse não tenha se consolidado pelo motivo do delinquente está em fuga, o crime, segundo entendimento ao qual concordamos, já está consumado.

Já a tentativa é plenamente possível. Imaginemos que, em determinada rua, é comum a realização de furtos de veículos. Dessa forma, moradores decidem colocar uma câmera. Ao acompanhar o monitoramento, observam indivíduo mexendo em um veículo. Atuando, acabam por prender o furtador em flagrante na modalidade tentada.

5.15.6 – Furto privilegiado e punição capital

O parágrafo segundo trata do furto privilegiado. Mesmo que essa diferenciação não seja realizada pelo polícia operacional, é importante entender porque, em alguns casos, o criminoso preso tem punição mais branda. O dispositivo só é aplicável com a conjugação de dois fatores fundamentais: primariedade do réu e furto de coisa de pequeno valor. Coisa de pequeno valor se distingue de coisa ínfima, sendo esta insignificante em relação ao patrimônio da vítima. O requisito de aplicação da atenuante, segundo a doutrina, não pode superar um salário mínimo.

Por outro lado, é lógico que o impacto do crime tem consequências diferentes em relação ao patrimônio das pessoas, mas esta distinção não acontece somente na lei ou no posicionamento doutrinário. Na prática, é bem comum observar que, nas comunidades cariocas, é proibido cometer furto ou roubo no interior delas, podendo os criminosos serem punidos com a pena capital. Entretanto, na vizinhança, os delitos estão liberados. Essas condutas em nada têm propósito honroso e, apesar dos diferentes impactos, todo e qualquer bem tem relevância para a vítima, e o poder público nunca poderá ser substituído na aplicabilidade da lei penal.

5.15.7 – Furto de energia e "gato net"

O artigo 3º é uma evolução resultante de nova modalidade criminosa: furto de energia, existindo uma equiparação desta a bem móvel, sendo possível fazer mensuração econômica. A configuração do delito necessita obrigatoriamente de perícia, visto que o mero achar não poderá ser levado em consideração para futuras responsabilizações. O denominado "gato", popularmente conhecido, pelo menos no Rio de Janeiro, poderá estar relacionado a qualquer tipo de energia, sendo importante realizar a diferenciação ao crime de estelionato, que se utiliza-se de fraude para aferir a vantagem, que veremos nos próximos tópicos do trabalho.

A legislação tem que acompanhar a realidade dos fatos e, consequentemente, as inovações criminosas, mas nem sempre isso acontece, dificultando a atividade policial. Boa discussão acerca do assunto é o denominado furto de sinal de televisão fechada, o "gato net". Segundo entendimento doutrinário, tal prática não configura furto, uma vez que não representa depreciação ou afetação patrimonial. Não entendemos desse modo, porque os demais consumidores é que pagam a conta — é o lema: os bons pagam pelos maus. Além disso, a ausência de responsabilização incentiva o cometimento do ato, gerando impactos na economia regular, dando brecha ao oferecimento de serviços clandestinos, muitas vezes, vinculados a autores de crimes mais graves.

É um fenômeno bem comum durante operações policiais, principalmente em áreas sob o domínio de organizações criminosas, sejam relacionadas ao tráfico ou à milícia, a descoberta de centrais clandestinas de fornecimento de sinal de TV fechada, Como mencionado no parágrafo anterior, tal conduta não configura o crime em análise, mesmo que caracterize terceirização e prestação de serviço, sendo esta prática penalizada por legislação especial — crime contra as telecomunicações — previsto na lei 9.472.

A intervenção policial é complexa no combate a essa modalidade criminosa, necessitando equipamentos específicos, bem como comprovação do fato típico por perícia, necessitando integração de diversos órgãos, inclusive fora do Sistema Jurídico Policial. Durante operação de repressão ao tráfico de drogas, policial se depara com aparente central clandestina de transmissão de sinal de televisão. Por impossibilidade de realização de perícia, pelo risco do local, ele conduz todo o material para a delegacia. Após análise equivocada da autoridade de polícia judiciária, ela informou que os policiais deveriam devolver o equipamento sob pena do crime de peculato. Ordem absurda, que não deve ser cumprida em nenhuma hipótese.

Na prática, quem realiza esse tipo de perícia é um técnico da Agência Nacional de Telecomunicações (ANATEL). Daí, surge a primeira questão:

como levar este profissional a um ambiente tão hostil, colocando-o em grave risco? Sem dúvida, a perícia deve ser realizada, de regra, no local do crime, mas a retirada do material e a apresentação dele na delegacia não configura qualquer delito, visto a inexistência de *animus* de qualquer lesão a bem jurídico. Esse exemplo, se dúvida, mostra a importância do conhecimento jurídico aos agentes policiais operacionais, sua abrangência e interdisciplinaridade e que, apesar de todo o estudo, nunca saberemos tudo.

5.15.8 – Diferenciação de furto de veículo e furto no veículo

O parágrafo quarto começa a tratar das figuras qualificadas de furto. Já no inciso primeiro, aparece a ação de "rompimento de obstáculos". Bons exemplos práticos são os arrombamentos de portas, trancas, correntes ou até mesmo desativação de um alarme. A polêmica doutrinária e da jurisprudência está relacionada ao rompimento do vidro de um veículo, seja para roubá-lo ou qualquer bem no seu interior. A corrente mais tradicional entende que, quando o obstáculo faz parte da coisa, o delito não poderá ser qualificado, visto que a própria ação do autor já depreciou o patrimônio. Já a corrente mais moderna entende que o vidro seria um obstáculo, sendo desproporcional a aplicação da agravante.

Exemplificando a divergência: um criminoso quebra o vidro de um veículo para furtar uma mochila guardada no banco de trás. Pego pela polícia, ele seria responsabilizado por furto qualificado, e aquele que comete o mesmo dano, furtando o carro, responderia por furto simples, segundo a primeira corrente. Sempre respeitando as diferentes opiniões, entendemos que tal ato fere o princípio da proporcionalidade dos bens jurídicos, acabando por incentivar o cometimento de delitos mais graves nesse caso específico.

5.15.9 – Empregado de confiança

O inciso segundo define alguns meios ou algumas práticas que qualificam o crime. Inicialmente, observamos o cometimento do delito com "abuso de confiança"— ação que apresenta caráter extremamente subjetivo, existindo a necessidade de análise pormenorizada do caso concreto, não podendo ser justificada a aplicação de tal qualificadora como, por exemplo, uma mera relação empregatícia.

Equipe é acionada para ocorrência de furto, na qual o patrão percebe o desaparecimento de bem e, após verificar em circuito interno de vigilância eletrônica, comprova que sua empregada doméstica era quem havia subtraído o bem. Em oitiva preliminar, a vítima comentou que já desconfiava de sua funcionária, vindo inclusive a esconder alguns bens, e que ela trabalhava na residência havia pouco tempo, reconfigurando assim a qualificadora.

A utilização de credenciamento, senhas ou código de acesso, dependendo do caso concreto, representa relação de confiança, e sua utilização para o cometimento do crime pode legitimar a aplicação da qualificadora. Funcionário com cargo de responsabilidade, dotado de senha de acesso em área restrita da empresa, furta bens, existindo, nesse caso, uma reprimenda maior por parte do Estado.

5.15.10 – Criar confusão como distração

No mesmo inciso, aparece a figura da "fraude", que não se confunde com a crime de estelionato. No tipo estudado por ora, a ação furtiva é utilizada para iludir a vigilância, sendo o verbo típico em questão o "subtrair", sendo o ato realizado pelo próprio autor. Lojas de departamento são alvo em potencial dessa modalidade criminal. Furtadores, geralmente em concurso de pessoas, entram nas lojas, simulam confusão, desviando a atuação de seguranças privados que, por desguarnecerem seus postos de vigilância, facilitam que os demais membros do grupo criminoso realizem os furtos com maior facilidade. No caso citado, deverá o policial atentar-se aos furtadores, pois ele não possui qualquer vínculo com os envolvidos no tumulto. No caso de positivo, é conveniente a condução de todos à delegacia para os devidos esclarecimentos.

5.15.11 – Túneis

A "escalada" possui entendimento mais amplo como, por exemplo, a utilização de túneis, como observamos no conhecido e cinematográfico furto ao Banco Central de Fortaleza, no estado do Ceará.

5.15.12 – Batedor de celular

"Destreza" tem como o principal exemplo o batedor de carteira, modalidade que observamos hoje com mais frequência através do batedor de celular, devido ao maior valor agregado e à exposição do bem. A discussão doutrinária surge na aplicabilidade ou não da qualificadora. Se a vítima percebe o ato, é evidente que reagiu por perceber a conduta criminosa, pode ter faltado destreza do furtador, não podendo ser ele responsabilizado. Mesmo sabendo que existem vítimas diferentes, mais e menos atentas, se um terceiro percebe o ato, a qualificadora deverá ser aplicada na modalidade tentada, caso ocorra uma intervenção que impeça a consumação do delito.

5.15.13 – "Chave micha"

O termo "chave falsa" apresenta uma polêmica pouco debatida na doutrina, relacionada à utilização de "chave micha", instrumento que, apesar de não ter, em regra, característica de chave, serve para abrir portas e trancas de segurança. Integrantes de time tático utilizam essa ferramenta legalmente, e sabem que a efetividade de seu emprego depende muito mais da destreza do operador do que da qualidade do artefato, mas a habilidade está dos dois lados. Alguns furtadores, mesmo que pareça uma ação cinematográfica, conseguem abrir cadeados com instrumentos rudimentares, mesmo não existindo muita diferença penal entre o emprego com "destreza" ou a utilização de "chave falsa", o importante é a aplicação da agravante neste tipo de conduta.

A legalidade do instrumento pelas forças policiais é justificada a partir do *animus* ou intenção do agente. No caso de uma entrada tática para salvar a vida de um refém ou a entrada em uma residência para realizar um flagrante, a prática é técnica e em compasso com o ordenamento jurídico. Por outro lado, maus profissionais estão em todas as carreiras, e a polícia não é uma exceção. Agentes, objetivando verificar informação de movimentação criminosa em uma residência, "micham" a porta e, não encontrando nenhum flagrante, decidem furtar bebidas de alto valor que se encontravam no interior do imóvel, incidindo a qualificadora ao crime de furto, independente da tipificação da ação positivada.

5.15.14 – Pluralidade de autores

No inciso quarto, aparece a qualificação pelo concurso de pessoas. Por um lado, no crime de furto, a pluralidade de agentes atrapalha a entrada velada; em contrapartida, o apoio de outro agente como, por exemplo, no rompimento de obstáculos, aumenta a possibilidade de êxito na ação. Questão pacífica na doutrina em relação a este inciso é que se faz necessária a participação física, estando presente, de fato, no momento do crime, não cabendo a qualificadora nas figuras de participação.

5.15.15 – Crimes transfronteiriços

O parágrafo quinto trata de crimes internacionais ou interestaduais. Seu combate efetivo necessita de maior integração entre as forças de segurança, principalmente no policiamento ostensivo, além da melhoria na agilidade do fluxo de informações. É uma realidade operacional a atuação de quadrilhas interestaduais, em que os integrantes de um Estado adquirem os meios do crime em outro, e o cometem em um terceiro Estado. Criminosos paulistas furtam carros em Minas Gerais objetivando roubar banco na Bahia, com armamento alugado de facções criminosas cariocas. Se as diversas polícias não tiverem a informação em tempo real, atuando conjuntamente, a capitulação qualificada será inerte na prática.

5.16 – Art. 157– Roubo

Art. 157. Subtrair coisa móvel alheia, para si ou para outrem, mediante grave ameaça ou violência à pessoa, ou depois de havê-la, por qualquer meio, reduzido à impossibilidade de resistência:

Pena - reclusão, de 4 (quatro) a 10 (dez) anos, e multa.

1º - Na mesma pena incorre quem, logo depois de subtraída a coisa, emprega violência contra pessoa ou grave ameaça, a fim de assegurar a impunidade do crime ou a detenção da coisa para si ou para terceiro.

2º - A pena aumenta-se de um terço até metade:

I - se a violência ou ameaça é exercida com emprego de arma;

II - se há o concurso de duas ou mais pessoas;

III - se a vítima está em serviço de transporte de valores e o agente conhece tal circunstância.

IV - se a subtração for de veículo automotor que venha a ser transportado para outro Estado ou para o exterior;

V - se o agente mantém a vítima em seu poder, restringindo sua liberdade.

3º - Se da violência resulta lesão corporal grave, a pena é de reclusão, de 7 (sete) a 15 (quinze) anos, além da multa; se resulta morte, a reclusão é de 20 (vinte) a 30 (trinta) anos, sem prejuízo da multa.

Crime de grande repulsa e impacto social, apresentando características pluriofensivas, ferindo mais de um bem jurídico, a integridade corporal, física e mental somadas ao prejuízo ao patrimônio. Crime complexo, sendo a soma de várias condutas delitivas que o legislador decidiu analisar de maneira conjunta, ampliando sua gravidade. O dolo é fundamental para a configuração do delito, o autor deve ter a intenção de obter a posse do patrimônio alheio, não importando a destinação, como observamos no próprio tipo: "para si ou para outrem".

5.16.1 – Criminosos em fuga

Quando um criminoso em fuga rende motorista, determinando que a vítima se evada, no caso de flagrante, o autor, em nenhuma hipótese, poderá ser preso por roubar o veículo, mas sim por forçar a vítima a fazer algo contra sua vontade sob grave ameaça, configurando o crime de constrangimento ilegal, já analisado neste trabalho, porque, em nenhum momento, o *animus* do autor seria atacar o patrimônio.

Após troca de tiro com equipe do Batalhão de Choque, quadrilha que planejava realizar um roubo a banco na região se separa e, um dos criminosos rendem um motorista, fazendo-o refém e determinando que ele o leve até a favela mais próxima. Sendo abordado pelo amplo cerco realizado pelo batalhão da área, o criminoso foi preso em flagrante pelo porte ilegal de arma, constrangimento ilegal, mas não podemos falar em roubo, visto que a intenção seria somente a utilização do bem para um deslocamento, por mais branda que parece a análise jurídica.

5.16.2 – "Pega ladrão"

No tocante à diferenciação da consumação ou tentativa, o raciocínio usado pelos tribunais superiores é idêntico ao visto no crime de furto, não existindo a necessidade da inversão da posse do patrimônio de forma estável, com a exceção do roubo impróprio, positivado no parágrafo primeiro do artigo 157, que analisaremos a seguir.

Equipe policial, voltando de atividade administrativa, escuta de populares o famoso "pega ladrão". Parando a viatura descaracterizada, descendo com uniforme de passeio, ao observar a correria, identifica dois indivíduos em atitude suspeita. Ao realizar a abordagem, encontra uma pistola e 20 mil reais em espécie, prendendo imediatamente os criminosos pelo porte ilegal de arma e por possível crime contra o patrimônio, legitimado na figura do flagrante presumido. Minutos depois, chega a informação de que os presos tinham acabado de roubar uma senhora, que se encontrava caída na rua ao lado. Ela foi ferida após levar uma coronhada, evidenciando o emprego de violência, caracterizando o crime de roubo consumado.

Como prevê o tipo estudado, a violência ou ameaça caracterizada por uma psíquica, é requisito fundamental para a capitulação do crime de roubo. Segundo classificação doutrinária, o delito pode ser próprio ou impróprio, sendo diferenciado pelo momento da realização do ato de violência. Na cabeça do artigo, observa-se a modalidade própria, onde o autor utiliza da violência para inverter o domínio do bem, como, por exemplo, render cidadão com armamento e levar seu veículo. Já no parágrafo primeiro, a utilização da ação agressiva ilegal é para assegurar a impunidade — domina o bem quando o proprietário aparece e mostra o armamento para garantir a fuga.

5.16.3 – Diferenciação de roubo e furto, "quem não deve não teme?"

Durante patrulhamento de rotina, indivíduo corre após ver viatura policial, caracterizando conduta suspeita. Ao iniciar a abordagem, policial encontra com o indivíduo um rádio veicular e, próximo a abordagem, foi encontrado um carro com os vidros estilhaçados, sem o rádio, presumindo ser um furto qualificado.

Após realizar a prisão em flagrante, o dono do veículo e vítima da conduta ilícita aparece, informando que, ao escutar um barulho, dirigiu-se à sacada do prédio, tentou impedir que seu patrimônio fosse lesado, mas que o criminoso o ameaçou com uma arma, ordenando que ele voltasse para o interior do apartamento. Segundo entendimento da equipe operacional, tal ato foi suficiente para mudar a capitulação da conduta de furto para roubo. Ao apresentar a ocorrência em sede de Polícia Judiciária, a autoridade entendeu que a conduta devia ser tipificada como furto, não cabendo aos agentes operacionais qualquer ato legal em relação a esse fato, sendo a opinião da autoridade policial revista pelo Ministério Público, quando do oferecimento da denúncia. Aí está a vantagem de o Sistema Jurídico Policial ser autorregulatório.

Quanto ao ato de se evadir com a chegada de equipes policiais, sem dúvida, configura fundada suspeita, sendo este o fundamento legal de qualquer abordagem, mas isso não significa que o evadido seja um criminoso, uma vez que com os altos índices de violência, intensidade dos confrontos e a baixa credibilidade das forças de segurança nos dias de hoje assustam — quem não deve teme —, devendo o policial levar sempre esse fator em consideração nas ações operacionais.

5.16.4 – "Arrastão"

Concurso de crimes é algo bem comum com relação ao crime de roubo, uma vez que, em boa parte dos casos concretos, vários bens jurídicos são lesados em uma mesma conduta delituosa. Durante um roubo a ônibus, na modalidade denominada popularmente de "arrastão", observa-se lesão ao patrimônio de várias pessoas, sendo pacífico na doutrina e na jurisprudência que o autor responderá pelo número de pessoas roubadas em concurso. Discussão doutrinária está no roubo de uma mesma família. Respeitando sempre as opiniões diversas, entendemos, de acordo com os tribunais superiores, que, existindo a possibilidade de individualização do patrimônio, existirá pluralidade de crime.

Família é rendida por criminosos armados, sendo roubado o veículo que pertence ao pai, a bolsa da mãe e os telefones celulares dos filhos menores. Segundo entendimento majoritário, haverá dois roubos, uma vez que o patrimônio dos pais pode ser individualizado. O questionamento que surge é se os filhos menores também possuem patrimônio, uma vez que o tipo citado não exige qualquer condição especial para as vítimas, ou seja, se elas sofressem o roubo de celular de maneira isolada, o crime não estaria configurado? A partir desse raciocínio, entendemos que não basta ser menor ou maior de idade, tem que se avaliar o caso concreto para configurar a quantidade de crimes e a aplicação do concurso de crimes.

5.16.5 – Roubo armado

No parágrafo segundo, o tipo começa a tratar das causas de aumento de pena. O inciso primeiro traz a utilização de arma, prática comum, uma vez que a armas são os principais instrumentos para o emprego de violência ou grave ameaça. A lei não especifica o tipo de arma, não restringindo a utilização de arma de fogo, sendo arma, por um conceito básico, qualquer instrumento capaz de produzir a morte ou lesão corporal em um indivíduo.

A súmula 174, do STJ, acertadamente cancelada, relacionava o emprego efetivo do armamento com a aplicação da majorante, ou seja, o criminoso, roubando com arma na cintura, responderia sem aumento de pena. Sabemos que o crime de roubo por suas características, dentre ela a alta periculosidade do autor, pode evoluir a qualquer momento, e a arma, mesmo na cintura, apresenta grande potencialidade lesiva, bastando apenas que o autor ache que a vítima está resistindo para transformar sua ameaça em violência. Sem dúvida, esse é um exemplo de evolução da norma jurídica, aproximando a lei da realidade dos fatos, facilitando o trabalho policial.

Outra questão prática está relacionada ao emprego de arma desmuniciada para o cometimento do crime de roubo. Nossos tribunais superiores entendem que, apesar de não estar em condições de realizar disparos, a arma apresenta potencialidade lesiva, sendo suficiente para consumar o crime. Decisão extremamente coerente, uma vez que a vítima não possui a capacidade de avaliar se a arma está municiada ou não, sendo a arma, independente das condições, um instrumento de demonstração da força para efetivar o roubo através de uma grave ameaça.

A arma inapta necessita de perícia, mas o raciocínio poderá ser o mesmo da arma desmuniciada, e como o tipo não especifica a arma, é bem comum a utilização desta como arma contundente, empregando a popularmente conhecida "coronhada". Atualmente, é uma prática comum entre as quadrilhas cariocas, além do tráfico de drogas, o aluguel de armamento para a realização de crimes contra o patrimônio. Equipe foi acionada para conter um linchamento e, chegando ao local, toma conhecimento de que a vítima tentara, minutos antes, roubar motociclista, realizando inclusive disparo contra ele, mas que o armamento não havia funcionado. Portanto, sendo claro para os policiais que, naquelas condições, não funcionaria, mas esse fato para o crime de roubo pouco importa, visto que a grave ameaça ocorre independente do estado da arma.

5.16.6 – Arma de brinquedo e simulacro

Apesar da banalização das armas de fogo ilegais no Brasil, alguns criminosos de menor expressão ainda apresentam dificuldade de acesso a elas, utilizando-se de armas de brinquedo ou simulacros para cometer seus delitos. A tipificação do crime de roubo a estes indivíduos não suscita dúvidas, visto que o instrumento apresenta potencialidade lesiva para a implementação de grave ameaça, sendo eficiente para a inversão da posse do patrimônio.

A longa discussão dos estudiosos girava em torno da aplicação da agravante prevista no parágrafo segundo, inciso primeiro, do artigo 157, quando da utilização desses artefatos. A primeira corrente, mais rigorosa, defendia a agravação da pena sob o argumento de que o legislador não definiu o tipo de arma, tratando o instrumento em sentido amplo, reforçando que mesmo a arma de brinquedo ou simulacro apresentava potencialidade lesiva, sendo esse argumento temporariamente consolidado pela súmula 174, do STJ, revogada em 2001. Já a segunda corrente, mais benevolente, entendia que, pela impossibilidade de causar violência física, o instrumento não abarcaria a qualificadora.

São as discussões que possibilitam a evolução do Direito e sua aplicabilidade mais eficiente. A questão foi recentemente solucionada com o advento da lei 13.654, de 2018, que alterou as agravantes do crime de roubo, definindo o instrumento potencializador da conduta criminosa em arma de fogo, deixando clara a intenção do legislador de que os crimes com estes meios devem sofrer maior reprimenda estatal.

Na prática, o uso de simulacro apresenta maior risco para o criminoso, uma vez que, no caso de reação da vítima, o indivíduo estará impossibilitado de realizar qualquer ataque. É extremamente comum que policiais reajam a crimes de roubo, vindo a matar o autor e, após a verificação do armamento por segurança, observam tratar-se de arma de brinquedo, não alterando em nenhuma hipótese o instituto da legítima defesa, o que se diz no jargão policial: "quis roubar na sugestão e pagou caro por isso".

5.16.7 – A fatal "visão de túnel"

O inciso segundo trata do concurso de pessoas. O aumento de pena torna-se bem razoável pelo aumento da capacidade intimidatória e da diminuição da possibilidade de reação da vítima. Assim como no furto é fundamental a presença física, não cabendo a aplicação desse inciso com a mera participação. Na prática, observa-se que esta modalidade ocorre, na maioria dos casos, com a pluralidade de autores.

Nas instruções de sobrevivência urbana, das escolas policiais, é importante ser ensinado aos alunos que, antes de reagir, devem verificar a área, porque o "ladrão" nunca estará sozinho, havendo sempre alguém na sua cobertura, evitando o que chamamos de visão de túnel — instinto natural do ser humano em focar no problema. Analisando casos de óbitos de policiais por reação a roubos, constata-se que a maioria dos ataques é cometido por indivíduos que não realizavam a violência ou a grave ameaça diretamente, mas sim por aqueles que estavam na cobertura.

5.16.8 – Imputação de conduta mais gravosa aos menores de idade

O aumento de pena, previsto neste inciso, independe da imputabilidade dos coautores, podendo ser inclusive inimputáveis, sendo aplicada mesmo que os demais praticantes do crime não sejam identificados, o que, na prática, é bem comum, uma vez que menores de idade estão cada vez mais presentes em atividades ilícitas, tendo punição penal limitada pelo ordenamento jurídico vigente. Especialmente no tocante à participação de menores, o STJ, através da súmula 500, prevê concurso formal entre a majorante em análise com a corrupção de menores, independente da real atuação de cada um dos agentes na prática do crime.

A entrada no crime ocorre cada vez mais cedo, e os fatores são diversos, sendo mais bem explicados pela criminologia. Discussões acaloradas ocorrem no país pela diminuição da maior idade penal, sendo questionada a eficiência dessa medida na resolução do problema; e sempre está presente o sentimento de impunidade relacionado à limitação punitiva relativa aos menores de idade.

Operacionalmente, a questão traz uma série de impactos. Ao realizar a prisão de uma quadrilha fortemente armada no interior de um residência, na divisão de tarefas e, especificamente no porte do armamento, o menor se acusa como dono do fuzil, armamento de calibre restrito, conduta recentemente equiparada à figura hedionda. Os demais componentes do bando afirmaram que portavam armas de calibre permitido, alguns afirmando que estariam desarmados. O motivo é simples: as penas mais graves são sempre imputadas aos menores, caracterizando um conhecimento coloquial da norma para o mal. Mas, no tocante à agravante, todos os integrantes responderão pelo concurso de crimes e de pessoas.

5.16.9 – Policial realizando serviço de escolta privada

No inciso terceiro, o legislador dá proteção diferenciada aos profissionais que exercem atividade de risco, não estendendo a majorante às vítimas que estejam exercendo de maneira não profissional o transporte de valores — devendo o termo "valores" ser interpretado de maneira extensiva. É bem comum que policiais exerçam dupla jornada, a fim de complementar os baixos salários pagos pela atividade. Na maioria dos Estados da Federação, o servidor, que por força de lei deveria atuar de maneira exclusiva para o poder público, trabalha em sua folga na iniciativa privada.

De fato, por motivos éticos, a conduta não é a ideal, uma vez que prover a segurança é uma obrigação do Estado. E até mesmo por segurança, porque a folga tem por objetivo descanso e recuperação do desgastante do serviço operacional. Mas o que deve ser levado em consideração é que, dependendo da particularidade do profissional, o segundo emprego é uma questão de sobrevivência. Diversos regulamentos disciplinares de forças de segurança positivam a conduta como ilícitos administrativos, ou transgressões da disciplina, mas, de regra, a conduta não configura crime, devendo qualificadora do inciso terceiro, visto que a ilegalidade administrativa não afastará a vulnerabilidade da vítima e a consequente ampliação da proteção.

Policial realizava constantemente transporte de carga de cigarros, modalidade de extremo risco, principalmente nas grandes metrópoles brasileiras. Durante deslocamento, ele é surpreendido, tendo a carga e sua arma particular roubadas. Ao comunicar o fato administrativamente em sua unidade, tem como punição a exclusão no quadro da corporação, mas este fato não tem qualquer impacto na aplicação da pena aos autores do roubo. De fato, o caminho é o pagamento de salários dignos aos policiais, para que eles atuem de maneira exclusiva na atividade pública, sem se colocar em risco, dando mais oportunidades a agentes privados e sem colocar as autoridades em risco, visto que, em diversos casos, fazem vista grossa para essa realidade.

5.16.10 – Roubo com restrição de liberdade

O inciso quarto tem análise similar à realizada no furto, já comentada anteriormente. No inciso quinto observamos o crime de roubo qualificado com a restrição de liberdade, gerando grande confusão com outros tipos penais que protegem outros bens jurídicos de fundamental importância em nosso ordenamento jurídico.

Basicamente, três tipos penais trazem grandes dúvidas porque, em todos, a vítima tem seu direito de livre locomoção, ir e vir ou de liberdade restringido. Com uma observação mais detalhada, algumas diferenças podem ser notadas facilmente, sendo úteis para realizar as justas e necessárias distinções. No caso do roubo qualificado, previsto no artigo 157 § 2º, inciso terceiro, o bem jurídico tutelado é o patrimônio, sendo a restrição da liberdade meio para subtração, sendo esta limitada à operacionalização do crime, ou seja, mantendo a pessoa sob vigilância ou trancada até a efetivação do crime, devendo ser este tempo de cárcere juridicamente relevante para a aplicação do possível aumento de pena.

Durante a realização de roubo à residência, um dos integrantes da quadrilha leva a família para o banheiro, enquanto os demais retiram os bens de valor da casa, deixando as vítimas trancadas, levando a chave do carro e celulares delas. Vizinho estranha a movimentação e aciona a polícia, que consegue prender os criminosos de acordo com o crime estudado.

No artigo 159, parágrafo terceiro — delito comumente conhecido por sequestro relâmpago —, podemos definir como uma figura intermediária entre o roubo e a extorsão mediante sequestro, adicionado ao Código após as modificações realizadas em 2009, pela lei 11.923. Neste caso, a restrição da liberdade é fundamental para a consumação do delito, sendo que a vantagem aferida é entregue pela própria vítima, sendo esta a principal diferença para o roubo, e, na prática, a restrição da liberdade é mais curta, mas não menos gravosa, principalmente para a vítima, surgindo daí o termo relâmpago.

Já no artigo 159, cabeça, está a modalidade mais gravosa, comentada mais detalhadamente no tópico do crime de extorsão. Mas, para fechar a diferença, explicamos que, neste crime a restrição da liberdade se torna mais extensa, sendo configurada por um pacto ou condição para a aquisição indevida de valor que, de regra, é realizada por terceiro interessado na libertação da vítima.

5.16.11 – Modalidade mais gravosa, resultando lesões ou morte

No parágrafo terceiro, observa-se a modalidade mais gravosa de roubo, aquela que tem como resultado a violência física. O tipo penal menciona como consequência "lesão grave". Apesar de citação específica, o entendimento consolidado e óbvio cabe perfeitamente a aplicação da agravante se o resultado for uma lesão gravíssima, respeitando o princípio fundamental no Direito Penal, a proporcionalidade.

Já o resultado morte, configura o famigerado e conhecido latrocínio. Um aparente descompasso jurídico com relação a este crime, conforme analisado anteriormente, é que no caso de vários patrimônios lesados ocorrerá pluralidade de crimes, entretanto, se tiver apenas um patrimônio afetado e várias mortes como resultado, ocorrerá apenas um latrocínio. Logo, na prática, por questões de punibilidade, é mais benevolente matar cometendo crime contra o patrimônio do que homicídio propriamente dito. Somente no crime de roubo qualificado pela morte é que mais de um bem jurídico é violado.

Para a configuração do latrocínio, independe que sejam violados os bens jurídicos da mesma vítima. Em um assalto a banco consumado, o patrimônio lesado foi o do banco e, possivelmente, de alguns clientes, mas o vigilante foi morto ao tentar impedir o crime, sendo este um caso típico do tipo estudado. O crime tem grande repulsa social, não poderia ser diferente, sendo esta demonstrada por nossos tribunais superiores, como podemos observar no caso da súmula 610, do STF, que diz que o latrocínio está configurado mesmo que os bens da vítima não sejam subtraídos, visto que a pena é mais grave no delito contra o patrimônio qualificado. Em resumo: se, por circunstâncias alheias à vontade do criminoso, o crime de roubo é tentado, e essa tentativa resulta em morte, o entendimento é que o crime de latrocínio está consumado, mesmo continuando a ser um crime patrimonial.

5.16.12 – O preço de uma vida, policial como vítima de latrocínio

Sem dúvida, as altas penas para o crime de homicídio se fazem necessárias. O roubo à mão armada é o crime mais banal e perigoso para a vítima. Hoje em dia, se mata por nada em nosso país. Equipe é acionada para ocorrência com cidadão ferido em via pública. Chegando ao local, encontra cidadão já em óbito com um celular na mão, deitado em uma poça do seu próprio sangue. Ao indagar as testemunhas, foi informado que ele sofreu uma tentativa de roubo e, por demorar na entrega do bem, levou uma facada letal, fugindo o criminoso sem levar nada. No caso específico, para o delinquente, a vida de um pai, filho e amigo não vale de nada.

Uma questão bem controversa, com relação direta com esse crime, já citada anteriormente, é a realização de "bico" na atividade de segurança privada por policiais. Sem entrar no mérito ou polemizar a questão, o importante a ser destacado é que, infelizmente, torna-se cada vez mais comum a vitimização desses agentes neste tipo de atividade. Realizando o serviço de segurança privada em um estabelecimento comercial, o policial está exposto, e os criminosos sabem disso e praticam duas condutas criminosas: o homicídio qualificado com o latrocínio, sendo duplamente lucrativo para eles, que eliminam um "inimigo", levando inclusive seu armamento, e a subtração de bens de valor no interior do estabelecimento. Do exposto, deverá haver concurso de crimes pela pluralidade de bens jurídicos e a gravidade dos fatos, o que, infelizmente, não ocorre na prática jurídica.

Matar policial se tornou algo banal em determinadas cidades brasileiras, principalmente no Rio de Janeiro, e observa-se que essa conduta, em determinados momentos, é encobertada pela prática do crime de latrocínio. A real intenção é executar o agente público, simplesmente por sua condição profissional, mas, os criminosos, aproveitando-se da situação, subtraem o bem. Nesse caso, assim como no exemplo anterior, a punibilidade deverá, segundo nosso entendimento, ter o maior grau de reprovação e punibilidade possível, visto que, como citado no parágrafo anterior, a vida e o patrimônio foram lesados de maneira individualizada.

O policial armado irá reagir, vai morrer se defendendo, até porque ninguém está disposto a ser executado, mas basta a retirada de um bem da vítima somada a uma investigação superficial, que a tipificação da conduta será definida como latrocínio. A situação é complexa, vários são os fatores que potencializam a vitimização policial, mas o pior deles é a própria condição de policial. Logo, esse fator deverá ter peso jurídico, devendo sempre ser tratado com a maior seriedade, uma vez que um crime contra agentes públicos configura um ataque contra o Estado Democrático de Direito.

5.17 – Art. 158 – Extorsão

Art. 158. Constranger alguém, mediante violência ou grave ameaça, e com o intuito de obter para si ou para outrem indevida vantagem econômica, a fazer, tolerar que se faça ou deixar de fazer alguma coisa:

Pena - reclusão, de 4 (quatro) a 10 (dez) anos, e multa.

1º - Se o crime é cometido por duas ou mais pessoas, ou com emprego de arma, aumenta-se a pena de um terço até metade.

2º - Aplica-se à extorsão praticada mediante violência o disposto no 3º do artigo anterior.

3º Se o crime é cometido mediante a restrição da liberdade da vítima, e essa condição é necessária para a obtenção da vantagem econômica, a pena é de reclusão, de 6 (seis) a 12 (doze) anos, além da multa; se resulta lesão corporal grave ou morte, aplicam-se as penas previstas no art. 159, §§ 2.º e 3.º, respectivamente.

Apesar da extorsão está no capítulo dos crimes contra o patrimônio, é importante ressaltar que esse delito é um bom exemplo de crime complexo, uma vez que afeta vários bens jurídicos, tais como o patrimônio, em primeiro plano, a tranquilidade e a paz psicológica, e até mesmo a liberdade individual, mesmo que temporariamente. O verbo do tipo "constranger" significa colocar a pessoa, que está sob violência ou grave ameaça, sem qualquer opção de defesa, ficando a vítima, em linguagem bem coloquial, "em um beco sem saída", obrigando uma postura da vítima mesmo que de forma omissiva.

Evitando qualquer confusão com o delito de roubo, na extorsão, há a exigência de um comportamento da vítima, sendo o objetivo do crime mais amplo "indevida vantagem econômica" e não "coisa alheia móvel", como previsto no artigo 157. A referida vantagem tem que obrigatoriamente possuir valoração econômica, sendo este o motivo do crime está no capítulo dos crimes contra o patrimônio.

5.17.1 – Policial exercendo segurança privada

Policiais, sob o argumento de realizar atividade de segurança privada em comércio ou condomínios, constrangem os proprietários dos estabelecimentos que, na base de ameaça, mesmo que velada, acabam por contratar tal "serviço", não por sua qualidade, mas por medo. No referido exemplo, fica clara a tipificação do crime estudado, não levando em consideração a possibilidade de capitulação no crime de "milícia", que será analisado posteriormente.

No caso de vantagem devida, caberá reivindicação legal pela via judicial, não cabendo cobrança desproporcional, sendo totalmente contrário à norma o ato de realizar justiça com as próprias mãos. Os servidores devem entender e, principalmente os policiais que, nos dias de hoje, com a baixa credibilidade das forças de segurança, as pessoas se sentem ameaçadas pela polícia, ou usam esse argumento a seu favor no momento de qualquer lide, contra qualquer profissional do ramo, demonstrando a instabilidade e o maior cuidado quando na atuação de resoluções de problemas pessoais.

Polícia Militar é acionada para apaziguar discussão em que empregado cobra dividendos do patrão, sendo este o comunicante da ocorrência. Chegando ao local, as equipes percebem que o cobrador tratava-se de um policial militar, que estava armado, sendo este o motivo do acionamento policial, uma vez que o empregador se sentiu ameaçado. Por se tratar de dívida legal, não há o crime de extorsão, nem qualquer outro, mas os agentes policiais devem tomar muito cuidado para que interpretações equivocadas não os levem para a conduta típica prevista no artigo 345, do Código Penal, caracterizada pelo "fazer justiça com as próprias mãos".

O elemento subjetivo é o dolo, sendo fundamental a intenção do agente para o cometimento do delito. O meio de execução é a violência, podendo ser física ou moral, sendo o tipo um bom exemplo de crime formal ou de consumação antecipada, independendo da aquisição ou não da vantagem indevida para a consumação do delito. Criminoso enquadra a vítima no *shopping center*, a constrange, exigindo que ela compre produtos para ele, mas é abordado por equipe policial antes de receber qualquer bem. O crime em análise está consumado, uma vez que independe da posse de qualquer vantagem, sendo consumando no emprego do ato violento, nesse caso do constrangimento psicológico, com a exigência ameaçadora.

5.17.2 – Golpe do falso sequestro

Questão com grande número de ocorrências e consequente impacto operacional é denominada golpe do "falso sequestro" que, segundo entendimento do STJ, é um exemplo de extorsão, uma vez que a vantagem é entregue mediante um constrangimento, mesmo sendo este fraudulento. Família recebe um "trote" telefônico, com choro e gemidos ao fundo. Os criminosos informam que têm sob domínio um familiar da vítima, fazendo várias ameaças à integridade física de um possível refém, abalado psicologicamente, a vítima realiza depósitos bancários e somente depois descobre que foi enganada.

Família de policial recebe ligação no meio da madrugada. Aos berros, uma voz de fundo, feminina, diz: "me ajuda, pai, eles vão me matar". Sem entender bem o que acontecia, mas com calma, a vítima busca orientação com a polícia, e é aconselhada a marcar um encontro com os criminosos para a entrega da exigência indevida. A ordem era para deixar o dinheiro embaixo de um viaduto, e assim foi feito. De maneira velada, equipe faz a devida vigilância e, em menos de meia hora, chega ao local uma mulher grávida, que pega o valor e é presa em flagrante pelos agentes. Ela assume que cometeu o ato a mando de seu marido, que já se encontrava preso, cometendo o crime de extorsão de dentro da cadeia.

5.18 – Art. 159 – Extorsão mediante sequestro

Art. 159. Sequestrar pessoa com o fim de obter, para si ou para outrem, qualquer vantagem, como condição ou preço do resgate:

Pena - reclusão, de 8 (oito) a 15 (quinze) anos.

1º - Se o sequestro dura mais de 24 (vinte e quatro) horas, se o sequestrado é menor de 18 (dezoito) ou maior de 60 anos, ou se o crime é cometido por bando ou quadrilha:

Pena - reclusão, de 12 (doze) a 20 (vinte) anos.

2º - Se do fato resulta lesão corporal de natureza grave:

Pena - reclusão, de 16 (dezesseis) a 24 (vinte e quatro) anos.

3º - Se resulta a morte:

Pena - reclusão, de 24 (vinte e quatro) a 30 (trinta) anos.

4º - Se o crime é cometido em concurso, o corrente que o denunciar à autoridade, facilitando a libertação do sequestrado, terá sua pena reduzida de um a dois terços.

Crime de grande repulsa social, é um exemplo de reação legislativa pela esfera penal, ocorrendo reformas ao tipo após onda desta modalidade criminal, principalmente contra vítimas de grande representação social, sendo este fator criticado por muitos sob o argumento de que o endurecimento da lei só se deu pela característica vitimológica — na maioria dos casos, as vítimas são da alta sociedade — dando representatividade midiática, sendo a pena mais alta do Código, positivada no artigo terceiro do tipo.

5.18.1 – "Sequestro" de animais, veículos e autoridades

A elementar do tipo é "pessoa", ou seja, o fundamental para a configuração do delito é que não cabe sequestro de bens ou animais, somente o ser humano poderá ser o objeto norteado da chantagem. Os animais são sujeitos a diversas proteções em nosso ordenamento jurídico. Além do valor sentimental, alguns apresentam grande valor financeiro. Sabendo disso, criminosos roubam animais e exigem resgate, sendo inviável a aplicação do dispositivo em análise, cabendo a aplicação da extorsão.

A mente criminosa não tem limites. Recentemente, no Estado do Rio de Janeiro, ocorreu uma onda de roubo a veículos de lojas do tipo "pet", e os criminosos, sabendo do apreço dos donos pelos animais, exigiam resgate por eles. Sem dúvida, esse assunto é algo grave, mas que não deve ser tratado como extorsão mediante sequestro, devido a desproporcionalidade de proteção natural entre homens e animais, configurando o crime de extorsão.

Outra modalidade criminosa inovadora ocorre quando, após a incidência de um roubo de veículo, o criminoso exige um valor para a devolução do bem ao tomar conhecimento dos dados da vítima encontrados no interior do veículo. Hoje em dia, aparelhos de GPS localizam o bem com precisão. No Rio de Janeiro, chegou-se a um estágio tão caótico que, na quase totalidade, dos casos, o bem é encontrado no interior de uma comunidade sob domínio do tráfico, sendo necessária a realização de uma operação para a recuperação do bem, porém pelo alto nível de risco, é inviável. Sabendo disso, os criminosos desenvolveram a rentável modalidade criminosa, exigindo um resgate para a devolução do veículo diretamente ao proprietário ou até mesmo para as seguradoras, criando um verdadeiro "bancão" de negócios do crime.

Com criminoso não se faz acordo. Cidadão teve seu veículo roubado, recebendo uma ligação de que seu bem encontrava-se no interior de determinada comunidade, sendo exigido um resgate para a devolução. Desesperado com o prejuízo, agindo sem pensar, a vítima se dirigiu ao local. Chegando lá, não encontrou o veículo e perdeu o valor do resgate, bem como os demais pertences de valor, tais como relógio e celular.

Analisando as características do tipo, observamos um crime formal, complexo por proteger vários bens jurídicos, sendo em primeiro plano o patrimônio e, posteriormente, não menos importante, a liberdade e a tranquilidade psicológica, sendo extremamente grave por possuir lesividade em vítimas diretas e indiretas. Caso bem divulgado pela imprensa foi o do irmão de cantor famoso, que teve sua liberdade restringida sendo exigido resgate ao irmão famoso, com considerável potencial econômico. Especificamente, no caso citado, o direito de ir e vir restringindo foi de uma pessoa, e a tentativa de ataque ao patrimônio foi de outra. O dolo é obrigatório, não existindo modalidade culposa, necessidade de especial fim de agir, de ataque ao patrimônio. Fora dessa característica como, por exemplo, sequestrar para fins libidinosos, cairá a responsabilização em outro tipo penal.

Questão que ainda não é uma realidade nacional, mas habitual e de impacto pelo mundo, está relacionada ao sequestro de autoridades objetivando a troca por presos, muitas vezes, definido pelos Estados que são vítimas como terrorismo. A doutrina entende que o termo "qualquer vantagem" tem que ter repercussão econômica. Caso tal prática reprovável ocorra em nosso país, existirá a necessidade de alteração legal ou de interpretação da norma. Não estamos livres desse mal.

Fator relacionado ao tipo com impacto direto na atividade operacional está na característica de permanência do crime, ampliando o estado flagrancial enquanto a vítima estiver com sua liberdade restringida, sendo irrelevante a entrega do patrimônio para a consumação do crime e, no caso de fuga efetiva da vítima, o crime já estará consumado, apesar de não haver mais a possibilidade da efetuação da prisão em flagrante.

5.18.2 – Agravantes e questões especiais

Especificamente no parágrafo terceiro, está positivada a modalidade mais gravosa do Código, quando a conduta "resulta a morte", não existindo necessidade obrigatoriamente de emprego de violência física, bastando a situação de restrição de liberdade causar o dano irreversível. Vítima necessita de cuidados especiais, pois toma remédio controlado para manter sua qualidade de vida, e o sequestrador, sem o devido conhecimento de tal condição peculiar, não atende essas necessidades; mesmo sem qualquer ato de violência física direta, deverá ser responsabilizado de maneira qualificada.

Ao tratar das majorantes previstas no parágrafo primeiro, em relação à condição temporal de "mais de 24 horas", verifica-se que a contagem deverá ser feita em horas. O tipo, seguindo a linha de punibilidade penal, amplia a defesa de vítimas de maior vulnerabilidade, menores de 18 anos e maiores de 60 anos. A polêmica surge quando o delito é cometido por quadrilha ou bando, termo substituído por associação criminosa, sendo, na prática, a regra, uma vez ser raro manter um cativeiro sozinho.

Após a mudança do Código, ocorreu uma diminuição do número mínimo de participantes do crime. Segundo nosso entendimento, agravamento da conduta, ampliando a possibilidade de aplicação da agravante. Como regra fundamental do Direito Penal, a lei não retroagirá para prejudicar, logo, os crimes cometidos por três homens, até a mudança legal, não podem ser qualificados, uma vez que a denominação quadrilha é utilizada para crimes cometidos por quatro ou mais integrantes.

Por fim, o artigo quarto, trata do assunto do momento: a delação premiada, sendo este parágrafo restrito ao crime de extorsão mediante sequestro, servindo de redução de pena, não existindo a necessidade de prisão dos coautores, não se confundindo com o instituto previsto na lei 9.807-99 (proteção à testemunha), sendo a regra geral do assunto, além do previsto pela lei 12.850 (lei de organização criminosa), sempre sendo levado em consideração o princípio da especialidade.

5.19 – Art. 163 - Dano

Art. 163. Destruir, inutilizar ou deteriorar coisa alheia:

Pena - detenção, de 1 (um) a 6 (seis) meses, ou multa.

Dano qualificado

Parágrafo único. Se o crime é cometido:

I - com violência à pessoa ou grave ameaça;

II - com emprego de substância inflamável ou explosiva, se o fato não constitui crime mais grave;

III - contra o patrimônio da União, Estado, Município, empresa concessionária de serviços públicos ou sociedade de economia mista;

IV - por motivo egoístico ou com prejuízo considerável para a vítima:

Pena - detenção, de 6 (seis) meses a 3 (três) anos, e multa, além da pena correspondente à violência.

Crime corriqueiro, em que boa parte da população desconhece o caráter punitivo penal estatal para o cometimento de tal conduta, geralmente buscando a resolução da lide pela via informal ou mesmo na esfera civil para reparação do prejuízo causado. Um dos fatores de tal realidade ocorre pela baixa pena prevista, principalmente na modalidade simples; sendo, para efeitos legais, revertida em pena de multa ou a aplicação dos dispositivos da lei de menor potencial ofensivo.

Estando no capítulo dos crimes contra o patrimônio, sendo assim este direito protegido pelo tipo, independendo se móvel ou imóvel, o dolo é fundamental, sendo o dano culposo considerado mero ilícito civil, onde parte da doutrina entende que deverá sempre existir a vontade de causar prejuízo ou qualquer intenção de lucro por parte do autor. Discordamos respeitosamente dessa corrente, entendendo que, existindo o dolo e causando prejuízo, mesmo sem intenção, o crime estará configurado.

Durante as manifestações populares ocorridas em 2013, adolescentes depredavam tudo que viam pela frente, sem qualquer intenção de dar prejuízo, muitas vezes, nem tinham a consciência de tais atos, agindo influenciados e acobertados pelo grupo, entendendo que estavam fazendo algo digno de elogio, lutando por uma causa. Seria totalmente descabido neste exemplo, a não responsabilização desses indivíduos sob qualquer argumento jurídico.

Continuando na análise do dolo, equipe policial é acionada para atender ocorrência na qual, após a comunicação de despejo, inquilino, com a intenção de causar prejuízo ao proprietário do imóvel, começa a deteriorar o local. No caso de destruição de bem próprio, não cabe punição de autolesão em nosso ordenamento jurídico, entretanto, se este bem, por ordem judicial ou convenção, está na posse de terceiro, haverá responsabilização pelo tipo penal previsto no artigo 346, do Código Penal.

5.19.1 – Golpe do seguro

Os denominados golpes no seguro, principalmente no tocante a veículos, apesar de, em primeira análise, parecer autolesão, uma vez que danifica patrimônio próprio, esconde interesses escusos de adquirir valor de apólice contratual que, no momento do fato, possui valor maior que o do bem danificado no mercado, não caracterizando dano, uma vez se tratar de fraude. Sendo devidamente capitulada no artigo 171, parágrafo 2°, do Código Penal.

A configuração do estado flagrancial se torna de difícil aplicação, principalmente aos agentes operacionais, visto a necessidade de investigação e avaliação de documentos inviáveis no momento do atendimento da ocorrência. Equipe é acionada para região deserta para ocorrência de incêndio, resultando em indivíduo ferido. Chegando ao local, observa que o proprietário do veículo alegava combustão espontânea do bem, mas, apesar de não haver a possibilidade de flagrante, ficou comprovada posteriormente, pela seguradora, que a ação não passava de um golpe desastrado e malsucedido.

5.19.2 – Manifestações criminosas

O crime de dano é formal, logo, a modalidade tentada é facilmente cabível. Na mesma época citada anteriormente, marcada por intensas manifestações, um "manifestante" portando pedras tenta arremessá-las contra viatura policial, sendo contido por agentes do serviço reservado. Nesse caso, deveria ser imputada a modalidade tentada do crime estudado. Outro exemplo interessante e prático, mais gravoso, era a utilização de coquetel molotov — caracterizado como um artefato explosivo incendiário — sendo necessária a análise jurídica pelo emprego de qualificadora, crime de incêndio, artigo 250, ou explosão, artigo 251 ou até mesmo pelo crime previsto na legislação especial lei número 7.170 (Lei de Segurança Nacional) que, apesar de pouco utilizado e até repudiado por parte da doutrina, está em vigor, dependendo do caso concreto.

5.19.3 – Modalidade qualificada

No tocante ás qualificadoras previstas no tipo, seguem basicamente a linha do Código, majorando violência e grave ameaça, utilização de material de maior potencialidade lesiva e aumentando a proteção a vítimas mais vulneráveis. Neste aspecto, ocorrência cruel, que leva ao questionamento da proporcionalidade da norma ao fato, se deu quando grupo de jovens de classe média alta, bêbados, saindo da noitada, observam bens de um mendigo em uma calçada e decidem destruir por pura diversão seus únicos pertences. Mesmo sem apresentar muito valor agregado, aqueles objetos eram as únicas coisas que o mendigo possuía, sendo a conduta altamente lesiva e reprovável, a crueldade ainda configura claramente o motivo egoístico previsto no inciso quarto, do mesmo tipo penal.

Por fim, o legislador decidiu acertadamente ampliar a proteção aos bens públicos, faltando no tipo a especificação ao Distrito Federal, mas que, por simples analogia, também está protegido. Ampliação da proteção se faz necessária pelo simples motivo de que a danificação de um bem público atenta contra o direito de toda a sociedade, e quem não respeita e não tem apreço pela coisa pública, onde o próprio autor também é dono, não respeitará o bem do próximo.

5.20 – Art. 180 – Receptação

Art. 180. Adquirir, receber, transportar, conduzir ou ocultar, em proveito próprio ou alheio, coisa que sabe ser produto de crime, ou influir para que terceiro, de boa-fé, a adquira, receba ou oculte.

Pena - reclusão, de 1 (um) a 4 (quatro) anos, e multa.

Receptação qualificada

1º - Adquirir, receber, transportar, conduzir, ocultar, ter em depósito, desmontar, montar, remontar, vender, expor à venda, ou de qualquer forma utilizar, em proveito próprio ou alheio, no exercício de atividade comercial ou industrial, coisa que deve saber ser produto de crime:

Pena - reclusão, de 3 (três) a 8 (oito) anos, e multa.

2º - Equipara-se à atividade comercial, para efeito do parágrafo anterior, qualquer forma de comércio irregular ou clandestino, inclusive o exercício em residência.

3º - Adquirir ou receber coisa que, por sua natureza ou pela desproporção entre o valor e o preço, ou pela condição de quem a oferece, deve presumir-se obtida por meio criminoso:

Pena - detenção, de 1 (um) mês a 1 (um) ano, ou multa, ou ambas as penas.

4º - A receptação é punível, ainda que desconhecido ou isento de pena o autor do crime de que proveio a coisa.

5º - Na hipótese do 3º, se o criminoso é primário, pode o juiz, tendo em consideração as circunstâncias, deixar de aplicar a pena. Na receptação dolosa aplica-se o disposto no 2º do Art. 155.

6º - Tratando-se de bens e instalações do patrimônio da União, Estado, Município, empresa concessionária de serviços públicos ou sociedade de economia mista, a pena prevista no caput deste artigo aplica-se em dobro.

5.20.1 – Crime socialmente aceito

Infelizmente, é fato que vivemos em uma sociedade onde boa parte dos integrantes vive sobre a popularmente conhecida "lei de Gerson". As pessoas querem se dar bem, buscando benefícios a qualquer custo, pensando de maneira individualista, adquirindo bens, mesmo de valor ínfimo, mas com origens e consequências extremamente gravosas.

O crime de receptação é um bom, se não o melhor exemplo de crime socialmente aceito. Vítimas podem existir, desde que não seja eu mesmo, nem ninguém da minha família. Vale a pena adquirir um produto mais barato, muitas vezes, sujo de sangue, resultante de violência, grave ameaça, fruto de um latrocínio, no qual um caminhoneiro, ou um vigilante ou um policial perdeu sua vida, deixando a famílias desamparada, em troca de mera vantagem pecuniária. A reflexão parece dura, mas enquanto a população não entender que faz parte do sistema, e a segurança pública é "dever" de todos, as forças públicas continuaram enxugando gelo no combate à criminalidade.

5.20.2 – "Robauto"

Deixando as importantes reflexões de lado, partindo para a análise técnica deste longo artigo, focaremos nos pontos mais relevantes em relação aos seus aspectos operacionais. Já na cabeça do artigo aparece a primeira observação importante, o tipo penal positiva a expressão "que sabe". Logo, o autor na modalidade simples deverá saber que o produto adquirido é fruto de crime. Analisemos uma feira livre bem conhecida no Rio de Janeiro, denominada de "robauto", onde é fato que boa parte dos produtos ali comercializada é proveniente de crime, porém, comerciantes e consumidores não se preocupam nem ao menos em disfarçar suas condutas ilícitas, conduta com influência direta nos altos índices de roubo de veículo em todo o Estado. Daí, por mais que pareça radicalismo, todos que ali adquirem seus produtos estão cometendo o delito na modalidade simples, como prevê o *caput* do artigo.

O tipo restringe o tipo à coisa "produto de crime", não cabendo a aquisição de bem fruto de uma contravenção. Por mera interpretação literal da norma, é comum ligarmos a conduta à prática de furto ou roubo, uma vez que o crime estudado é considerado crime acessório dos dois citados, mas juridicamente cabe perfeitamente a conduta a qualquer outra modalidade criminosa. Funcionário público comete o crime de extorsão, arrecadando diversos eletrodomésticos depois de perceber que a vítima não tinha dinheiro em espécie para atender suas exigências ilícitas. Visando transformar os bens frutos do crime em valor em espécie, vende todos os equipamentos. No exemplo, apesar dos bens não serem frutos dos artigos 155 ou 157 do CP, é perfeitamente aplicável a receptação ao adquirente.

Enfatizando ainda mais a característica de costumeiro do delito, como seria se todo cidadão brasileiro que adquire um produto fruto de contrabando ou descaminho, oriundos principalmente da China ou Paraguai, fosse devidamente responsabilizado? Porque mesmo que sejam condutas corriqueiras, como já mencionado anteriormente, elas alimentam organizações criminosas de alta periculosidade, que normalmente realizam outros crimes conexos ou não, com emprego de violência, causando enormes prejuízos não só ao Estado, mas aos diversos particulares lesados diretamente.

O tipo é definido como crime misto alternativo, cumulativo de ação múltipla ou de conteúdo variado. Em resumo, as importantes definições doutrinárias nos mostram que o tipo cita várias condutas ou vários comportamentos possíveis de incriminação. O verbo "adquirir" não se resume à condição onerosa, mais tradicional pela compra de um produto roubado, poderá ocorrer também, por exemplo, a título de doação.

5.20.3 – "Robin Hood tupiniquim"

Normalmente, ladrões de carga, após seus crimes, se evadem para o interior de comunidades sob influência do tráfico de drogas e, com a chegada da polícia, permitem que moradores se apropriem do material roubado, ficando claro que não fazem isso por consciência social. Essa é uma cena lamentável que se observa constantemente nos telejornais e na prática operacional do dia a dia.

Durante operação em área conflagrada, equipe chega no momento em que carga era saqueada. Os autores do crime de roubo, com a chegada da polícia, realizaram disparos e fogem como de costume, mas a população local, como se nada estivesse acontecendo, tenta saquear a carga, necessitando de intervenção policial imediata. O ato se tornou tão comum que a simples presença policial não mudou em nada a conduta dos criminosos, e muitos achavam que nem crime acontecia. E, para aqueles que usam como argumentos a pobreza ou satisfação de necessidades básicas, a carga em questão tratava-se de cerveja.

5.20.4 – "Primeira dama do crime"

No tocante ao ato de receber, é importante frisar que a pessoa, ao ter a posse ou detenção da coisa, deverá ter a intenção de tirar proveito dela, não se confundindo com a conduta do artigo 349, do CP, caracterizada pela figura residual de prestação de auxílio a criminoso, que estudaremos mais adiante neste trabalho. Normalmente, mulheres de criminosos são verdadeiras princesas do crime. Recentemente, a mulher de um traficante preso tentando fugir escondido na mala de um carro da maior favela da zona sul carioca, ostentava, pelas redes sociais, sua condição de luxo, usando joias e utensílios — produtos de diversos crimes. Logo, a conduta de receber um presente fruto de roubo deve ser punida pela conduta incriminadora em questão, e, pela intimidade com quem deu o presente, não tem como falar em desconhecimento da origem.

O trabalho nas ruas permite que se chegue a algumas conclusões, que não se encontram nos livros ou em bancos escolares. No tocante ao roubo de motocicletas, observa-se que as mais visadas pelos criminosos apresentam sempre as mesmas características — potência e altura — o que facilita na fuga e em sua utilização dentro dos morros cariocas.

Recentemente, nas operações policiais em comunidades sob influência do tráfico, aumentou a recuperação de motos estilo *scooter*, de baixa cilindrada, com câmbio automático, indo de encontro às características anteriores, chegando-se à conclusão de que essas motocicletas eram roubadas para que os criminosos presenteassem suas namoradas, facilitando a locomoção interna, sendo um verdadeiro presente de grego, devendo ser presas em flagrante pelo crime de receptação.

Já as condutas "transportar e conduzir", foram inseridas pela lei 9.426/96, visando a ampliação à repressão e a punibilidade a este crime, visto que, com as dimensões continentais do país, a dificuldade de proteção das fronteiras e o grande fluxo de produtos ilícitos, vindos de outros países, se fez importante a inclusão destas ações ao tipo penal.

Indivíduo compra produto roubado em uma conhecida feira da cidade e, durante deslocamento para casa, é parado pela polícia em uma operação de rotina, sem saber comprovar a origem do bem. De acordo com a atualização legal, será enquadrado no tipo.

5.20.5 – Condutas sucessivas

A conduta realizada seria "transportar", "adquirir" ou ambas. Apesar da pluralidade de condutas, em termos práticos, a questão não tem consequências relevantes, uma vez que, pelas características do crime já mencionadas, cometendo mais de um verbo do tipo, a responsabilização se dará apenas por um crime.

O mesmo pensamento de conduta sucessiva poderá ser interpretado pela conduta de "ocultar", uma vez que, para realizar tal ato, obrigatoriamente deve-se ter adquirido ou recebido a coisa fruto de crime. Entretanto, o ato de dificultar a identificação de coisa é considerado pela doutrina como modalidade qualificada de receptação. Criminoso compra bicicleta roubada e pinta o bem para disfarçá-lo. A conduta atual expressa o verbo em análise, entretanto, a conduta anterior de adquirir ou receber já configura crime, a não ser que o indivíduo seja um profissional que realize o procedimento para proveito de terceiro.

A tecnologia, quando bem aplicada, é uma aliada no combate ao crime, entretanto, os criminosos não cansam de inovar, utilizando-se dos avanços tecnológicos para o mal, ampliando sua capacidade delitiva ou alterando seu *modus operandi*. A implementação de aplicativo que verifica em tempo real a condição de procedência de veículos facilitou, sem dúvida, o serviço policial, aumentando o número de prisões e apreensões. Entretanto, sem perder tempo, os criminosos passaram a lançar mão dos veículos clonados, onde a mera verificação de placa não constata qualquer irregularidade pela similaridade entre o bem legal e ilegal, necessitando de atualização constante de tecnologias e pessoal, porque o crime evolui, e a polícia deve acompanhar essas mudanças.

As condutas citadas até aqui configuram a modalidade própria do crime de receptação, entretanto, a doutrina define que a conduta de "influir", ou seja, influenciar "terceiro de boa-fé" seria a modalidade imprópria do mesmo crime. Em termos legais, a responsabilização é a mesma, sendo fundamental a condição de boa-fé ao comprador ou recebedor, do contrário, estaria figurando no polo adverso de receptador. Uma dificuldade latente operacional é que a expressão de boa-fé apresenta caráter subjetivo e, nos dias de hoje, fica complicada sua identificação imediata aos agentes operacionais de definição de conduta típica.

5.20.6 – Receptação de coisa própria

Fato prático interessante, pouco discutido pela doutrina e já comentado anteriormente, é o pagamento de resgate por bens, em que, após o cometimento de um roubo, normalmente de veículos, o proprietário, por não ter seguro, tenta negociar a devolução do bem com o pagamento de um "resgate". O ato, apesar de arriscado, é menos prejudicial ao patrimônio da vítima e, dependendo do risco da localidade, torna-se inviável uma operação policial somente com esse objetivo. Apesar do absurdo da situação, ocorre com frequência e, em nenhuma hipótese, pode-se falar em receptação, visto que a pessoa é vítima do crime anterior, não tirando qualquer benefício da prática, diminuindo somente o seu prejuízo.

5.20.7 – Crime mercantilista

O crime de receptação apresenta vários atores. No parágrafo primeiro, o legislador prevê a forma qualificada, dando as características de crime próprio no tocante ao sujeito ativo, aumentando a reprimenda aos comerciantes e industriais, mesmo que atuem sob a forma de comércio irregular. Além do aumento considerável na pena, o tipo inclui novas condutas ou verbos típicos, tais como "desmontar, montar, remontar". A primeira tem o claro objetivo de combater o mercado negro de peças, principalmente de veículos, já "vender e expor a venda" está diretamente ligada à atividade mercantil, sendo consideravelmente extensiva as ações que levam a responsabilização estatal.

Algumas considerações são fundamentais para o exercício da atividade operacional. A primeira é que mesmo o comerciante irregular comete o crime estudado, inclusive se a conduta for realizada no interior de uma "residência", como prevê o parágrafo segundo, configurando estado flagrancial, permitindo a entrada dos agentes policiais, mesmo sem autorização do morador ou de decisão judicial. É fato, e nunca é demais afirmar, que os criminosos conhecem de maneira coloquial a lei. É o que chamamos de "Direito da sobrevivência". Não é incomum o questionamento durante as operações sobre a legalidade das ações e, pelo incrível que parece, estas indagações podem se dar por indivíduos com pendências judiciais.

Durante operação policial em localidade conhecida pelo alto índice de roubo de veículos, equipe entra em uma residência onde, nos fundos, funcionava aparentemente uma oficina. De imediato, os agentes foram ameaçados pelo proprietário de cometimento do crime de violação de domicílio e abuso de autoridade, tentando, assim, intimidar a ação policial, escondendo ilicitudes próprias. Mas após breve verificação, foram identificados vários veículos roubados sendo desmontados, configurando a forma qualificada de receptação prevista no artigo 180, parágrafo primeiro, do Código Penal.

Outra diferença importante da forma simples para a qualificada é que, na menos grave, a lei obriga o autor à condição de saber que o produto alvo de algumas das condutas citadas no tipo é produto de crime. Já na forma qualificada, ele usa a expressão "deve saber", passando a responsabilidade ao autor especial. Essa ampliação que, em primeira análise, pode parecer injusta, é extremamente lógica, visto que, por exercer a atividade como meio laboral, o indivíduo possui o dever de saber das normas e regulamentações inerentes ao seu ofício, mesmo que esteja exercendo de forma irregular.

5.20.8 – Ignorância como instrumento de defesa

"Mas eu não sabia" — sem dúvida, essa é a frase mais ouvida pelas autoridades que atuam na persecução criminal. Continuando a discussão relacionada ao dolo subjetivo do crime de receptação, onde os termos "sabe" e "deve saber", previstos respectivamente na receptação simples e na receptação qualificada, são fundamentais na imputação do crime. O posicionamento doutrinário atual é que o primeiro termo representa dolo direto, já o segundo configuraria dolo eventual, caracterizado pela assunção do risco. No caso concreto, ainda segundo os estudiosos, ocorre uma desproporcionalidade punitiva, porque os indivíduos que têm a certeza de estar adquirindo produto de crime recebem penas menores que aqueles que assumiram o risco de cometer o crime, mesmo sem ter a certeza da origem delituosa do bem.

Sempre respeitando o posicionamento dos estudiosos, não concordamos com a conclusão, visto, especificamente, neste caso, que o legislador tem por objetivo maior punir o autor especial, uma vez que sua conduta produz maior impacto social e lesividade, devendo, assim, ter uma maior punição. Aquele que alimenta o mercado negro fomenta diversos crimes, tornando a conduta criminosa um meio de vida, objetivando o lucro, portanto, deve ter uma maior punição em relação àqueles que, mesmo agindo errado, eventualmente, adquirem bens advindos de crimes.

5.20.9 – Modalidade culposa e indícios visíveis de crime

No parágrafo terceiro, observamos a figura culposa do delito, que a doutrina, de maneira elegante, menciona como uma inobservância do dever objetivo de cuidado. Mas em uma sociedade de valores deturpados como a nossa, a vontade de se dar bem, em regra, supera quase todos os deveres de cuidado exigidos por qualquer ordenamento jurídico.

O tipo menciona que o agente "deve presumir se", sendo importante que o autor faça uma devida avaliação e, lógico, tenha essa capacidade de saber se o bem adquirido está em conformidade com as regras implícitas ou explícitas do mercado. Inicialmente, a letra da lei menciona a "natureza" do bem. Um recém-lançado aparelho telefônico de alta tecnologia está em falta nas principais lojas do comércio local e aparece sendo vendido no comércio irregular de rua. No mínimo, tal conduta, levantaria suspeitas sobre a origem, devido à natureza do produto.

A "desproporção entre o valor e preço" é outra pista importante. Por mais que o liberalismo e a livre concorrência estejam presentes em nossa sociedade, os valores se nivelam, e os grandes comerciantes, por efetuarem grandes compras, apresentam maior possibilidade de oferecer o menor preço; algo muito barato sempre trará desconfiança. Por fim, a "condição de quem oferece". Neste caso, não existe qualquer preconceito, o que deve ser avaliado é a conduta do agente, como ele oferece e em que localidade é exercida a comercialização.

5.20.10 – *Drive thru* do crime

Deslocando-se pela Avenida Brasil, mais precisamente próximo à Comunidade Nova Holanda, é comum observar uma "cracolândia", onde alguns usuários ficam constantemente oferecendo telefones celulares aos motoristas que passam pelo local. No caso de compra desse material, é configurado, de maneira cabal, o crime estudado, geralmente por todas as figuras elencadas pelo parágrafo primeiro e de maneira acumulativa.

É bem comum, principalmente nas grandes cidades, que o cidadão seja abordado por indivíduos oferecendo diferentes produtos, normalmente de maneira velada, como se o negócio ali realizado fosse um verdadeiro "negócio da China", como diz o conhecido ditado popular. Em termos práticos, a conduta só apresenta duas possíveis explicações: o produto oferecido é falsificado ou de origem criminosa, geralmente furto ou roubo. Apesar de acreditar muitas vezes que realizou um bom negócio, a conduta não compensa, seja pela insegurança jurídica do ato ou pela origem do bem, ficando o pensamento: "hoje me dei bem, mas amanhã poderei ser a próxima vítima".

5.20.11 – Autonomia de autoria

Outra característica do crime é a autonomia, ou seja, não é necessário que se tenha a identificação dos autores do crime anterior, ou mesmo da necessidade de imputabilidade deles para configuração do delito, existindo, sim, a necessidade de comprovação que o bem é fruto de crime.

Equipe policial é comunicada que carga de gêneros alimentícios foi roubada. Mesmo sem conseguir realizar a prisão dos autores do crime contra o patrimônio, consegue-se identificar o número de série da "res furtiva". Ao sair em campo, equipe identifica que produtos da mesma série estão sendo comercializados em feira livre da cidade, não restando dúvidas de que a conduta de quem vende está prevista na forma qualificada do delito estudando, realizando, assim, a prisão em flagrante dos autores do delito. Na dúvida sobre a origem da coisa, usaremos sempre o princípio constitucional do "*in dubio*" para o réu, não podendo realizar qualquer atividade coercitiva antes de saná-la, evitando o cometimento de injustiça, muitas vezes, com danos irreparáveis.

5.21 – Art. 286 - Incitação ao crime

Art. 286. Incitar, publicamente, a prática de crime:

Pena - detenção, de 3 (três) a 6 (seis) meses, ou multa.

Pulando para o capítulo dos crimes contra a paz pública, conceito diretamente vinculado à ordem pública, já estudado e debatido no âmbito do direito constitucional, e missão precípua das polícias ostensivas, "incitar publicamente" significa estimular, influenciar, tentar convencer alguém. Só existe a reprimenda estatal se a conduta for direcionada a um número indeterminado de pessoas, sendo, assim, a conduta suficiente para atacar o bem jurídico tutelado. Logo, o indivíduo que conversa com amigos, incitando o cometimento de pichações, previsto no artigo 65 da lei 9.605, de 1998, que versa sobre crimes ambientais, não está cometendo a conduta típica estudada.

"A prática de crime" — a lei define de maneira taxativa crime, não cabendo incitação à contravenção. Logo, indivíduo que incita a conduta popular denominada de "jogo do bicho", previsto no artigo 58, decreto lei 3.688, de 1941, que regula as atividades de contravenções penais, não poderá ser responsabilizado pelo crime de incitação. Durante patrulhamento, policiais militares encontram indivíduo incitando pessoas no meio da rua a jogarem no bicho, mas sem portar qualquer material que permita o flagrante como, por exemplo, um bloco específico de anotação, sendo a conduta atípica, nada podendo ser feito com base no parâmetros do Código Penal.

O crime é de perigo comum e concreto. Apesar de discussão doutrinária sobre a possibilidade de ser de perigo abstrato, o importante a ser analisado é se a conduta do agente, de fato, tem capacidade lesiva ao bem jurídico tutelado, atacando o sujeito passivo do tipo, a sociedade. A classificação do crime apresenta algumas características interessantes. De regra, crime comum, todos podem ser sujeito ativo do crime doloso, comissivo, tirando sempre a exceção relativa aos agentes garantidores.

Durante manifestação contra os governantes, grupo começa a incitar o crime de dano ao patrimônio público. Por mais que os agentes, no seu íntimo, entendam como legítimas as reivindicações, cometer crime não é a solução dos problemas, e sua condição de garante os obriga a atuarem, sob pena de responsabilização pelo resultado do crime de incitação, pela exceção da regra na figura de omissão imprópria.

5.21.1 – Incitação de crime contra policiais

Continuando a análise da classificação doutrinária, observa-se que o crime se dá de forma livre, não se resumindo à forma falada, como se manifesta na maioria das vezes. Durante patrulhamento em comunidades sob influência do tráfico, não é incomum observar pichações com ameaças às forças policiais: "mete bala na polícia", "aqui é bala na BOPE", "vai morrer, polícia", dentre outros; fato que não tem outro significado senão a incitação do crime de homicídio contra agentes públicos. Entendemos que tal ato representa claramente o crime estudado, uma vez que se torna público, tendo acesso a diversas pessoas, incitando o crime, atacando a ordem pública protegida pelo tipo.

O elemento subjetivo é o dolo, logo, o agente deve ter a intenção de causar o ataque à norma, não existindo previsão culposa para o delito. Estrangeiro, oriundo de um país onde o consumo de maconha é permitido, chega ao Brasil com total desconhecimento das normas locais, passando a incitar o consumo da referida droga. No exemplo, fica impossível exigir a responsabilização, uma vez que ele agiu em erro, não tendo intenção em nenhum momento de ferir a paz pública, sendo, no máximo, irresponsável; o que representaria o cometimento do crime a título de culpa; como não existe a previsão legal, o fato será atípico.

Hoje vivemos na era da informação, potencializada em grande escala pela internet, que fique bem claro que as condutas realizadas na rede virtual sofrem a mesma sanção que as cometidas no mundo real. Pessoa produz vídeo incitando a prática de crimes contra animais, entretanto, não o divulga, mas por pura negligência deixa o computador aberto, vindo o conteúdo do vídeo ofensivo vazar. Nesse caso, não podemos falar em tipificação do crime de incitação, visto que o autor não teve dolo nem foi o mesmo que tornou público o conteúdo, afastando qualquer punição ou responsabilização na esfera do Direito Penal.

Normalmente, as forças policiais, por representarem a força repressiva do Estado, sofrem a ação indireta deste crime. Demos alguns exemplos de que o ataque às polícias, em geral, representa um abalo na paz pública. Logo, aquele que incita o cometimento de crime contra os servidores responsáveis pela manutenção da ordem atacam a estabilidade social, mesmo que indiretamente. Recentemente, observamos um caso de grande repercussão na mídia, no qual um artista com grande influência na sociedade incentivou publicamente, durante um *show*, agressões a policiais que realizavam o policiamento ostensivo, sofrendo condenações nas esferas cíveis e penais. Gostando ou não da Polícia, esta instituição é fundamental para a manutenção do Estado Democrático de Direito, e o desrespeito a ela ou aos seus integrantes é uma afronta à sociedade e ao Estado constituído.

5.22 – Art. 287 - Apologia de crime ou criminoso

Art. 287. Fazer, publicamente, apologia de fato criminoso ou de autor de crime: Pena - detenção, de 3 (três) a 6 (seis) meses, ou multa.

Sanando qualquer dúvida ou confusão com o tipo penal anterior, o termo apologia significa elogio, enaltecimento, glorificação à ação criminosa ou ao autor de crime. No artigo 287, não há qualquer tentativa de influenciar a conduta humana. Da mesma forma que o delito anterior, o tipo protege a paz pública, as convenções preestabelecidas pela sociedade em forma de lei, além da atividade jurisdicional do Estado.

A discussão doutrinária está relacionada ao tempo do crime, se deve haver responsabilização somente para crimes ocorridos ou se para qualquer tipo de crime em sentido abstrato. Para sanar esse tipo de dúvida, o ideal é recorrer à potencialidade lesiva do delito. Logo, no caso específico, a letra da lei não realiza qualquer tipo de restrição, e se o crime protege a paz pública, garantia ampla e subjetiva, qualquer incitação ao crime poderá afetar o bem jurídico tutelado. A intenção legislativa é que o crime não ocorra ou se repita, não tenha novas vítimas, atuando de maneira preventiva, restringindo as opiniões, limitando o direito de livre expressão em benefício do interesse público e coletivo.

5.22.1 – "Bandidolatria"

A classificação do crime repete a do delito analisado anteriormente, quanto ao elemento subjetivo repete-se o dolo, observação importante é que o elogio deverá está diretamente ligado ao ato ilegal cometido pelo criminoso. Traficante de drogas, condenado pela justiça, é vangloriado, não por sua condição criminosa, mas sim pelo trato dispensado à comunidade onde tem influência, não podendo, nesse caso, haver qualquer tipo de reprimenda por parte das autoridades.

A influência de criminosos em determinadas localidades é um fato grave, mudando a postura da comunidade local, tendo reflexos diretos na atuação policial e no combate direto à criminalidade. A realização de atitudes assistencialistas — tais como realização de festas, doação de pequenas quantias em dinheiro, realização de obras de entretenimento —, são vistas com bons olhos pela comunidade local, diminuindo consideravelmente o número de denúncias e apreensões, devido ao apoio da comunidade à criminalidade local.

Ser traficante representa, mesmo que de maneira instável e arriscada, *status* e poder. Durante operação policial, que culminou na repressão de um baile *funk* em comemoração ao aniversário do líder de uma facção criminosa, ocorrendo inúmeros flagrantes, a equipe policial foi insultada pelos frequentadores da festa, comprovando uma completa inversão de valores, onde os agentes públicos, atuando em conformidade com a lei, sofriam críticas por acabar com a festa de um criminoso sanguinário procurado pela justiça.

Situação complicada e de difícil apreciação no caso concreto: sabe-se que, em determinadas localidades, a influência de criminosos é tão intensa que acaba criando uma verdadeira cultura do crime, interferindo em toda a comunidade, principalmente as crianças, que passam a admirar quem vive à margem da lei; sendo este, sem dúvida, o combate mais difícil; a guerra ideológica é a mais complexa de ser vencida. Em patrulhamento pelas comunidades cariocas, é normal observar completa deturpação dos valores, policiais são odiados, e bandidos são idolatrados. É normal crianças fazerem com as mãos símbolos de organizações criminosas quando da passagem das equipes, fato pouco comentado, que extrapola o ramo do Direito, negligenciado por nossas autoridades dirigentes.

5.22.2 – "Proibidão"

A costumeira menção à organização criminosa deve ser interpretada como a configuração do delito em análise, desde que realizada de maneira pública, uma vez que apresenta grande potencialidade lesiva e serve para vangloriar não somente os crimes cometidos pela organização, mas também todos os criminosos integrantes da facção. Na mesma linha, algumas músicas, principalmente *funk* — estilo musical que artistas alegam sofrer preconceito social — vão de encontro ao tipo estudado. Não é incomum letras que façam apologia ao crime, principalmente ao tráfico de drogas e às armas, além de homenagear chefes de perigosas quadrilhas. Que fique claro que o problema não é o estilo, e sim as letras, e aqueles que propagam essas músicas devem ser responsabilizados.

Durante o patrulhamento, policiais encontram uma verdadeira multidão reunida em um baile *funk* — denominado "proibidão" — onde ocorrem todos os tipos de delito: tráfico de drogas, corrupção de menores, estupro de vulneráveis e apologia, existindo ali um verdadeiro culto ao crime, onde os chefes são endeusados, e a prática criminosa é recompensada. A discussão é polêmica e, como geralmente ocorre dentro de favelas, a polícia e os pobres que se entendam, resultando em conflito e disseminação do ódio, surgindo a indagação: reprime-se a prática sendo acusado de repressão cultural ou se omite, sendo acusado de conivente ou até mesmo corrupto? Essa é a dura realidade policial em países subdesenvolvidos, ou seja, dificilmente suas atitudes agradam.

5.22.3 – Marcha da maconha

Por fim, não podemos confundir discussões acadêmicas ou políticas, que visam a reformas e melhorias do Direito, com o crime analisado. Observamos as discussões quanto à liberação da maconha sem entrar no mérito, deixemos que as autoridades decidam a respeito, já existindo inclusive decisão do STF sobre esse mérito. Apesar da figura da posse de droga para uso próprio ainda não ser descriminalizada, e sim despenalizada, a esfera máxima de nossa justiça tem o entendimento de que a denominada "marcha da maconha" não afeta a ordem pública, sendo um movimento reivindicatório, de uma determinada classe e anseio social, não cabendo qualquer medida no âmbito penal por parte dos agentes operacionais contra os integrantes do movimento.

A atual política de combate às drogas no Brasil, onde somente a polícia atua de fato, gera algumas consequências danosas à estrutura social, dentre elas, a animosidade latente entre usuários e agentes de segurança. Durante policiamento no evento "marcha da maconha", participantes, ao passarem pelas viaturas, debochavam, chegando a ponto de jogar fumaça na direção dos agentes públicos, configurando claramente o crime de desacato; sendo, apesar de muito protesto, conduzidos à delegacia policial.

5.23 – Associação criminosa

Art. 288. Associarem-se 3 (três) ou mais pessoas, para o fim específico de cometer crimes:

Pena - reclusão, de 1 (um) a 3 (três) anos.

Parágrafo único. A pena aplica-se até a metade, se a associação é armada ou se houver participação de criança ou adolescente.

Dispositivo alterado pela lei 12.850/13, trazendo importantes modificações com influências diretas na atividade operacional, inicialmente o título do tipo foi alterado de quadrilha ou bando para associação criminosa, anteriormente era possível a responsabilização com a atuação de mais de três pessoas, após a modificação agravadora, a responsabilização criminal inicia-se a partir de três pessoas, impedindo a aplicação às duplas, mesmo sendo esse o *modus operandi* mais comum dos criminosos, principalmente no crime de roubo.

Doutrinariamente, o crime é formal e de consumação antecipada, não existindo a necessidade de que o grupo realize um crime; caso ocorra, haverá concurso material entre eles. Três criminosos, que rotineiramente realizem roubos de carga, durante deslocamento à procura de novas vítimas, são abordados por equipe policial, mesmo sem realizar qualquer delito. Se comprovado o vínculo estável e a pluralidade de pessoas, deverão ser responsabilizados, independent do ato de roubar, uma vez que a reunião ilícita já afronta o bem jurídico protegido pela norma, a paz pública, colocando em risco a coletividade.

Existe discussão doutrinária interessante sobre qual modalidade de perigo está presente na associação criminosa, concreto ou abstrato. Seguindo a linha do trabalho, devemos analisar se a simples associação de pessoas apresenta algum risco ao bem jurídico tutelado. No caso de resposta positiva, estaremos falando em crime consumado; se a reunião não é lesiva, deverão ser considerados os atos preparatórios, de regra, irrelevantes ao Direito Penal.

5.23.1 – Dupla no crime

Infelizmente, a dor ensina; aqueles que colocam a vida em risco constantemente, como os policiais, sabem as fragilidades penais, as alterações legislativas com impacto efetivo na criminalidade. São vários os casos de agentes policiais que reagem a roubo diariamente, sendo executados por um segundo criminoso atuando na cobertura. Uma situação de risco extremo é a chamada visão de túnel, efeito natural de concentração da atenção na ameaça, erro que custa, dependendo do caso, a vida do agente.

Mesmo sabendo que determinados crimes apresentam a figura agravante de cometimento com pluralidade de agentes, é fato que aqueles que atacam em duplas não apresentam o mesmo grau de risco de um único autor, devendo ser responsabilizado também pelo crime em estudo. Situações extremas necessitam de medidas extremas. A situação atual de violência, principalmente no tocante ao crime de roubo, necessita de agravamentos, trazendo a criminalidade a patamares aceitáveis, podendo ser esta alteração uma boa medida prática.

Discussão importante na doutrina é se a aplicação da majorante de pluralidade de agentes, aplicada conjuntamente com o crime de associação, representaria ou não *bis in idem* — dupla punição. Apesar de operacionalmente não representar grandes diferenciações, deve-se analisar o caso concreto para fazer a devida aplicação legal. Ficando comprovada a estabilidade e habitualidade da modalidade criminosa, entendemos que o autor deverá responder pelos dois crimes, visto a pluralidade de bens jurídicos e vítimas lesadas.

Quadrilha especializada em roubo de veículos, ao cometer seus crimes, ataca diretamente o patrimônio de vítima determinada, entretanto, seus atos atingem também um número de vítimas indeterminado, tendo grandes reflexos na paz social, ferindo a liberdade e o livre direito de locomoção; sendo uma realidade, principalmente nas grandes cidades, a escolha do melhor horário e local de deslocamento, visando fugir destes elementos.

5.23.2 – Aspirante no crime

Inicialmente deve-se analisar o verbo do tipo "associar se", que significa algo estável. Na prática, a comprovação deste vínculo não se dá de maneira simples e imediata, sendo sempre usado como defesa o argumento de que os criminosos estão cometendo o crime pela primeira vez, ou só iriam realizar aquele delito. Depois de longa troca de tiro, indivíduo é encontrando portando armas e drogas; ao realizar algumas perguntas ao preso, ele responde que aquele era o primeiro dia dele na "boca", que não conhecia os demais traficantes, sendo sempre essa a mesma resposta. A tentativa de defesa e de ludibriar as equipes policiais representam o mínimo de conhecimento jurídico, sendo outro exemplo de "Direito de sobrevivência", que não engana as equipes operacionais, mas pode ter efeitos relevantes no Judiciário.

Ninguém entra no tráfico e já no primeiro dia segura um fuzil; até no crime existe hierarquia. Essa simples constatação é realizada com mais facilidade por aqueles que estão no combate diário ao crime, mas para a lei, e por segurança jurídica, sempre é obrigatório a apresentação de provas, a fim de caracterizar a durabilidade e estabilidade da relação dos integrantes do grupo criminoso.

5.23.3 – Militantes

No caso de um grupo de estudantes revoltado com o sistema capitalista, realizando reuniões para criticar autoridades, cogitando manifestações que geralmente resultam em violência que não vêm a se efetivar. Mesmo comprovada a estabilidade somada à pluralidade de agentes, tal conduta não oferece risco, porque, de regra, tal ameaça não ocorre; logo, para a corrente que entende ser o artigo 288 um crime de perigo concreto, não há que se falar em responsabilização.

Por outro lado, se o mesmo grupo é preso produzindo explosivos, portando armas brancas ou qualquer outro elemento capaz de causar dano ou para dificultar as ações policiais, tornando-se uma constante essa atuação em qualquer ato de manifestação, mesmo que os crimes de explosão, dano, lesão corporal ou tentativa de homicídio não ocorram, estaremos de frente com um exemplo claro do crime em análise, sem prejuízo na avaliação das demais condutas, sendo aqui evidenciado um perigo concreto, entendendo ser essa a melhor posição da doutrina.

O elemento subjetivo é o dolo, com o especial fim de agir no cometimento de crimes, logo, o agente deverá ter a intenção de entrar nos grupos com esse propósito, caso contrário, poderá ser alegado erro de tipo. Indivíduo, a fim de ser aceito em uma determinada comunidade, passa a frequentar determinado bar, sem saber que ali funcionava um ponto de venda de drogas. No momento da chegada da polícia, todos são presos em flagrante, configurando o famoso "diga com quem andas, que te direi quem és" ou "quem se mistura com porco, farelo come"; por mais que em um primeiro momento pareça ser um caso clássico de associação, deverá ser comprovado, além da estabilidade, o dolo do agente, visto que não há a previsão da modalidade culposa deste delito.

5.23.4 – Figuras qualificadas

O crime apresenta significativa importância, visto que figuras majoradas são apresentadas no próprio tipo e em leis especiais espalhadas por nosso ordenamento jurídico. No parágrafo único do tipo, duas situações qualificam o crime: a utilização de armas e a participação de menores. No tocante à arma, é importante destacar que a norma não define o tipo de arma, tratando de maneira extensiva esse instrumento, não existindo ainda a necessidade de que todos os integrantes do grupo estejam armados.

Imaginemos que determinada torcida organizada, conhecida por marcar confrontos pelas redes sociais, seja presa no deslocamento para um desses encontros. Durante a revista, é encontrada arma de fogo, bem como diversas armas brancas; deverá de pronto ser imputada a qualificadora a todos os integrantes da associação criminosa, que sabiam da presença dos armamentos.

No caso da utilização de menores como agravante no crime de associação criminosa, eles contam para a contabilização do número de integrantes, desde que apresentem algum discernimento sobre seus atos. Imaginemos dois exemplos: no primeiro, um grupo de traficantes possui como segurança um menor de 16 anos, responsável por portar um fuzil e realizar a chamada contenção: atividade criminosa configurada como proteção armada do grupo criminoso. Não restam dúvidas de que neste caso existe, apesar da menor idade, total discernimento, logo, os integrantes da associação responderão pelo crime.

Já no caso de dois indivíduos que utilizam crianças para cometerem pequenos furtos, usando da inocência delas como instrumento, por mais que pareça cruel tal ato, não poderemos imputar o tipo estudado a estes, visto que o autor imediato do crime não apresenta qualquer capacidade de discernir o certo do errado, cabendo a responsabilização dos aliciadores em outros tipos previstos no Código Penal e no ECA (Estatuto da Criança e do Adolescente).

Questão importante é que não há a necessidade, para a configuração do delito estudado, que todos os integrantes associados sejam presos ou mesmo identificados; se somente um indivíduo for preso, sendo comprovada a atuação em grupo, com a devida estabilidade e dolo, deverá responder pelo delito. Durante meses de investigação, equipe filma grupo atuando no tráfico de drogas de determinada favela. Várias imagens de bondes — como são chamados os grupos fortemente armados —, vendendo drogas e portando armas de grosso calibre. Durante uma operação, um dos integrantes que aparecem nos vídeos é preso em flagrante, apresentando os vídeos às autoridades competentes, não restam dúvidas da imputação do crime flagrancial, somando-se em concurso material com a associação.

5.23.5 – "Nem tudo é o que parece"

Por fim, o lema policial "quem prende mal, fica preso" é perfeitamente aplicado a este tipo penal, ocorrendo principalmente na confusão entre associação criminosa, concurso eventual de pessoas e mero atos preparatórios de crime. É importante repetir que para a configuração do crime em análise existe a necessidade de requisitos cumulativos, pluralidade de pessoas, no caso três ou mais — quantidade recentemente alterada —, o dolo de realizar um número de crimes indeterminados e a comprovação de vínculos estáveis entre os criminosos; na falta de qualquer um destes requisitos, não estará configurado o delito.

É logico que no teatro de operações nem sempre é simples e possível identificar todos esses requisitos, devendo o agente operacional, no caso de dúvida, realizar a condução para análise pormenorizada do caso, pela autoridade de polícia judiciária, não tendo que se falar em abuso de autoridade ou prevaricação, sendo estes dois parâmetros basilares da atividade policial.

Policial em trajes civis, em um determinado restaurante, escuta indivíduos comentando que, devido às dificuldades financeiras, poderiam se juntar para roubar um banco: um forneceria o carro para fuga, outro conhecia a agência por ser cliente, e um terceiro teria ferramentas necessárias para realizar o arrombamento. Após o combinado e o início do deslocamento, o policial chama reforço e prende o grupo de posse de várias ferramentas. Em primeira análise, a prática é aparentemente criminosa mas, após verificação pormenorizada, fica comprovado tratar-se de um grupo de amigos que nunca cometeu qualquer crime, afastando a característica fundamental da habitualidade e, consequentemente, o crime de associação criminosa.

Apesar de aparente consumação de crime, a conduta não passa de mero ato preparatório e que, apesar do risco, as autoridades não podem prever o futuro, e o Direito não pune algo que ainda não ocorreu. O exemplo reforça a dificuldade da atividade policial, e o argumento de que esses policiais, por maior que seja o nível de conhecimento, também estão sujeitos ao erro; nas ruas, nem tudo é o que parece.

5.24 – Art. 327 - Conceito de funcionário público

Art. 327. Considera-se funcionário público, para os efeitos penais, quem, embora transitoriamente ou sem remuneração, exerce cargo, emprego ou função pública.

1º - Equipara-se a funcionário público quem exerce cargo, emprego ou função em entidade paraestatal, e quem trabalha em empresa prestadora de serviço contratada ou conveniada para a execução de atividade típica da administração pública.

2º - A pena será aumentada da terça parte quando os autores dos crimes previstos neste Capítulo forem ocupantes de cargos em comissão ou de função de direção ou assessoramento de órgão da administração direta, sociedade de economia mista, empresa pública ou fundação instituída pelo poder público.

Ao iniciarmos a análise dos crimes contra a administração pública que, de regra, têm a participação de funcionários públicos, seja no polo passivo ou ativo, nos permitimos mudar a ordem dos tipos penais, fazendo uma breve explicação do conceito de funcionário público previsto no artigo 327 do Código Penal.

Como já estudamos anteriormente, o monopólio da força é exclusividade do Estado, de regra, atuando através de suas forças policiais e militares. Logo, no Brasil de acordo com o nosso ordenamento jurídico, os policiais são exemplos de funcionários públicos. Na esfera penal, o legislador ampliou este conceito, indo além da definição prevista no direito administrativo, sendo de extrema importância o domínio desta extensão por parte de todos os integrantes do sistema policial, para que não ocorram erros em prisões ou até mesmo na capitulação legal dos delitos.

O funcionário público pode, em referência aos crimes deste título do Código, figurar nos dois polos processuais, na condição de autor e, consequentemente, de réu. Acreditamos que o legislador buscou ampliar a reprimenda visto que, normalmente, estas modalidades criminosas, apresentam mais de um bem jurídico tutelado, destacando-se os princípios da administração pública aprendidos nas lições de Direito Administrativo, definidos pela conhecida sigla "LIMPE"— legalidade, impessoalidade, moralidade, publicidade e eficiência, — fundamentais para a administração pública.

Já no capítulo segundo do título, observamos os funcionários públicos na figura de vítima, entendemos que o objetivo do legislador foi ampliar a proteção para aqueles que atuam em nome do Estado, não podendo ser diferente, uma vez que deveres sempre devem vir acompanhados de direitos e garantias.

Dois termos positivados que expressam tal intenção ampliativa da condição de funcionário público exposta no Código Penal são: "transitória" e "sem remuneração". No tocante á transitoriedade, não existe a necessidade de realização de concurso público como prevê a Constituição Federal para a proteção ou responsabilização penal, sendo estes indivíduos considerados equiparados. Durante as eleições, mesário exercendo função transitória e não remunerada tenta impedir que eleitor use seu celular na cabine de votação, sendo xingado, não restando outra opção senão realizar a prisão em flagrante no crime de desacato, tipo que analisaremos detalhadamente ao longo do estudo.

O estudo do Direito é complexo, necessitando o conhecimento em seus diferentes ramos. No tipo em análise, o Direito Administrativo se faz presente constantemente, emprestando diferentes termos e conceitos. Embora não seja o objetivo de nosso estudo, são alguns exemplos de paraestatais: o (s) sistema (s) SESI, SENAI, SENAC, "AS" organizações sociais e as "OSCIP" — organizações da sociedade civil de interesse público — sendo seus trabalhadores equiparados a funcionários públicos, como menciona o parágrafo segundo do artigo.

Os crimes contra a administração pública são conhecidos doutrinariamente como crimes funcionais, existindo importante dicotomia entre crimes funcionais próprios e impróprios. Na modalidade própria ou pura, a condição de funcionário público é essencial para a existência do crime, existindo a necessidade de exclusividade de bem jurídico, sujeito ativo e previsão legal, não existindo outra figura típica semelhante no ordenamento jurídico. Já na modalidade imprópria, ao contrário do senso comum, não existem tais exclusividades. Na prática, tirando a condição de funcionário público, o crime será deslocado para outra modalidade criminosa.

5.25 – Art. 312 – Peculato

Art. 312. Apropriar-se o funcionário público de dinheiro, valor ou qualquer outro bem móvel, público ou particular, de que tem a posse em razão do cargo, ou desviá-lo, em proveito próprio ou alheio:

Pena - reclusão, de 2 (dois) a 12 (doze) anos, e multa.

1º - Aplica-se a mesma pena, se o funcionário público, embora não tendo a posse do dinheiro, valor ou bem, o subtrai, ou concorre para que seja subtraído, em proveito próprio ou alheio, valendo-se de facilidade que lhe proporciona a qualidade de funcionário.

Peculato culposo

2º - Se o funcionário concorre culposamente para o crime de outrem:

Pena - detenção, de 3 (três) meses a 1 (um) ano.

3º - No caso do parágrafo anterior, a reparação do dano, se precede à sentença irrecorrível, extingue a punibilidade; se lhe é posterior, reduz de metade a pena imposta.

No *caput* do artigo, observamos a figura do peculato próprio, caracterizado pelas condutas de apropriação e desvio. Para a configuração de peculato apropriação, é importante que o agente público passe a atuar como se fosse dono do bem público ou sob domínio público, cometendo qualquer ato de disposição ou mesmo negando a restituição da coisa.

5.25.1 – Policial que não devolve arma acautelada

Policial utilizando arma da corporação, por meio de cautela é convocado, por medida administrativa, a realizar a devolução do bem e, negando-se a fazer. Avaliando o caso superficialmente, seria a conduta um exemplo do crime em análise, sob o argumento de negativa de devolução de bem público.

O Direito não é tão simples quanto parece, devendo ser sempre interpretado e adaptado à realidade dos fatos. Policial que, após se envolver em ocorrência com seu armamento particular, sendo legalmente apreendido, passa a portar arma de propriedade da corporação. Com o passar do tempo, teve a autorização administrativa revogada, ficando na difícil situação de andar desarmado, colocando-se em real risco de vida. É óbvio que, apesar da existência da conduta típica, seria um absurdo jurídico a responsabilização deste agente público pela negativa de devolução do bem, surgindo inúmeros argumentos em âmbito penal e até mesmo constitucional para sua defesa, sendo o principal a supremacia da garantia da vida.

Apesar da doutrina definir como peculato próprio tal tipo, é um exemplo de crime funcional impróprio, uma vez que, se tirarmos a condição de funcionário público, teremos a correlação e o deslocamento para o crime de apropriação indébita, previsto no artigo 168, do Código Penal. O sujeito ativo é o funcionário público que possui a posse desvigiada sobre a coisa e utiliza-se de abuso de confiança, usando de sua condição para se beneficiar e atacar o bem jurídico tutelado, a administração pública e, secundariamente, o patrimônio lesado.

5.25.2 – Espólio de guerra

Questão polêmica e pouco explorada pela doutrina é a histórica prática denominada como "espólio de guerra", atitude na qual os exércitos conquistadores, após o sacrifício da batalha, tomavam posse dos bens dos povos conquistados. Trazendo aos dias de hoje: equipe policial que encontra valor em espécie, seja uma res furtiva ou valor adquirido pela venda de droga, mesmo na impossibilidade, por motivos óbvios, de devolução aos verdadeiros donos, jamais poderá ficar com o valor sob pena de peculato, devendo a quantia ser apreendida e apresentada na sede de Polícia Judiciária.

Partindo para a outra figura de peculato próprio, observa-se a modalidade "desvio", configurada quando o agente público dá destinação diferente ao ordenamento legal, desviando a finalidade de emprego do bem público; torna-se fácil a citação de exemplos com referência ao desvio da coisa pública, pelo grande número de vezes que percebemos tais ações sem evidenciar a verdadeira gravidade da conduta.

Equipe encontra valor significativo em espécie oriunda do tráfico de drogas; pela impossibilidade lógica de devolução aos antigos proprietários, imaginando agir eticamente, não se apropria do valor, investindo a quantia na íntegra em sua unidade policial. Apesar da boa intenção, levando-se em consideração as dificuldades que a maioria das polícias do Brasil encontram, principalmente no aspecto logístico, tal conduta não possui amparo legal, visto que, neste caso, o Direito não legitima boas intenções, devendo o valor ser encaminhado diretamente ao destino estabelecido na lei.

Existe boa discussão doutrinária em torno da ideal capitulação da prática comentada no parágrafo anterior; corrente minoritária entende que a simples destinação diversa da prevista em lei configura o crime de peculato, entretanto, a posição majoritária sustenta que a conduta está melhor amparada pelo crime previsto no artigo 315, do Código Penal — "emprego irregular de verba ou renda pública" — modalidade menos gravosa, o que se sustenta com o argumento de, apesar da tipicidade da conduta, o impacto na moralidade e legalidade são bem mais brandos, visto que o servidor não tira proveito próprio, como no peculato, ou seja desvio para uso próprio.

Evitando responsabilização dos agentes policiais, o melhor caminho para esta conduta é uma solicitação institucional ao juiz responsável pelo valor que, no caso de impossibilidade de devolução ao real proprietário, torna-se viável. A aplicação do capital deverá ser vinculada à unidade policial responsável pela apreensão, prática já realizada por alguns magistrados, evitando burocracias, servindo de motivação, melhorando a qualidade de vida dos servidores e, consequentemente, a prestação do serviço público.

5.25.3 – Utilização de viatura em assuntos particulares

Nosso país tem como prática o desperdício de dinheiro público, constatado pelos privilégios de nossas autoridades em todos os entes públicos, inclusive nas polícias. A utilização de viaturas para atividades não inerentes ao serviço é um bom exemplo. Foi noticiado pela imprensa que secretário de determinada prefeitura utilizava-se de veículo oficial para se dirigir à faculdade; é óbvio que esta não é a finalidade do bem público, caracterizando o desvio. Mesmo que a depreciação do bem seja mínima, neste tipo penal, segundo entendimento majoritário da doutrina, não cabe o princípio da bagatela, ou seja, ausência de responsabilização por caracterização de dano mínimo ou irrisório, uma vez que o bem jurídico tutelado no peculato, em primeiro plano, é a moralidade da administração pública.

5.25.4 – O peso legal de ser funcionário público

No parágrafo primeiro, observa-se a figura do peculato furto, na qual o agente não possui a posse desvigiada, mas utiliza-se de sua condição de funcionário para inverter a posse da coisa, sendo indiferente se o bem é público ou particular, estando, momentaneamente, sob domínio público. Funcionário de depósito público destinado a veículos apreendidos, observa um aparelho celular no interior de um carro e decide furtá-lo. A simples condição de funcionário público ou assemelhado, dependendo do caso concreto, fará com que o crime saia do artigo 155 passando para o 312, parágrafo primeiro, saltando a pena de reclusão de 1 a 4 anos para de 2 a 12 anos, dependendo do caso concreto.

5.25.5 – Policial desatento

No parágrafo segundo está positivada a única modalidade culposa do capítulo, sendo obrigatório impacto real sobre o patrimônio, visto a inexistência legal de crime tentado na modalidade culposa, sendo claro que, pela independência das esferas legais, o agente poderá ser penalizado administrativamente. Policial que atua na reserva de material bélico, por negligência, deixa a porta do paiol aberta — em ato falho, esquece-se de trancá-la —, entrando uma terceira pessoa que furta munições ali guardadas. No exemplo, o agente responderá por peculato culposo, e o furtador, sendo agente público, pelo crime de peculato próprio, e se o autor do crime doloso for impedido por circunstâncias alheias à sua vontade, responderá pela modalidade tentada do mesmo crime, não havendo responsabilização na esfera penal ao agente negligente.

Policial, ao pegar seu armamento na reserva de armamento, na correria da assunção de serviço, esquece um carregador na bancada e, ao perceber e voltar para buscá-lo, observa que o objeto foi furtado. Agente de segurança deixa armamento de propriedade pública no interior do veículo, que é furtado com a arma dentro. É importante ressaltar a obrigatoriedade de que a conduta deve contribuir "para o crime de outrem", existindo vinculação obrigatória e dependência do resultado por se tratar de crime formal, surgindo, então, responsabilidades penais independentes aos autores, além do fato não afetar a avaliação sob o prisma da legislação especial; no caso específico, os possíveis delitos estão previstos no Estatuto do Desarmamento.

O parágrafo terceiro menciona uma causa de extinção da punibilidade, uma vez que, por não ferir qualquer princípio do Direito Administrativo, o legislador dá a opção ao autor que, com a reparação do prejuízo aos cofres públicos, não existe o interesse de represalia estatal a tal conduta, sendo um bom exemplo de economia processual.

5.25.6 – Perda da arma de fogo

Prática comum, que demonstra a dificuldade da capitulação de crimes de acordo com todas as variáveis relacionadas ao caso concreto, como explicado no parágrafo anterior, peculato culposo; no caso de reparação dos prejuízos aos cofres públicos, dependendo do momento do ressarcimento, estará extinta a punibilidade. No tocante à arma de fogo, a avaliação deverá ser mais criteriosa, visto que o extravio deste equipamento apresenta risco considerável à segurança pública, bem como o seu valor no mercado negro é bem superior ao do mercado regular, podendo ocorrer desvios dolosos, sendo justificados através da condição exculpante prevista no parágrafo terceiro.

Outra questão interessante está relacionada especificamente aos militares, tendo conduta similar específica prevista no artigo 265, do Código Penal Militar, definido como "desaparecimento, consumação ou extravio", possuindo pena mais gravosa se comparada ao crime de peculato culposo, ficando evidente o maior rigor da justiça castrense. Durante intenso confronto em área de mata fechada, após garantir a segurança própria e da equipe, policial militar da tropa de elite percebe que sua pistola tinha sido extraviada, rompendo a guia de segurança dela, possivelmente pelos longos deslocamentos em rastejo. No exemplo, não há de se falar em responsabilização, nem mesmo culposa, uma vez que o servidor não deu qualquer causa para o extravio.

5.26 – Art. 316 – Concussão

Art. 316. Exigir, para si ou para outrem, direta ou indiretamente, ainda que fora da função ou antes de assumi-la, mas em razão dela, vantagem indevida:

Pena - reclusão, de 2 (dois) a 8 (oito) anos, e multa.

O verbo do tipo penal "exigir" apresenta alguns sinônimos importantes, tais como: impor, constranger, coagir, ordenar, determinar, dentre outros, o que acaba criando grande confusão com outros tipos penais previstos no Código. A primeira desmistificação a ser quebrada é que o crime não é violento e nem ameaçante diretamente. Sendo assim, no caso de utilização destas atitudes por parte do funcionário público, ele deverá responder de maneira mais gravosa pelo crime de extorsão com a agravante do artigo 61 alínea "g", da parte geral do Código Penal.

A linha distintiva é tênue, e a questão de ameaçar, por mais que buscamos objetivar a conduta, sempre caberá interpretação. Equipe policial, realizando operação em local ermo e durante a madrugada, dependendo da posturas adotadas pelos agentes públicos, uma mera advertência poderá soar como uma ameaça; a simples presença de indivíduos armados com postura não profissional acaba por constranger os abordados. Na prática, o simples ato de "exigir" se torna uma postura ameaçadora, dependendo do autor do fato e da pessoa recebedora da ação, mas o importante é que a conduta sempre deverá ser o meio para se conseguir uma vantagem indevida.

5.26.1 – Polícia privada

A condição "em razão da função" significa que a exigência deverá estar relacionada ao exercício da atividade laboral do autor. Determinado policial, responsável pela disposição das viaturas operacionais em sua área de policiamento, a fim de aferir vantagem econômica junto aos comerciantes locais, os constrange a contratarem um "serviço" extra de policiamento. Em troca do pagamento, as viaturas ficariam baseadas na porta do estabelecimento, sendo uma verdadeira privatização de serviço público. A diferenciação criminal, neste caso, se dará pela vontade do comerciante, visto que, para muitos, esse ato se torna interessante, mudando a capitulação do crime para corrupção.

No mesmo exemplo pode-se encaixar os termos "direto e indireta", quando o responsável manda um subordinado ou terceiro, sem vínculo direto, como mensageiro para realizar a exigência criminosa, cabendo ainda a devida responsabilização pelo crime em análise, ou o faz de maneira direta e pessoal.

O elemento subjetivo é o dolo; é necessária a intenção do agente de arrecadar um benefício com o especial fim de agir para "si ou para outrem".

O crime é formal, logo se consuma com o ato de exigir, independe se foi aferida ou não a vantagem. Agentes públicos são filmados recebendo "propina" — vantagem indevida. Não sendo, neste momento, presos em flagrante, causando perplexidade ao público leigo. O crime estudado é de consumação antecipada, sendo o momento consumativo configurado no ato de exigir, tornando o momento do recebimento da vantagem mero exaurimento.

5.27 – Art. 317 – Corrupção passiva

Art. 317. Solicitar ou receber, para si ou para outrem, direta ou indiretamente, ainda que fora da função ou antes de assumi-la, mas em razão dela, vantagem indevida, ou aceitar promessa de tal vantagem:

Pena - reclusão, de 2 (dois) a 12 (doze) anos, e multa.

1º - A pena é aumentada de um terço, se, em consequência da vantagem ou promessa, o funcionário retarda ou deixa de praticar qualquer ato de ofício ou o pratica infringindo dever funcional.

2º - Se o funcionário pratica, deixa de praticar ou retarda ato de ofício, com infração de dever funcional, cedendo a pedido ou influência de outrem:

Pena - detenção, de 3 (três) meses a 1 (um) ano, ou multa.

A primeira observação acerca do crime de corrupção passiva é que a conduta de "solicitar", um dos verbos previstos no tipo, é menos grave que "exigir", positivado no crime anterior. Entretanto, a pena deste delito é mais grave, sendo este fato uma distorção jurídica, que pode ser usada por autores devidamente orientados para o abrandamento de sua responsabilização. Como comentado anteriormente, a conduta de exigir traz, mesmo que indiretamente, um tom ameaçador, de possível represália pelo não cumprimento da exigência; enquanto solicitar é como palavras ao vento, usando de português coloquial, é o "se colar, colou".

Ao analisar os verbos do tipo, a atitude "solicitar" é unilateral, devendo sempre se levar em consideração que a condição de funcionário público por si só tem um caráter intimidatório, visto que este age em nome do Estado, tendo poderes especiais. Já as outras ações previstas no tipo — "receber e aceitar" — são condutas bilaterais, em que existe a participação do particular, caracterizando este crime como de via ou mão dupla.

O caso concreto deverá ser avaliado detalhadamente, principalmente no tocante à atuação do particular, evitando confusão com o crime de corrupção ativa, previsto no artigo 333, do Código Penal, que trata dos crimes praticados pelo particular contra a administração pública. No artigo estudado, o particular é vítima, uma vez que não existe reprovação legal na conduta de "dar", agindo o particular, mesmo se beneficiando com a conduta delitiva do agente, após a iniciativa do autor.

Agente público responsável pela fiscalização de estabelecimentos comerciais solicita propina para não fechar o local por possível irregularidade, atuando em razão da função, podendo até mesmo utilizar algum mensageiro, caracterizando, assim, atuação "indireta" do crime. Após denúncia aos órgãos correcionais, a mera solicitação já deu o ensejo para o início da investigação e o pedido de prisão do autor, uma vez que o crime se consuma com a mera solicitação, definido como crime de mera conduta pela doutrina.

5.27.1 – Corrupção exaurida, solicitar e receber

No parágrafo primeiro, observa-se a corrupção exaurida, sendo uma justa causa de aumento de pena, visto que existe uma dupla violação legal evidenciada pela solicitação ou até mesmo receber a vantagem indevida somada à violação de um dever funcional. A questão de "retardar ou deixar de praticar qualquer ato de ofício" não pode ser confundida como o crime de prevaricação, pela diferenciação do especial fim de agir. Aqui na corrupção, agente atua visando vantagem indevida, enquanto na prevaricação é motivado por questões de caráter pessoal, como veremos na análise pormenorizada do tipo.

Durante fiscalização de trânsito, agente, ao perceber que motorista não portava documento de caráter obrigatório — tendo essa conduta a penalidade administrativa de remoção do veículo, prevista no Código de Trânsito Brasileiro — solicita vantagem indevida para liberá-lo, deixando de agir dentro de suas atribuições funcionais; tal conduta exemplifica a figura majorada de corrupção passiva. Policial judiciário, após realização de notícia crime, solicita vantagem indevida ao autor do fato, para que o ocorrido não tenha o devido registro, impedido o início da investigação e a consequente apreciação do Judiciário, causando mal irreparável, devendo ser penalizado pela forma mais gravosa do tipo estudado.

5.27.2 – Corporativismo negativo

No parágrafo segundo está tipificada a "corrupção privilegiada", em que o agente viola seu dever funcional "a pedido ou influência de outrem", não existindo especificamente uma contrapartida ou vantagem indevida de maneira direta. No corporativismo negativo, segundo entendimento equivocado, agentes públicos, principalmente policiais, não precisam cumprir a norma sendo considerado por maus profissionais falta de camaradagem o cumprimento de medida restritiva contra integrantes da mesma corporação, sendo um completo equívoco, porque policiais mais do que todos devem dar o exemplo.

Policial tem esposa parada em operação policial em desacordo com as normas vigentes e faz um "pedido" ao agente de serviço, para que libere o familiar sem tomar as medidas legais e regulamentares vigentes; cedendo à solicitação, violando o seu dever funcional, o policial comete crime; e o agente que faz o pedido também afronta o ordenamento jurídico, sendo a conduta avaliada em capítulo específico deste trabalho.

O tipo penal, ao utilizar o termo "outrem", não exige condição especial para o solicitante. Policial deixa de cumprir o dever de apreender veículo de filho de superior hierárquico. A diferenciação da capitulação está na avaliação do especial fim de agir do agente. Se ele descumpriu a norma sem a intenção de receber qualquer benefício, comete o crime de corrupção privilegiada. Se o cometimento se dá por solicitação, uma contrapartida funcional do tipo, ascensão profissional, transferência benéfica, entendemos ser um exemplo de vantagem indevida, deslocando a capitulação para a corrupção qualificada.

No mesmo exemplo anterior, se o agente age com medo de qualquer retaliação, o que é bem comum acontecer, a conduta também deverá ser capitulada na forma de corrupção privilegiada, uma vez que o agente, apesar das medidas administrativas prejudiciais possíveis, deverá ter a coragem de cumprir a lei, devendo, sim, denunciar a atitude de superiores para as devidas responsabilizações. Ser polícia não é para todos, muito menos para os covardes.

5.28 – Art. 319 - Prevaricação

Art. 319. Retardar ou deixar de praticar, indevidamente, ato de ofício, ou praticá-lo contra disposição expressa de lei, para satisfazer interesse ou sentimento pessoal:

Pena - detenção, de 3 (três) meses a 1 (um) ano, e multa.

A análise do tipo penal deve ter como viés principal o especial fim de agir do autor, a violação funcional tem que ocorrer por motivos pessoais, não objetivando qualquer vantagem, agindo por impulso sem qualquer provocação ou solicitação de terceiros. Dois princípios da administração pública, em regra, são violados neste tipo penal: o da legalidade, como observa-se na própria letra da lei: "praticá-lo contra disposição expressa em lei"; e o da impessoalidade, quando o tipo menciona "para satisfazer interesse ou sentimento pessoal".

Quanto ao sujeito passivo do crime, segundo entendimento majoritário da doutrina, independe qualquer condição especial, podendo inclusive ser o próprio funcionário público. A questão da tomada de decisões de caráter pessoal, sem dúvida, tem relação com a formação técnica e psicológica do funcionário público, que deve ser sempre imparcial e agir em nome do interesse público com profissionalismo.

5.28.1 – Impessoalidade na atividade policial

No termo "retardar" devem ser levadas em consideração a relevância jurídica do ato e as condições logísticas e pessoais do funcionário público, não justificando o enquadramento do fato à norma por um mero atraso no atendimento do serviço público. Durante operação policial, um agente, pelo simples motivo de não ter gostado da maneira como o cidadão se dirigiu a um integrante da equipe, retém sua documentação sem verificar a procedência dela, agindo como uma espécie de "punição" pela atitude indelicada não criminosa, liberando o cidadão só após o término da operação. Nesse caso, a pessoalidade falou mais alto, deixando o policial agir sob emoção e fora da técnica e dos parâmetros legais, vindo a cometer o crime estudado.

Como já mencionado na introdução deste trabalho, as instituições públicas são permeadas de vaidade, não atuando em sinergia para a resolução do grave problema da segurança pública, existindo uma intensa disputa por poder e benefícios, tendo consequências diretas na prestação de serviço à população. Equipe da Polícia Militar aborda autoridade da justiça que, se sentindo incomodada com o procedimento, age de maneira extremamente arrogante e mal-educada com os policiais que, em contrapartida, emitem multa de trânsito "contra disposição expressa em lei", agindo por pura vingança ou revide, evidenciando o caráter pessoal e, consequentemente, criminoso do ato.

Durante apresentação de ocorrência em sede de Polícia Judiciária, é comum a demora na realização dos procedimentos cartorários regulamentares, ora por falta de infraestrutura e ora por falta de vontade de alguns agentes. Surgindo reclamações, funcionário responsável pelo ato começa a atrasar mais ainda o procedimento de maneira intencional, por mera vaidade ou vingança, demonstrando o caráter pessoal da conduta, configurando a prevaricação por retardamento do ato legal.

5.29 – Art. 320 – Condescendência criminosa

Art. 320. Deixar o funcionário, por indulgência, de responsabilizar subordinado que cometeu infração no exercício do cargo ou, quando lhe falte competência, não levar o fato ao conhecimento da autoridade competente:

Pena - detenção, de 15 (quinze) dias a 1 (um) mês, ou multa.

Exemplo de crime omissivo impróprio, diretamente relacionado ao princípio da hierarquia presente na administração pública, sendo ônus do chefe ou superior hierárquico realizar a atividade de supervisão e fiscalização, não cabendo a ele realizar o julgamento e a absolvição tácita do subordinado após o cometimento de infração, mesmo sob a alegação de piedade ou camaradagem.

5.29.1 – Denúncias

Na prática, alguns casos de denúncia, postura contrária ao crime estudado, nem sempre se mostram tão simples, envolvendo risco ao delator e, em alguns casos, não é realizada por medo de possíveis represálias. O Estado não detém estrutura suficiente para realizar a proteção destes funcionários, sendo mais fácil e seguro se omitir, caracterizando facilmente frase famosa do cinema brasileiro na polícia: "se omite ou vai para a guerra".

Por fim, o termo "infração", positivado na norma, pode ser interpretado de maneira ampla, podendo ser um crime, uma contravenção ou até mesmo uma falta administrativa. Durante atualização de documentação de caráter sigiloso na unidade, chefe percebe que subordinado, apesar de possuir veículo, não tem a devida Carteira Nacional de Habilitação e, mesmo sem possuir a função de agente de trânsito, deixa de atuar por pena, uma vez que o infrator mora muito longe do trabalho. Sem se omitir da função de buscar melhoria aos subordinados, característica fundamental aos chefes, este não deverá levar em consideração julgamentos pessoais, devendo agir, sob risco de responsabilização do tipo em análise.

5.30 – Art. 321 – Advocacia administrativa

Art. 321. Patrocinar, direta ou indiretamente, interesse privado perante a administração pública, valendo-se da qualidade de funcionário:

Pena - detenção, de 1 (um) a 3 (três) meses, ou multa.

Parágrafo único. Se o interesse é ilegítimo:

Pena - detenção, de 3 (três) meses a 1 (um) ano, além da multa.

"Todos são iguais perante a lei". O princípio positivado em nossa Constituição Federal que, por vezes, não observamos na prática em nossa sociedade, está diretamente ligado ao estudo do artigo. O funcionário público nunca poderá utilizar de sua condição para atender necessidades ou realizar pedidos advogando para interesse de terceiros, entretanto, a doutrina entende que, se o interesse for próprio ou até mesmo de integrantes da família, não há crime, cabendo a análise do caso concreto para possível capitulação em outro tipo penal, previsto no Código ou na legislação extravagante.

O crime é de mera conduta, pouco importando se o ato de "advogar" foi bem-sucedido ou não. Policial se dirige à repartição pública e solicita cópia de documento de um amigo, fora de data e dos procedimentos administrativos previstos; mesmo que a negativa do companheiro servidor pareça falta de camaradagem, o procedimento deve ser respeitado, e a simples condição de funcionário público não pode representar benefícios em relação aos demais cidadãos.

5.30.1 – Pedido indiscreto

A forma qualificada prevista no parágrafo único refere-se ao simples ato de realizar um "pedido" fora dos parâmetros, caracterizado pelo jeitinho ou uma ajuda que, quando realizado pelo funcionário público sem ameaça ou promessa de vantagem indevida, poderá configurar o crime em análise. Oficial da Polícia Militar pede que agentes de trânsito liberem o veículo de um colega que se encontra em situação irregular. Tal conduta, além de pessoal, vai de encontro ao princípio da moralidade, conduta incondizente com a postura dos agentes policiais; perca o colega, mas não cometa um crime.

5.31 – Art. 325 - Violação de sigilo funcional

Art. 325. Revelar fato de que tem ciência em razão do cargo e que deva permanecer em segredo, ou facilitar-lhe a revelação:

Pena - detenção, de 6 (seis) meses a 2 (dois) anos, ou multa, se o fato não constitui crime mais grave.

1º Nas mesmas penas deste artigo incorre quem:

I - Permite ou facilita, mediante atribuição, fornecimento e empréstimo de senha ou qualquer outra forma, o acesso de pessoas não autorizadas a sistemas de informações ou banco de dados da Administração Pública;

II - Se utiliza, indevidamente, do acesso restrito.

2º Se da ação ou omissão resulta dano à Administração Pública ou a outrem:

Pena - reclusão, de 2 (dois) a 6 (seis) anos, e multa.

Dispositivo ampliado pela lei 9.983, de 2000. É importante compreender que vivemos na era da informação e esta, dependendo da importância, possui valor agregado e sua divulgação gera riscos e, consequentemente, danos à administração pública. O funcionário público tem por obrigação manter o sigilo funcional de informações confidenciais; tecnicamente, o crime em análise é formal, bastando para sua consumação apenas o ato indevido de divulgação, independente do resultado ou do uso efetivo da informação.

5.31.1 – O valor da informação

Trazendo para a realidade jurídica policial, podemos citar vários exemplos nos quais o segredo funcional entra em choque com o direito de liberdade de imprensa. Este órgão, de extrema importância para a manutenção e desenvolvimento da democracia, apresenta grande poder sobre a opinião pública, mas quando usado de maneira parcial, gera consequências graves na estabilidade social, dando o grau de responsabilidade na divulgação de informações.

Informações relevantes não são de fácil obtenção, dão trabalho e custam caro, algo que não é problema para as grandes emissoras televisivas. Policial recebe, de maneira velada, proposta para divulgar antecipadamente os locais de operações, com o objetivo de obter exclusividade de cobertura jornalística nos programas policiais, sendo algo normal sair para as missões já acompanhado de equipes jornalísticas.

Matéria policial vende, tem apelo, logo, a disputa das emissoras pelos furos de reportagens é intensa, principalmente os furos negativos: corrupção e morte são mais atrativas que prisões e apreensões. Durante operação policial realizada pelo Batalhão de Choque, equipe de reportagem, mesmo orientada, acompanha equipe pelo interior de área de alto risco; com o início do confronto, cinegrafista é baleado no peito, vindo a falecer; uma verdadeira tragédia anunciada. Sem dúvida, aquela informação privilegiada custou uma vida.

5.31.2 – Investigação sigilosa

De regra, qualquer processo judicial apresenta como característica a publicidade, mas o que causa espanto e preocupação é que mesmo aqueles sob segredo de justiça aparecem constantemente com informações substanciais na mídia televisiva, inexistindo qualquer apuração para responsabilização dos possíveis agentes públicos difusores de informação sigilosa. A divulgação de informações, que ainda estão sobre investigação, é um grande problema. Levando-se em consideração que elas ainda não sofreram influência do princípio constitucional do contraditório, seria prudente a não divulgação, visto que podem mudar durante o curso do procedimento, causando danos irreversíveis e nem sempre tudo que parece é a realidade do fato.

Determinados órgãos da imprensa não possuem comprometimento com a causa pública, são baseados na lógica capitalista, visando lucro a qualquer custo, se protegendo sempre no direito da liberdade de imprensa, alegando que qualquer restrição configura censura. Durante importante investigação sobre homicídio de autoridade política, veículos de comunicação — com informantes, às vezes, de dentro da própria polícia — divulgam as linhas investigativas e os possíveis autores, permitindo que os culpados se movimentem, dificultando o trabalho das equipes, realizando com seus atos um verdadeiro desserviço, sendo a conduta dos funcionários públicos criminalizada pelo tipo estudado.

5.31.3 – Minuto de fama, autoridade *"popstar"*

Bom exemplo de quebra de sigilo está relacionado ao famoso caso do sumiço do ajudante de pedreiro "Amarildo", na Favela da Rocinha, no ano de 2013. Sem entrar no mérito do caso, após investigação, surgiu a hipótese de que o corpo da vítima teria sido retirado da comunidade por viaturas do BOPE, tropa de elite da Polícia Militar carioca. Um vídeo foi exaustivamente mostrado na mídia, insinuando a existência de um possível volume na caçamba da viatura; diversas perícias foram realizadas e, mesmo sem comprovação, autoridades, de maneira irresponsável e precipitada, correram para os microfones para dar suas declarações, trocando importantes informações sigilosas por seus minutos de fama.

Na época, a unidade ficou praticamente sem viatura para operar, porque todas estavam ao mesmo tempo na perícia. Com a pressão midiática, a tendência é que as ações processuais corram com mais velocidade. A imagem do batalhão foi denegrida, bem como a dos policiais que apareceram nas imagens, causando dano, caracterizando a figura qualificada do delito, prevista no parágrafo segundo do tipo em análise. Fatos ainda sob investigação devem ser tratados em sigilo, sendo preservados pelos agentes que possuem tais conhecimentos, sob pena de responsabilização de quem quer que seja; somente os fatos comprovados devem ser divulgados e com responsabilidade.

5.31.4 – Vazamento de operações policiais

O risco é inerente às operações policiais, sendo o sigilo fundamental, não só para a eficiência nas prisões e apreensões, mas também para a segurança dos agentes públicos, que colocam a vida em risco diariamente em benefício de toda a sociedade. Recentemente, equipe policial foi presa por divulgar informações, com antecedência, dos locais de operações aos criminosos. Tal conduta era possível uma vez que os agentes, por fazerem parte do efetivo da unidade operacional, tinham acesso antecipado das áreas operativas, alvos das equipes. Lógico que, neste caso, nada era feito gratuitamente, aumentando a reprovação da conduta, deslocamento da capitulação para o crime de corrupção, visto que, no tipo informado, a quebra do sigilo não exige nenhuma contrapartida.

5.31.5 – Banco de dados

Acompanhando a evolução tecnológica, o legislador, através da lei 9.983, acrescentou o parágrafo primeiro e seus incisos, visando à preservação dos bancos de dados públicos, onde o acesso deverá ser individualizado e restrito à utilização de interesse público, sob responsabilização de seus usuários. Bom exemplo de banco de dados policiais é a rede infoseg, na qual é possível realizar consultas em nível nacional de antecedentes criminais, mandados de prisão e situação veicular, existindo restrição e níveis de acesso para diferentes agentes públicos.

Agente possuidor de senha de acesso começa a realizar consulta de interesse particular, visualizando, por câmeras de segurança, o momento e os locais onde desafeto pessoal costuma passar, não existindo qualquer investigação em curso contra o referido cidadão; a conduta configura claramente a forma qualificada do crime estudado.

Para determinadas situações, é útil ter proximidade com agentes públicos, principalmente policiais, devendo estes ficarem atentos com essas amizades de interesse. Colega não muito próximo de um policial havia se envolvido em um acidente de trânsito, causando-lhe danos; de posse da placa do veículo da outra parte, ele procura o servidor fazendo a solicitação de verificação dos dados do proprietário do veículo através de banco de dados da polícia, para que assim resolvesse o problema e realiza-se a cobrança. Não se tratando do servidor responsável pela ocorrência, deve orientar o colega a procurar uma delegacia de Polícia Judiciária e comunicar o fato, uma vez não ser o agente a autoridade responsável em realizar tal pesquisa, apesar de ter o acesso ao banco de dados, sob pena de cometimento de crime.

5.32 – Art. 328 – Usurpação de função pública

Art. 328. Usurpar o exercício de função pública:

Pena - detenção, de 3 (três) meses a 2 (dois) anos, e multa.

Parágrafo único. Se do fato o agente aufere vantagem:

Pena - reclusão, de 2 (dois) a 5 (cinco) anos, e multa.

A função pública não possui só deveres, apresenta direitos e benefícios inerentes ao Estado, que nas mãos de pessoas erradas podem gerar diversos tipos de vantagens indevidas. Por isso, só podem agir em nome do Estado os funcionários públicos, seus assemelhados e, mesmo assim, de maneira limitada, como preleciona o já analisado artigo 327, do Código Penal.

Tecnicamente, de regra, o sujeito ativo é o particular, entretanto, o tipo não faz qualquer restrição em relação à autoria, podendo inclusive o funcionário público figurar como autor do delito de usurpação de função pública. O sujeito passivo é o Estado, que tem suas atribuições exercidas por pessoa não investida de cargo, emprego ou função pública.

5.32.1 – Falso policial

Inventar histórias de maneira oral nem sempre é conduta criminalizada. Ocorrência corriqueira está relacionada a indivíduo que comenta pelos quatro cantos ser policial, juiz, promotor ou qualquer outra autoridade, buscando possível *status* que a profissão pode proporcionar; ficando só nisso, não comete crime. Entretanto, se ele, usando de fraude, consegue vantagem indevida através de suas mentiras, estaremos falando do crime previsto no artigo 171: estelionatos. Indivíduo se passando por fiscal da vigilância sanitária, com identificação e uniforme falsos, aplica multa em um comerciante, arrecadando valor em espécie. Neste caso, não há que se falar em usurpação.

Já o sujeito que se passa por funcionário público sem aferir qualquer benefício, responderá pela contravenção penal prevista no artigo 45, da legislação especial. Com a explosão do filme *Tropa de Elite,* tornou-se bem comum aparecer falsos integrantes da tropa de elite da Polícia Militar, sendo este um bom exemplo da contravenção citada. Indivíduo é preso em flagrante pelo crime de milícia, previsto no artigo 288 A, realizando conduta parecida à citada acima, mas com o especial fim de agir diferente, mudando completamente a capitulação do crime e as consequências penais da conduta.

No parágrafo único, observamos a forma qualificada do tipo em que o autor, pela falsa condição de funcionário público, afere algum tipo de vantagem. Falso Tenente Coronel do Exército Brasileiro trabalhou durante anos, por incrível que pareça, na inteligência da Secretaria de Segurança Pública do Estado do Rio de Janeiro, recebendo benefícios diretos e indiretos, além de outras vantagens, configurando a figura qualificada do crime, cabendo ressaltar que a norma não restringe a vantagem somente, à ordem monetária, tratando de maneira ampla o benefício.

5.33 – Art. 329 – Resistência

Art. 329. Opor-se à execução de ato legal, mediante violência ou ameaça a funcionário competente para executá-lo ou a quem lhe esteja prestando auxílio:

Pena - detenção, de 2 (dois) meses a 2 (dois) anos.

1º - Se o ato, em razão da resistência, não se executa:

Pena - reclusão, de 1 (um) a 3 (três) anos.

2º - As penas deste artigo são aplicáveis sem prejuízo das correspondentes à violência.

Os movimentos de enfraquecimento das instituições, bem como a falta de credibilidade de determinados órgãos públicos, geram grande instabilidade social, fomentando o cometimento de alguns crimes previstos neste capítulo. Especificamente, o crime de resistência configura-se como um ato de oposição ilegal da ordem pública legal, através do emprego de violência física ou até mesmo uma simples ameaça.

5.33.1 – O excesso legitima a resistência

Temos como sujeito passivo primário o Estado e, secundariamente, o funcionário que executa o ato sempre em nome deste, sendo revestido de legalidade formal e material devendo, para a configuração do delito, obrigatoriamente ser realizado por funcionário público competente, não existindo crime quando a reação se dá contra abuso de autoridade. Imaginemos que, durante o cumprimento de mandado de prisão, onde a norma restringe o horário de entrada na residência, agente público, abusando de sua autoridade, decide cumprir tal determinação em período noturno, mesmo contra a vontade do morador; com a resistência dele, não há de se falar em responsabilização pelo delito de resistência, uma vez que a conduta ilegal do agente legitima a resistência.

5.33.2 – Importância das identificações funcionais

O dolo de frustrar o cumprimento do ato legal é fundamental para a responsabilização do autor. Policial à paisana decide abordar indivíduo que se encontra em fundada suspeita; o abordado, sem entender o ocorrido e agindo sob erro, reage à abordagem simplesmente por não identificar o indivíduo como agente público, não existindo ao abordado a obrigação de adivinhar que tal ato é uma prerrogativa do agente público revestido de legalidade, sendo absurda qualquer responsabilização de crime estudado.

5.33.3 – "Você sabe com quem está falando?"

Como já mencionado anteriormente, o delito também se configura com a oposição através de ameaça, sendo assim, não é necessário qualquer contato físico entre os atores para a configuração do delito. Infelizmente, nem todas as autoridades públicas entendem que suas funções não dão somente direitos, mas também responsabilidades. O famigerado jargão "você sabe com quem está falando", dependendo do caso concreto, poderá soar como uma ameaça.

Equipe em procedimento de rotina realiza abordagens e, consequentemente, revista de veículo em fundada suspeita a determinado motorista que, ao desembarcar, se opõe às ordens legais, utilizando em tom ameaçador o famoso jargão citado, além de dizer que comunicará ao chefe imediato dos agentes operacionais o que ele entende como importunação e que com sua influência poderia prejudicar os policiais. Apesar de aparente absurdo, o exemplo ocorre diariamente nas ruas do país; se a ameaça faz com que a atuação legal não ocorra, o crime estará capitulado, e o policial agindo, estaremos com um exemplo da modalidade tentada de resistência.

O artigo segundo preleciona que as penas relativas a uma possível conduta violenta deverão ser aplicáveis cumulativamente, mas segundo a doutrina, os crimes de ameaça e a contravenção de vias de fato, comuns no caso concreto, são automaticamente absorvidos pela resistência, sendo entendidos como meios para o cometimento do crime contra a administração pública. A partir do crime de lesão leve, entendemos que se faz necessário o concurso de crimes, uma vez que, além da administração, o agente que sofre a lesão diretamente deve ser protegido, pois, apesar da realização de qualquer juramento, ninguém entra para o serviço público para sofrer qualquer restrição de direito.

A forma qualificada, prevista no parágrafo primeiro, se consuma com o não cumprimento do ato, aumentando consideravelmente a pena, uma vez que o poder público, representado por seus agentes, quando decide tomar uma atitude, presume que a ação está amparada pela legalidade; e o não cumprimento poderá resultar em prejuízos à administração e, dependendo do caso, à toda a sociedade. Um bom exemplo é o do indivíduo que ao ver operação policial se evade por estar sem a carteira de habilitação, ameaçando todos os presentes com esta prática. Além de atacar a administração pública, coloca toda a coletividade em risco com seu ato criminoso.

5.34 – Art. 330 – Desobediência

Art. 330. Desobedecer a ordem legal de funcionário público:

Pena - detenção, de 15 (quinze) dias a 6 (seis) meses, e multa.

Ordem legal não é um simples pedido e sim uma determinação devido ao poder de império do Estado; o bem jurídico tutelado, como nos demais delitos estudados neste capítulo, é a administração pública, e o cometimento reintegrado poderá levar a uma desmoralização das instituições e à falência do Estado, cabendo reforçar que ele deve atender aos interesses da sociedade.

É necessário o dolo, tendo o agente consciência e vontade, não existindo a necessidade de um especial fim de agir, lembrando que, como de regra, o erro de tipo exclui o dolo, cabendo a mesma análise do artigo anterior, quando indivíduo não reconhece o agente como funcionário público, não obedecendo a ordem emanada por ele. Durante acidente de trânsito com vítima, policial de folga, em trajes civis, decide atuar para preservar o local de crime, e solicita, sem se identificar, que curiosos abram espaço, mas não é atendido. Nessas condições, não poderá realizar a prisão por desobediência, visto que ninguém ali presente sabia de sua condição de representante legal do Estado.

5.34.1 – Nem toda ordem legal é justa

Assim como na resistência, existe a obrigatoriedade de legalidade na ordem, entretanto, deve-se entender que nem sempre uma ordem legal nos parece justa, não cabendo ao autor esse julgamento. Durante desapropriação por determinação da justiça, policiais militares, naturalmente como seres humanos, se sentem comovidos com a situação de desabrigar famílias inteiras. Apesar da importante questão humana, a ordem deve ser cumprida, não cabendo aos autores o julgamento no momento do procedimento operacional.

A incidência do tipo vem aumentando a cada dia, surgindo diversas discussões na justiça e, consequentemente, na doutrina, ficando o policial atuante, na ponta da linha, no limite entre a omissão e o abuso de autoridade e suas responsabilizações legais. Prática comum durante manifestações populares é o fechamento das ruas por manifestantes, impedindo o direito de ir e vir dos demais integrantes da sociedade. Policial, ao dar a ordem legal de desobstrução da via, naturalmente, surge o embate entre o direito de ir e vir e a autonomia da administração pública, exercida pelo poder de polícia, com o direito de livre manifestação.

A manutenção do direito de manifestação é fundamental para o desenvolvimento da democracia, desde que não atrapalhe a vida dos demais integrantes da sociedade, sendo necessário que a doutrina se consolide, dando meios seguros e consistentes para os agentes públicos atuarem. Lição básica e coloquial de cidadania é que meu direito termina quando começa o do próximo. No exemplo em questão, o fechamento de apenas uma faixa da via é suficiente, sendo o meio-termo, e aqueles que descumprirem a ordem legal estarão cometendo o crime em análise, mesmo agindo, em muitos dos casos, sob erro de proibição, achando que sua conduta não é crime, estando amparada em um direito constitucional, dificultando a atuação policial.

Por fim é importante mencionar a discussão doutrinária a cerca da possibilidade do cometimento de crime de desobediência por funcionário público. A primeira consideração é que o crime está colocado no capítulo dos crimes contra a administração pública cometido por particular, sendo este o argumento principal da corrente que defende a impossibilidade. Por outro lado, com a inexistência de hierarquia e, consequentemente, poder disciplinar entre as partes, impossibilita a aplicação de qualquer punição, seja penal ou administrativa, no caso de adoção desta corrente doutrinária quando do descumprimento de ordem legal, atrapalhando o bom andamento da administração pública.

5.34.2 – Não comparecimento para depor

Longa e boa discussão jurídica, com grande aplicabilidade na prática operacional, visto que o ato de depor, seja em sede administrativa ou policial, é uma das atividades mais corriqueiras aos agentes operacionais. De fato, existe um conflito de direitos e interesses. Em primeiro lugar, o constitucional de permanecer calado, não produzindo provas contra si, previsto no inciso LXIII, do artigo quinto, da Constituição Federal, que justifica o não comparecimento; por outro lado, está o interesse da administração pública, que se sobrepõe ao particular em desvendar um crime, chegando-se à sua autoria e materialidade, concluindo-se que alguns direitos, apesar de sua importância, dificultam, em determinados momentos, a atividade policial.

É comum observarmos que, em uma intimação, autoridade mencionam no documento, quase em tom ameaçador, que o não comparecimento poderá ser responsabilizado como desobediência. É descabida a informação, pelo menos com a interpretação jurídica majoritária adotada atualmente, e dois motivos justificam esse pensamento: as autoridades possuem instrumento contundente para efetivar a apresentação, denominado de condução coercitiva, e se o indivíduo tem o direito de permanecer calado, obrigando-o e ameaçando-o ao comparecimento, só reforçará esta prerrogativa.

No âmbito da Polícia Militar do Rio de Janeiro, corroborando com o pensamento anterior, de impossibilidade de responsabilização por desobediência, é a adoção de medida punitiva em âmbito administrativo para o não comparecimento em juízo em depoimento, tendo como punição disciplinar dias de detenção. Logo, o não comparecimento em juízo ou mesmo em sede de Polícia Judiciária não configura o crime estudado, entretanto, que fique claro que este ato atrapalha o bom andamento da administração pública.

5.35 – Art. 331 – Desacato

Art. 331. Desacatar funcionário público no exercício da função ou em razão dela:

Pena - detenção, de 6 (seis) meses a 2 (dois) anos, ou multa.

O crime representa o menosprezo, a ofensa ou a humilhação, mesmo que ocorra em tom de brincadeira, contra a administração pública, tendo assim como sujeito passivo o Estado em primeiro plano e seus agentes diretamente ofendidos subsidiariamente. Tecnicamente, o delito é um crime formal, de perigo, com a consumação antecipada, não existindo a necessidade de consequências, sendo irrelevante se a administração ou os seus agentes sejam, de fato, ofendidos, ou mesmo se sintam nesta condição.

5.35.1 – Gestos com potencial lesivo

Característica interessante, com impacto direto na atividade operacional, é que o delito é de forma livre, não sendo cometido apenas através de palavras, ocorrendo também por gestos ou qualquer outro modo que possa causar ofensa ao bem jurídico tutelado. Durante uma manifestação, a tropa do Batalhão de Choque passa a ser vista por muitos como carrasca da sociedade. Cidadão, ao avistar a viatura policial em patrulhamento pela cidade, coloca as mãos nas partes íntimas sacudindo-as em direção à equipe, não restando alternativa aos policiais senão desembarcar e prender em flagrante o autor do desacato, mesmo com o descontentamento dos transeuntes que observavam a ação.

O tipo penal tem a características de absorção de delitos menores. Policial leva uma cusparada e um tapa no rosto ao realizar uma desapropriação. A possível lesão ou contravenção, em vias de fato, é absorvida pelo tipo em análise, visto que a conduta desrespeitosa contra o agente produz um dano maior do que a própria ofensa à integridade física do agente.

5.35.2 – Crime "cara a cara"

O delito deve ocorrer obrigatoriamente na presença do funcionário público. Ocorrendo "pelas costas", poderá ser capitulado como uma das modalidades de crime contra a honra. Indivíduo abordado pela polícia fala que o procedimento operacional só é realizado com objetivo de pegar dinheiro; a diferenciação da capitulação se dará se o infeliz comentário foi direto aos policiais, podendo também ter sido de maneira ostensiva para que todos ouvissem ou se ele estava comentando com um amigo, de maneira reservada, sendo ouvido por um dos agentes. Seguindo a regra legal, o erro de tipo exclui o dolo. Logo, é fundamental que o autor saiba que a vítima é um funcionário público, para ser responsabilizado pelo crime de desacato.

Como já mencionado neste trabalho, o conceito de funcionário público previsto no Código Penal é ampliado, realizando equiparação, aumentando a proteção a diversas pessoas, potencializando as possibilidades de cometimento do delito. Prática comum em determinadas repartições públicas é a fixação de avisos, informando à população sobre as possibilidades de cometimento do crime, bem como suas consequências; o que de certa maneira é até intimidatório. Cabe a ressalva de que o tipo trata de uma proteção e não uma justificativa para a péssima prestação do serviço público, não punindo a crítica, desde que ponderada e respeitosa, por afastar o dolo fundamental para a caracterização do delito.

5.35.3 – Policial de folga pode ser desacatado?

A configuração do delito só é possível quando o ato se dá no exercício ou em relação à função, não excluindo a possibilidade de acontecer com o policial de folga, sendo necessário avaliar o elemento subjetivo, que é a vontade de humilhar o agente por sua condição profissional. Policial que não possui muita afinidade com um vizinho, após desentendimento, escuta que só possui determinados bens porque usa da condição de policial para adquirir vantagens indevidas; por mais que se utilize da função pública para o cometimento do crime, neste caso, o ataque está direcionado ao agente, não ocorrendo lesão à administração pública, sendo este um exemplo de crime contra a honra e não desacato.

O crime apresenta algumas polêmicas. A primeira está relacionada ao ânimo do autor. Segundo a doutrina majoritária e o entendimento dos nossos tribunais superiores, o ânimo deve ser calmo, uma vez que o nervosismo afasta o dolo ou a vontade de humilhar do agente. Respeitando os estudiosos e os integrantes dos tribunais, na prática, é difícil ver humilhação com calma e serenidade, sendo esta condição extremamente pessoal e subjetiva.

Em uma abordagem policial, indivíduo descontente com o procedimento legal adotado passa a xingar os servidores públicos; adotando a corrente citada, a figura típica estaria afastada, abrindo um precedente perigoso, servindo como artifício de impunidade para aqueles que conhecem a lei e seus argumentos doutrinários, e estão dispostos a desrespeitar as autoridades públicas.

Em vídeo disponível nas redes sociais, senhora, visivelmente bêbada, aparece xingando policiais militares após ser parada em operação da lei seca, sendo conduzida presa pelos agentes por desacato. Segundo a doutrina, a embriaguez também exclui o crime, uma vez que o bêbado não possui discernimento e logo a conduta ultrajante é afastada. Entendemos que, para melhor juízo, deverá ser avaliado o caso concreto, mensurando o nível de consciência do autor, uma vez que, muitas vezes, o álcool funciona como desinibidor, e as pessoas o consomem para fazer o que lhes falta coragem quando sóbrios.

Por fim, mesmo com a pluralidade de vítimas, de regra, só haverá um crime de desacato, podendo ser a pena majorada, dependendo do caso concreto. Policiamento, no Maracanã, sem nenhum motivo aparente ou justificante, escuta da torcida: "PQP, essa PM é a vergonha do Brasil", configurando um verdadeiro desacato em massa, não só contra os policiais ali presentes, mas contra toda a corporação da administração pública. Lembrando as lições de prisão em flagrante do amigo e renomado professor Rogério Greco, raciocinamos que, a obrigatoriedade do flagrante está diretamente ligada à possibilidade. Sendo, no exemplo citado, impossível prender incalculável número de autores. Apesar da revolta e frustração, nada pode ser feito no caso concreto.

5.36 – Art. 332 – Tráfico de influência

Art. 332. Solicitar, exigir, cobrar ou obter, para si ou para outrem, vantagem ou promessa de vantagem, a pretexto de influir em ato praticado por funcionário público no exercício da função:

Pena - reclusão, de 2 (dois) a 5 (cinco) anos, e multa.

Parágrafo único. A pena é aumentada da metade, se o agente alega ou insinua que a vantagem é também destinada ao funcionário.

Vivemos em uma sociedade relacional e, infelizmente, por vezes, é melhor ter um amigo poderoso, ou fingir ter, do que se esforçar para conseguir seus objetivos. Figura penal subsidiária do crime de corrupção, apresentando diversas condutas típicas já estudadas em outros tipos penais. O crime em análise é resultante de uma fraude, onde o autor alega ter influência capaz de usufruir de vantagem dentro da administração pública, através de relações escusas com funcionários públicos.

5.36.1 – "Lobistas"

O termo "lobista", extremamente atual e difundido nos meios de comunicação, exemplifica bem o crime estudado. O particular mal-intencionado busca aproximação com as autoridades públicas, visando benefícios ou burlar os trâmites burocráticos da administração estatal, devendo o policial estar atento a este tipo de proximidade, evitando ser usado e, consequentemente, responsabilizado por seus atos.

O sujeito passivo do tipo é a coletividade, administração pública, visto que o autor age usando o nome do Estado e, secundariamente, o particular que aceita o "serviço". Deve ser levado em consideração que, no caso concreto, a vítima secundária potencializa a conduta, buscando algum tipo de benefício, entretanto, o Direito não pune este fato, inexistindo bilateralidade punitiva. Os denominados "amiguicias", permitindo o uso do neologismo, caracterizados pelos amigos interesseiros de policiais, são fortes candidatos a figurar como autores do delito estudado.

Durante todos os eventos realizados na unidades policiais, é comum que determinados cidadãos estejam dispostos a ajudar a unidade, uns por voluntariedade e outros por interesses, sendo natural que estes indivíduos tenham o contato e a proximidade dos servidores. Durante operações de trânsito, um dos indivíduos citados acima, em troca dos favores cedidos anteriormente, usa seu prestígio para solicitar que veículo de familiar não sofra medidas administrativas previstas na lei, configurando o crime em análise.

A participação ou não do funcionário público é fundamental para a capitulação do crime. No tráfico de influência, não há a participação do servidor, não existindo nem mesmo a necessidade de qualquer relação entre o autor e qualquer representante estatal de fato. A conduta agravante prevista no parágrafo único ocorre quando o autor menciona que parte da vantagem será destinada à autoridade pública. Empresa de ônibus, descumpridora da legislação de trânsito, é procurada por particular dizendo que, por ter influência no batalhão policial da área, conseguiria que os coletivos não sofressem qualquer fiscalização policial. Entretanto, o valor solicitado pela realização de "vista grossa" seria destinado em parte ao comandante da unidade policial; a simples menção já qualifica o crime discutido por ora, aumentando a reprimenda estatal.

Por outro lado, ocorrendo a participação de funcionário público, cedendo ao pedido, agindo fora dos parâmetros legais, sua conduta será tipificada no artigo 317, do Código Penal — "corrupção privilegiada" — já estudada neste trabalho. A conduta do intermediário ou do mensageiro também deverá ser responsabilizada pelas características de formalidade do crime, sendo este tecnicamente classificado como de mera conduta, com sua consumação antecipada, não importando se o agente atenderá ou não à solicitação, ou mesmo se esta chegará a qualquer representante estatal. O exemplo narrado é uma exceção à teoria monista, regra de nosso Código Penal, na qual os autores, dentro de uma mesma conduta, responderão por crimes diferentes.

O tipo penal trata o termo vantagem de maneira ampla, apesar de na prática tal benefício, em regra, tratar-se pecuniariamente, sendo possível outra modalidade de ganho. Funcionário com o dolo de obter vantagem influencia agente público a realizar fiscalização em empresa concorrente, trazendo possíveis prejuízos ao rival, e ganhos ao denunciante. Nesse caso, uma possível promoção profissional. Mesmo o agente público atuando dentro da legalidade, o crime estará configurado ao particular, sendo a conduta do servidor atípica, o que não afasta a verificação da conduta no âmbito administrativo, por possível lesão ao princípio da moralidade.

5.36.2 – Pedir é crime?

O mero pedido não é crime, não podendo o funcionário público atender tal solicitação, visto que, na condição de representante do Estado possui repreenda maior, seja no âmbito penal ou administrativo, devendo seguir rigorosamente normas e regulamentos, sempre com base na impessoalidade. O dolo de aferir vantagem é essencial para a responsabilização no delito, mesmo revestido de imoralidade, o pedido, sem exigência de contrapartida, não caberá qualquer repreenda na esfera penal, ficando a análise e o julgamento nos importantes campos da ética e da moral.

Por fim, não devemos confundir a figura estudada com alguns crimes previstos no Código Penal. Na exploração de prestígio, prevista no artigo 357, do Código Penal, a ação é direcionada aos agentes públicos que atuam em âmbito processual, estando o delito localizado no capítulo dos crimes contra a administração da justiça, restringindo o sujeito passivo do delito. Configurada a existência de ameaça, a conduta, obrigatoriamente, será deslocada a um tipo mais grave, ou seja, a extorsão, que já analisamos nesta obra. Já a conduta fraudulenta ou o "rolo", usando o nome do Estado ou de seus integrantes, é mais gravosa que o tipo previsto no artigo 171, estelionato, absorvendo o crime.

5.37 – Art. 333 – Corrupção ativa

Art. 333. Oferecer ou prometer vantagem indevida a funcionário público, para determiná-lo a praticar, omitir ou retardar ato de ofício:

Pena - reclusão, de 2 (dois) a 12 (oito) anos, e multa.

Parágrafo único. A pena é aumentada de um terço, se, em razão da vantagem ou promessa, o funcionário retarda ou omite ato de ofício, ou o pratica infringindo dever funcional.

As polícias brasileiras, principalmente as militares e civis, de caráter estaduais, são por diversas vezes taxadas como instituições corruptas. Sem querer realizar qualquer tipo de corporativismo negativo e entrar no mérito do porquê de tanta crítica, é fato que tal conduta repulsiva ocorre nestas instituições policiais; infelizmente, este crime está presente na cultura brasileira. Historicamente, somos o povo do "jeitinho", hábito presente e que afeta todas as organizações sócias, sejam pública ou privada, como bem posto à tona pela eficiente e midiática operação "Lava Jato".

Este tipo penal reflete uma dura realidade. Parte da população, que tanto cobra e exige seus direitos, nem sempre cumpre com suas obrigações. A corrupção ativa pode ser cometida por qualquer pessoa, inclusive pelo próprio funcionário público, dando a característica comum do crime. Policial, querendo ficar fora do serviço no dia de importante data comemorativa, oferece vantagem ao responsável pela confecção das escalas, configurando a figura tipificada, sendo o especial fim de agir do sujeito ativo o ato de corromper, oferecendo vantagem indevida em troca de um possível benefício.

5.37.1 – Dar e receber agrados

Situação corriqueira, que causa grande confusão na prática operacional, é a incriminação daquele que comete a conduta de "dar" vantagem indevida. A letra da lei não cita o verbo dar, estando a conduta positivada somente no Código Penal Militar, logo, aquele que cede à pressão, passando vantagem indevida, não é autor de crime, e sim vítima.

Durante vistoria veicular, sabendo que o automóvel encontra-se fora das especificações legais, para evitar o recolhimento ao depósito público, particular oferece vantagem ou promessa de vantagem a policial militar; de pronto, este deverá realizar a prisão em flagrante por corrupção ativa. Se, em vez de oferecer, o particular somente cumpre a exigência ilícita do servidor, não há que se falar em crime, sendo esta comprovação algo bem sensível pela dificuldade probatória.

Durante operação policial, traficante de drogas é preso em flagrante. No deslocamento para delegacia, equipe é abordada pela mãe e pela esposa do custodiado. Elas oferecem à equipe considerável valor em espécie, para que o indivíduo não fosse preso, configurando o crime com a mera conduta de oferecer, sendo a aquisição da vantagem mero exaurimento.

Se, em vez de vantagem, policiais recebem promessa de vantagem, não realizando a prisão, esperando que o autor do crime busque o valor para, posteriormente, realizarem o ato restritivo de liberdade. Apesar da existência da figura legal do flagrante postergado, que tem por objetivo melhorar a eficiência da prisão, a simples proposta já configura o delito. Por se tratar de um crime formal, a conduta dos agentes pode servir de melhoria do conjunto probatório ou suscitar dúvidas sobre a legalidade da atuação policial.

5.37.2 – Enfraquecimento do instituto da fé pública

O crime é de consumação antecipada, mas a questão probatória é fundamental para efetivar a condenação. Observa-se que com a política equivocada, exercida por alguns setores da sociedade, levando à descredibilização das instituições policiais, o instituto da fé pública está cada vez mais desgastado. Nesse caso, é interessante que o funcionário público utilize-se de ferramentas probatórias inquestionáveis, tais como gravação sonora e visual, visto que, na prática, o crime ocorre geralmente na modalidade falada e longe da presença de testemunhas, ficando a palavra de um contra a de outro.

Assunto polêmico é a utilização de câmeras individuais por policiais operacionais, que ajudariam muito os profissionais que trabalham dentro da legalidade. Policial militar comunica que um senhor de idade que, aparentemente, não levantaria qualquer suspeita, oferecera dinheiro para não ser multado por estacionamento irregular em bairro nobre do Rio de Janeiro. Não havendo testemunhas e tratando-se de pessoal da alta sociedade, que afirmava veementemente que o policial é quem tinha solicitado a vantagem indevida, de condutor da ocorrência, o servidor, por pouco, não se torna o conduzido, mas não contava que o agente portava câmera particular oculta em seu colete balístico, comprovando a verdade dos fatos.

5.37.3 – Solicitações desagradáveis

Outra situação bem comum no dia a dia das ruas é a figura do "pidão". De acordo com o dispositivo legal, pedir não é crime, logo, aquela frase tradicional e abominável — "não teria como dar um jeitinho?" — que caracteriza o pejorativo "jeitinho brasileiro", apesar da imoralidade, não pode sofrer qualquer reprimenda estatal ao particular. Ao contrário do agente público, que atende o pedido mesmo sem qualquer vantagem, estará cometendo crime, visto que ele está obrigado a seguir os princípios da administração pública, dentre eles a moralidade. Durante atendimento de ocorrência de perturbação de sossego, onde contecia festa com som acima do limite permitido após o período de silêncio, organizador do evento pede que policial não tome as medidas legais. Apesar de inconveniente, não há que se falar em crime por parte do sujeito.

Por mais que sempre venha à cabeça, neste tipo de crime, a vinculação de vantagem indevida a capital em espécie, o tipo não faz qualquer restrição, podendo a vantagem ser interpretada em sentido amplo. Policial durante operação de rotina apreende veículo, e o nacional que o dirigia oferece ao agente público, caso não realize o previsto na lei, promessa de movimentação funcional benéfica, dizendo ter influência nos altos cargos da corporação. Mesmo sem oferecer dinheiro, a figura delitiva estará presente.

5.37.4 – "Presentes"

A doutrina entende que pequenos agrados não configuram corrupção ativa, devendo a conduta do agente público ser pautada pelo princípio da moralidade, devendo este avaliar se a conduta do particular não se trata de uma tentativa de fidelização, visando intimidade que poderá gerar vantagens em um futuro próximo. A linha entre simpatia e o dolo de corromper é tênue, devendo ser analisado o especial fim de agir do agente, bem como a mensuração, se possível, do "agrado" em questão. Seguindo o lema corporativo de servir e proteger, policiais observam veículo de idoso com o pneu furado na via. Após a realização do simples e prestativo ato, o motorista oferece valor em espécie como agradecimento, sendo lógico que tal conduta não pode ser enquadrada no tipo estudado, uma vez que a intenção era agradar e agradecer à equipe e não aferir qualquer benefício por meio de corrupção.

Gestos de gratidão não configuram corrupção ativa. Em determinadas localidades, a atividade policial operacional é extremamente reconhecida e valorizada, sendo comum a oferta de alimentação e outras vantagens, o que não configura qualquer tipo de infração penal, para nenhuma das partes. "Nem tudo é o que parece". Policial é filmado recebendo valor em espécie, sendo sua imagem vinculada de maneira negativa por órgãos de imprensa. Após breve averiguação, foi constatada que a vantagem era referente à venda de um imóvel. Apesar do dano causado, o ato não se tratava de crime e sim de mera conduta pautada no Direito Civil.

5.37.5 – Ajuda ilegal

A corrupção exaurida, prevista no parágrafo único do tipo, em que após o oferecimento ou recebimento da vantagem, o agente público realiza o ato ou se omite, estando sua conduta vinculada ao pedido, sendo óbvia a majorante visto que, neste caso, existe lesão efetiva à administração pública. Doutrinariamente, a corrupção ativa está dividida em própria, caracterizada quando o agente comete algo em desacordo com a norma jurídica, e imprópria, quando ele, mesmo agindo dentro da norma, concede benefício ao autor, dando agilidade ao processo ou ao procedimento administrativo, por exemplo.

Infelizmente, a ineficiência é uma realidade no serviço público. Durante operação policial, empresa de seguro oferece aos policiais da área vantagem para que eles recuperem veículos roubados que, normalmente, são largados no interior de comunidade sob influência do tráfico. Mesmo sendo reprovável a conduta de corrupção imprópria, não poderá ser considerada exaurida, visto que o agente, apesar de se beneficiar, fez o certo. Levando-se em conta que todos são iguais perante a lei, como preleciona a Carta Magna, não devendo o agente público dar ou tirar benefícios por conta própria, baseando sua conduta na impessoalidade.

5.38 – Art. 339 – Denunciação caluniosa

Art. 339. Dar causa a instauração de investigação policial, de processo judicial, instauração de investigação administrativa, inquérito civil ou ação de improbidade administrativa contra alguém, imputando-lhe crime de que o sabe inocente:

Pena - reclusão, de 2 (dois) a 8 (oito) anos, e multa.

1º - A pena é aumentada de sexta parte, se o agente se serve de anonimato ou de nome suposto.

2º - A pena é diminuída de metade, se a imputação é de prática de contravenção.

A movimentação da pesada máquina pública custa caro ao contribuinte, principalmente na persecução criminal. Sendo assim, apesar do interesse e da obrigatoriedade Estatal em apurar as infrações cometidas, elas devem ser verídicas ou, no mínimo, suscitar dúvidas, devendo estas serem sanadas nos diversos tipos de procedimentos investigativos. Além dos prejuízos ao Estado, e não só à Justiça, o tipo em análise, secundariamente, ataca o indivíduo acusado injustamente, uma vez que o autor do delito, como prescrito na própria letra da lei "sabe inocente", absorvendo esta conduta o crime de calúnia por ser uma conduta mais gravosa, sendo o crime contra a honra considerado instrumento meio do tipo estudado.

5.38.1 – Dano resultante de investigação

O verbo do tipo "dar causa" pode ser interpretado em sentido amplo, podendo ser realizado de inúmeras maneiras, e não somente pela forma legal e corriqueira de apresentação de notícia crime perante autoridade competente. Através das redes sociais, cidadão começa a divulgar, por questões pessoais, que determinado policial apresenta bens incompatíveis com seus vencimentos, mesmo sabendo que tal ganho é fruto de uma herança, visando somente denegrir a imagem do funcionário público, que é seu desafeto.

Tomando ciência do fato, Corregedoria decide abrir procedimento investigatório. Chegando-se à conclusão de que tudo se tratava de um boato, o agente, mesmo com o dano causado pela investigação, não será punido, e o iniciador do procedimento deve arcar com a responsabilização pertinente, sendo esta a nossa posição, mesmo existindo forte corrente doutrinária contrária, afirmando que, para a consumação do delito, o autor deve intencionalmente dirigir a denúncia á autoridade competente, mas, na era da publicidade e velocidade das informações, é fato que as informações chegam sempre a todos os interessados, para o bem ou para o mal.

5.38.2 – "X9"

A conduta popularmente conhecida como "dedo duro" ou "X9" causa grande discussão no meio jurídico. Durante um depoimento, acusado faz falsa acusação a terceiro, colocando este na condição de criminoso, com o único objetivo de se vingar, mesmo sabendo da inocência do indivíduo. A primeira corrente doutrinária defende que não existe crime, uma vez que, por estar depondo, a figura da espontaneidade é afastada, inviabilizando o crime, o que não concordamos, porque por garantia constitucional, ele pode permanecer em silêncio, e se decidiu fazer falsa acusação, só tinha a intenção de causar dano.

Já uma segunda corrente entende que seria crime contra a honra. Neste caso específico, calúnia. Já a última corrente, a mais coerente, entende que a conduta configura o crime estudado. Durante operação correcional, investigando envolvimento de policiais com traficantes de droga, um elemento, preso em flagrante, durante depoimento acusa com detalhes policial da unidade de fazer parte da referida organização criminosa, causando grandes transtornos ao funcionário público, inclusive decretação de prisão em caráter precário. Após as investigações, conclui-se que o agente foi acusado, injustamente, por ser extremamente atuante e por mera vingança. Nesse caso, não vemos outra opção a não ser o indiciamento no crime mais grave, o que, de fato, não repararia o dano causado.

É elemento fundamental ao tipo a condição de "saber inocente", uma vez que a dúvida obriga o Estado a realizar o procedimento buscando sempre a verdade. A simples submissão a um procedimento investigativo causa danos irreparáveis, visto que, alguns órgãos da imprensa vivem de expor negativamente as ações e condutas de agentes públicos, independente de estar ou não em razão da função.

5.38.3 – Flagrante forjado

Por outro lado, maus profissionais existem em qualquer atividade, inclusive na polícia, e isso jamais deve ser omitido. A ação delituosa de flagrante forjado, na qual o agente coloca objeto na cena do crime, incriminando inocente, existe e deve ser combatida com rigor. A abominável atitude, dependendo do caso concreto, configurará o crime estudado se a conduta der ensejo ao procedimento previsto na letra da lei. Querendo incriminar abordado, policial joga droga no interior do veículo dele, prendendo em flagrante pessoa inocente. Por mover a máquina pública, fazendo instaurar procedimento investigativo, observamos a conduta delituosa estudada, sem prejuízo de análise aos demais tipos penais.

5.38.4 – Investigação criminal iniciada por notícia midiática

Não é de hoje e nem exclusividade brasileira que a relação entre polícia e imprensa apresenta momentos de tensão. Sem entrar no mérito da questão, é fato que algumas condutas podem causar danos, que devem ser responsabilizados legalmente. Repórter, já conhecido por sua ideologia anti-polícia, escreve reportagem de que oficiais da tropa de elite da PMERJ, durante uma determinada operação, não apresentaram a quantia de cinco milhões de reais em espécie à autoridade competente, divulgando seus respectivos nomes, criando danos em decorrência da desnecessária exposição. Após intensa investigação, nada foi constatado. Se comprovado pessoalidade, oportunismo e o *animus laedendi*, o autor, sem verificar a fonte, assume o risco e deve ser responsabilizado pelo crime em análise.

Todos os profissionais são responsabilizados pelos seus erros, devendo no caso de possibilidade, reparar os danos. Policiais sabem bem disso. O livre direito de expressão não justifica a publicação de inverdades, muitas vezes, com consequências irreversíveis, não podendo ser esse importante direito um salvo-conduto para o cometimento de crimes. Apesar das interpretações contrárias ao pensamento, que respeitamos, está posto o debate.

5.38.5 – "Disque vingança"

Por fim, trataremos do aumento de pena prevista no parágrafo primeiro, que trata do uso de anonimato para o cometimento do referido crime. A majorante se torna extremamente pertinente, uma vez que tal prática dificulta a apuração criminal, aumentando a possibilidade de impunidade. No Rio de Janeiro, existe uma ferramenta fundamental para o combate ao crime chamada de "Disque Denúncia". Na qual, através de um telefonema, a pessoa realiza uma denúncia com seu anonimato garantido. Entretanto, é bem comum o acontecimento do que chamamos no jargão policial de "Disque vingança", ocorrendo após uma operação bem-sucedida o aumento de denúncias contra os agentes públicos que a realizaram, não sendo raro que tal caso termine em procedimentos investigativos. No exemplo citado, existe um conflito entre os resultados da ferramenta, baseada no anonimato, e os bens juridicamente tutelados pelo artigo 339, do Código Penal.

5.39 – Art. 340 – Comunicação falsa de crime ou contravenção

Art. 340. Provocar a ação de autoridade, comunicando-lhe a ocorrência de crime ou de contravenção que sabe não se ter verificado:

Pena - detenção, de 1 (um) a 6 (seis) meses, ou multa.

Conduta parecida com o tipo anterior, sendo que neste caso existe uma notícia crime falsa, sem acusar autoria, motivo pelo qual a pena cai consideravelmente. Como no crime anterior, há a necessidade de dolo direto. No caso de dúvida, o ato de comunicar é válido, não existe crime, sendo responsabilidade e interesse do Estado a movimentação da máquina persecutória. Indivíduo, após pegar transporte coletivo, percebe que está sem sua carteira. Como a modalidade de furto é algo bem comum nas grandes cidades, ele acha que foi vítima do crime, decidindo registrar o fato. Se após investigação, foi constatado que ele havia perdido seus pertences, seria um equívoco a autuação do comunicante como autor do crime estudado, visto que, em nenhum momento, existiu a intenção de causar lesão à justiça, mas sim uma dúvida.

No sentido oposto, aquele que sabendo que perdeu sua documentação, visando possíveis vantagens pessoais, comunica tal fato como crime, tem sua conduta perfeitamente tipificada no delito em análise. A conduta é extremamente habitual, visto que alguns documentos pessoais são cobrados no momento da confecção de segunda via, tendo isenção de taxas se comprovado que tal fato se deu por motivos criminais.

5.39.1 – "Trote"

Caso bem conhecido foi o do jogador que, visando a vantagem de não pagar multa por atraso em treino, comunicou roubo de seus pertences e, após investigação, ficou constatado que ele tinha inventado tal farsa. No caso citado, instaurou-se um inquérito, mas como o próprio tipo preleciona, o termo ação da autoridade deverá ser interpretado de maneira genérica, não se restringindo a atos referentes a processos ou procedimentos investigatórios.

Boa parte das ligações destinadas ao telefone de emergência 190 é "trote", movimentando a máquina pública, trazendo inúmeros prejuízos à administração pública e à sociedade. Como o tipo não define quais autoridades e condutas, a ação de passar "trote" deve ser responsabilizada no tipo penal em estudo, visto que as polícias ostensivas fazem parte do sistema jurídico, mesmo que indiretamente.

5.40 – Art. 342 – Falso testemunho ou falsa perícia

Art. 342. Fazer afirmação falsa, ou negar ou calar a verdade, como testemunha, perito, tradutor ou intérprete em processo judicial, ou administrativo, inquérito policial ou em juízo arbitral:

Pena - reclusão, de 2 (dois) a 4 (quatro) anos, e multa.

1º - As penas aumentam-se de um sexto a um terço, se o crime é praticado mediante suborno ou se cometido com o fim de obter prova destinada a produzir efeito em processo penal, ou em processo civil em que for parte entidade da administração pública direta ou indireta.

2º - O fato deixa de ser punível se, antes da sentença no processo em que ocorreu o ilícito, o agente se retrata ou declara a verdade.

A importância operacional do tipo está na figura da testemunha, visto que o ato de testemunhar é bem comum para os policiais operacionais. Para quem atua na rua, realizando prisões constantemente, é quase que diariamente convocado pelas autoridades judiciárias para realizar este ato de suma importância no sistema da persecução penal, maximizando a importância do estudo do crime.

5.40.1 – Testemunha suspeita

O sujeito ativo do delito é elencado em um rol taxativo, caracterizando o crime como próprio. Apesar de apresentar essa característica, a corrente majoritária da doutrina entende que existe como exceção neste delito a possibilidade de coautoria e participação. Advogado orienta testemunha de seu paciente para mentir ou a treina para realizar um depoimento falacioso. Segundo posicionamento já confirmado por nossos tribunais superiores, o profissional deverá ser responsabilizado.

É bem comum que a atividade policial, em alguns casos, seja interpretada como antipática, sendo comum que testemunhas com vínculos direto ou indireto com criminosos falem inverdades, visando prejudicar à polícia e ajudar infratores da lei. Com o fenômeno de enfraquecimento do instituto da fé pública e a descredibilidade da administração pública, principalmente dos agentes policiais, torna-se quase inerte este tipo penal.

Durante intensa troca de tiro, por questões de segurança, equipe demora a chegar em criminoso ferido no confronto. Ao chegar, encontra o agressor sem seu armamento. É questão de tempo para aparecer testemunha informando que o indivíduo baleado era trabalhador e que nunca havia portado uma arma, deixando os policiais em situação complicada juridicamente falando. Em comunidades, sob intensa influência do tráfico, algumas pessoas preferem o crime que o Estado, sendo totalmente suspeitas em seus relatos. No caso concreto, a falsa testemunha não contava que o agente filmava toda a ação, não restando dúvidas sobre a ação criminosa do indivíduo baleado, e da suspeição de sua testemunha, sendo esta responsabilizada pelo crime em análise.

Após o advento da lei 12.850/13, a pena mínima foi aumentada, uma vez que esta conduta criminosa tem consequências relevantes na aplicação da tutela jurisdicional do Estado. Conhecida na doutrina como a "prostituta" das provas, esta modalidade probatória, em determinados crimes, é o único meio, servindo como base decisória para juízes, seja em julgamentos ou em suas decisões interlocutórias, aquelas não definitivas, tomadas no curso do processo.

5.40.2 – Fragilidade institucional: na dúvida, prende-se o policial

Procedimento absurdo, mas extremamente usual, fundamentado no artigo 312, do Código Processual Penal. A decretação de prisão preventiva contra agentes policiais ocorre sempre sob o argumento amplo de "garantia da ordem pública", ou por "conveniência da instrução criminal", visto que estes agentes, por suas condições, poderiam ameaçar testemunhas ou atrapalhar a produção de provas.

Policial investigado por homicídio, decorrente de intervenção policial, por vingança, é denunciado por parente da vítima, alegando que se sentia ameaçada com a presença dele nas proximidades da comunidade onde ocorreu o fato. Juiz, equivocadamente, atende solicitação de delegado e prende o policial preventivamente. Porém, posteriormente, descobre que a referida testemunha tinha envolvimento direto com o tráfico local, sendo esse o verdadeiro motivo para tirar o policial de suas atividades. No caso concreto, a testemunha responde pelo crime estudado, o policial sofre dano irreparável, e as autoridades que agiram erradamente não são responsabilizadas, o que deveria ser reconsiderado por nosso ordenamento jurídico.

São três modalidades de cometimento do delito, bem como em qualquer interrogatório, exemplificadas por: "fazer afirmação falsa": os policiais já chegaram atirando sem ninguém ter feito nada. "Negar" — tinha alguém armado? E eles atiraram contra os policiais? Não, ninguém estava armado. E, por fim, mesmo tendo presenciado tudo, "decide ficar calado". Tal conduta se consuma com o término do depoimento, e de acordo com o parágrafo segundo, se ocorrer retratação antes do término do processo, o fato deixa de ser punível, estendendo-se aos coautores, se for o caso.

Caso interessante é do agente que é convocado como testemunha em procedimento investigativo, mas, durante o procedimento, percebe que em seu interrogatório só constam perguntas voltadas para sua autoincriminação. É lógico que, neste exemplo, a testemunha não possui qualquer obrigatoriedade de resposta aos quesitos, visto que, segundo a Constituição Federal, ninguém está obrigado a produzir provas contra si.

Durante caso extremamente divulgado e manipulado pela mídia, o que coloca os agentes investigativos em grande pressão, indivíduo some após abordagem policial, sendo os policiais próximos os principais acusados. Começaram a ser intimados a depor como testemunhas, sendo o objetivo principal buscar culpados e não a verdade dos fatos, devendo estes profissionais, caso se sintam investigados, manterem silêncio, sem a possibilidade de qualquer tipo de responsabilização.

5.41 – Art. 345 – Exercício arbitrário das próprias razões

Art. 345. Fazer justiça pelas próprias mãos, para satisfazer pretensão, embora legítima, salvo quando a lei o permite:

Pena - detenção, de 15 (quinze) dias a 1 (um) mês, ou multa, além da pena correspondente à violência.

Parágrafo único. Se não há emprego de violência, somente se procede mediante queixa.

Situação perigosa e lesiva para qualquer sociedade organizada, o descrédito nas instituições legalmente constituídas potencializa o crime em análise. O crime possui como sujeito passivo direto o funcionamento da justiça e, secundariamente, a pessoa que sofre lesão ou ameaça de lesão. Na prática, não acreditando na atividade jurisdicional estatal, cidadão fere a regra de monopólio de uso da força pelo Estado e decide fazer justiça com as próprias mãos.

Crime de forma livre, com conduta extremamente ampla e aberta, podendo ser caracterizado por inúmeras ações do autor. O tipo penal cita pretensão "legítima", logo, apesar de aparentemente justa a reivindicação, a maneira ou o meio de alcançá-la é que foi equivocado. Pai é separado do filho pela mãe. Sofrendo restrições para ver a criança, decide invadir a residência da ex-esposa e pegar à força a criança. Apesar de possuir o direito de guarda compartilhada, a atitude de agir com base na força não é a melhor solução, devendo recorrer ao respectivo juízo de família competente, informando as restrições de convívio familiar, respondendo pelo delito em análise, sem prejuízo à responsabilização da respectiva violência.

A questão da legitimidade da pretensão é o cerne do tipo penal, não se confundindo com outros crimes, já analisados neste trabalho, presentes no Código. No caso de pretensão indevida, configurará a conduta como extorsão. Se ela era devida, mas com o passar do tempo perdeu o direito de ação pela prescrição, por exemplo, a doutrina entende se tratar de crime o constrangimento ilegal. É importante frisar que, em ambos os delitos, o Estado e, consequentemente a Justiça, deixaram de ser atacados com a conduta, passando à lesão ferir o particular diretamente, mudando totalmente a tipificação das condutas.

5.41.1 – Impessoalidade, policial deve conduzir a ocorrência e não fazer parte dela

Normalmente, no caso de funcionário público, a capitulação é deslocada para a lei 4.898 (Abuso de Autoridade), respeitando o princípio da especialidade. Apesar de ser comum a realização de autotutela, principalmente por policiais, como no caso de legítima defesa, cabe a ressalva de que policiais devem conduzir as ocorrências e não fazer parte delas. É comum, na cultura policial, até mesmo pela valentia inerente à profissão, que eles nunca levem desaforo para casa, mas devem ter cuidado com as condutas, a fim de evitar responsabilizações, devendo buscar os órgãos responsáveis para a resolução dos conflitos inerentes a qualquer relação humana, e não fazer justiça com as próprias mãos.

Policial sofre acidente de trânsito, sofrendo prejuízo em seu patrimônio. Ao conversar com a outra parte, esta, de maneira indelicada, informa que não arcará com qualquer reparação de dano, mesmo sendo clara a ausência de culpa do funcionário público envolvido na ocorrência. Revoltado, antes do acionamento da força policial, a vítima decide quebrar o veículo a fim de dar uma resposta e um prejuízo ao autor do acidente. Neste caso, não há dúvidas de que, independente da postura do causador da colisão, a atitude de danificar o bem representa o crime em análise e, no caso concreto, soma-se ao crime de dano, não podendo se falar em abuso de autoridade, visto que o autor não estava no exercício de sua função pública. É importante que os policiais entendam e tenham o devido preparo psicológico, pois problemas e perturbação do cotidiano acontecem com todos, e que os caminhos de resolução de conflitos são os mesmos, independente das partes envolvidas.

5.42 – Art. 347 Fraude processual

Art. 347. Inovar artificiosamente, na pendência de processo civil ou administrativo, o estado de lugar, de coisa ou de pessoa, com o fim de induzir a erro o juiz ou o perito:

Pena - detenção, de 3 (três) meses a 2 (dois) anos, e multa.

Parágrafo único. Se a inovação se destina a produzir efeito em processo penal, ainda que não iniciado, as penas aplicam-se em dobro.

A atividade jurisdicional tem consequências relevantes na vida de qualquer cidadão. Logo, o erro sentencial é inadmissível, e tal decisão é tomada com base no processo que, na prática, é o compilado de provas produzidas em parte pela polícia, confirmadas sob a garantia constitucional do contraditório e da ampla defesa. O crime agora em análise busca proteger a veracidade destas provas, protegendo de maneira taxativa pessoas com papéis relevantes na busca da verdade real — o juiz e o perito.

A ideia incialmente proposta neste trabalho, da existência de um sistema jurídico policial, tem seu argumento reforçado com a existência deste tipo penal. A participação do policial operacional é fundamental na coleta preliminar de possíveis provas, bem como na manutenção das já existentes. Comumente, a primeira instituição a chegar em um local de crime é a polícia, através de seus agentes operacionais, quando eles já não são partes diretamente envolvidas nas ocorrências. Logo, o conhecimento deste tipo penal é fundamental para a efetiva prestação jurisdicional.

Doutrinariamente, o crime estudado é formal, não sendo necessário que alguma ou ambas as autoridades descritas no tipo sejam, de fato, enganadas; obrigatoriamente doloso, sendo, na verdade, um subtítulo do crime de falso, com o especial fim de agir, fraudar. Policial responsável pela manutenção ou mesmo apoio na realização do exame de local de crime, por desatenção, esbarra e altera o local de uma determinada coisa. Seria totalmente absurda a responsabilização penal do agente, uma vez que não existe modalidade culposa para o delito e, em nenhum momento, o indivíduo teve a intenção de ferir o bem jurídico tutelado, cabendo, dependendo do caso concreto, responsabilização pela via administrativa.

5.42.1 – "Plantar" ou "embuchar" arma

Outro fator importante por se tratar, na prática, de uma modalidade de crime de falso, é que algumas considerações doutrinárias se equivalem.

Logo, para que ocorra a responsabilização, a inovação deverá ter potencialidade lesiva. Caso a fraude seja inidônea, entende-se que seria crime impossível pela impossibilidade de enganar o homem médio. Policial, durante patrulhamento, faz abordagem, contrariando normas legais e procedimentos operacionais, realizando disparos contra veículo que achava estar em fuga, vindo a matar cidadão que o conduzia; visando simular troca de tiro, policial coloca arma de brinquedo inconfundível com a verdadeira, sendo um falso inidôneo. Segundo a doutrina, apesar de altamente reprovável tal conduta, principalmente vinda de um policial, o crime não poderia ser aplicado sem prejuízo aos demais delitos cometidos.

Operacionalmente, são vários exemplos com decisões e interpretações divergentes. Levando-se em consideração interpretação literal da norma, imaginemos que, durante troca de tiro, elemento criminoso vem a ser baleado, e os policiais arrastam o corpo dele. Deverá sempre ser analisado o dolo dos agentes públicos, e se não existe a incidência de qualquer excludente de ilicitude em suas condutas, para, aí sim, decidir se existe ou não a conduta típica.

Após troca de tiro, elemento é encontrado caído no solo portando armamento de guerra. Ao se aproximar, visando desarmá-lo e realizar o devido socorro, equipe sofre ataque secundário, tendo a necessidade de arrastar o ferido que, devido aos ferimentos, falece. O questionamento sobre a ocorrência de fraude não se sustenta, uma vez que os agentes estavam agindo em legítima defesa própria e de terceiro, não restando alternativas operacionais senão a alteração do local de crime.

5.42.2 – Alteração justificável de local de crime

A fraude processual é um instrumento de impunidade realizado por maus profissionais, para atrapalhar o judiciário a alcançar a verdade e fazer justiça. Entretanto, como tudo, no Direito também há exceções. A preservação do local de crime, em determinados casos, acaba colocando as equipes policiais e a própria população em risco, em determinadas áreas conflagradas. O pensamento mencionado anteriormente sempre foi motivo de questionamento. Aqueles que já estiveram em um confronto armado, com resultado de morte, em áreas de alto risco, sabem da dificuldade de preservar tal situação para a realização de procedimentos processuais.

Durante operação no Morro do Timbaú, no Complexo da Maré, após aproximadamente três horas de troca de tiro, elementos que atacavam as equipes vieram a falecer. De imediato, ocorre a preservação do local até a chegada da perícia. O procedimento, de regra, não se inicia em menos de cinco horas — entre a comunicação do fato e a incursão das equipes técnicas — que, normalmente, são escoltadas. Após espera de duas horas sofrendo constantes ataques, causando a desistência de realização do ato pela autoridade competente, é determinado que se removam os corpos, visto que várias vidas bem mais importantes em nosso ordenamento jurídico estavam em risco constante, não restando outra opção, sendo evidente situação de estado de necessidade. Sendo importante ressaltar que essa medida se deu em caráter excepcional, apesar de ser o duro cotidiano de agentes policiais, principalmente no Rio de Janeiro.

5.42.3 – "Arredondar" ou ajustar ocorrência

O desconhecimento deste tipo penal bem como o de conceitos jurídicos básicos podem custar caro na vida do profissional de polícia. Caso fortemente noticiado pela mídia, geralmente com o viés de atacar as forças policiais, exemplifica tal assertiva. Durante troca de tiro em comunidade sob domínio do tráfico, menor de idade é baleado, e sendo flagrada equipe "plantando" uma arma nele, e, posteriormente, realizando disparos com ela. Analisando exclusivamente a imagem, como foi feito pela imprensa e, consequentemente, pela opinião pública, fica evidente o cometimento do crime.

Estudando o caso concreto, observamos que os policiais envolvidos na ocorrência verificaram somente após balear o criminoso que ele, apesar de armado, não havia realizado disparos. Por desconhecimento jurídico, a equipe decidiu tomar tal atitude: colocar a arma que era do criminoso e realizar disparos, cometendo o crime estudado. O desconhecimento de que a legítima defesa é real ou iminente, ou seja, não é preciso esperar o criminoso atirar para depois reagir, porque, na prática, não dará tempo; devendo a vida dos policiais estar sempre em primeiro lugar, legitima a ação policial, não existindo a necessidade de uma tentativa criminosa de ajustar a ocorrência.

5.42.4 – Troca de tiro sem arma

Outro exemplo que merece atenção é a situação bem comum de nossa guerra urbana, onde durante troca de tiros em comunidades sob influência do tráfico de drogas, atuando em legítima defesa, policial atinge criminoso armado, mas que, por questões de segurança, equipe não chega ao baleado imediatamente e, quando o faz, ele já está sem arma. Mais um fato que somente quem está na ponta da linha sabe que ocorre, caracterizado quando um comparsa ou mesmo simpatizante recolhe a arma, conduta que poderá influenciar completamente na análise processual do caso; sendo, neste exemplo, o agente público questionado, muito pela falta de credibilidade das forças armadas, o que, por vezes, faz com que agentes operacionais, mesmo certos de suas condutas, cometam o crime em análise como, por exemplo, colocar outra arma no local do crime, tentando se proteger de possíveis responsabilizações.

Durante incursão em um beco escuro de favela na zona sul carioca, equipe é atacada com armas de grosso calibre, só dando tempo de se jogar no chão e reagir à injusta agressão; sanados os tiros, dirige-se ao local de ataque e encontra indivíduo baleado caído no solo, desarmado, configurando o fato supracitado. Por mais que haja insegurança jurídica, visto que a palavra do policial não possui o valor devido, muito pelos maus profissionais e criminosos que atuam nestas corporações, outros meios de provas estão disponíveis no caso concreto, corroborando com a narrativa do fato.

A perícia do local comprova o narrado: disparos realizados na direção dos agentes públicos, basta ver os impactos na parede utilizada como abrigo; o exame direto no corpo da vítima consta resíduos de pólvora nas mãos do indivíduo e, por fim, o agente operacional usava câmera individual e filmou toda a conduta, sendo a arma desnecessária para comprovação da legitimidade da intervenção policial.

O Direito Penal é o último recurso punitivo do poder público. Logo, suas punições, em regra, são as de maior gravidade dentro de todos os ramos do Direito. Seguindo esta regra, o tipo estudado, por meio do parágrafo único, qualifica a pena se a inovação for dentro de processo penal. O entendimento é que a agravante fale para os atos relacionados aos procedimentos investigativos, ou seja, os inquéritos inclusive. Mesmo sabendo que o processo penal ainda não tenha se iniciado neste momento, a ampliação da proteção é extremamente pertinente, uma vez que processo e inquérito são interligados e totalmente dependentes um do outro, principalmente no tocante às provas.

5.43 – Art. 348 – Favorecimento pessoal

Art. 348. Auxiliar a subtrair-se à ação de autoridade pública autor de crime a que é cominada pena de reclusão:

Pena - detenção, de 1 (um) a 6 (seis) meses, e multa.

1º - Se ao crime não é cominada pena de reclusão:

Pena - detenção, de 15 (quinze) dias a 3 (três) meses, e multa.

2º - Se quem presta o auxílio é ascendente, descendente, cônjuge ou irmão do criminoso, fica isento de pena.

Crime corriqueiro, que nem sempre observamos a devida apuração e consequente responsabilização penal. Inicialmente, não se deve confundir com as condutas de coautoria ou participação já estudadas neste trabalho, uma vez que, neste tipo isolado, o autor não está em conluio com o crime anterior realizado pelo indivíduo auxiliado. Crime formal, pouco importando o resultado da conduta, se o autor de crime pretérito conseguirá ou não fugir da ação de qualquer autoridade pública.

5.43.1 – "Simpatizantes" do crime

Após o estudo deste delito, muitas vezes, esquecido nos bancos escolares, sejam eles policiais ou não, percebemos os inúmeros crimes que, por total desconhecimento, deixam de sofrer reprimenda, afetando consideravelmente a atividade policial. Durante patrulhamento em área sob influência do tráfico, ensinamos nas instruções de patrulha urbana que, quando uma pessoa observa a equipe, deve-se evitar que ela volte, determinando que o cidadão que passar pelas equipes sofra a devida revista de segurança. Tal medida tem por objetivo evitar possível apoio aos criminosos locais, avisando sobre a presença dos agentes públicos, gerando riscos consideráveis à vida deles. Conduta que, apesar de aparente normalidade, está revestida de ilegalidade, devendo tal apoio ser tipificado de acordo com o crime objeto de nosso estudo.

Durante operações objetivando realizar prisões e apreensões de materiais ilícitos, é comum perguntar aos moradores se eles sabem quem mora em determinada residência e, por incrível que possa parecer, a resposta é sempre a mesma: ninguém sabe de nada, mesmo sendo morador da área há anos. A análise fria desta conduta levará ao tipo penal analisado, entretanto, alguns fatores têm que ser levados em consideração para a devida capitulação; primeiro é o tipo subjetivo, ou seja, o dolo, não existe a modalidade culposa para este tipo, logo, o autor tem que ter a intenção de atrapalhar a atividade legal do agente público e, no exemplo citado, a omissão ocorre por três motivos basicamente: medo de reprimenda do crime local, falta de credibilidade da polícia e ineficiência em prover a segurança, visto que, na prática, o poder público sai, e o crime fica, e há simpatia pelo crime, visto a convivência permanente com infratores da lei, devendo esta conduta ser reprovável.

Durante patrulhamento, a fim de cumprir mandado de busca e apreensão em residência onde, possivelmente, funcionava um paiol, antes de cumprir a ordem judicial, equipe decide perguntar ao vizinho se ele sabia se havia alguém no interior da residência, recebendo como resposta de forma categórica, que ali não morava ninguém e que havia meses que não observava movimentação de pessoas no referido endereço; incursionando ao local, equipe encontra criminosos dormindo no interior da casa, sendo realizada a prisão em flagrante. Analisando a conduta do vizinho, entendemos se enquadrar no tipo previsto no artigo 348, do Código Penal que, após investigação, verificou-se que a maioria dos presos tinha relações de amizade com o autor do crime, excluindo o corriqueiro argumento de que agiu por medo.

5.43.2 – Mentira criminosa

Mentir configura crime, desde que a mentira seja intencional e venha a atrapalhar a atuação da autoridade pública. Caso extremamente divulgado pela mídia foi o da tentativa de fuga do traficante "Nem" da Rocinha, em que advogados, após cerco policial, tentaram dar fuga ao criminoso, com mandado de prisão expedido pela Justiça. Os advogados, por força de seu estatuto, não estão obrigados a divulgar o paradeiro de seus clientes às autoridades policiais, entretanto, dar apoio como o do exemplo, colocar no próprio carro, identificando-se como autoridade para burlar fiscalização policial, configura crime de favorecimento pessoal, sem prejuízo à avaliação de demais condutas criminosas existentes.

5.44 – Art. 349 – Favorecimento real

Art. 349. Prestar a criminoso, fora dos casos de coautoria ou de receptação, auxílio destinado a tornar seguro o proveito do crime:

Pena - detenção, de 1 (um) a 6 (seis) meses, e multa.

Assim como no tipo anterior, este crime é pouco trabalhado pela doutrina, ainda mais com o emprego de exemplos policiais. Se citarmos especificamente os cometidos em favelas, seremos alvo de críticas de pseudodefensores dos excluídos sociais, criando uma vitimização em demasia dos moradores de comunidade carente, sem nenhum benefício social, principalmente para os mais humildes. É fato que a grande maioria dos moradores de comunidades carentes é honesta e cumpre com suas obrigações, entretanto, há uma boa parcela que se beneficia com o crime, cometendo ou apoiando práticas criminosas, diretamente relacionadas ao crime estudado.

Doutrinariamente, apresenta as mesmas características do crime anterior. Por ser formal, independe se a polícia, após o crime, apreende ou não o material ou indivíduo foragido. O crime pretérito ou apoiado já deve estar consumado para existir a modalidade em análise. O ato de facilitar está diretamente ligado à figura de partícipe, mas aqui o legislador decidiu tornar esta conduta autônoma, não podendo haver para capitulação deste artigo convenção anterior ou visão lucrativa ou patrimonial, senão a conduta será deslocada para a receptação, dependendo do caso concreto.

O tipo positiva o termo "proveito", ou seja, a "res furtiva", ou o fruto do crime, não cabendo, segundo entendimento, a aplicação das condutas aos instrumentos do crime. Criminosos acabaram de atacar a polícia, com armas de guerra. Devido à impossibilidade de sua identificação, escondem seu armamento em uma residência qualquer da comunidade, evitando a prisão em flagrante. Neste caso, fica inviável a aplicação do tipo em estudo ao proprietário, visto que a lei menciona proveito, e o fuzil é o meio para o cometimento do crime, existindo a necessidade de análise sob o viés de participação ou pela responsabilização no artigo anterior.

Por fim, no artigo 349, não existe a figura escusável da família, como no parágrafo segundo, do favorecimento pessoal, permitindo a responsabilização daquele que pretende proteger laços sanguíneos. Durante patrulhamento, é encontrada carga roubada no interior de residência; a moradora afirma que o produto de roubo era de seu marido, e que ele havia deixado ali até que conseguisse vender o material no mercado negro. Mesmo entendendo a particularidade de cada caso, o que será realizado pelo judiciário, o referido, operacionalmente falando, se enquadra perfeitamente no tipo em análise.

5.45 – Art. 351 – Fuga de pessoa presa ou submetida à medida de segurança

Art. 351. Promover ou facilitar a fuga de pessoa legalmente presa ou submetida a medida de segurança detentiva:

Pena - detenção, de 6 (seis) meses a 2 (dois) anos.

1º - Se o crime é praticado a mão armada, ou por mais de uma pessoa, ou mediante arrombamento, a pena é de reclusão, de 2 (dois) a 6 (seis) anos.

2º - Se há emprego de violência contra pessoa, aplica-se também a pena correspondente à violência.

3º - A pena é de reclusão, de 1 (um) a 4 (quatro) anos, se o crime é praticado por pessoa sob cuja custódia ou guarda está o preso ou o internado.

4º - No caso de culpa do funcionário incumbido da custódia ou guarda, aplica-se a pena de detenção, de 3 (três) meses a 1 (um) ano, ou multa.

Fechamos os comentários da parte especial do Código Penal com este artigo, visto sua aplicabilidade à atividade operacional, uma vez que ainda é uma realidade no Brasil policiais realizando a custódia de presos em unidades prisionais ou até mesmo em delegacias, além dos diversos procedimentos operacionais de restrição de liberdade. Ao contrário do que muitos interpretam, o tipo penal não restringe o cometimento do delito às unidades de custódia, cabendo a qualquer tipo de prisão, sendo o foco do nosso estudo no ato propriamente dito de prisão em flagrante e no cumprimento de decisão judicial.

O crime é comum, logo, qualquer pessoa pode cometer o delito, apesar do nosso objetivo ser a condição de funcionários públicos, especificamente policiais. Equipe realiza prisão de indivíduo que cometeu crime de dano qualificado durante manifestações populares. Amigos, insatisfeitos com o ato legal, se sentindo injustiçados, abrem caçamba da viatura, auxiliando a fuga do elemento preso. Após nova captura, todos são presos, comprovando a ausência de restrição legal de autoria do crime.

O tipo expressa "pessoa legalmente presa". Usando o supracitado, se a prisão fosse ilegal, revestida por abuso de poder ou através de um flagrante forjado, existe discussão doutrinária de que o fato seria configurado como legítima defesa, tendo o preso direito à fuga e, ao terceiro que facilita, conduta devidamente amparada pela excludente por defesa de terceiro. Já corrente mais moderna defende ser fato atípico, uma vez que a conduta seria uma lesão caracterizada por uma prisão ilegal. Deixando a discussão de lado, o importante é que o policial deverá mais do que nunca realizar sempre a prisão dentro da legalidade e estar atento à manutenção dela até a entrega às autoridades competentes.

5.45.1 – Utilização de algemas

De regra, o crime é comissivo — "facilitar" ou "dar causa"— podendo, excepcionalmente, ser um crime omissivo impróprio quando se tratar da figura de garantidor, diretamente ligada aos policiais, sem o prejuízo da análise de possíveis condutas mais graves. No parágrafo quarto, o tipo trata especificamente da figura do funcionário público que, de maneira culposa permite o fato criminoso.

Policial realiza prisão em flagrante de indivíduo pelo crime de desacato; por não apresentar risco à equipe, cumprindo o previsto na súmula vinculante número onze, que regula a utilização de algemas, coloca o preso no banco de trás da viatura, que espera o policial embarcar e foge. Com medo de possível responsabilização prevista na súmula, policial acaba se expondo e passando da condição de condutor e autor de prisão para conduzido e preso. Logo, quem tem a capacidade de avaliar a real necessidade de como deve conduzir o preso é o agente operacional, fazendo constar os motivos da realização do procedimento.

CAPÍTULO 6

LEGISLAÇÕES PENAIS ESPECIAIS

6.1 – Lei 4.898/65 – Abuso de autoridade

Dando início aos estudos das legislações extravagantes, leis que normatizam as condutas definidas como infrações penais que se encontram fora do Código Penal. Não poderíamos iniciar o estudo por outro dispositivo que não seja a lei de Abuso de Autoridade ou LAA, como conhecemos. De maneira prática, seja pela ordem cronológica ou pela extrema importância para o desenvolvimento da atividade policial, sendo comum a responsabilização de agentes operacionais com base nessa norma, apresentando grandes consequências pessoais e profissionais em diferentes ramos do Direito, como observaremos no estudo da norma.

O crime tem como a intenção principal prevenir e punir abusos genéricos de autoridades. Fato curioso é o momento histórico do advento da norma — início da ditadura militar — na qual a classe dirigente, os militares, constantemente acusados de abusivos, buscaram maior reprimenda a atos deste tipo, podendo punir a própria classe, fato que não observamos nos dias de hoje. Sem entrar na discussão doutrinária acerca de que nome deveria ter a lei — abuso de poder ou de autoridade —, o importante, na prática, é entender a amplitude da proteção dos bens jurídicos tutelados pela norma.

Como já observamos neste trabalho, o artigo 5º da Constituição Federal é o norte dos direitos fundamentais do cidadão. Como qualquer princípio ou dispositivo, para sua efetividade, se faz necessária a regulamentação da proteção dele, dando características de crime próprio, criando reprimenda específica às autoridades.

Em segundo plano, não menos importante, está a defesa da moralidade administrativa, uma vez que, como se ensina nos bancos escolares policiais, só se comanda pelo exemplo. Logo, como se comportar e ordenar em nome do Estado se autoridades não cumprem as obrigações legais dentro dos limites constitucionais? Sendo esse um dos principais dilemas enfrentados pelas autoridades públicas no Brasil.

Analisando os crimes previstos na norma, observa-se que o sujeito passivo imediato é o Estado lesado, quando um servidor, agindo em seu nome, ultrapassa os limites legais. De maneira mediata, temos como vítima o particular lesado com a conduta, sendo fundamental como elemento subjetivo o dolo, a intenção de cometer o abuso, inexistindo a figura do crime na modalidade culposa. Este raciocínio é de extrema importância para os agentes policiais, visto que os delitos previstos na norma, assim como outros previstos em nosso ordenamento, estão posicionados em uma área de conflito de interesses entre as liberdades individuais e o devido respeito aos interesses e bens coletivos, dentre eles a segurança pública.

Os artigos primeiro e segundo tratam das questões de procedibilidade da norma, cabendo à informação a fim de evitar qualquer confusão entre os operadores primários do Direito que, apesar do legislador ter usado o termo "representação", a ação penal prevista neste caso será pública incondicionada, cabendo a iniciativa de propositura ao Ministério Público. O termo utilizado, na prática, deverá ser interpretado como o ato de comunicação do fato à autoridade competente, a chamada notícia crime.

Art. 3º. Constitui abuso de autoridade qualquer atentado.

No artigo terceiro, a norma começa a descrever as condutas delituosas, não sendo tarefa fácil sua identificação e a consequente submissão do ato à norma. Quando o legislador prescreve "qualquer atentado", deixa aparente o caráter aberto do tipo, podendo ser qualquer conduta, cabendo diferentes interpretações segundo nosso entendimento, sendo possível a responsabilização por uma mera tentativa, demonstrando o caráter abrangente do artigo por ora estudado.

a) À liberdade de locomoção;

É importante reforçar que a norma atua de maneira genérica e, dependendo do caso concreto, de maneira residual, visto que o próprio Código Penal, em seus tipos positivados, já tutela os mesmos bens jurídicos. Apesar do princípio jurídico fundamental da especialidade, não seria justo aplicá-lo nesse caso, visto que as penalidades da lei especial são menores do que na norma geral, o que não atenderia o objetivo legal de maior reprimenda a autores especiais. Nesse caso, as autoridades.

6.1.1 – Abordagem de pessoas

A alínea "a" protege o direito de ir e vir, previsto nos incisos XV e LIV da Constituição Federal de 1988, sendo uma figura mais aberta que os crimes contra a liberdade individual, previstos no Código Penal, caracterizando, aqui, qualquer forma de restrição do bem jurídico tutelado. Equipe policial, após identificar indivíduo em atitude suspeita, decide realizar o procedimento de abordagem e a consequente revista pessoal, restringindo momentaneamente o direito de ir e vir da pessoa, mesmo que o abordado não se encontre em uma situação flagrancial ou com alguma pendência ou restrição judicial — tal restrição não significa qualquer delito —, visto que o tempo limitador é irrelevante juridicamente, agindo a equipe dentro dos parâmetros legais.

Por outro lado, se após a verificação, nada foi constatado, a equipe, por mero sentimento de caráter pessoal, mantém a pessoa sob sua custódia, com a intenção de restringir a locomoção sem qualquer motivo, fica evidenciada a conduta delitiva. A questão de condução para verificação de antecedentes criminais em sede de Polícia Judiciária, deslocando o abordado em viatura policial e, consequentemente, aumentando o tempo de restrição do direito fundamental, é um bom exemplo de conflito entre o interesse coletivo e o individual.

6.1.2 – "Sarque", condução de suspeitos para a delegacia, a fim de verificar possíveis pendências judiciais

O dilema com o ônus direto na decisão do agente é complexo. Se conduzir os indivíduos sem qualquer restrição jurídica, poderá cometer o crime, entretanto, se liberar o abordado sem uma verificação precisa, descobrindo, posteriormente, que o indivíduo apresenta restrição judicial, atentará contra a garantia constitucional e coletiva da segurança pública, colocando em risco toda a sociedade.

As dificuldades operacionais relacionadas ao tipo são enormes; uma delas é a inexistência de norma que obrigue os cidadãos a portarem seus documentos pessoais. A condição de criminoso não vem escrito na testa, podendo ser qualquer pessoa. Para evitar a restrição da liberdade, é importante a utilização de outros meios de verificação através dos diferentes meios de comunicações, o que nem sempre é possível.

Durante patrulhamento na Comunidade da Rocinha, na localidade conhecida como "roupa suja", onde não funciona celular ou até mesmo o rádio institucional, equipe encontra indivíduo em atitude suspeita; por estar sem qualquer documento de identificação e ser inviável, por questões operacionais, o deslocamento para um local com cobertura de comunicação, equipe o libera, verificando, posteriormente, que contra o indivíduo existia mandado de prisão, e ele era grande causador de instabilidade à ordem pública naquela área.

Equipe policial, realizando operação de trânsito, para indivíduo com a documentação em dia, dentro da normalidade, entretanto, devido à postura deselegante e mal-educada do abordado, os agentes retêm a documentação, como uma espécie de lição, mantendo o cidadão parado, esperando por horas, só o liberando ao término da operação. Apesar de ser uma realidade a falta de respeito, reconhecimento e educação de parte da população perante nossos servidores, esse ato não legitima esse tipo de conduta, devendo o policial agir com controle emocional e impessoalidade, levando sempre em conta que na relação policial e cidadão, o primeiro é o profissional, configurando a conduta narrada como um claro caso de abuso de autoridade.

b) À inviolabilidade do domicílio

Aqui podemos observar a proteção direta ao inciso onze, do artigo quinto de nossa Constituição Federal, devendo sempre a autoridade atuar dentro dos parâmetros legais pormenorizados no Código de Processo Penal (CPP), que disciplinam quais são as condições excepcionais para quebra deste direito fundamental e de extrema importância em nosso ordenamento jurídico.

O tipo em análise protege o mesmo bem jurídico que o artigo 150, do Código Penal, já estudado neste trabalho. Na prática, este inciso sofre um enfraquecimento, cabendo a aplicação da norma geral, sendo uma exceção à regra da especialidade, não sendo razoável trazer qualquer benefício a agentes públicos que não respeitam o princípio da legalidade. A conduta prevista no artigo 150, parágrafo segundo, do Código Penal é mais fechada, trazendo as condutas de entrar e permanecer sem a devida autorização. Na lei especial, entende-se que diversas outras condutas serão abarcadas pela lei do abuso de autoridade.

6.1.3 – Violação de domicílio mesmo sem adentrar nele

Durante patrulhamento de rotina, equipe policial decide chamar morador de determinada residência, visto os fortes indícios de flagrante delito. Após chamá-lo, bater no portão e tocar o interfone, ninguém responde, mesmo sendo possível escutar movimentação no interior da residência. A fim de chamar a atenção das pessoas no interior do imóvel, policial arremessa uma granada de efeito moral no quintal da residência, sem colocar qualquer pessoa em risco, vindo a acordar de maneira assustadora os residentes. O procedimento inadequado viola de maneira clara o bem jurídico tutelado, cometendo o agente crime em análise pela violação do domicílio, mesmo sem entrar na residência, sem prejuízo da tipificação em outros possíveis crimes.

c) Ao direito de reunião

Todos os atos humanos necessitam de regras. Para aqueles que não sabem os limites legais deste direito, não resta outra alternativa por parte da polícia que não seja o uso da força. Nem sempre a força é empregada de maneira precisa, por motivos técnicos e operacionais, sobrando inclusive para aqueles que estão na reunião de forma pacífica e ordeira. De fato, alguns eventos são contaminados por criminosos, que só servem para deslegitimar movimentos fundamentais para o desenvolvimento do Estado Democrático de Direito.

6.1.4 – Ocupações

Questão temporal é um fator relevante, sendo permitida a reunião, desde que não se perdure por tanto tempo que atrapalhe órgãos e rotinas sociais. Recentemente, no Rio de Janeiro, estudantes invadiram a Secretaria Estadual de Educação, fazendo uma série de exigências, muitas delas justas, entretanto, tal medida não justifica, em nenhuma hipótese, a paralisação do serviço de educação, devendo a polícia atuar, sempre levando em consideração o princípio da menor lesividade.

Durante evento parecido, estudantes ocuparam escolas, sendo observada grande atuação de grupos políticos oportunistas, tentando implementar o caos e colher possíveis benefícios. O impedimento das aulas necessitaria de intervenção imediata da força policial, visto que os alunos não participantes do movimento tinham seu direito fundamental de educação lesado pelos manifestantes. Apesar das polêmicas, o direito, mesmo que garantido pela Constituição Federal, deverá ser exercido dentro de limites óbvios, respeitando a premissa fundamental de que meu direito termina quando começa o do próximo.

6.1.5 – Protesto com objetivo de frustrar reunião ou evento legal

O motivo da reunião deverá sempre ser levado em consideração, não sendo permitido que uma reunião ocorra com o objetivo específico de frustrar outra, visto que a ocorrência de conflitos será iminente, afetando a paz e a ordem pública, devendo, nestes casos, existir a atuação imediata das forças policiais.

Na prática, nem sempre as discussões são saudáveis, logo, o direito à reunião não é irrestrito. Durante a Jornada Mundial da Juventude, evento católico de grande público, realizado no Rio de Janeiro, diversos atos de protesto contra a ocorrência dele aconteceram, muitas vezes, por parte de defensores das causas LGBT; ocorreram condutas impertinentes e, a fim de impedir mal maior, ocorreram restrições imediatas por parte das forças de segurança, sempre baseadas na impessoalidade.

Questão espacial é essencial, ou seja, duas manifestações de opiniões opostas não poderão ocupar o mesmo espaço. Tradicionalmente, nas grandes cidades, existem lugares conhecidos como polos desse tipo de movimento, devendo ser respeitadas formalidades, existindo a necessidade de comunicação prévia aos órgãos responsáveis pela segurança e ordem pública, para que assim seja realizado o devido planejamento, propiciando a segurança dos participantes e de todos os impactados com a realização do ato.

No auge das manifestações populares, quase todos os movimentos não tinham qualquer autorização dos órgãos de controle da ordem para esse tipo de reunião. Com a ausência de regulamentação e identificação dos organizadores, fica inviável o devido planejamento de eventos deste porte, trazendo transtornos a toda a população, sendo potencializada as possibilidades de dano e impunidade, nos casos de intervenção reativa quando da ocorrência de atividades criminosas.

É importante entender que sempre visando o princípio da menor lesividade, após iniciado o evento, nem sempre convém paralisá-lo , uma vez que tal ato poderá causar revolta nos participantes e consequências graves à ordem pública. Atualmente, as forças policiais sofrem com a ausência de regulamentação, sobrando, na prática, o papel nem sempre simpático de único órgão repressor do Estado.

d) Incolumidade física do indivíduo

Esta alínea vem sofrendo constante esvaziamento, sendo alvo de polêmicas e divergências entre tribunais pelo Brasil. Em um primeiro momento, deve-se entender que a lei especial atua de maneira residual, visto que há uma dupla proteção dos bens jurídicos, vida e integridade física, juntamente com os artigos 121 a 134 do Código Penal. É lógico que, além das proteções mencionadas, não podemos nos esquecer de que a lei especial protege também a moralidade da administração pública, dando o caráter próprio aos crimes nela previstos.

6.1.6 – Uso da força como regra

O monopólio da força de regra pertence ao Estado, sendo necessário, em alguns casos específicos, de maneira excepcional, seu emprego. Entretanto, nos dias de hoje, com a escalada de violência caracterizada pelo enfrentamento e desrespeito às forças de segurança por parte dos criminosos, se faz necessário o uso da força de maneira corriqueira para a resolução de várias ocorrências policiais. É claro que só se configurará crime quando da existência de exagero ou mau uso da força. Logo, é fundamental para qualquer agente policial operacional o domínio da matéria de uso gradativo da força. Nossas forças de segurança são constantemente acusadas de violência, entretanto, operacionalmente falando, não existe como enfrentar a criminalidade violenta senão com o emprego da força.

Analisando o Código Penal, observamos no artigo 322 "violência arbitrária". Mais uma congruência legislativa, visto que teremos novamente dois tipos regulando a mesma conduta. Os tribunais superiores entendem que o artigo encontra-se em vigor, devendo ser aplicado ao caso concreto pelo simples motivo de ser mais gravoso, devendo os crimes dolosos cometidos por funcionários público sofrerem maior reprimenda por parte do Estado, visto que esses agentes devem dar o exemplo. A conduta prevista no tipo especial é mais abrangente, uma vez que, ao positivar o mero atentado, amplia de forma considerável a interpretação e o número possível de condutas.

Festividade não autorizada gera inúmeras ocorrências policiais através do canal 190. Equipe, ao proceder em determinado endereço, solicita o encerramento da festa sem ser atendida. A fim de debelar início de confusão, policial utiliza granada de efeito moral, fora dos padrões de segurança, colocando em risco e atentando contra a integridade de todos ali presentes. Dependendo da análise do caso concreto, este é um exemplo de tipificação da alínea estudada, podendo, ainda, o agente público responder em concurso com o crime de lesão corporal, se houver. São inúmeras as variáveis operacionais, devendo o policial ficar atento e avaliar o meio adequado e a proporção quando da utilização da força.

e) Aos direitos e às garantias legais assegurados ao exercício profissional

O livre exercício de atividade profissional deve ser assegurado, entretanto, assim como os demais direitos protegidos pela norma especial, esse também sofre restrições pela regra, com base na supremacia dos interesses públicos.

6.1.7 – A linha tênue entre abuso, censura e o direito à segurança

Não é segredo a existência da difícil relação entre a polícia e determinados setores da imprensa; é fato que notícia ruim apresenta maior popularidade, então, é atrás dessas que estes profissionais estão. Durante operações policiais, é comum o acompanhamento de câmeras e repórteres sem a devida autorização ou até mesmo solicitação. Por diversas vezes, ao sair no meio da madrugada, equipes são marcadas de perto por veículos de diversas emissoras.

Por preocupação, sabendo os riscos da localidade operativa, deve-se sempre orientar estes profissionais que o possível furo de reportagem e as vantagens advindas da matéria jamais superam os riscos, e que o aviso jamais representará qualquer tentativa de restrição ao seu trabalho, não configurando abuso de autoridade, censura, ou até mesmo tentativa de esconder algum delito praticado pela polícia.

6.1.8 – A reportagem que custou uma vida

Durante um domingo na Favela de Antares, em operação para prender traficantes que aterrorizavam a comunidade local, ao término de um baile *funk,* onde ocorria um número incalculável de crimes, equipe é recebida a tiros. Após precária estabilização do terreno, iniciaram-se os procedimentos de cerco e vasculhamento.

Equipe de reportagem, mesmo orientada de que não seria seguro realizar filmagens naquele momento, decidiu acompanhar os policiais, deixando os profissionais de segurança pública sem opção, em um verdadeiro dilema: impedir a entrada, sendo acusados de censura e abuso de autoridade, ou colocar pessoas em risco quase que incalculável. Progredindo menos de 100 metros para o interior da comunidade, a tragédia anunciada aconteceu: o cinegrafista foi atingido por um tiro de fuzil no peito. Nesse caso, a acusação infundada de abuso de autoridade salvaria uma vida.

6.1.9 – Ingerência política: o caso museu do índio

Do mesmo modo, é bem comum que autoridades e, principalmente parlamentares acompanhem ocorrências policiais, principalmente aquelas que possuem apelo midiático, e, em muitos casos, atrapalhando os técnicos do assunto no desenrolar das já difíceis atividades operacionais, não existe outra explicação para tal conduta senão a promoção pessoal e os benefícios políticos deles aferidos.

Durante negociação de desocupação de prédio público para cumprimento de determinação judicial, algumas autoridades dirigem-se ao local de maneira inexplicável, utilizando-se de seus altos cargos públicos para intimidar e furar o cerco policial, não sendo esta a conduta esperada de importantes figuras públicas. Ocorrendo restrição de entrada, é comum a alegação de abuso de autoridade. No caso de ocorrência policial, cabe a estas autoridades o controle de acesso, visto que a responsabilidade pela segurança de todos os presentes é da polícia, logo, um cargo ou uma função pública relevante não significa livre acesso em ocorrências policiais.

No caso citado, a ordem foi de barrar as autoridades, baseado no poder de polícia, visto se tratar de uma área de intervenção policial, para posterior avaliação da utilização deles. Em segundo momento, no desenvolvimento das atividades de negociação, visto que, de regra, a presença de políticos neste tipo de ocorrência acaba por inflamar os ânimos dos invasores, jogando-os contra as forças policiais. No caso específico, o auxílio das autoridades não policiais permitiu a consolidação do canal de comunicação entre o negociador e os manifestantes, trazendo efeitos consideráveis para a resolução da crise.

Art 4°. Constitui também abuso de autoridade

Este artigo também apresenta tipos penais incriminadores, entretanto, na análise de suas alíneas, percebe-se que se trata de condutas mais específicas, menos abrangentes, geralmente direcionadas às autoridades responsáveis por atividade cartorárias, pós lavratura do ato de prisão. Na prática, somente juízes, promotores, delegados e oficiais da Polícia Militar, quando do exercício de autoridade de Polícia Judiciária Militar, podem configurar como sujeito ativo destes crimes; logo, como o objetivo do estudo são os policiais operacionais, focaremos apenas na alínea "b" do artigo.

f) Submeter pessoa, sua guarda ou custódia a vexame ou a constrangimento não autorizado em lei

No cotidiano operacional, é comum a realização de prisões, seja em flagrante ou através de cumprimento de ordem judicial. O policial precisa entender que, a partir do momento da restrição legal de liberdade, o preso passa a ser responsabilidade estatal na figura do servidor público, que realizou o ato. O bem jurídico tutelado, pelo tipo, são os direitos dos presos positivados no inciso LIX, do artigo quinto, da Constituição Federal, bem como o artigo 38, do Código Penal.

O preso, por qualquer modalidade de prisão, é o sujeito passivo mediato, sofrendo um dano direto com a conduta do agente público, sendo a legalidade dos atos públicos o bem jurídico tutelado pela norma. Cabendo a ressalva das condições especiais, relativas à apreensão de crianças e adolescentes, previstas no artigo 232 do Estatuto da Criança e do Adolescente (ECA), lei 8.069 /90.

O aparente conflito de normas, no caso específico entre o inciso terceiro do artigo 350, do Código Penal com a alínea estudada, há o entendimento da doutrina de que o princípio da especialidade se sobrepõe, revogando a norma geral.

6.1.10 – "Escrachada", policial nunca pode trocar de lugar com o criminoso

Aos policiais operacionais, sem qualquer hipocrisia, é um prazer tirar de circulação criminosos de alta periculosidade; criminosos violentos, geralmente, não possuem como destino a prisão ou a morte, quando entram em confronto com a polícia. Todavia, não se justifica qualquer tratamento degradante ao preso. A função dos policiais é levar o infrator ao julgamento, mesmo que, em algum momento, não se concorde com o resultado. Deve sempre prevalecer a legalidade, como se diz no linguajar policial — "não vale a pena trocar de lugar"— ou tentar fazer justiça com as próprias mãos. No final, a mesma sociedade que, no calor da emoção, incentiva o policial a cometer um crime contra o preso, será a mesma a criticar e denunciar o servidor, fazendo com que ele troque de condutor para conduzido na ocorrência.

Os termos "vexame" e "constrangimento" podem ser interpretados de diversas maneiras e, na busca de responsabilização do Estado, principalmente na figura dos policiais, estes atos se tornam cada vez mais expansivos e diversificados. Durante a prisão de elemento considerado chefe de um morro da zona sul carioca, com grande apelo midiático, ao descer do morro a fim de apresentar o preso à autoridade competente, o repórter solicita ao policial que levante o rosto do detido, para fazer aquela foto de capa de jornal, e diz: "vamos dar aquela escrachada". O policial, empolgado e adrenalizado ainda com a operação de captura, atende à solicitação. Posteriormente, pelo incrível que possa parecer, o mesmo veículo de comunicação questionou a necessidade do ato e se não representaria uma exposição desnecessária com abuso de poder, colocando o policial em situação vulnerável perante a justiça.

6.1.11 – Súmula vinculante número 11, dois pesos e duas medidas

Outro ponto polêmico é a debatida súmula vinculante número 11, que regula o uso de algemas. Durante instruções operacionais, alunos perguntam se a súmula prejudica a atuação policial, fomentando o pensamento de que os policiais estão sozinhos no combate à criminalidade. Defendemos que cabe ao policial, e somente a ele, em primeira análise, avaliar a necessidade ou não da utilização de algemas; o que, na prática, principalmente no caso de crimes violentos ou aqueles relacionados ao tráfico de drogas, será uma constante e plenamente justificada sua utilização.

Por força legal, o servidor deverá autuar o motivo, normalmente a periculosidade do preso, e o alto risco para a equipe ou para terceiros, impossibilitando, por qualquer autoridade atuante na persecução penal, o questionamento da real necessidade de emprego das algemas, sendo o policial o avaliador do risco, pois é aquele que sofre as consequências em seu cotidiano, sendo mais fácil julgar e tomar decisões de dentro de qualquer gabinete.

Nossa suprema corte entende que a utilização de algema é exceção, assim como prescreve o parágrafo terceiro, do artigo 474, do Código de Processo Penal, regulando a utilização deste equipamento em sessões do júri. Durante o julgamento de um conhecido líder de facção criminosa carioca, magistrado solicita que equipes da tropa de elite da PMERJ, que faziam a escolta do preso — a segurança do plenário é realizada durante todo o ato — mantivessem o réu algemado durante todo o tempo. Apesar da grande periculosidade, o aparato de segurança presente poderia ser interpretado como exagerado, assim como o uso de algemas. Sem dúvida a situação fez surgir na cabeça dos agentes operacionais, ali presentes, as inúmeras vezes pelas quais foram questionados por juízes, promotores, delegados e advogados da necessidade de utilização de algema, insinuando o cometimento do crime estudado.

Por fim, é importante que o policial entenda que sua vida deve sempre está em primeiro lugar. No caso de dúvida quanto à segurança algeme, explicando posteriormente os motivos da realização de tal ato. Com o aumento da violência e a imprevisibilidade das ações criminosas, são os policiais os melhores profissionais para definir a necessidade ou não de utilização de algemas, uma vez que o risco e as ameaças diretas serão direcionados a estes servidores. A normatização de procedimentos é importante e promove segurança jurídica, mas os diretamente envolvidos devem ser ouvidos, minimizando a discrepância entre a norma e a realidade operacional.

Art. 5º Considera-se autoridade, para os efeitos desta lei, quem exerce cargo, emprego ou função pública, de natureza civil, ou militar, ainda que transitoriamente e sem remuneração.

O artigo quinto dá o caráter de crime próprio à norma, definindo autoridade, citando o termo "militar", retirando ainda a figura da autoridade por equiparação, distinguindo-se, assim, do já estudado artigo 327 do Código Penal. O sujeito ativo é o funcionário público, entretanto, não podemos deixar de considerar que o particular pode figurar na hipótese de coautor ou partícipe do crime, desde que tenha o conhecimento da condição especial do autor.

6.1.12 – Amigos de interesse

Não é incomum que após entrar para qualquer força policial, apareçam amigos de ocasião, como chamamos coloquialmente de "amiguicia" — amigo de polícia — que, na maioria das vezes, se aproxima da autoridade a fim de usufruir alguma vantagem direta ou indireta. Policial, dirigindo seu veículo, toma uma fechada; situação bem comum nos dias de hoje, então, decide perseguir, abordar e revistar o outro motorista, com o intuito de se vingar ou punir o causador.

A restrição do direito de locomoção, sem realizar os procedimentos administrativos padrão, sendo sempre incentivado pelo amigo, que não figura em nenhum dos casos do artigo estudado, configura crime. É bom deixar claro que a condição de policial permite que atuemos nos horários de folga, mas sempre dentro dos parâmetros legais. No exemplo, há latente excesso, configurando abuso de autoridade para o funcionário público, e participação para o particular diretamente envolvido na ocorrência.

Art. 6º O abuso de autoridade sujeitará o seu autor à sanção administrativa civil e penal.

§ 1º A sanção administrativa será aplicada de acordo com a gravidade do abuso cometido e consistirá em:

a) advertência;

b) repreensão;

c) suspensão do cargo, função ou posto por prazo de cinco a cento e oitenta dias, com perda de vencimentos e vantagens;

d) destituição de função;

e) demissão;

f) demissão, a bem do serviço público.

§ 2º A sanção civil, caso não seja possível fixar o valor do dano, consistirá no pagamento de uma indenização de quinhentos a dez mil cruzeiros.

§ 3º A sanção penal será aplicada de acordo com as regras dos artigos 42 a 56 do Código Penal e consistirá em:

a) multa de cem a cinco mil cruzeiros;

b) detenção por dez dias a seis meses;

c) perda do cargo e a inabilitação para o exercício de qualquer outra função pública por prazo até três anos.

§ 4º As penas previstas no parágrafo anterior poderão ser aplicadas autônoma ou cumulativamente.

§ 5º Quando o abuso for cometido por agente de autoridade policial, civil ou militar, de qualquer categoria, poderá ser cominada a pena autônoma ou acessória, de não poder o acusado exercer funções de natureza policial ou militar no município da culpa, por prazo de um a cinco anos.

Esta lei tem uma característica interessante quando se refere à punibilidade, como explícito na cabeça do artigo. As punições poderão acontecer de maneira alternativa ou cumulativas, em três esferas do Direito: administrativa, civil e penal, sendo estas independentes, não existindo qualquer nível de hierarquia entre elas. Por exemplo, um policial condenado poderá ser suspenso de suas atividades ou pagar uma indenização sem sofrer qualquer penalidade na esfera penal. A perda de capital está representada nas três esferas: indenização na civil, multa na penal e suspensão ou demissão na administrativa, impactando na perda do vencimento.

6.1.13 – Nem sempre a restrição da liberdade é a pena mais dura

É um hábito comum a todos os operadores do Direito olhar a gravidade do delito pela pena restritiva de liberdade e, de regra, é assim que o próprio legislador mensura a repulsa da conduta. Na lei em análise, este tipo de pena é mínima, sofrendo esta condição inúmeras críticas de diversos setores da sociedade, apresentando a norma maior impacto punitivo nas demais esferas do Direito.

Com o advento da lei 9.099/95, o cárcere tornou-se medida de exceção em crimes com pena menor que dois anos, sendo perfeitamente aplicado os benefícios da lei de menor potencial ofensivo aos crimes da 4.898, estando consolidado o posicionamento do STF em diversos julgamentos da suprema corte. A substituição das penas restritivas de liberdade pela privativa de direitos traz, sem dúvida, benefícios, mas não existe pena pior do que a perda do cargo público ao policial, primeiro pela questão do desemprego e a impossibilidade de sustento familiar, potencializado pela mácula de ex-policial. Sem dúvida, neste caso, seria melhor perder a liberdade temporariamente.

6.1.14 – Perda do porte de arma

De fato, o parágrafo primeiro trará maiores transtornos aos policiais operacionais, principalmente nas penas onde há a previsão de suspensão ou perda da função. Além da questão monetária, a perda de prerrogativas e benefícios, entre eles o porte de arma, é extremamente complexo nos dias de hoje, principalmente para os policiais operacionais que utilizam tal instrumento para defesa própria e de sua família.

É comum que policiais desesperados procurem o comando de suas respectivas unidades, informando a suspensão do porte de arma por determinação judicial, bem como suspensão da função, ficando obrigados a cumprir a carga horária em atividades administrativas. Para os agentes operacionais, ficar sem sua arma extrapola qualquer limite da razoabilidade, uma vez que este é seu instrumento de defesa, sendo a vida o bem de maior importância em nosso ordenamento jurídico. É atribuição do comandante se dirigir à autoridade competente, através do canal técnico, e explicar a gravidade e os reflexos da decisão e que ela, na prática, coloca em risco a vida dos agentes, sendo desproporcional tal restrição; sob tais argumentos, a autoridade, de maneira sensata, poderá rever a decisão.

A figura prevista no parágrafo quinto é personalíssima, havendo outra modalidade de pena, podendo ser aplicada de maneira alternativa ou cumulada com as demais, especificamente aos policiais civis ou militares, haverá a suspensão da função pública por até 5 anos no município da culpa, ou seja, onde ocorreu o fato. Sem dúvida, os policiais operacionais estão mais sujeitos a estes crimes por estarem em contato direto com a população. Pouco se observa a aplicação e os efeitos práticos do referido parágrafo, visto que os municípios, principalmente nas grandes cidades, encontram-se muito próximos, existindo inclusive batalhões ou até delegacias que cobrem em sua área de atuação diversos municípios, fato que inviabilizaria a atuação deste agente público, bem como o controle de cumprimento da pena.

Apesar de a norma não mencionar os agentes federais, seja da PF ou PRF, parecendo, em uma leitura superficial, que a lei está direcionada ou se restringe às forças policiais estaduais, o dispositivo, por analogia, é perfeitamente cabível a estes servidores.

6.1.15 – Competência

Os procedimentos processuais penais em relação à norma não apresentam grandes dificuldades. Se o funcionário é federal como, por exemplo, policiais federais ou rodoviários federais, a competência será da Justiça Federal. Já os policiais civis serão julgados na Justiça

Estadual. No tocantes aos militares, recentemente, com o advento da lei 13.491/2017, foi deslocada a competência processual não só dos delitos previstos na lei 4.898, mas de todos os demais previstos em tipo especial para as auditorias militares estaduais, quando cometidos dentro das condições previstas no artigo 9º, do Código Penal Militar, aumentando, consideravelmente, as demandas destes foros.

As condições especiais da Justiça Militar, especialmente a Estadual, faz com que apareçam inúmeras dúvidas quanto à sua aplicabilidade, principalmente aos policiais militares operacionais. A principal delas é quando e porque somente em alguns crimes a tramitação processual ocorre nas auditorias. De maneira sucinta, apesar do movimento de esvaziamento das justiças militares estaduais, a nova legislação segue caminho contrário, uma vez que agora o cometimento de qualquer crime, dentro das condições previstas no artigo 9, do Código Penal Militar, deve sempre ser analisado pelo viés da hierarquia e disciplina, características que sustentam qualquer instituição militar, e somente as auditorias apresentam tal capacidade jurisdicional.

6.2 – Lei 9.455/97 - Lei de tortura

Nossas forças policiais, detentoras do uso da força legal, são constantemente acusadas de tortura, sofrendo o Brasil inúmeras punições e recomendações, inclusive de tribunais internacionais. A importância do assunto se dá pela garantia da legalidade, dever inerente aos agentes operacionais, bem como na defesa de falsas acusações, por vezes, oportunistas, denegrindo a imagem institucional dos órgãos policiais, causando inúmeros reflexos no combate à criminalidade.

Art. 1º Constitui crime de tortura:

O bem juridicamente tutelado, de maneira imediata, é a dignidade da pessoa humana, bem como sua integridade física e psíquica; secundariamente, a vida e até mesmo a liberdade individual, uma vez que, para o cometimento de tortura, esta sofrerá direta restrição. Como sujeito ativo, podemos ter qualquer pessoa, caracterizando a figura como crime comum. Defendo ser levado em consideração as agravantes legais especiais, relativas ao sujeito ativo, agravando a conduta se cometida por funcionário público. No tocante ao sujeito passivo, a vítima poderá ser qualquer pessoa, ressalvadas as qualificadoras de proteção especial expostas na lei.

I - constranger alguém com emprego de violência ou grave ameaça, causando-lhe sofrimento físico ou mental:

O termo "violência" deve ser interpretado como força física, contato direto ou indireto entre autor e vítima, com impacto na integridade corporal do indivíduo, não existindo grandes dificuldades de visualização de exemplos práticos. No tocante à "grave ameaça", este ato pode ser identificado como uma violência moral, dominando a vontade da vítima.

"Causando sofrimento" — o termo, positivado na norma, torna-se interpretativo e com certo grau de subjetividade, necessitando avaliação técnica, principalmente de especialistas da área de Psicologia, levando sempre em consideração a individualização da vítima, o que representa sofrimento para um, nem sempre representa para outra pessoa.

6.2.1 – Policial ameaçado

É comum que policiais sejam ameaçados. Qual seria o parâmetro para definir se a ameaça foi grave e se causou ou não sofrimento? Logo, a individualidade da vítima é fator relevante no caso concreto. Se todos os policiais, que sofressem esse tipo de ação, viessem a noticiar o fato, gerando consequências no mundo jurídico, ficaria inviável a plena atuação jurisdicional.

Policial operacional, com carreira marcada pelo grande número de prisões e apreensões além de ações em áreas correcionais, passa a sofrer constantes ameaças, via telefonema anônimo, dentre outros meios, direcionadas inclusive à sua família. Não resta dúvidas de que a prática tem gravidade, causando sofrimento, devendo o autor ser responsabilizado pelo crime estudado.

Após apoio à atividade correcional em sua unidade, foi avisado, via Disque Denúncia — instrumento público de divulgação de denúncias anônimas — que determinado oficial da Polícia Militar seria assassinado. Apesar do anonimato, a situação em si configura uma grave ameaça. Na prática, medidas preventivas operacionais são tomadas sem o acionamento do Judiciário ou de qualquer órgão de persecução penal.

Policiais sofrem com a síndrome do "super-homem"; acham que nada vai acontecer a eles. Apesar desse pensamento funcionar como uma defesa, atenção nunca é demais, porque não é raro que ameaças se configurem em atentado à integridade física ou à vida do agente de segurança.

Ainda no tocante à questão interpretativa da grave ameaça e da lesão psicológica causada, é fato relevante a dificuldade da produção de conteúdo probatório, uma vez que essa modalidade criminosa não deixa vestígio aparente na vítima, dificultando o andamento da persecução penal. Ao contrário, a violência física poderá, na maioria dos casos, ser comprovada facilmente com a realização de um exame de corpo de delito, evidenciando lesões corporais na vítima, formando o conjunto probatório necessário para a devida capitulação e responsabilização do autor.

O policial deve entender que a vítima do crime de tortura nem sempre estará marcada, lesionada aparentemente, uma vez que as torturas psicológicas, bem como algumas violências físicas, não deixam qualquer vestígio. Na dúvida, encaminhe o caso à autoridade de Polícia Judiciária para instauração da devida apuração, com o apoio fundamental dos órgãos e profissionais de perícia criminal.

O elemento subjetivo é o dolo, não existindo tortura na modalidade culposa, ou seja, o agente deve ter a intenção de causar o sofrimento, sendo o momento consumativo do crime o sofrimento físico, mental, ou ambos da vítima. É irrelevante para a configuração do crime o alcance de qualquer objetivo estabelecido pelo autor. Criminosos passam a torturar comerciante a fim de que a vítima divulgue sua senha bancária, não logrando êxito. Tendo a ação frustrada pela polícia, são presos em flagrante pelo crime de tortura, mesmo sem conseguir o objetivo criminoso.

Apesar de a norma usar o mesmo verbo "constranger" presente no artigo 146, do Código Penal, já estudado neste trabalho, representando, aparentemente, a mesma ação, o crime de tortura é mais grave, distinguindo-se pelo especial fim de agir, positivado nas alíneas do inciso primeiro, que analisaremos detalhadamente a seguir. O tipo penal especial é restritivo, não é toda lesão física ou moral que será considerada tortura, a ação degradante deve possuir um objetivo específico. Estando fora dessa delimitação legal, observaremos outras violações ao ordenamento jurídico.

6.2.2 – Diferenciação de tortura e maus-tratos

Dúvida comum está na diferenciação entre o crime de tortura e o delito de maus-tratos, previsto no artigo 136, do Código Penal. O tipo previsto no Código Penal representa um crime de perigo. Para sua configuração, basta a exposição ao risco, sem qualquer especial fim de agir, sendo esta a principal diferença para o crime previsto na legislação especial. Os treinamentos operacionais, principalmente os militares, são caracterizados pela rusticidade, e não pode ser diferente, visto a dura realidade enfrentada por esses profissionais em seu cotidiano. Equipe de instrutores, por pura desatenção, deixa alunos expostos ao sol quente extremo, sem motivo ou necessidade aparente, causando inúmeras lesões aos instruendos. Pela ausência do especial fim de agir, tipificado no crime de tortura, a conduta será deslocada para o Código Penal, sendo analisada no crime de maus-tratos.

a) com o fim de obter informação, declaração ou confissão da vítima ou de terceira pessoa;

6.2.3 – "Coloca no saco"

Conhecida na doutrina como "tortura prova", o ato tem como objetivo específico os resultados descritos no tipo, consumando o delito mesmo que um deles ou ambos não sejam alcançados pelo autor. Policial, a fim de obter informação sobre possível guarda de material ilícito, coloca um saco plástico na cabeça de conhecido criminoso, causando asfixia. O caso retratado pela produção cinematográfica nacional demonstra um exemplo da modalidade criminosa analisada. Da mesma forma, se policial, em vez de realizar o ato físico de asfixia, finge ou simula a tortura, para que parente do criminoso acredite e forneça informações relevantes, estará configurada a tortura pela modalidade psicológica, visto ser evidente que tal conduta causou danos às vítimas, mediatas e imediatas.

6.2.4 – Confissão forçada

O instrumento probatório da confissão, previsto no artigo 197, do Código de Processo Penal, deve ser relativizado e avaliado com base em alguns princípios, podendo ser citada a livre apreciação das provas, nunca servindo de único instrumento de condenação ou absolvição, uma vez que, no caso de vício do meio, decisões injustas serão tomadas, podendo causar mal irreparável.

Determinada autoridade com atribuição investigativa, sofrendo grande pressão popular e midiática para solucionar caso de grande apelo, somada à oportunidade de promoção pessoa e funcional, decide torturar psicologicamente suspeitos, forçando uma confissão, ameaçando os investigados de afastamento de seus familiares resultante de uma possível prisão. Às vezes, encontrar um culpado é mais fácil que encontrar a verdade, entretanto, a conduta pode configurar crime grave, devendo a autoridade ser responsabilizada e todo o ato processual produzido, no caso específico, a confissão, não terá qualquer validade jurídica.

b) para provocar ação ou omissão de natureza criminosa;

Conhecida na doutrina como "tortura crime", sendo configurada como uma coação moral ou física irresistível. Havendo possibilidade de resistência, poderá, dependendo do caso concreto, ser uma atenuante penal, sendo caracterizado como um exemplo de autoria mediata. Nesta modalidade de tortura, deve-se considerar o princípio da legalidade devidamente positivado em nossa Carta Magna, bem como no Código Penal. Sendo assim, qualquer ação impositiva, sem direito de opção, usando de violência física ou moral para que a vítima cometa crime comissivo ou omissivo, será caracterizada como crime de tortura.

São inúmeros exemplos práticos presentes no cotidiano policial e pouco analisado e debatido pela doutrina. Com a ineficácia do Estado em prestar a devida proteção aos seus integrantes, bem como aos seus funcionários públicos, cria-se grande fragilidade e um ambiente perfeito para a atuação criminosa, caracterizada pela proliferação de graves ameaças.

Autoridade policial responsável por exercer a fiscalização de fronteira, com a dura realidade de efetivo reduzido e logística precária, começa a ser ameaçado e passa a ser seguido e monitorado por criminosos armados, muitas vezes, quando também está acompanhado de sua família. O motivo da ameaça é que a referida autoridade prevarique, deixando de realizar atos fiscalizatórios legalmente previstos. A questão é complexa, e pergunta fundamental para tipificar a conduta é se o agente não teria opção diferente — de não ceder à pressão e cometer o crime. Para o devido julgamento, devemos levar sempre em consideração as circunstâncias do fato, e que fora da situação sempre estamos mais confortáveis.

Discussão doutrinária interessante está relacionada à possibilidade do cometimento de tortura, prevista na alínea em análise, quando o autor obriga, por ação ou omissão, o cometimento de contravenção penal, uma vez que a letra da lei utiliza o termo genérico de "conduta criminosa". Corrente majoritária, que acompanhamos, diz ser possível pelo simples fato de não restringir a crime, resolvendo a polêmica por mera interpretação literal. Outra corrente entende, nesse caso específico, tratar a conduta como crime de constrangimento ilegal, sendo a extensão para contravenções penais um exemplo de analogia prejudicial, o que é proibido em nosso ordenamento jurídico.

Cidadão sofre grave ameaça de quadrilha especializada em "jogo do bicho", delito previsto no artigo 58 da lei de contravenções penais, forçando-o a realização de jogo ilegal. Aquele que força o indivíduo contra sua vontade, sem dar opção de escolha, comete crime de tortura, previsto no inciso primeiro da lei estudada, independente se o fato é crime ou contravenção. Apesar de aparente rigor da interpretação, a conduta afeta diferentes bens jurídicos, tais como a tranquilidade, o livre-arbítrio, fomentando o crime e o desenvolvimento de organizações criminosas, devendo ser combatida rigorosamente.

c) em razão de discriminação racial ou religiosa;

A lei, mais uma vez, procura defender os princípios constitucionais, tais como a igualdade e a liberdade de culto e crença, fundamentais para a estabilidade social e a proteção de minorias. Assim como á regra da norma, a alínea é restritiva, não cabendo interpretações ou ampliação para as demais minorias ou grupos sociais, por mais que estes apresentem grande vulnerabilidade.

É fato que a sociedade torna-se cada vez mais intolerante, cabendo ao Estado, através de seus órgãos constituídos, realizar a devida prevenção e repressão de delitos. Não é incomum o cometimento de crimes bárbaros por motivos cada vez mais fúteis; a intolerância religiosa e racial é corriqueira em nosso país, apesar de nossa conhecida diversidade, sendo, especificamente, esses dois fatores protegidos pela norma.

6.2.5 – Traficante fanático religioso

Traficante, convertido à determinada religião, proíbe o culto das demais religiões em área sob sua influência, determinando o fechamento dos espaços de culto, bem como o exercício de qualquer dogma religioso diferente do que acredita, cometendo graves ameaças e, no caso de descumprimento da ordem, violência física contra os praticantes. A absurda conduta é um bom exemplo do crime de tortura previsto na alínea "b".

II - submeter alguém, sob sua guarda, poder ou autoridade, com emprego de violência ou grave ameaça, a intenso sofrimento físico ou mental, como forma de aplicar castigo pessoal ou medida de caráter preventivo.

Pena - reclusão, de dois a oito anos.

Neste inciso, observamos a chamada "tortura castigo", de caráter punitivo ou disciplinar, sendo especificamente este caso um crime próprio, no qual o sujeito ativo é restrito, devendo ter guarda, poder ou autoridade sobre a vítima. Chegamos ao absurdo de policiais serem caçados por traficantes no Rio de Janeiro. Estes profissionais, quando descobertos, são assassinados com requinte de crueldade, passando inclusive por sessões de tortura, como diversos casos relatados. Apesar da gravidade, o exemplo citado não configura a condição em nenhuma hipótese à capitulação do inciso estudado, uma vez que não existe qualquer relação entre autor e vítima.

Nesta modalidade de tortura, o crime poderá se tornar permanente, tendo como consequência operacional relevante a possibilidade de flagrante permanente, permitindo a prisão a qualquer tempo. Bom exemplo é o do pai que tortura o filho, com o especial fim de corrigir ou castigar, realizando e repetindo tal conduta por anos.

§ 1º Na mesma pena incorre quem submete pessoa presa ou sujeita à medida de segurança a sofrimento físico ou mental, por intermédio da prática de ato não previsto em lei ou não resultante de medida legal.

Figura *sus generis* da lei, em que o sujeito passivo é específico, caracterizado por indivíduo sob responsabilidade estatal cumprindo medida privativa de liberdade. Quanto ao sujeito ativo, vem logo à mente o agente penitenciário ou o policial que exerce tal função, mas o tipo não restringe o autor. Na prática, apesar de difícil aplicação, poderemos ver o particular sendo responsabilizado por tal conduta.

Fator importante é que no parágrafo primeiro, a letra da lei não menciona as condutas de violência nem grave ameaça, podendo, então, a conduta ser diversa, devendo gerar sofrimento à vítima, sem a necessidade de qualquer especial fim de agir, podendo, neste caso específico, representar puro sadismo do autor. Agente penitenciário, por questões pessoais, decide se vingar de presos que não acatam às suas ordens, decidindo deixá-los ao relento durante longo tempo, expostos a baixas e altas temperaturas. Nesse caso, não existe violência física ou grave ameaça, bem como nenhuma condição já estudada no inciso primeiro, mesmo assim, pela especificidade do parágrafo primeiro, estará configurada a tortura.

§ 2º Aquele que se omite em face dessas condutas, quando tinha o dever de evitá-las ou apurá-las, incorre na pena de detenção de um a quatro anos.

Doutrinariamente conhecida por "tortura imprópria", omissiva ou privilegiada, uma vez que a pena é extremamente reduzida, interpretada por muitos como benevolente. É o típico caso do agente omisso, que observa o delito e, mesmo podendo agir, não o faz. É sempre importante frisar que ele tem de ter obrigatoriamente a possibilidade de agir. Sem essa condição fundamental, o delito será automaticamente afastado. Nesse caso, devido ao princípio da especialidade, não existe a necessidade da aplicação do artigo 13, parágrafo segundo, que representa a figura do garante já debatida constantemente neste trabalho.

6.2.6 – Fazer "vista grossa"

No caso específico dos agentes que têm o dever de apurar, observamos outra modalidade de crime próprio. Oficial da Polícia Militar, encarregado de Inquérito Policial Militar (IPM), recebe denúncia de que equipe de sua confiança estaria torturando criminosos com o objetivo de obter informações relevantes. Mas pela amizade e respeito aos longos anos de combate juntos, decide não apurar o fato. Tal prática enseja na conduta delitiva analisada, sendo um bom exemplo de corporativismo negativo.

Já no caso de um "recruta" que, em seu primeiro serviço com a equipe operacional de sua unidade, observa em local ermo tortura de elemento preso em flagrante, por mais que o procedimento correto seja dar voz de prisão à equipe, tentando evitar tal ato, na prática, a conduta não é tão simples quanto parece, devendo-se sempre levar em consideração a possibilidade de agir. No exemplo citado, qualquer interferência representaria risco ao agente e uma ameaça direta à impunidade dos antes companheiros e agora criminosos, sendo a melhor saída a realização de notícia crime, em momento oportuno.

Por fim, este inciso é entendido como exceção pela maioria dos estudiosos da doutrina. Segundo interpretação, a tortura omissiva não deve estar revestida de hediondez, ficando de fora da maior reprimenda imposta pela lei especial.

§ 3º Se resulta lesão corporal de natureza grave ou gravíssima, a pena é de reclusão de quatro a dez anos; se resulta morte, a reclusão é de oito a dezesseis anos.

O parágrafo terceiro prescreve a figura qualificada do crime de tortura, apresentando a característica de preterdolo, resultado final diverso do pretendido. A primeira confusão que surge é no tocante à distinção entre o tipo analisado e o crime de homicídio qualificado pela tortura. A resolução da questão é simples, deve-se sempre analisar o dolo do autor. Se ele tinha desde o início a intenção de matar e torturou por puro sadismo, a conduta vai para o Código Penal, entretanto, se ele queria torturar e, devido à violência empregada, a vítima morre, traremos a análise para a legislação especial.

Policial coloca traficante no saco, visando buscar informações do paradeiro de assassinos de companheiros. Após várias sessões de sufocamento, a vítima vem a falecer. Para a devida capitulação penal, deve ser analisada a intenção do policial, se era matar ou torturar, sendo a morte uma consequência inesperada ou previsível. A questão relevante ainda no exemplo é a existência ou não de dolo eventual, ou seja, se o agente assumiu o risco do resultado, sendo ele previsível, sendo a questão extremamente interpretativa e de difícil aplicação ao caso concreto.

A possibilidade da aplicação conjunta da figura privilegiada qualificada é alvo de polêmica entre os estudiosos do Direito. Como a norma não restringe diretamente a condição, entendemos ser perfeitamente aplicável no caso concreto. Oficial da Polícia Militar encontra-se em seu gabinete, escuta gemidos de dor no alojamento ao lado, se omite e nada faz para impedir ou até mesmo verificar o que ocorre. Neste caso, ocorria uma sessão de tortura em que a vítima morre, sendo esse um exemplo de tortura qualificada privilegiada.

§ 4º Aumenta-se a pena de um sexto até um terço:

I – se o crime é cometido por agente público;

Agentes públicos necessitam de garantias e maior reprimenda quando do cometimento de crimes, uma vez que suas condutas representam o Estado, sendo este inciso um dentre vários exemplos de majoração penal aos servidores dentro de nosso ordenamento. É fato que os policiais operacionais, que estão mais expostos no combate à criminalidade, merecem maior proteção por parte do legislador, devendo a norma ser alterada, acompanhando o raciocínio empregado recentemente no Código Penal, onde homicídio cometido contra policiais ou seus familiares é considerado qualificado, sendo uma sugestão o acréscimo na norma de cometidos por e "contra" agentes públicos.

6.2.7 – Aplicação "legal" de tortura

Assunto extremamente polêmico, discutido em todo mundo, é a utilização legal de instrumento tão gravoso em casos de extrema necessidade. O Direito tem como função regular conflito de bens e interesses, usando sempre como base o bom senso e, especificamente no Direito Penal, o estado de necessidade, mensurando os bens jurídicos, sobressaindo o de maior relevância em detrimento do outro, na impossibilidade de coexistência.

São vários exemplos em que o assunto é discutido, destacando-se as questões relativas ao terrorismo. Imaginemos que integrante de célula terrorista seja capturado na iminência de um ataque. Tentando evitar o acontecimento trágico, agentes públicos utilizam-se da tortura para colher informações e localizar artefato explosivo ativado. No exemplo, temos o confronto de bens jurídicos, caracterizado pela vida de inúmeras pessoas e a integridade física do preso, não restando dúvidas sobre a prevalência dos bens em conflito. Jamais defendendo a prática de tortura, o que deve ser levado em consideração é a eficiência do ato, se uma pessoa sob agressão física ou psicológica, fornece informações relevantes.

Em nosso país não é uma realidade atividades regulares de grupos terroristas. Entretanto, outros crimes graves e de grande repulsa levam ao questionamento da utilização ou não da prática legal de tortura. No crime de extorsão mediante sequestro, integrante de quadrilha é capturado. Sabendo-se que vítima encontra-se em risco de vida, agentes decidem torturar o preso para obter a localidade do cativeiro, salvando uma vida. O exemplo repete o conflito de bens do caso anterior, sendo este o argumento dos defensores desta prática em caráter excepcionalíssimo.

Em sentido oposto, deve ser considerado que a tortura historicamente é uma das maiores máculas da sociedade, seja quando realizada pela Igreja, pelas diferentes ditaduras e, principalmente, contra as minorias. Apesar de nos dias atuais ainda ocorrer tal prática, a sociedade alcançou inúmeros progressos, podendo ser destacada a Declaração Universal dos Direitos do Homem e do Cidadão, base de nossa Constituição Federal. Logo, a questão principal é se a permissão da tortura legal não seria um retrocesso a essas conquistas civilizatórias, quais seriam os limites do uso, como seria a regulamentação. Essas dúvidas permanecem nas diversas sociedades organizadas mundo afora. Por fim, é importante destacar que no Brasil a prática de tortura "legal" não apresenta qualquer amparo jurídico.

II – se o crime é cometido contra criança, gestante, portador de deficiência, adolescente ou maior de 60 (sessenta) anos;

Figura protetiva a grupos considerados mais sensíveis, sendo uma realidade em nosso ordenamento jurídico e na política criminal brasileira, repetida em diversas leis em vigor no país, se justificando pela dificuldade ou até mesmo a impossibilidade de defesa destas vítimas.

III – se o crime é cometido mediante sequestro.

A questão é óbvia, uma vez que, neste caso, existe a violação de mais de um bem jurídico, além da integridade física e metal da vítima, que tem seu direito de liberdade cerceado, devendo este ter duração relevante, uma vez que, para o cometimento de vários crimes, esse direito é lesado temporariamente, sem relevância jurídica.

§ 5º A condenação acarretará a perda do cargo, função ou emprego público e a interdição para seu exercício pelo dobro do prazo da pena aplicada.

De acordo com o parágrafo quinto, o funcionário que comete este crime poderá ser demitido, excluído do serviço público. Segundo entendimento recente do Superior Tribunal Federal, estes efeitos penais são automáticos, não existindo a necessidade de especificação em sentença condenatória, uma vez que a lei já trata a questão de maneira direta e objetiva.

6.2.8 – Perda do cargo para policiais

Esta penalidade é um exemplo de efeito penal. Na esfera administrativa, nem sempre, como já comentado anteriormente, as penas restritivas de liberdade são as mais gravosas. Em termos práticos, no caso dos funcionários públicos e, principalmente os policiais, a perda do cargo acarreta inúmeros prejuízos, sejam financeiros ou até mesmo no âmbito de segurança.

A atividade policial é muito específica, uma vez que o poder público apresenta a exclusividade na prestação desse serviço; os assuntos aprendidos nas escolas de formação são, na maioria das vezes, restritos ao serviço público, inviabilizando a utilização dos conhecimentos na atividade privada e a característica de dedicação exclusiva, além das altas cargas de trabalho que dificultam a formação desses profissionais em outra área.

Policial excluído da corporação pelo crime de tortura apresentava grande dificuldade de reinserção no mercado de trabalho, além de viver sobre constante risco, visto que, com a perda do cargo, perdem-se todas as prerrogativas funcionais, inclusive o porte de arma, inviabilizando a proteção individual contra todos os inimigos feitos durante a carreira. O crime é grave e deve sempre ter uma pena à altura, sendo esse o motivo de conscientização da atuação profissional, respeitando os parâmetros legais pelos agentes operacionais.

§ 6º O crime de tortura é inafiançável e insuscetível de graça ou anistia.

Pela gravidade e repulsa da conduta, o legislador aboliu qualquer benefício aos autores deste tipo de delito.

§ 7º O condenado por crime previsto nesta Lei, salvo a hipótese do § 2º, iniciará o cumprimento da pena em regime fechado.

O parágrafo sétimo apresenta grande discussão no mundo jurídico. Estudando a lei 8.072 de 1990, que regula os crimes hediondos, observa-se o posicionamento de nossos tribunais superiores vetando a aplicação obrigatória do início do cumprimento de pena em regime fechado.

A inconstitucionalidade é defendida sob o argumento de violação dos princípios da fundamentação das decisões judiciais e de individualização da pena. Entretanto, entendimento recente sustenta que, devido à especialidade da lei, o artigo em questão poderá ser aplicado perfeitamente. Apesar das divergências inerentes ao caso e importantes para o desenvolvimento do Direito, deve-se levar em consideração o grau de repulsa social relativa a este crime, existindo a necessidade de punição diferenciada para os autores de conduta tão lesiva ao ordenamento jurídico e a paz social.

6.3 Lei 10.826, decretos 5.123 e 3.665, regulamentação de arma de fogo

Com os altos índices criminais e a periculosidade dos criminosos, as armas tornaram-se os principais instrumentos para o cometimento de crimes caracterizados por violência ou grave ameaça, o que fez o legislador, de maneira justa, controlar e restringir de maneira mais rigorosa o acesso a este tipo de equipamento. Arma de fogo, com definição bem simplificada, é toda coisa ou objeto capaz de produzir morte ou provocar lesão grave, podendo caracterizar uma infinidade de objetos. O foco de nosso estudo serão as armas de fogo, ou seja, aquelas que, através da combustão e expansão de gases resultantes da queima de material propelente, lançam projéteis com alta velocidade, causando danos a qualquer anteparo, inclusive ao corpo humano.

Reforçando o principal argumento do livro, na lei estudada observa-se claramente que a norma não acompanha a realidade operacional dos fatos, deixando os policiais operacionais desprotegidos juridicamente, bem como os usuários do serviço de segurança pública.

6.3.1 – Evolução do poder bélico do crime

Fazendo uma breve volta no tempo, lembrando do início de carreira, a maior preocupação operacional e risco para as equipes era a utilização por parte dos criminosos de fuzis de guerra. Em resposta, o poder público adquire viaturas blindadas, denominadas popularmente de caveirão, aumentamos também a proteção dos coletes para o nível 3, com capacidade para segurar impacto de projéteis de grande velocidade. Como o crime não para, começaram os ataques com granadas improvisadas e defensivas, caracterizadas pela produção de estilhaços diretos, equipamentos que as forças policiais não possuem até os dias atuais. Como medida de segurança, foram adotadas a intensificação da conduta de patrulha e técnicas de minimização de dano contra artefatos explosivos.

Como nada é tão ruim que não possa piorar, o criminosos iniciaram ataques com a utilização de equipamentos ópticos, mais especificamente "lunetas" de grande aumento, efetivando tiros mais precisos contra as equipes policiais, agravando o risco por supressores de ruído, equipamentos raros nas forças de segurança de ponta brasileiras. Como resposta, medidas táticas são adotadas como, por exemplo, o uso de armamento de emprego coletivo, como metralhadoras, o que já é corriqueiro pelos traficantes. A novidade é a utilização do calibre ponto 50, antiblindagem, usado com mais frequência por criminosos, algo extremamente complexo pelo nível de risco, mudando totalmente os protocolos operacionais das forças policiais.

De fato, o poder público está quase sempre atrás do crime em matéria de logística e, principalmente armamento. Este atraso custa caro para os servidores da área de segurança. Especificamente, em relação à matéria legislativa e atualização de normas, a última alteração relevante ocorreu através da lei 13.497, de 2017, tornando hediondo o crime de porte ilegal de arma de fogo de uso restrito. A importante evolução tem impacto direto, principalmente no tocante à progressão de regime. Entretanto, os policiais operacionais, apesar da importante alteração, não sentem o impacto direto, visto que, na prática, o criminoso não deixará de atacar e atirar pelo simples agravamento da norma, uma vez que este problema é sistêmico, devendo serem tomadas medidas em diferentes ramos do poder público.

Analisando o dispositivo jurídico, não se encontra definição de arma de fogo, muito menos a subdivisão usada na lei entre armas de porte, uso permitido ou restrito. Este conceito é fundamental para o operador primário do Direito, visto que a diferenciação do armamento muda a capitulação dos crimes e, consequentemente, a reprimenda estatal, estando disponível nos decretos legislativos diretamente relacionados, reforçando a importância da ampliação do estudo.

O Estatuto do Desarmamento, nome popular da norma, relacionado ao contexto social de promulgação da lei que, tecnicamente, deveria ser intitulada como lei de armas, é um bom exemplo de norma penal em branco, ou seja, precisa de outro dispositivo legal explicando e pormenorizando, dando as devidas definições expostas na lei geral. Neste caso específico, podemos citar os decretos 5.123-04 e 3.665-00, esclarecedores das dúvidas relacionadas ao assunto. Neles, encontraremos a definição de arma, bem como a explicação da subdivisão entre os termos restritos e permitidos, dentre outras questões relevantes.

Partindo da premissa de que quanto menos armas em circulação menor seria a quantidade de crimes violentos, foi promulgada a lei 10.826, de 2003, sendo atualizada por outras diversas normas, sendo regulamentada pelo decreto 5.123, do ano de 2004. Sem entrar no mérito da eficiência e eficácia da norma, questão extremamente polêmica, discutiremos, seguindo a linha do trabalho, os principais artigos e suas consequências legais e operacionais aos policiais, seja como utilitários do equipamento, pelo denominado porte direto, ou na grande quantidade de condução de ocorrências envolvendo armas de fogo.

No artigo primeiro da lei, fica instituído o Sinarm, Sistema Nacional de Armas, de responsabilidade da Polícia Federal. Por questões óbvias, uma vez ser esta corporação policial a única híbrida, realizando policiamento ostensivo e judiciário de caráter nacional, padronizando os procedimentos em todo o território brasileiro.

Art. 2º Ao Sinarm compete:

No artigo segundo, estão relacionadas as competências da Polícia Federal que, na prática, é a criação, organização, difusão e deliberações de assuntos referentes à arma de fogo, sendo fundamental a leitura de todo o dispositivo aos policiais, cabendo o destaque e comentário operacional aos seguintes incisos:

VIII – cadastrar os armeiros em atividade no País, bem como conceder licença para exercer a atividade;

6.3.2 – "Armeiros"

Para aqueles que trabalham com este tipo de equipamento, sabem que sua manutenção não é algo simples, principalmente daquelas que extrapolam o primeiro escalão, sendo necessária a atuação de profissional altamente especializado. Conhecimento sensível, necessitando de intenso controle por parte das Polícia Federal, para que alguns destes profissionais não sejam aliciados pelo crime e realizem serviços, permitindo que grupos criminosos utilizem suas potentes armas de fogo diariamente contra a população e, principalmente, contra as forças policiais.

Não é incomum que traficantes no Rio de Janeiro utilizem armas mais modernas que as da própria polícia. Como todo maquinário, o uso constante causa desgaste e, para seu perfeito funcionamento, necessita de manutenção periódica e especializada. Durante operações, é visível que as armas dos traficantes estão em perfeito funcionamento e, apesar do intenso uso, elas não apresentam qualquer pane, devido ao trabalho de armeiros do crime.

Durante patrulhamento no complexo do Lins, mais precisamente no Morro do Gambá, ao revistar uma residência, foi encontrado um porão, farto ferramental e peças de fuzis de diversos modelos; tratava-se de uma oficina de armamento de causar inveja a qualquer Batalhão da Polícia Militar. O proprietário da residência se evadiu com a chegada da polícia, sendo confirmado pelos parentes, de maneira informal, que ele tinha servido as Forças Armadas e, após sua saída, estava atuando a serviço do tráfico.

XI – informar às Secretarias de Segurança Pública dos Estados e do Distrito Federal os registros e as autorizações de porte de armas de fogo nos respectivos territórios, bem como manter o cadastro atualizado para consulta.

6.3.3 – Acesso aos bancos de dados policiais

Tal inciso menciona e reforça indiretamente a importância da integração entre as diversas forças policiais do país, fato deficiente e que impacta diretamente na segurança pública. O policial da ponta precisa ter a informação em tempo real e atualizada, uma vez ser este o profissional que se depara com a ocorrência na rua. O Certificado de Registro de Arma de Fogo (CRAF), documento obrigatório previsto no artigo quinto da lei, não é suficiente, uma vez que o documento, como qualquer outro de caráter público ou particular, pode sofrer qualquer tipo de falsificação, sendo necessária a atualização e, o acesso imediato aos bancos de dados aos agentes operacionais de ponta, independente da instituição de origem.

Parágrafo único. As disposições deste artigo não alcançam as armas de fogo das Forças Armadas e Auxiliares, bem como as demais que constem dos seus registros próprios.

6.3.4 – Armas de fogo de militares e autoridades

As armas de fogo das Forças Armadas, bem como das polícias militares, integram um outro sistema denominado Sistema de Gerenciamento Militar de Armas (SIGMA). Logo, as armas de propriedade das corporações militares usadas em serviço, ou mesmo na folga, quando devidamente acauteladas, são cadastradas e controladas pelo Exército Brasileiro.

Hoje, basicamente, temos duas instituições, com características distintas, controlando bancos de dados diferentes, regulando o mesmo assunto: arma de fogo. A falta de integração, o fluxo de informação, a vaidade institucional, a disputa de poder inerente a quase todas as instituições brasileiras dificultam todo o processo, impactando diretamente na prestação do serviço, mais especificamente no tocante à arma de fogo. A burocracia não coloca em risco somente a administração pública, mas sim a vida, principalmente a dos agentes policiais que estão na ponta da linha, no enfrentamento direto à criminalidade.

Os artigos terceiro, quarto e quinto da norma tratam, especificamente, de questões administrativas relativas ao registro, normatizando as condições dele, requisitos mínimos para aqueles que querem adquirir armas de fogo e munições, objetivando a posse em sua residência ou local de trabalho, bem como a especificação do CRAF e das condições de venda e transferência de propriedade das armas de fogo. Cabe antecipar o comentário de que a lei usa, em vários momentos, o termo "posse" e "porte", de extrema importância operacional sua diferenciação, que especificaremos e explicaremos de maneira detalhada na parte que trata dos crimes e das infrações da norma estudada.

Art. 6º É proibido o porte de arma de fogo em todo o território nacional, salvo para os casos previstos em legislação própria e para:;

O porte é exceção, entretanto, é importante destacar que o rol das autoridades que possuem porte vem aumentando consideravelmente ao logo do tempo, decorrente de alterações legislativas. Seria prematuro e irresponsável mensurar quais são os impactos de tais atualizações no contexto da segurança pública, mas o fator relevante é a necessidade obrigatória aos policiais operacionais de conhecer detalhadamente o rol previsto no artigo sexto do Estatuto do Desarmamento.

I – os integrantes das Forças Armadas;

Juntamente com o inciso segundo da norma, observamos a figura do porte direto, ou seja, aquele automático, devido à natureza da atividade profissional realizada por esses servidores, onde o instrumento da arma de fogo, além de estar presente no cotidiano, é imprescindível a estes agentes públicos, sendo a formação e capacitação presentes nas escolas de formação profissional de cada instituição.

Todos os militares têm formação obrigatória em armamento e tiro, entretanto, o porte é regulamentado por norma especial, ficando este restrito aos militares de carreira, sendo automático aos oficiais, e a deliberação de autorização ou não aos sargentos e demais graduados a cargo dos comandantes imediatos. Equipe da Polícia Militar, ao abordar sargento armado do Exército, o prende por porte ilegal de arma de fogo e apreende a arma pertencente às Forças Armadas, por total desconhecimento de normas administrativas complementares e da possibilidade de porte de arma pelos praças da referida instituição militar; equipe policial age em erro, reforçando a necessidade de estudo referente à legislação de armas de fogo.

A regulamentação de armas de fogo, principalmente as de uso restrito, por força de lei, compete ao Exército, definindo inclusive o calibre permitido para o tipo de autoridade. Essa definição deve ser profissional, sem qualquer tipo de corporativismo, avaliando sempre com base na necessidade e no risco da classe. Sendo assim, os policiais devem ser uma classe privilegiada por apresentar maior periculosidade, permitindo a estes profissionais a maior opção de escolha de modelos e calibres, de acordo com a opção pessoal e técnica de cada indivíduo.

II – *os integrantes de órgãos referidos nos incisos do* caput *do art. 144 da Constituição Federal;*

No inciso segundo está regulamentado o porte aos agentes policiais responsáveis diretos pela segurança pública — policiais federais, rodoviários federais, civis, militares e bombeiros militares que, apesar de possuírem atribuições de defesa civil, constitucionalmente, estão previstos no capítulo da Segurança Pública, além de apresentarem organização administrativa militar, como observamos no início deste trabalho. Em português claro e direto, são estes profissionais que estão com o problema da segurança pública nas mãos e, pelo risco da profissão, são praticamente obrigados a andar armados 24 horas por dia, além de conduzirem constantemente diversas ocorrências que envolvem os conhecimentos positivados nesta lei, sendo justificado tratamento diferenciado pela norma.

Com relação ao porte direto, a lei presume que o profissional está apto a portar arma de fogo, sendo a instituição de origem dele responsável pela formação, manutenção e controle. É uma realidade que nem sempre os profissionais de segurança pública são formados na plenitude, não é difícil ocorrências envolvendo policiais portando arma de fogo de maneira inadequada, seja pelo aspecto técnico, operacional e até mesmo aspecto legal. Por mais que o policial no Brasil só consiga exercer sua atividade portando arma de fogo, a questão do porte direto deve ser revista, principalmente pelo tocante de melhoria de formação e capacitação profissional, visto que o profissional despreparado se coloca em risco, além de toda a coletividade.

III – *os integrantes das guardas municipais das capitais dos Estados e dos Municípios com mais de 500.000 (quinhentos mil) habitantes, nas condições estabelecidas no regulamento desta Lei;*

6.3.5 – Guardas municipais

A participação do município na segurança pública é real e necessária, não apenas nas medidas preventivas de infraestrutura urbana, que possuem reflexos diretos no combate à violência, mas também através de medidas preventivas e repressivas por meio de suas respectivas guardas municipais. O legislador, de maneira subliminar, deixou entender no preceito legal uma realidade nacional. As cidades com maior número de habitantes geralmente são as mais violentas, permitindo, assim, aos municípios, a possibilidade de armar ou não suas guardas.

Cabe o órgão da administração pública regulamentar o respectivo porte, sempre em acordo com a norma principal, que deu a faculdade ao gestor público. Do exposto, entendemos que os guardas municipais das grandes cidades não possuem porte direto, como os policiais, sendo assim, o servidor municipal que porta arma de fogo, sem a devida regulamentação local, estará incorrendo no crime de porte ilegal de arma. Operacionalmente, fica difícil a participação efetiva das guardas municipais na segurança pública, nas grandes cidades, sem o porte de arma de fogo, sendo óbvio que estes importantes servidores se colocam em situação de risco de vida caso tentem intervir em qualquer situação criminosa.

Os argumentos são inúmeros, ficando sempre polarizados, deixando de fora aspectos técnicos. O porte de arma traz pontos positivos e negativos. A arma de fogo é o mínimo para uma atuação direta no combate à criminalidade. Por outro lado, a partir do momento que as guardas municipais se armam, passaram a ser vistas de outro modo pelos criminosos violentos, representando uma nova ameaça, absorvendo assim todos os riscos inerentes aos policiais, já amplamente debatidos neste trabalho.

Recentemente, o município de Niterói, no Estado do Rio de Janeiro, realizou um referendo para perguntar à população local sobre a decisão de armar ou não sua guarda. Surpreendentemente, mesmo com o forte apelo da insegurança, a vontade popular foi de manter a força pública desarmada, mesmo que por uma pequena margem de votos.

IV – os integrantes das guardas municipais dos Municípios com mais de 50.000 (cinquenta mil) e menos de 500.000 (quinhentos mil) habitantes, quando em serviço.

Neste exemplo, o porte seria somente no serviço, sendo levantadas duas questões de caráter operacional. A primeira é: como ficaria a segurança do agente em seu horário de folga, como prender um criminoso armado e, posteriormente, cruzar com ele fora do horário de serviço estando desarmado, sem ter a certeza de que o indivíduo está na mesma condição? E a segunda é sobre a devida comprovação em missões reservadas, evitando prisões desnecessárias ou abusos de autoridade.

V – os agentes operacionais da Agência Brasileira de Inteligência e os agentes do Departamento de Segurança do Gabinete de Segurança Institucional da Presidência da República;

Devido ao pequeno efetivo e à especificidade das missões, estes agentes apresentam poucos impactos operacionais para as forças policiais.

VI – os integrantes dos órgãos policiais referidos no art. 51, IV, e no art. 52, XIII, da Constituição Federal;

Podemos aqui realizar o mesmo comentário do inciso anterior, a polícia da Câmara e do Senado Federal, a qual se referem os artigos de nossa Constituição Federal, além do pequeno efetivo e das atribuições restritas, atuam quase que em sua plenitude na Capital Federal.

VII – os integrantes do quadro efetivo dos agentes e guardas prisionais, os integrantes das escoltas de presos e as guardas portuárias;

As guardas prisionais, juntamente com as forças policiais operacionais, são os profissionais com o maior grau de risco em sua atividade laboral, apresentando maior necessidade do porte de arma de fogo. Não é segredo, nem mesmo para as autoridades, que, mesmo no cárcere, presos mantêm influência e até mesmo a chefia de suas quadrilhas, deixando totalmente vulneráveis os responsáveis efetivos pelo cumprimento da pena.

No caso das guardas portuárias, entendemos que tal medida se dá pelo grande fluxo de entrada e saída de mercadorias, principalmente em caráter transnacional, servindo tal autorização de segurança e apoio à soberania nacional e à proteção das fronteiras marítimas.

VIII – as empresas de segurança privada e de transporte de valores constituídas, nos termos desta Lei;

Atividade regulamentada e fiscalizada pela Polícia Federal, restringindo tal porte às atividades laborais, ficando vedado o porte aos profissionais quando de folga.

IX – para os integrantes das entidades de desporto legalmente constituídas, cujas atividades esportivas demandem o uso de armas de fogo, na forma do regulamento desta Lei, observando-se, no que couber, a legislação ambiental.

6.3.6 – Porte especial do CAC (Colecionador, Atirador Desportivo e Caçador) e a legítima defesa

O inciso regula autorização controversa, conhecida pelo termo "CAC" (Colecionador, Atirador Desportivo e Caçador), em que indivíduos que possuem autorização especial do Exército Brasileiro e da Polícia Federal para adquirirem e portarem arma, inclusive de calibre restrito, deveriam seguir regras rígidas de armazenamento e transporte do material bélico. O problema surge quando esses indivíduos são alvos de criminosos, usando seu armamento em legítima defesa, fugindo das regras administrativas referentes ao porte especial. Segundo entendimento recente, revestido de bom senso, a prática não apresenta qualquer ilegalidade, uma vez que a preservação da vida deve ser prioridade em qualquer relação jurídica.

Como no Brasil muitos conceitos e entendimentos jurídicos são deturpados e utilizados em benefício próprio, algumas pessoas, nestas condições, de porte especial passaram a andar armados constantemente e, quando abordados por equipes policiais, justificavam que estavam em deslocamento para um treinamento. A fim de dirimir dúvidas, caberá a análise do caso concreto. Por exemplo, durante patrulhamento, equipe encontra indivíduo armado, na condição de CAC, às três da madrugada. É óbvio que não existe nenhum estande de tiro aberto esse horário, logo, é evidente que se trata, de porte ilegal de arma, mesmo que o "atleta" possua o documento administrativo de guia de trânsito.

X – os integrantes da Carreira Auditoria da Receita Federal do Brasil, Auditores-Fiscais do trabalho, cargo de auditor fiscal e analista tributário.

Este é um exemplo de alteração da norma, ampliando as autoridades que possuem o direito ao porte de arma.

XI – os tribunais do Poder Judiciário descritos no art. 92 da Constituição Federal e os Ministérios Públicos da União e dos Estados, para uso exclusivo de servidores de seus quadros pessoais que, efetivamente, estejam no exercício de funções de segurança, na forma de regulamento a ser emitido pelo Conselho Nacional de Justiça (CNJ) e pelo Conselho Nacional do Ministério Público (CNMP).

Estes agentes de segurança, em regra, responsáveis pela segurança de instalações e das autoridades do Poder Judiciário e Ministério Público, têm, assim como juízes e promotores, o porte regulamentado por leis e resoluções especiais, devendo o profissional de segurança pública, além da norma geral, estudar tais dispositivos, dificultando ainda mais a atividade operacional.

§ 1º *As pessoas previstas nos incisos I, II, III, V e VI do* **caput** *deste artigo terão direito de portar arma de fogo de propriedade particular ou fornecida pela respectiva corporação ou instituição, mesmo fora de serviço, nos termos do regulamento desta Lei, com validade em âmbito nacional para aquelas constantes dos incisos I, II, V e VI.*

No parágrafo primeiro, está a previsão do porte aos agentes mencionados no dispositivo, mesmo no horário de folga. Essa autorização é interpretada, muitas vezes, de forma equivocada, de que policial é polícia 24 horas por dia. O porte de arma é nacional por motivos óbvios, visto que, apesar do pacto federativo e a estadualização das polícias, é bem comum o apoio, principalmente nas áreas de fronteiras estaduais, devido à atuação cada vez mais constantes, de quadrilhas interestaduais, fazendo com que as polícias necessitam de maior integração e atuação fora de seus territórios.

§ 2º *A autorização para o porte de arma de fogo aos integrantes das instituições descritas nos incisos V, VI, VII e X do* **caput** *deste artigo está condicionada à comprovação do requisito a que se refere o inciso III do* **caput** *do art. 4º desta Lei, nas condições estabelecidas no regulamento desta Lei.*

Os integrantes destes órgãos, ao contrário dos agentes policiais, não possuem o denominado porte direto, devendo comprovar requisitos e habilidades para portar arma de fogo.

§ 3º A autorização para o porte de arma de fogo das guardas municipais está condicionada à formação funcional de seus integrantes em estabelecimentos de ensino de atividade policial e à existência de mecanismos de fiscalização e de controle interno, nas condições estabelecidas no regulamento desta Lei, observada a supervisão do comando do Exército.

Escolas de formação policial são utilizadas de maneira genérica. Neste caso, a lei não definiu qual delas será responsável pela formação e capacitação dos guardas municipais, no tocante à utilização de arma de fogo. O parágrafo terceiro corrobora com o raciocínio de que o porte das guardas municipais não é direto e automático, necessitando de regulamentação, restringindo a formação a outros órgãos da segurança pública.

§ 4º Os integrantes das Forças Armadas, das polícias federais e estaduais e do Distrito Federal, bem como os militares dos Estados e do Distrito Federal, ao exercerem o direito descrito no art. 4º, ficam dispensados do cumprimento do disposto nos incisos I, II e III do mesmo artigo, na forma do regulamento desta Lei.

6.3.7 Porte direto

O parágrafo quarto positiva o porte direto, pressupondo o legislador que nas escolas de formação dos referidos órgãos exista uma formação suficiente para o emprego de arma de fogo, trabalhando todos os pilares necessários na atividade policial operacional: físico, técnico e psicológico.

Sabemos que cada instituição possui suas deficiências e virtudes de formação, suas dificuldades operacionais e suas limitações logísticas. Seria extremamente incoerente a cobrança dos pré-requisitos legais da lei analisada aos agentes policiais operacionais, que têm a arma de fogo como instrumento de trabalho. Entretanto, continuamos a reforçar a necessidade de aprimoramento técnico na formação e treinamento constantes, visto que o crime não para, e as dificuldades de combate à criminalidade só aumentam a cada dia.

§ 6º O caçador para subsistência que der outro uso à sua arma de fogo, independentemente de outras tipificações penais, responderá, conforme o caso, por porte ilegal ou por disparo de arma de fogo de uso permitido.

6.3.8 – "Caçador"

Por mais que pareça óbvia a letra da lei, cabe ressaltar que os indivíduos que habitam em áreas rurais possuem tratamento diferenciado, sendo esta uma medida justa, visto que a arma de fogo poderá ser seu único meio de subsistência. Além disso, nessas áreas, o socorro ou a atenção policial está a horas ou até mesmo a quilômetros de distância, devendo o indivíduo prover sua própria segurança.

Havendo desvio de finalidade do armamento, o autor responderá pelos crimes cometidos, previstos nesta lei especial. Durante patrulhamento, em área rural, equipe encontra caçadores realizando a atividade sem a devida autorização. Ao se aproximarem, os policiais são atacados por diversos disparos, visando à fuga, evitando possíveis responsabilizações criminais. Neste caso, não resta dúvida de que fica evidente o cometimento de crime de porte ilegal somados aos previstos no Código Penal e na lei de crimes ambientais, sendo o porte de arma para caça desconsiderado pelo cometimento de diversos crimes.

§ 7º Aos integrantes das guardas municipais dos Municípios que integram regiões metropolitanas será autorizado porte de arma de fogo, quando em serviço.

Como analisamos anteriormente, o legislador definiu como critério de armar ou não as guardas municipais pelo número de habitantes do município de atuação. Entretanto, permitindo-me a discordância, não seria lógica essa regra. Nas regiões metropolitanas, nas quais as divisas se tornam quase imperceptíveis, com criminosos deslocando-se sem parar entre municípios, com realidades tão parecidas e problemas compartilhados, criando, assim, vulnerabilidades latentes aos agentes desarmados.

Art. 10. A autorização para o porte de arma de fogo de uso permitido, em todo o território nacional, é de competência da Polícia Federal e somente será concedida após autorização do Sinarm.

§ 1º A autorização prevista neste artigo poderá ser concedida com eficácia temporária e territorial limitada, nos termos de atos regulamentares, e dependerá de o requerente:

I - demonstrar a sua efetiva necessidade por exercício de atividade profissional de risco ou de ameaça à sua integridade física;

II - atender às exigências previstas no art. 4º desta Lei;

III - apresentar documentação de propriedade de arma de fogo, bem como o seu devido registro no órgão competente.

§ 2º A autorização de porte de arma de fogo, prevista neste artigo, perderá automaticamente sua eficácia caso o portador dela seja detido ou abordado em estado de embriaguez ou sob efeito de substâncias químicas ou alucinógenas.

O objetivo da norma é o desarmamento. Sem questionar os resultados efetivos da lei especial, o artigo décimo trata da autorização de porte para as pessoas que não estão elencadas no artigo sexto, pessoas comuns que querem exercer o direito de ter uma arma de fogo. Por força de lei, é possível mesmo. Entretanto, na prática, é muito difícil a autorização para porte, após minuciosa análise da Polícia Federal e o preenchimento de diversos requisitos legais.

6.3.9 – Porte para pessoas comuns

Ao contrário do porte previsto no artigo sexto, que possui abrangência nacional, neste caso, a autorização poderá sofrer restrições temporais e territoriais, podendo inclusive ser revogada. Cidadão consegue a autorização de portar arma, visto que está sofrendo constantes ameaças por pessoa certa e determinada. Tempos depois, quando tal ameaçador venha a ser preso ou falecer, o motivo da concessão se exauriu, logo, não existe mais justa causa deste porte permanecer com validade, devendo ser imediatamente revogado. Outro cidadão realiza atividade de risco em determinado estado da federação, sendo este o motivo cabal de concessão do porte. Quando se desloca para outra localidade distante, passando-se por mero desconhecido, não seria plausível manter tal direito em local que não corra qualquer tipo de risco.

Ocorre revogação automática do porte quando o indivíduo é identificado utilizando qualquer substância que abale sua capacidade cognitiva. Decisão acertada e coerente adotada pelo legislador, visto que, em jurídico tutelado e a paz social somada à segurança pública, o que poderá fazer um indivíduo portando uma arma fora de suas perfeitas condições psicofísicas?

6.3.10 – Policial bêbado armado

No caso das autoridades previstas no inciso sexto, quando flagradas armadas sob efeitos de substâncias que alterem o estado físico cognitivo, o porte não será revogado, uma vez que o artigo supracitado trata especificamente do porte de exceção, ou seja, aquele direcionado a qualquer do povo e não das autoridades públicas. Nas instruções operacionais, é incessantemente demonstrado que arma e bebida formam uma combinação letal, podendo levar à morte do agente.

Apesar da ausência de figura semelhante para os servidores públicos na lei, e a inviabilidade de analogia prejudicial como regra geral do Direito, as consequências do ato acontecerão pela via administrativa, devendo ocorrer perda da função, do cargo ou emprego público, levando à perda irrevogável do porte, uma vez que este está diretamente vinculado ao serviço público. Arma é sinônimo de responsabilidade.

6.3.11 – Conceitos fundamentais

Antes do início da análise dos crimes previstos na norma, é importante citar alguns conceitos fundamentais previstos no decreto 3665-00, conhecido como R105, mais precisamente localizado no artigo terceiro, extremamente relevantes para o entendimento da norma geral. O conhecimento destes significados possui grande impacto na atividade operacional, diferenciando condutas incriminadoras, distinguindo situações flagranciais de abuso de autoridade, caracterizadas por possíveis prisões ilegais realizadas pelos agentes policiais.

O artigo 15 do R105, contrariando o nome coloquial da norma, Estatuto do Desarmamento, define que o controle se dá não somente sobre armas, mas sim sobre arma, equipamentos e acessórios, ampliando consideravelmente a capacidade punitiva e o controle da norma penal especial. Como lei não se decora, se entende e se consulta no caso de dúvidas, seguindo a linha do trabalho, citaremos as mais importantes no cotidiano das missões policiais.

Art. 16. São de uso restrito:

III - armas de fogo curtas, cuja munição comum tenha, na saída do cano, energia superior a (trezentas libras-pé ou quatrocentos e sete Joules e suas munições, como por exemplo, os calibres .357 Magnum, 9 Luger, .38 Super Auto, .40 S&W, .44 SPL, .44 Magnum, .45 Colt e .45 Auto;

ARMAS CURTAS

Aqui observamos basicamente pistolas e revólveres de grande capacidade destrutiva, com poder perfurante e *stop power,* ou seja, poder de parar um alvo atingido com maior eficiência, levando sempre em consideração as particularidades das munições. A energia encontrada nos projéteis deste grupamento de armas curtas é maior, causando, consequentemente, maiores danos, devendo, assim, ter maior controle estatal e repressão sobre essas armas.

IV - armas de fogo longas raiadas, cuja munição comum tenha, na saída do cano, energia superior a mil libras-pé ou mil trezentos e cinquenta e cinco Joules e suas munições, como por exemplo, .22-250, .223 Remington, .243 Winchester, .270 Winchester, 7 Mauser, .30-06, .308 Winchester, 7,62 x 39, .357 Magnum, .375 Winchester e .44 Magnum;

ARMAS LONGAS

Neste inciso, estão descritas as armas mais letais usadas em larga escala pelos criminosos — os fuzis — facilmente encontrados nos morros e nas favelas cariocas. Armamento que muda por completo as características do combate, visto que poucos abrigos são capazes de neutralizar tamanha energia produzida pelo equipamento e transmitida para o anteparo balístico, causando danos que, no corpo humano, em quase a totalidade dos casos resulta em morte.

V - armas de fogo automáticas de qualquer calibre;

Podemos citar como exemplo as metralhadoras e submetralhadoras. A restrição se faz necessária uma vez que tal armamento possui capacidade de disparos contínuos, no sistema de rajadas, com um único acionamento do aparelho do gatilho.

6.3.12 "Kit rajada"

A última moda dos criminosos no Rio de Janeiro, o denominado "Kit rajada", vem vitimando cada vez mais policiais, aumentando consideravelmente o número de "balas perdidas" nas áreas conflagradas, uma vez que o controle de disparos se torna algo extremamente complexo. Famosa pistola austríaca, considerada uma das mais eficientes do mundo, possui tal dispositivo que, adaptado ao armamento, dá a característica de restrito, mesmo quando empregado ao calibre 380 por exemplo, que apresenta a definição legal de permitido.

O conhecimento jurídico específico para atividade operacional é fundamental. São vários detalhes que, se desconhecidos, podem mudar o rumo da ocorrência, impactando diretamente na reprimenda estatal. Nos morros e nas favelas cariocas, observa-se atualmente uma proliferação deste equipamento, acessório que, acoplado a uma pistola, transforma a arma em automática, permitindo, na prática, a transformação de uma arma curta em submetralhadora. Como prescrito na norma, armas automáticas são de uso restrito, mesmo que originariamente a arma não possua essa característica, logo, o indivíduo preso com este tipo de acessório acoplado em uma pistola de uso permitido deverá ser autuado em modalidade criminosa mais grave, como estudaremos a seguir.

IX - armas de fogo dissimuladas, conceituadas como tais os dispositivos com aparência de objetos inofensivos, mas que escondem uma arma, tais como bengalas-pistola, canetas-revólver e semelhantes;

6.3.13 – "Muleta 7.62"

A criatividade da criminalidade é ilimitada. Durante operação na comunidade da Vila Cruzeiro, comunidade que ficou famosa pela fuga de criminosos filmada por câmeras televisivas no ano de 2010, equipe apreende uma aparente inofensiva muleta. Após análise detalhada, o equipamento, de fato, tratava-se de um fuzil adaptado, calibre 762, de alto poder de letalidade.

X - arma a ar comprimido, simulacro do Fz 7,62mm, M964, FAL;

Inicialmente, é importante fazer uma distinção entre arma de ar comprimido ou pressão e simulacros. As primeiras são aquelas que se utilizam de gás comprimido para o lançamento de projéteis de pequena capacidade destrutiva. Os simulacros são artefatos que se parecem com armas de fogo, entretanto, não apresentam capacidade alguma de lançar projéteis, não sendo controlado pela norma, com a exceção específica do "FAL", utilizado em larga escala pelas Forças Armadas e policiais no Brasil.

6.3.14 – Simulacro

A norma controla e possibilita a punição com base nas leis de armas. Somente o indivíduo que porta um simulacro do FAL, preservando um único armamento, como já mencionado nesta obra, realizar analogia para prejudicar, limitando a capacidade punitiva da norma. Um fuzil no mercado negro pode custar até 80 mil reais, dependendo do modelo e do momento. É comum que quadrilhas ostentem simulacros, tentando demonstrar poder de fogo, tentando intimidar a atuação de grupos rivais e até mesmo da polícia. Durante patrulhamento em rodovia movimentada da cidade, pelotão de motocicletas aborda veículo que possuía escondido no porta-malas dois simulacros do fuzil América AR15. Como a norma é restritiva, não existe a possibilidade de punição, no âmbito da lei 10.826.

Portar simulacro não é crime, por não apresentar capacidade lesiva direta, com relação ao estatuto estudado. Entretanto, como comentado anteriormente, este tipo de material, ao contrário do senso comum, apresenta grande letalidade, principalmente em crimes contra o patrimônio, devendo ser analisada a conduta para possíveis imputações no Código Penal ou nas demais legislações especiais.

6.3.15 – *"Air soft"*

Arma com funcionamento a ar comprimido, com pequena capacidade lesiva direta pelo tamanho — até 6 mm — e características dos projéteis arremessados. Considerado esporte, apresentando regulamentação própria, portaria 02 COLOG, não exigindo, de regra, Certificado de Registro (CR) ou Guia de Tráfego (GT), devendo, obrigatoriamente, possuir ponta laranja, distinguindo-se, assim, dos armamentos reais.

Apesar das regras, estes equipamentos são de fácil acesso, restrito aos maiores de 18 anos. Comprovada a maior idade penal e a residência, deixando claro o comerciante que o equipamento não é brinquedo, não contrariando a proibição prevista na normal geral. Na prática, este instrumento tem impacto direto na segurança pública e na atividade operacional, devendo o agente estar atento às diversas variáveis e consequências legais, principalmente nos diferentes tipos de abordagens.

Equipe operacional, após intensa troca de tiro, observa indivíduos correndo em direção a ela, se abrigando, insinuando realizar disparos contra os agentes operacionais. Policial, na posição de segurança, observando a movimentação criminosa, realiza o disparo com base na legítima defesa de terceiros, causando uma neutralização. Após a aproximação e verificação de segurança, percebe-se que o armamento usado era de *air soft*. Apesar de não possuir efeito na norma jurídica especial, para o Direito Penal, a excludente é válida, podendo ser deslocada para a qualidade de putativa, evidenciando um erro escusável.

XII - dispositivos que constituam acessórios de armas e que tenham por objetivo dificultar a localização da arma, como os silenciadores de tiro, os quebra-chamas e outros, que servem para amortecer o estampido ou a chama do tiro e também os que modificam as condições de emprego, tais como os bocais lança-granadas e outros;

Como já citado várias vezes neste trabalho, o crime não para de evoluir, dificultando seu combate e aumentando, consideravelmente, o risco das forças policiais e da população em geral. Operacionalmente, equipamento que dificulta a atuação dos profissionais de segurança pública é o emprego de silenciadores ou supressores de ruído, tornando quase impossível a identificação da origem do disparo e a posição do criminoso, de maneira imediata, impedindo a reação legal. Estes equipamentos, já usados em larga escala por criminosos, ainda são exceções nas forças policiais brasileiras, principalmente as estaduais, evidenciando a defasagem logística de nossas forças policiais.

6.3.16 – "Disparo fantasma"

Em patrulhamento na Comunidade da Chatuba, no bairro da Penha, no Rio de Janeiro, equipe é atacada com armas de grosso calibre; até aí, nenhuma novidade. Entretanto, o maior problema era que só se percebia a agressão no momento que o projétil impactava o abrigo utilizado como segurança pelos policiais operacionais.

A ausência do estampido que, com um bom treinamento e boa prática, possibilita a identificação do calibre, distância e localização aproximada do agressor, aumentava consideravelmente o risco da operação, deixando os policiais praticamente cegos no terreno, sendo atacados por verdadeiros fantasmas. Daí, a importância do controle e da criminalização do uso indevido deste acessório. Por mais absurda que possa parecer a hipótese, o BOPE-RJ, tropa de elite da Polícia Militar carioca, ainda não dispõe deste equipamento, por meras questões burocráticas previstas em nosso ordenamento jurídico.

Outra questão prática relevante é que criminosos têm por hábito a separação de armas, munições e acessórios, evitando que, no caso de operações policiais que resultem em apreensões, não seja perdida toda a capacidade bélica. Para a norma pouco importa, sendo a lei muito feliz em igualar juridicamente todos esses materiais — armas, acessórios e munições — aumentando a possibilidade de flagrantes. Em operação realizada na Comunidade do Jacarezinho, com intensa troca de tiro, sendo observados os disparos, extremamente precisos por parte dos traficantes. Após detalhado vasculhamento, equipe não encontra arma alguma, mas o silenciador encontrado permitiu a prisão do indivíduo em flagrante delito, por força da abrangência da norma.

XVII - dispositivos ópticos de pontaria com aumento igual ou maior que seis vezes ou diâmetro da objetiva igual ou maior que trinta e seis milímetros;

6.3.17 – "Caçar ou abater criminosos"

Tiro de precisão é outra ferramenta operacional já usada pelo tráfico nos morros cariocas; é extremamente complexo. Equipes policiais durante patrulhamento sofreram disparos precisos a mais de 200 metros. Esta realidade obriga as forças policiais a prepararem suas equipes com *snipers*, a fim de prover segurança das equipes de infantaria e, literalmente, caçar criminosos tão lesivos.

Em alguns momentos, o processo de aprendizagem se dá muito mais de forma empírica do que técnica, o que é perigoso, devido à sensibilidade do conhecimento e das consequências legais relacionadas ao assunto. Policiais, sem o devido conhecimento jurídico e visando, por vezes, melhorar seu desempenho profissional, compram o referido equipamento por conta própria, muitas vezes, importados, indo de encontro com a norma pela utilização de equipamento controlado indevidamente. O emprego deve ser antecedido de autorização das instituições fiscalizadoras.

Recentemente, surgiu o debate sobre a possibilidade de "abate" de criminosos armados de fuzis por *sniper* policial. O assunto é polêmico, sendo fundamentais considerações em diversos campos, podendo ser citado o cultural, técnico e jurídico, devendo esta análise ser realizada com cautela pelo policial, uma vez ser este o responsável em puxar o gatilho.

Culturalmente, nos países que tratam a segurança pública com seriedade, principalmente àqueles que sofrem com as mazelas do terrorismo, é normal que um indivíduo no meio da rua, a qualquer hora do dia ou da noite, portando uma arma de grande capacidade lesiva, como um fuzil, seja neutralizado pela polícia sem que haja qualquer questionamento ou apelo. Infelizmente, no Brasil, em algumas regiões, apresentamos conflitos mais letais que qualquer atentado terrorista no mundo, mas continuamos aplicando leis e interpretações jurídicas de paz em tempos de guerra. Situações extremas necessitam de medidas na mesma proporção.

Tecnicamente, a formação de um atirador de precisão ou *sniper* não é tão simples. O policial necessita de características individuais específicas e um longo curso de formação e treinamento constantes, o que inviabilizaria a formação desses profissionais em grande quantidade. Pela sensibilidade deste tipo de conhecimento operacional, ele deve ser restrito. Diversas polícias do mundo concentram estes atiradores em homens de operações especiais, e estes profissionais não se formam com qualidade da noite para o dia.

Por fim, é necessário o amparo legal ou a retaguarda jurídica para dar segurança ao agente que está na ponta da linha. O Direito é baseado em argumentos polarizados em relação a um determinado conflito de interesses. Neste caso, como justificante está a legítima defesa de terceiros, podendo ser os policiais ou até mesmo a população em geral, visto que essa excludente poderá ser real ou iminente, como já estudado nesta obra. A ameaça é caracterizada pelo indivíduo armado de fuzil que, despreparado em todos os sentidos, pode acionar o gatilho e causar danos irreparáveis a qualquer momento.

No polo de argumentação adverso, está o temor de que a ordem ou a interpretação jurídica do "abate" seja configurada como um salvo-conduto para execuções sumárias. No Direito, tudo se resolve com base nas provas. Sem dúvida, o indivíduo que porta um fuzil é uma ameaça em potencial, afrontando a polícia, o Estado e toda a sociedade. A utilização de câmeras individuais nos policiais é fundamental para a legitimação da conduta, permitindo a defesa e o aumento da credibilidade dos órgãos públicos. No caso de disparo, filmando o criminoso de porte de armamento de grosso calibre, estaria comprovada a ação dentro dos protocolos preestabelecidos. Em suma: se não quer a possibilidade de morrer, não porte um fuzil indevidamente.

O mais importante para os agentes operacionais é a máxima de que o banco dos réus é solitário. Logo, aquele que aciona o gatilho na ponta da linha é o responsável direto pela responsabilização estatal sobre o ato. O entendimento jurídico é variável. Cada juiz pensa de uma maneira, pelo princípio do livre julgamento e apreciação das provas, logo, em relação a este assunto, as correntes e os argumentos são variáveis, deixando o policial exposto, e não será uma ordem de caráter administrativo que mudará essa realidade imediatamente.

XVIII - dispositivos de pontaria que empregam luz ou outro meio de marcar o alvo;

As denominadas miras laser, corriqueiramente usadas nos filmes americanos, são consideradas acessórios restritos, acertadamente, visto que apresenta vantagem tática considerável; devidamente ajustada, representa precisão nos disparos; onde a sinalização luminosa estiver, será o local exato do impacto do projétil.

XX - equipamentos de proteção balística contra armas de fogo portáteis de uso restrito, tais como coletes, escudos, capacetes.

6.3.18 – Colete balístico

Colete balístico é material bélico, necessita de autorização para o porte e a compra. Apesar de óbvia a afirmativa, observa-se, na prática, que alguns policiais acabam respondendo juridicamente por porte ilegal, por falta desse básico conhecimento. Não é segredo a realidade vivida pelos policiais no estado do Rio de Janeiro. Caso interessante na Justiça Militar Estadual foi quando policial desviou placa de proteção balística, nível três, apreendida em uma operação, sendo devidamente acusado de peculato. Apesar de o ato ir de encontro ao crime previsto na norma, o único objetivo do agente era aumentar sua proteção individual, visto que a corporação não fornecia tal acessório, e o acusado não possuía condições de comprar equipamento com tal nível de proteção.

Os tipos da lei especial em estudo protegem a paz social e, consequentemente, a segurança pública. No caso supracitado, o réu, em nenhum momento, ameaçou tal bem jurídico, afastando, de imediato, responsabilização com base na lei 10.826. Em relação ao crime de peculato desvio, o agente não teve a intenção de locupletar o Estado e, apesar de dar destino diverso ao material apreendido, ferindo os princípios da administração pública, a dura realidade operacional sempre deve ser levada em consideração para a realização dos julgamentos e a aplicação de sanções penais.

Art. 17. São de uso permitido:

I - armas de fogo curtas, de repetição ou semiautomáticas, cuja munição comum tenha, na saída do cano, energia de até trezentas libras-pé ou quatrocentos e sete Joules e suas munições, como por exemplo, os calibres .22 LR, .25 Auto, .32 Auto, .32 S&W, .38 SPL e .380 Auto;

Armas portáteis mais comuns nas apreensões policiais, seja pela maior facilidade de acesso ou menor valor no mercado regular ou negro. Apesar de possuírem menor capacidade lesiva, são totalmente capazes de causar a morte, devendo ter forte controle estatal.

III - armas de fogo de alma lisa, de repetição ou semiautomáticas, calibre doze ou inferior, com comprimento de cano igual ou maior do que vinte e quatro polegadas ou seiscentos e dez milímetros; as de menor calibre, com qualquer comprimento de cano, e suas munições de uso permitido;

O inciso supracitado traz algumas peculiaridades. As espingardas calibre 12, corriqueiramente encontradas nas mãos de traficantes, são consideradas armas de uso permitido, apesar de sua potencialidade lesiva, muitas vezes, relacionadas à variedade dos modelos de munições e tipos de projéteis. Fator que muda a classificação do referido armamento é o ato de cerrar o cano, ou as com o sistema de rajadas, aumentando, consideravelmente, os danos e, consequentemente, a reprimenda estatal.

IX - blindagens balísticas para munições de uso permitido;

Os coletes balísticos nível 2 e 3, com capacidade protetiva contra projéteis de baixa velocidade e energia, também necessitam de regulamentação para compra e porte, e sua utilização indevida configura crime previsto no estatuto, que analisaremos a seguir.

XI - veículo de passeio blindado

No caso de carros blindados, deve-se sempre levar em consideração a capacidade de blindagem. Assim como no artigo analisado anteriormente, estes veículos precisam de autorização e controle dos órgãos competentes, uma vez que, assim como os armamentos, tais equipamentos poderão ser usados para ataque e defesa por criminosos.

CRIMES PREVISTOS NA LEI 10.826

6.3.19 – Art. 12 – Posse irregular de arma de fogo de uso permitido

Art. 12. Possuir ou manter sob sua guarda arma de fogo, acessório ou munição, de uso permitido, em desacordo com determinação legal ou regulamentar, no interior de sua residência ou dependência desta, ou, ainda no seu local de trabalho, desde que seja o titular ou o responsável legal do estabelecimento ou empresa:

Pena – detenção, de 1 (um) a 3 (três) anos, e multa.

Antes do advento da lei 10.826, era prática bem comum e aceita na sociedade ter uma arma de fogo em casa, com o entendimento de proteção da família e do patrimônio. Direito devidamente garantido por nosso ordenamento jurídico, com a promulgação do estatuto foi mantido, apesar do objetivo da norma em desarmar a população, necessitando apenas de regulamentação através do registro, como preveem os artigos terceiro e quarto da legislação especial.

Sem entrar no mérito se a arma de fogo é eficaz ou não para a segurança, deve-se sempre levar em consideração que tal instrumento necessita de habilidades especiais, para que o proprietário não se torne vítima de sua própria arma. Cidadão escuta um barulho em casa, pega seu revólver e vai verificar o ocorrido; encontra criminosos no interior da residência e é assassinado na frente da família. O fato deixa a incógnita: se o indivíduo não estive armado, poderia ter sobrevivido, ou pelo contrário, se estive desarmado, sua família poderia ter sofrido todas as humilhações e violações por parte dos marginais?

6.3.20 – Crime "intramuros"

O crime de posse possui menor repreenda estatal, devido sua característica intramuros, ou seja, não há circulabilidade da arma, oferecendo menor risco à sociedade e à segurança pública. A lei preleciona que a conduta ocorre no interior da residência, dependências ou no ambiente de trabalho, desde que o possuidor seja o proprietário ou responsável pela arma.

Durante patrulhamento, ao realizar vasculhamento em residência, foi encontrada uma arma de fogo. Ao chamar o proprietário da casa, ele se assustou e afirmou que a arma não era dele. Os indícios apontavam para o genro, que já possuía várias passagens pela polícia. Conduzindo todos para a delegacia, o proprietário da casa, devidamente orientado, assumiu a arma como sua, livrando o verdadeiro dono de conduta mais grave que, no caso específico seria o porte, que estudaremos adiante no trabalho.

Ao adentrar em uma empresa, foi encontrada arma com determinado funcionário. A lei permite o porte intramuros no ambiente de trabalho somente para o proprietário ou responsável direto pelo local. Apesar de o funcionário ter alegado está sofrendo ameaças, foi preso pelo crime de porte ilegal, uma vez que a arma, apesar de não estar circulando nas ruas, representa perigo abstrato, sendo esta modalidade criminal classificada como de mera conduta, não existindo a necessidade de dano efetivo, sendo indiferente a justificativa de que não usaria a arma para causar qualquer dano ou lesão a direito de outrem.

6.3.21 – Registro vencido

O crime é permanente, o flagrante poderá ser realizado a qualquer momento, basta que a arma esteja no interior da residência, para que o agente policial entre e realize a prisão. Questão controversa e com impacto direto na prática operacional está relacionada às armas com o registro vencido. Julgados existentes em nossos tribunais superiores abrem o precedente de que os indivíduos flagrados nesta situação não cometem crime, e sim mera infração administrativa, devendo ser o armamento recolhido sem a necessidade de reprimenda penal. Posição coerente, visto que, em nenhum momento, existiu o dolo, que é fundamental para a configuração do crime.

Cidadão recebe uma arma de família após o falecimento de um parente. Pelo risco, guarda sem sequer tocar nela, mas, por falta de interesse e, informação, desconhecia da necessidade de registro, ou mesmo de sua obrigatória renovação e transferência. Durante revista policial, tem a arma encontrada. Nesse caso, não há crime pelo simples erro de proibição, entretanto, a situação mudaria completamente se por algum motivo tal armamento fosse acionado, mesmo que no interior da residência.

6.3.22 – Arma inservível ou histórica

Usando o exemplo anterior: se o indivíduo ganha arma inservível, danificada ou até mesmo histórica, é evidente que, por ausência de potencial lesivo à segurança e à ordem pública, no tocante às condutas previstas no Estatuto do Desarmamento, estará configurado crime impossível, devendo, após análise da autoridade policial com base em exames periciais, não haver qualquer responsabilização.

6.3.23 – Entrega da arma para as autoridades competentes

O objetivo principal da norma é a diminuição de circulação de armas de fogo no país. No artigo 32, do Estatuto, observa-se a possibilidade de entrega do armamento às autoridades competentes de maneira espontânea, a qualquer tempo, afastando a punibilidade. Como a criatividade do criminoso não tem limite, ao abordar indivíduo em operação de trânsito de rotina, foi detectada uma pistola 380. Conhecedor da norma, o abordado alega está dirigindo-se à delegacia mais próxima a fim de realizar entrega. O fato deverá ser devidamente comprovado, mas como vivemos no mundo das falácias e incertezas, que se faça em juízo, não devendo o policial operacional acreditar no argumento exposto, liberando o indivíduo, colocando toda a coletividade em risco.

6.3.24 – Aplicação do princípio da insignificância

Por fim, a norma trata como objeto material não só arma de fogo, mas também, ampliando para configuração do crime, a apreensão de munições e acessórios. Por se tratar de um exemplo de norma penal em branco, se faz sempre necessária a consulta ao decreto 3.665, distinguindo se o objeto encontrado se trata ou não de equipamento proibido e sua classificação como de uso permitido ou proibido.

Especificamente, em relação às munições, é pacífico na doutrina o não cabimento da aplicação do princípio da insignificância. Em termos práticos, se o indivíduo possuir somente uma munição, deverá ser preso, sendo responsabilizado. De fato, a conduta apresenta potencial lesivo, uma vez que uma simples munição de calibre 22 é capaz de tirar a vida de uma pessoa.

O princípio da insignificância ou bagatela, largamente usado no Direito Penal nos casos de danos irrisórios ao bem jurídico, não é aceito, de regra, em relação à lei 10.826, segundo entendimento de nossos tribunais superiores. Se o indivíduo for preso com apenas uma munição de 380, poderá ser responsabilizado, mesmo que a arma não seja encontrada. Neste caso, apesar de uma munição sozinha não ter a capacidade de causar dano direto e instantâneo, uma simples munição poderá causar danos irreversíveis futuramente, impactando na segurança pública diretamente.

6.3.25 – Art. 13 – Omissão de cautela, "arma é sinônimo de responsabilidade"

Art. 13. Deixar de observar as cautelas necessárias para impedir que menor de 18 (dezoito) anos ou pessoa portadora de deficiência mental se apodere de arma de fogo que esteja sob sua posse ou que seja de sua propriedade:

Pena – detenção, de 1 (um) a 2 (dois) anos, e multa.

Parágrafo único. Nas mesmas penas incorrem o proprietário ou diretor responsável de empresa de segurança e transporte de valores que deixarem de registrar ocorrência policial e de comunicar à Polícia Federal perda, furto, roubo ou outras formas de extravio de arma de fogo, acessório ou munição que estejam sob sua guarda, nas primeiras 24 (vinte quatro) horas depois de ocorrido o fato.

O artigo em análise é única modalidade omissiva da lei especial, configurando a conduta pela negligência. Se concretiza quando o agente não toma os cuidados necessários de cautela com seu armamento. Arma é sinônimo de responsabilidade. Indivíduo negligente e irresponsável não pode ter, muito menos portar, arma de fogo, uma vez que coloca, constantemente, toda a coletividade em risco. Ao contrário dos demais delitos da norma, o artigo supracitado é um crime material, ou seja, deixando a arma de maneira displicente, o menor ou a pessoa com deficiência não se apoderando da arma, apesar do risco, não existe o crime.

Outra característica é que a conduta representa um crime de perigo abstrato, não precisando que os inimputáveis previstos na norma ameacem outrem com a arma, por exemplo, para a configuração do delito, bastando somente estar de posse. A negligência é fundamental para a configuração do delito. Policial toma todas as precauções, guarda a arma em um cofre, ou na ausência deste, esconde em um armário, separando arma de munição e, mesmo com todas as medidas de segurança, o filho, um garoto curioso, pega a arma, alimenta, carrega por atos assimilados em filmes e jogos de videogame, cometendo uma autolesão. No exemplo narrado, não está configurado o crime, uma vez que o pai, em nenhum momento, foi omisso ou negligente, pelo contrário. Sendo o fato atípico, afastando, assim, qualquer possibilidade de culpabilidade.

Outra exceção do artigo foi que o legislador restringiu o objeto material em arma de fogo, não cabendo a aplicação do tipo para acessórios ou munições, assumindo um caráter restritivo. Se o mesmo garoto leva munição para a escola para mostrar aos amigos, a conduta do responsável será avaliada em caráter administrativo somente, se tratando de agente público e munição legal. Tratando-se de arma ou munição ilegal, a conduta poderá representar outras modalidades criminais previstas na norma, podendo ser inclusive cumulada.

O parágrafo único é um exemplo de crime próprio, restringindo a condição de autor, só podendo ser cometido por proprietário ou diretor de firmas de segurança, possuindo como objetivo a preservação das informações do Sistema Nacional de Armas (Sinarm), bem como proteção da coletividade com a ciência de circulação de armas ilegais. A doutrina chama de crime a prazo, uma vez que, por força de lei, o responsável tem 24 horas após ciência do fato para fazer a devida comunicação.

6.3.26 – Art. 14 - Porte ilegal de arma de fogo de uso permitido

Art. 14. Portar, deter, adquirir, fornecer, receber, ter em depósito, transportar, ceder, ainda que gratuitamente, emprestar, remeter, empregar, manter sob guarda ou ocultar arma de fogo, acessório ou munição, de uso permitido, sem autorização e em desacordo com determinação legal ou regulamentar:

Pena – reclusão, de 2 (dois) a 4 (quatro) anos, e multa.

Parágrafo único. O crime previsto neste artigo é inafiançável, salvo quando a arma de fogo estiver registrada em nome do agente.

Aqui começa a análise das modalidades mais graves da lei, visto que o objetivo principal da norma é evitar a circulabilidade das armas de fogo nas mãos de pessoas não habilitadas, preservando a segurança pública, a integridade física e mental, além do patrimônio das pessoas. Neste aspecto, surge a importante necessidade dos policiais operacionais saberem quais indivíduos, podem ou não andar armados em nosso território.

Quanto a classificação do crime e seus aspectos jurídicos, pode-se afirmar que se trata de um crime de mera conduta, de perigo abstrato, ou seja, não precisa comprovar o motivo ou o mal que o agente intencionava estando armado, uma vez que somente o fato de estar portando uma arma já apresenta um risco considerável à coletividade.

Dolo obrigatório, não existindo a previsão da modalidade culposa. Policial utiliza mochila durante o serviço para carregar equipamentos operacionais, tais como carregadores extras, *kits* de primeiros-socorros, limpeza de armamento, dentre outros. Ao sair do serviço, retira os materiais e coloca a paisano. Durante deslocamento do trabalho para a casa, é parado em operação da Polícia Rodoviária Federal que, após revista, encontra apenas uma munição de fuzil 762 dentro da mochila. No caso exemplificado, a conduta não representa crime pelo simples motivo do policial abordado não ter qualquer dolo em portar a munição, só sendo negligente na verificação de sua bolsa.

O crime é permanente, ou seja, enquanto estiver portando a arma ou realizando qualquer dos verbos típicos listados no artigo, poderá ser preso em flagrante pelas forças policiais. Tipo misto alternativo, apesar de o título ser porte, o crime é mais abrangente, positivando várias condutas incriminadoras, ampliando, assim, a capacidade punitiva, aumentando as possibilidades de realização de prisão em flagrante pelos agentes operacionais. De fato, portar é a ação mais comum, caracterizada pelo indivíduo que traz a arma consigo, junto ao corpo, em pronto emprego, usada principalmente por pessoas que cometem crime contra o patrimônio ou mesmo contra a vida.

Os verbos típicos não apresentam grande dificuldade de entendimento, na prática, pouco mudam a situação flagrancial e, dependendo do caso concreto, uma ação acaba por ser mero ato preparatório da outra e, seguindo o princípio jurídico da consunção, o indivíduo, nestes casos, responderá apenas por um único delito. Cidadão temendo por sua segurança procura fornecedores de arma no "mercado negro". Conseguindo a aquisição ilegal, estará configurado o crime pela modalidade "adquirir", passando ao ato de "portar". Caso seja detido em flagrante pela polícia, responderá pelo crime em análise somente pela segunda conduta.

6.3.27 – Empréstimo de arma de fogo

Com relação à conduta de "emprestar", cabe a exposição do caso concreto. Policial possui arma irregular e empresta a amigo, sob o argumento de realização de segurança residencial própria. Entretanto, durante deslocamento para o trabalho, portando a arma, foi preso em flagrante no artigo estudado. Após oitiva em sede policial, perguntado sobre a origem da arma, o preso confirma, responsabilizando o policial pelo mesmo crime, só que pela conduta emprestar.

Ainda na análise da conduta de emprestar arma de fogo, é importante trazer à tona o artigo 24, do decreto 5.123. que preleciona:

Art. 24. O Porte de Arma de Fogo é pessoal, intransferível e revogável a qualquer tempo, sendo válido apenas com relação à arma nele especificada e com a apresentação do documento de identificação do portador.

O porte é exclusivo para a arma nele especificada, não podendo ser genérico, o agente deverá portar a arma de sua propriedade, ressalvadas o armamento da instituição de origem quando devidamente autorizado. Policial reage a um roubo, tendo seu armamento apreendido para perícia. Ao ficar sem arma, o que de fato coloca sua vida em risco por se tratar de policial com histórico operacional, solicita acautelamento de arma da instituição, sendo o pleito indeferido. Tentando ajudar o companheiro, camarada de profissão empresta uma de suas armas, estando este ato, apesar da boa vontade, em desacordo com o tipo analisado.

É lógico que a intenção do agente deve ser analisada no caso concreto, levando em consideração se sua conduta feriu o bem jurídico tutelado, devendo sempre ser este o critério para a condenação e a aplicação das consequentes reprimendas estatais. Mais uma vez afirmamos que a norma nem sempre acompanha a dinâmica dos fatos, criando grande instabilidade jurídica. O Direito deve sempre se pautar no bom senso e, no caso específico do Direito Penal, deve ser o último recurso de punibilidade do Estado.

6.3.28 – Revista pessoal em autoridades armadas

Ainda no artigo 24 do mesmo decreto, observamos a obrigatoriedade da apresentação do documento de identificação ao portador de arma de fogo. Algumas questões de caráter operacional e legal saltam aos olhos. Na prática, o agente deverá conhecer os documentos funcionais, bem como a devida validade legal de cada autoridade elencada no artigo 6º do Estatuto. Operacionalmente falando, antes da verificação da documentação pertinente, dependendo do caso concreto, o policial deverá retirar a arma do revistado por questões de segurança até que tal prerrogativa seja confirmada.

Na prática, o procedimento de segurança supracitado não é bem aceito por determinadas autoridades, principalmente àquelas de altos postos, altas patentes, posições hierárquicas ou *status*, dificultando ainda mais o trabalho daqueles que estão na ponta do combate à criminalidade. O que deve ficar claro é que a vida das equipes operacionais está sempre em primeiro lugar, não sendo raros os casos onde o criminoso se identifica como policial, para atacar equipes que descuidam da segurança, diminuindo o nível de alerta, por acharem estar abordando forças amigas.

Equipe policial, ao realizar abordagem em local de risco, o abordado se identificou verbalmente como autoridade. Dentro da técnica, os servidores realizam o procedimento de segurança, pedindo licença e desarmando o indivíduo. Após verificação documental, pede desculpas pelo incômodo, devolvendo a arma à referida autoridade. No exemplo citado, o abordado não ficou satisfeito, nem todos compreendem a dificuldade e os riscos inerentes ao serviço. As autoridades, principalmente as que utilizam arma de fogo, devem dar o exemplo e, por camaradagem, são obrigatórios o entendimento e a colaboração com quem está de serviço, provendo a segurança de todos. Mesmo não sendo simpático, atue dentro das regras de segurança.

6.3.29 – Ocultação de arma de fogo de terceiro

Ainda na análise do artigo 14, observamos a conduta de "ocultar" arma de fogo. A referida ação apresenta boa discussão doutrinária, com reflexos importantes na atividade operacional. Não é incomum, durante operações em áreas conflagradas, no ato de revista em residências, encontrar-se armamentos em casas de famílias. Com a experiência policial, percebe-se claramente que aquela arma de fogo não pertence àquelas pessoas, entretanto, há uma ocultação para o real proprietário, configurando um crime.

Durante patrulhamento na comunidade da "Mangueirinha", no município de Caxias, na Baixada Fluminense, policiais encontram uma pistola com uma mãe, dentro da bolsa de um dos seus filhos pequenos. Realizando uma oitiva preliminar, ela assumiu que o armamento era do namorado e que fazia isso para evitar que ele fosse preso em flagrante pela polícia, já que ela passaria com mais facilidade pelos diferentes tipos de abordagens.

A pergunta e a origem da salutar discussão doutrinária é se a referida conduta seria melhor capitulada na prevista no artigo 348, do Código Penal, favorecimento pessoal, tipo que já estudamos em nosso trabalho. Tratando-se de arma de fogo, utiliza-se o princípio da especialidade, sendo a melhor capitulação o porte ilegal de arma pela ação de "ocultar". Além da conduta prevista na lei especial ser a mais grave, dando tratamento mais rigoroso às questões relacionadas às armas de fogo.

Devemos sempre frisar que conduta punitiva não se restringe apenas a armamento, incluindo também munições e acessórios, devendo, no caso de dúvida na identificação destes últimos, consultarmos o decreto 3.665, já mencionado várias vezes neste trabalho. Outra importante discussão que surge na doutrina é acerca da potencialidade lesiva destes equipamentos diversos das armas, ou seja, a pergunta que surge naturalmente é que mal poderia causar uma munição sem arma ou uma lanterna tática à sociedade? A doutrina e a jurisprudência divergem a respeito do tema, existindo diferentes interpretações de acordo com o caso concreto. Para facilitar o entendimento, resumiremos e daremos alguns exemplos de caos reais e concretos.

6.3.30 – Porte de arma inservível, de brinquedo e desmuniciada

Em sentido contrário, o porte de arma quebrada ou inservível é considerado conduta atípica em relação à lei especial. Segundo entendimento majoritário, o instrumento não possui capacidade lesiva, afastando-se da função precípua: causar dano a coisas e pessoas. Na realidade atual, onde as pessoas encontram-se em pânico com os altos índices de criminalidade, uma arma, mesmo quebrada, representa perigo, podendo ser usada em diversos crimes, tais como roubo, extorsão, ameaça, constrangimento, dentre outros, existindo a necessidade latente de mudança interpretativa e legal.

Com a interpretação atual, os delitos citados serão tipificados no caso concreto pela norma geral, entretanto, o porte será atípico, quando ato isolado. O pensamento é corroborado pelo artigo 25, da norma especial em análise, que traz a obrigatoriedade do laudo pericial de funcionamento da arma, para a devida capitulação do crime de porte.

O mesmo raciocínio é empregado com relação às armas de brinquedo, em que a lei proíbe a fabricação e a comercialização destes itens, sem fazer a previsão de punição penal, restando ao poder público somente medidas administrativas como instrumento de controle da referida prática. Portar arma de brinquedo não é crime, entretanto, com o emprego de tais instrumentos, é plenamente possível o cometimento de outros crimes, ficando clara a capacidade lesiva indireta.

Equipe é acionada para mais uma ocorrência de tráfico de drogas. Chegando ao local, faz a terrível constatação de ausência de crime, sendo apenas meninos "brincando" de polícia e ladrão, simulando confronto com armas de brinquedos e simulacros e o funcionamento de uma boca de fumo. Sem analisar os graves aspectos culturais e educacionais do fato, a situação exemplifica bem o grau de dificuldade da atividade operacional policial. Devido à calma e ao preparo dos agentes públicos, uma tragédia não ocorreu.

Um possível erro de percepção, ato justificado juridicamente, caracterizado por um tipo de falsa percepção da realidade, o uso da força traria graves prejuízos aos envolvidos na ocorrência — policiais e crianças. No caso em concreto, a única medida jurídica adotada foi o recolhimento dos simulacros e a comunicação imediata aos responsáveis com as devidas orientações, visto que, para o Estatuto, armas de brinquedos são inertes.

As armas desmuniciadas, apesar de não apresentarem potencialidade lesiva de disparo, são consideradas condutas típicas pelo STF, sendo essa decisão extremamente coerente. Se o critério de aplicação da norma fosse exclusivamente a análise de ter ou não potencialidade lesiva, como ficaria a situação de indivíduo parado pela PRF, transportando grande carga de fuzis e pistolas com destino aos morros cariocas, sem possuir ao menos uma munição? É claro que a conduta deverá ser tipificada e responsabilizada de maneira severa. Resumidamente: arma, munições e acessórios não precisam estar juntos para configuração de flagrante.

6.3.31 – Pluralidade de armas

Em relação à pluralidade de arma, sendo esta conduta, na prática, sempre possível. Devendo, por isso, o policial, durante a revista pessoal, sempre continuar o processo após encontrada uma arma. Legalmente, no caso do porte de duas armas da mesma espécie, existirá unicidade de crimes, devendo a pena ser aumentada. Havendo duas armas de caraterísticas diferentes, uma de porte permitido e outra de porte restrito, ocorrerá o concurso material de crimes, entre os artigos 14 e 16 da lei 10.826, que estudaremos a seguir segundo entendimento do STJ.

As armas de fogo, configuradas pela conduta do porte, servem como instrumentos de cometimento de vários outros crimes. As questões relacionadas ao concurso ou absorção de crimes está diretamente ligada ao cotidiano policial, sendo importante a citação dos exemplos mais comuns com os devidos comentários dos entendimentos jurídicos.

6.3.32 – Roubo "à mão armada"

O crime de roubo à mão armada é a modalidade mais comum deste delito. O entendimento majoritário, na doutrina e jurisprudência, é que o crime previsto no artigo 157, do Código Penal, devido ao princípio da consunção, engloba o porte de arma de fogo, por ser uma conduta mais grave, respondendo o roubador somente por roubo, majorado pelas agravantes legais previstas. Com os altos índices criminais, a fluxo de armas ilegais e circulação no país, somados à potencialidade lesiva deste instrumento, nós nos permitimos discordar dos grandes doutrinadores, uma vez que alguns crimes merecem maior reprimenda estatal, com condenações mais graves, sendo o roubo um desses crimes, pela instabilidade social que causa e as consequências, muitas vezes, irreversíveis, tais como a morte.

Apesar de ser à mão armada o meio mais comum, na prática, existem outros. Entretanto, o emprego da arma de fogo, sem a menor sombra de dúvida, é a que coloca a vítima sob maior risco, devendo, por isso, haver concurso material de crimes, roubo mais porte, além da aplicabilidade da agravante, buscando penas mais justas, sob o argumento de lesão a diferentes bens jurídicos. No caso específico, incolumidade física e do patrimônio do indivíduo, bem como a segurança pública da coletividade. O criminoso que coloca uma arma na cintura e decide roubar faz como vítima direta aquele que tem o bem subtraído na base da violência, mas indiretamente colocou toda a coletividade em risco, durante o deslocamento e a seleção da vítima. Devendo, por isso, sofrer maior punição penal possível.

É claro que o criminoso que ameaça vítima com a mão por baixo da camisa, simulando estar armado, não poderá ter pena abrandada em relação àqueles que, de fato, fazem uso da arma de fogo, visto que a potencialidade lesiva é menor, aumentando a capacidade reativa da vítima, praticamente zerando o risco a terceiros.

6.3.33 – Condutas típicas de receptação, homicídio e tráfico somadas ao porte

No tocante ao crime de receptação, deve-se ficar claro que o criminoso adquirente ou recebedor de arma de fogo, originária de roubo por exemplo, que, em ato contínuo é flagrado a portando, responderá pelos dois crimes em concurso, visto que os bens juridicamente tutelados pelos tipos são completamente diferentes. Policial é morto durante sua folga, tendo como de costume seu armamento particular roubado pelos assassinos. Sabendo as consequências de seus atos e que a polícia não descansaria enquanto não prendesse os criminosos, assim deveria ser, os indivíduos vendem a arma a terceiro que, mesmo sem saber da origem, sabe da ilegalidade, devendo no caso de prisão ser responsabilizado cumulativamente pelo porte somado à receptação.

Companheiro do BOPE foi assassinado em um crime popularmente conhecido como saidinha de banco. Como de costume, toda a unidade se empenha em prender os assassinos o mais rápido possível. Foram breves 72 horas de serviço para chegar aos assassinos; a união sempre faz a força. A arma não foi encontrada. Com uma breve oitiva, os homicidas informam que não sabiam se tratar de um homem da tropa de elite, e que venderam a arma para se desfazer das evidências, indicando o comprador que foi preso horas depois portando a arma. Sua conduta é agravada pelo crime de receptação, visto que o bem adquirido está, na prática, sujo de sangue de mais um herói tombado. A alimentação do mercado negro de armas deve ter punição exemplar. No caso concreto, o porte soma-se à receptação. Apesar do cúmulo de pena, nada trará o companheiro de volta.

No caso de homicídios, a doutrina orienta sempre a avaliação do caso concreto. Se o armamento é o meio direto para o cometimento da conduta mais grave, utiliza-se o princípio da consunção. Indivíduo, após discussão em bar, perde a cabeça, vai até sua residência, pega uma arma de fogo em desacordo com a norma e efetua diversos disparos, matando seu desafeto. Neste caso, a arma foi o instrumento para causar a morte, sendo o crime referente à arma de fogo absorvido pelo homicídio, sendo aplicadas as agravantes previstas no artigo 121, do Código Penal.

Por outro lado, caso trágico e covarde ocorrido na Região dos Lagos, no Rio de Janeiro, apresenta interpretação jurídica distinta a do caso anterior. Criminoso, já portando arma de fogo em desacordo com a norma vigente, ao se abordado por equipe policial, visando assegurar sua prática criminosa pretérita, realiza disparos contra a equipe, matando dois policiais. Neste caso, o crime de homicídio incidirá em concurso com o porte ilegal de arma somando-se às penas relativas a cada crime, observado que a conduta de circulabilidade da arma de fogo já estava em curso, atentando contra o bem jurídico tutelado pela lei especial.

O tráfico de drogas, principalmente nas grandes cidades, está diretamente ligado ao porte ilegal de arma de fogo e é dominado por organizações criminosas que utilizam desse instrumento letal para conquistar novos territórios, agredindo a polícia e os grupos rivais, colocando toda a coletividade em risco extremo. Juridicamente, a conduta sempre deverá ser cumulada, pela simples diversidade de bens jurídicos, enquanto o tráfico, conduta que estudaremos a seguir, ataca a saúde pública, o porte de arma afeta, em primeiro plano, a ordem e a segurança pública, não sendo justa a utilização do princípio da consunção pela extrema gravidade dos dois delitos.

A banalização da arma de fogo é uma característica do tráfico de drogas, principalmente no Rio de Janeiro. Independente da função ou hierarquia que o criminoso possui dentro da organização, é algo comum o porte de arma. A instituição chegou ao ponto de analisar sua eficiência pelo número de fuzis apreendidos, quase que descartando a quantidade de pistolas. Durante as apreensões, é comum o kit de drogas, armas e granadas, não devendo essa conduta ser equiparada ao traficante velado na esquina, oferecendo drogas aos transeuntes. As duas devem ser combatidas, pelos inúmeros danos que trazem à sociedade, mas a arma apresenta lesividade imediata, imprevisível e desproporcional, logo, o traficante armado deve sempre responder com base no cúmulo das duas leis especiais — 10.826 e 11.343.

6.3.34 – Art. 15 – Disparo de arma de fogo, "tiroteios", disparo a esmo e "bala perdida"

Art. 15. Disparar arma de fogo ou acionar munição em lugar habitado ou em suas adjacências, em via pública ou em direção a ela, desde que essa conduta não tenha como finalidade a prática de outro crime:

Pena – reclusão, de 2 (dois) a 4 (quatro) anos, e multa.

Parágrafo único. O crime previsto neste artigo é inafiançável.

Arma de fogo, como mencionado anteriormente, é sinônimo de responsabilidade e preparo, só devendo ser usada como último recurso, devido à sua grande potencialidade lesiva, seguindo sempre os protocolos de uso progressivo da força. Na atualidade, assistimos a uma banalização dos confrontos armados, principalmente nas grandes cidades. O que chama a atenção é como o ser humano se acostuma com tudo. Durante nossa intensa carreira, dois exemplos me chamaram muito a atenção.

Durante intenso confronto na Cidade de Deus — comunidade que ficou bem conhecida pela produção cinematográfica nacional — equipe, ao se abrigar de intensos disparos dentro de uma padaria, depara-se com uma senhora que, após a advertência dos policiais, com a maior naturalidade pede pães e leite, respondendo que ali isso acontecia todos os dias, e que por isso já estava até acostumada.

Seguindo a mesma linha, o BOPE do Rio de Janeiro é considerada, por muitos, a força policial e até mesmo militar com o maior número de horas de combate real no mundo, deixando para trás tropas internacionais, que encontram se em confrontos regulares há anos pelo planeta. Tal marca não deve ser encarada como orgulho mas sim com preocupação, visto que as consequências dessa realidade são inúmeras, não só para os policiais, mas para os diretamente envolvidos.

Durante troca de serviço, a fim de pegar alterações e orientações com o comandante da equipe, o outro pergunta como foi a noite anterior, sendo sempre respondido da mesma forma: "tranquilidade, só entramos em confronto duas vezes", reforçando a ideia de como o ser humano tem capacidade de se acostumar com a realidade, por mais dura que ela possa parecer.

Analisando a letra da lei, bem como as características do crime, observa-se que a lei não restringe somente a utilização da arma de fogo, mas também o acionamento de munição por qualquer outro meio. O importante a ser avaliado é se a conduta realizada coloca ou não em risco a coletividade. Outro fator relevante para a capitulação do crime, diretamente relacionado com a proteção do bem jurídico tutelado — a segurança da coletividade é que o crime deve acontecer obrigatoriamente em "lugar habitado ou em suas adjacências, em via pública ou em direção a ela".

A conduta deverá ter o potencial lesivo, logo, se realizada em área de mata ou até mesmo em lugar urbano, mas com a devida proteção balística ou abrigo suficiente, a conduta típica deverá ser afastada. Policial mora em um sítio que possui uma área segura, próximo a um barranco que funciona perfeitamente como um "para bala". Lá, ele realiza disparos a fim de treinar sua pontaria. Por não colocar ninguém em risco, não podemos enquadrar a conduta no tipo em análise.

Em contrapartida, policial que realiza disparos a esmo em comunidade carente, mesmo de madrugada, comete o crime estudado, uma vez que o delito é configurado como um crime de perigo abstrato, não tendo a necessidade de ocorrência de dano, sendo o risco presumido.

Durante instruções operacionais, é importante demonstrar aos policiais a alta capacidade lesiva dos armamentos, principalmente os fuzis calibre 7.62. A energia cinética presente no projétil é tão elevada que ele só terminará seu deslocamento após atravessar vários obstáculos, causando inúmeros danos. O tiro policial sempre será comprometido, principalmente nas áreas urbanas. Não pode haver erro, evitando, assim, o que o grande público não especializado denomina de "bala perdida".

O tipo em análise é doloso, não existindo a modalidade culposa. Sendo assim, não podem ser punidos neste crime os denominados incidentes de tiro. A grande maioria das armas possui o dispositivo de segurança por travas mecânicas, devendo estas serem usadas sempre pelos profissionais de segurança, evitando assim possíveis danos colaterais. Durante manifestações populares, policiais foram atacados por vândalos infiltrados no evento e, durante luta corporal, a arma veio a disparar acertando terceiro. Nesse caso, o crime de disparo ficou afastado, por não existir a modalidade culposa, sem prejuízo à capitulação de figuras distintas previstas no Código Penal.

6.3.35 – Emprego tático operacional de metralhadoras na atividade policial

Como já relatamos, trocar tiro é uma realidade muito comum para as forças policiais nas grandes cidades brasileiras. No BOPE, especificamente, isso ocorre diariamente. O poder bélico dos marginais só cresce a cada dia, devendo o poder público, no mínimo, igualar sua capacidade de resposta, dando o mínimo de segurança aos seus servidores. A aquisição de metralhadoras — armas com grande cadência de tiro — é necessária, mas só pode ser utilizada por pessoal altamente especializado. O desenvolvimento de protocolos para o melhor emprego dessas armas é fundamental, evitando efeitos colaterais e vitimização da população. Juridicamente, o emprego de tal equipamento se dá de maneira excepcional, sempre amparado nas excludentes de ilicitude da legítima defesa ou estado de necessidade.

Durante incursão na Comunidade da Rocinha, percorrendo os estreitos becos e as vielas da localidade do 199, equipe é atacada por mais de 20 criminosos armados, posicionados em lajes e dentro de residências, caracterizando uma verdadeira emboscada. Os pontas — homens que vão à frente das equipes — foram alvejados. Com a intensidade dos disparos, era quase que impossível chegar até eles, só sendo viável com o emprego do referido armamento, destruindo as paredes onde se refugiavam os marginais, destruindo patrimônio alheio a serviço do tráfico, configurando um estado de necessidade, progredindo sob o fogo das metralhas, para salvar os companheiros, amparados na legítima defesa de terceiros, devendo ser esta a análise da ilicitude ou legalidade dos disparos.

Disparos de armas de fogo podem ser o meio ou as consequências de outras modalidades criminosas. Com relação ao concurso de crimes, é importante lembrar que a regra no Direito Penal é o princípio da subsidiariedade, onde os crimes mais graves absorvem os menos graves, respondendo o autor por um único crime apenas, podendo e devendo ter sua pena aumentada quando do cálculo final dela.

6.3.36 – Disparos e os homicídios dolosos e culposos

No caso do homicídio doloso, quando realizado por disparo de arma de fogo, o disparo ficará suprimido, respondendo apenas pelo homicídio com as respectivas agravantes. Durante troca de tiro, traficante vem a vitimar fatalmente policial. Em ato contínuo, também atenta contra toda a equipe a fim de se evadir de cerco policial, realizando vários disparos com sua arma de fogo. Segundo a doutrina, a realização de vários disparos configura um único crime, podendo e devendo a pena ser aumentada com relação à quantidade de disparos realizados. No exemplo citado, o criminoso, quando preso, deverá responder pelo homicídio somado às diversas tentativas contra a equipe policial, além dos disparos que colocaram toda a população local em risco, o que, na prática, não ocorre. Condutas graves merecem reprimendas estatais no mesmo nível, evitando, assim, a famigerada impunidade.

Vídeos nos quais criminosos realizam disparos a esmo são facilmente encontrados nas redes sociais virtuais. Fatalmente, alguns destes projéteis causaram danos e possíveis vítimas. A intenção deve sempre ser analisada, sem entrar no mérito do dolo eventual, onde o indivíduo assume o risco de sua ação, conceito que cabe perfeitamente no caso citado. Não se pode pensar diferente do que a responsabilização pelo homicídio na modalidade culposa. Caso ocorra, deve ser somado ao artigo estudado, por se tratar de bens jurídicos completamente diferentes — pessoa e a incolumidade pública respectivamente.

Policial, durante a chegada do ano-novo, para comemorar a virada de ano, de maneira irresponsável, realiza disparos para o alto, vindo a acertar morador de rua próxima. Após perícia, foi constatado de onde partiu o disparo, sendo o servidor responsabilizado pelos dois crimes em concurso. A responsabilização do policial é sempre mais fácil que a dos criminosos comuns, traficantes por exemplo, seja pela questão do emprego certo, residência fixa, possibilidade de reparação do dano ou pressão midiática, devendo os servidores, principalmente os operacionais, levarem estes fatores em consideração na hora de tomada de decisão.

6.3.37 – Condutas típicas de porte e roubo somadas ao disparo

Por fim, quando um criminoso porta uma arma de fogo sem autorização e realiza disparo, devemos analisar a espécie do armamento utilizado. Sendo de uso permitido, o disparo prevalece por ser a conduta mais grave, penalmente falando, prevalecendo o princípio da subsidiariedade. No caso de arma de fogo de uso restrito, a conduta será direcionada ao artigo 16 da norma, que estudaremos a seguir, não porque este é mais grave, mas sim por mero emprego literal da norma, uma vez que no artigo citado observa-se como verbo do tipo a ação "empregar".

Neste aspecto, a lei é benevolente, uma vez que a aplicação do princípio da subsidiariedade, no caso concreto, praticamente ignora uma conduta grave. Como pode um indivíduo que porta e dispara ter praticamente a mesma responsabilização daquele que só porta, uma vez que o disparo coloca não somente a vítima direta em risco, mas toda a coletividade?

A mesma linha de raciocínio é empregada por parte da doutrina em relação ao crime de roubo, no qual o criminoso, ao realizar um disparo, só responderá pelo crime contra o patrimônio, com a devida agravante. Pela gravidade do delito e por colocar outras pessoas em risco, neste caso real e não presumido, não só a vítima direta deveria responder por todos os crimes em concurso. O criminoso, despreparado, realiza disparos sem qualquer perícia ou responsabilidade, acertando qualquer desavisado que passa pelo caminho. É o que chamamos de estar na hora errada e no local errado. Devendo ser, nestes casos, abolidos qualquer atenuante legal ou princípio penal com estas características.

6.3.38 – Art. 16 – Posse ou porte ilegal de arma de fogo de uso restrito

Art. 16. Possuir, deter, portar, adquirir, fornecer, receber, ter em depósito, transportar, ceder, ainda que gratuitamente, emprestar, remeter, empregar, manter sob sua guarda ou ocultar arma de fogo, acessório ou munição de uso proibido ou restrito, sem autorização e em desacordo com determinação legal ou regulamentar:

Pena – reclusão, de 3 (três) a 6 (seis) anos, e multa.

Os comentários jurídicos deste tipo penal são os mesmos do artigo 14 desta lei, havendo somente a mudança do objeto material, diferenciando a característica da arma, agravando a pena por se tratar de equipamento de maior capacidade lesiva, devendo este ser controlado pelo comando do Exército. É fundamental aos operadores primários do Direito, agentes policiais operacionais, a consulta dos decretos complementares à lei, sabendo diferenciar as espécies de armamentos.

Observação importante, em relação ao artigo supracitado, é que o legislador igualou as condutas de posse e porte para armas dessa espécie no mesmo tipo penal. Em suma, ter uma arma de uso restrito em casa ou no trabalho e usar na cintura pela rua representa a mesma conduta delitiva para o Direito. Policial teve como pena administrativa exclusão da corporação após ser encontrada em sua residência uma pistola nove milímetros. Por desconhecimento da norma, o autor achou que sua conduta seria uma mera posse, entretanto, por se tratar de arma de calibre restrito, foi responsabilizado pela conduta mais grave, sendo responsabilizado penal e administrativamente por isso. O fato remete ao ensinamento de um velho combatente: "o achar é a mãe de todos os erros".

Como nos crimes anteriores, o legislador não usou o critério restritivo, ampliando o porte ilegal para munições, equipamentos e acessórios. Esse fato reforça a necessidade de conhecimento para a condução de ocorrência, ou para proteção jurídica, evitando responder penalmente com base no desconhecimento. Assim, o operador deverá conhecer bem a listagem de acessórios proibidos previstos no decreto 3.665, realizando constantes consultas quando necessário.

Parágrafo único. Nas mesmas penas incorre quem:

I – suprimir ou alterar marca, numeração ou qualquer sinal de identificação de arma de fogo ou artefato;

6.3.39 "Arma raspada"

Situação de pouca aplicação prática, uma vez que, normalmente, quem adultera acaba portando a arma em seguida, sendo esta conduta capitulada no inciso quarto do tipo que analisaremos a seguir. A conduta é grave por envolver, além do porte, uma tentativa de fraude processual, visto que quem adultera dificulta a ação pericial e, consequentemente, a atuação da justiça como um todo. Equipe policial prende criminoso com arma adulterada, não em sua numeração mas na marca, mais especificamente no brasão das Forças Armadas, característica que identifica a arma como patrimônio público. Sendo, de acordo com a letra da lei, perfeitamente aplicável o inciso em análise.

II – modificar as características de arma de fogo, de forma a torná-la equivalente a arma de fogo de uso proibido ou restrito ou para fins de dificultar ou de qualquer modo induzir a erro autoridade policial, perito ou juiz;

6.3.40 – "Potencialização" do armamento e fraude especial

Aqui observamos duas condutas típicas incriminadores dentro do mesmo inciso. A primeira é a potencialização do armamento, enquanto a segunda pode ser considerada uma modalidade especial de fraude processual. Inovação criminosa, que tem causado inúmeras baixas na força policial, o denominado "kit rajada" para pistolas — que transforma uma pistola em uma espécie de submetralhadora — se encaixa no decreto que acertadamente preleciona que todas as armas automáticas, que atuam no sistema de tiro em rajada, são consideradas restritas. Logo, quem for pego com uma pistola de uso permitido usando o referido equipamento, responderá pelo crime mais grave, a maior repriminda legal se sustenta pela maior potencialidade lesiva.

A segunda conduta equivale ao artigo 347, do Código Penal, fraude processual. Entretanto, pelo princípio da especialidade, por se tratar de arma de fogo especificamente, a conduta será analisada pelo inciso estudado na norma especial. Exame pericial de determinado assassinato constata que o instrumento do crime foi uma arma automática. Ao apreender o armamento do suspeito, verifica se há alteração de características: a peça responsável pelo disparo em rajada foi tecnicamente arrancada. Para a norma, o ato fraudulento é equiparado à figura de portar arma de fogo de uso restrito.

III – possuir, deter, fabricar ou empregar artefato explosivo ou incendiário, sem autorização ou em desacordo com determinação legal ou regulamentar;

6.3.41 – Granada, coquetel molotov e fogos de artifício

Substituição especial do artigo 253, do Código Penal, sendo este mais grave, sendo justificada sua aplicação mais uma vez pelo princípio da especialidade. A utilização de artefatos explosivos ou incendiários vem crescendo a cada dia por parte da criminalidade. A utilização de granadas, sejam defensivas ou ofensivas, diferenciadas pela produção direta ou não de estilhaços, mesmo que improvisadas, aumentam as dificuldades das forças policiais.

Durante patrulhamento na favela Nova Holanda, veículo blindado fica preso entre dois buracos construídos pelo tráfico, para dificultar o deslocamento das viaturas policiais. Com o único objetivo de matar toda a equipe, criminosos começaram a lançar coquetéis molotov — artefato incendiário improvisado — na viatura. Policial, para se proteger, puxa seu fuzil para dentro do carro pela escotilha, vindo a queimar boa parte de seu corpo. Apesar de não estar armado, este criminoso deve responder pelo porte ilegal de arma somado às condutas de dano à integridade física causada, por força do inciso estudado.

Em manifestações populares, é comum que criminosos arremessem o mesmo artefato citado contra policiais, especialmente na direção dos lotados no Batalhão de Polícia de Choque, causando graves lesões e até a morte destes servidores. Cabendo reforçar que, nos dois exemplos citados, os criminosos devem ser enquadrados no inciso em análise sempre sem prejuízo aos demais crimes cometidos. Se a utilização desse tipo de artefato colocar em risco à vida de terceiros, o que na prática sempre ocorre, o criminoso deverá responder em concurso com os crimes 250, incêndio, ou 251, explosão, todos previstos no Código Penal.

A utilização de fogos de artifício de maneira imprudente está capitulada no artigo 28, da lei de contravenções penais. Se o artigo sofrer qualquer alteração, a conduta será deslocada para o inciso sexto do artigo estudado. No caso de mau uso, que resulte morte ou lesão corporal grave, o crime de homicídio absorverá a contravenção, sendo um exemplo o caso recente ocorrido com um cinegrafista que cobria manifestações no centro do Rio de Janeiro, sendo atingido por fogos acionados por vândalos, levando o profissional de imprensa à morte.

IV – portar, possuir, adquirir, transportar ou fornecer arma de fogo com numeração, marca ou qualquer outro sinal de identificação raspado, suprimido ou adulterado;

6.3.42 Equiparação de arma raspada à arma de uso restrito

Este é o caso mais prático. De regra, o indivíduo que adultera a arma é o mesmo que irá portá-la, facilitando o flagrante por se tratar de crime permanente. Para a lei, arma raspada ou adulterada é igual à arma de uso restrito, logo, se o policial prender um indivíduo portando um calibre 22 raspado, para a norma, ele equivale a um calibre 45, por exemplo.

V – vender, entregar ou fornecer, ainda que gratuitamente, arma de fogo, acessório, munição ou explosivo a criança ou adolescente;

6.3.43 – "Meninos" armados

O tipo é restritivo, sendo aplicado somente às armas de fogo, não se confundindo com o artigo 242, da lei 8.069 (Estatuto da Criança e do Adolescente), que abrange qualquer tipo de armas. Uma triste constatação: nossas crianças e nossos adolescentes estão entrando cada vez mais jovens para o mundo do crime e, por mais que se prenda, os números só aumentam, visto que nossa capacidade de ressocialização é precária.

É fato que, em determinadas comunidades carentes, ocorre um culto ou a glamorização do crime. Os menores de idade, que não possuem sua formação completa, acabam entrando no mundo do crime, onde se sabe que a saída é para poucos. Como regra de mercado, se o serviço, estiver disponível, alguém vai ocupá-lo e, infelizmente, são nossas crianças e nossos adolescentes que estão ocupando essas vagas disponibilizadas por traficantes.

Como já mencionado neste trabalho, o tráfico de drogas, principalmente no Rio de Janeiro, não atua desvinculado de armas de fogo. Logo, o criminoso que permite e fomenta o acesso de menores a armamentos, deve ser punido no inciso em análise, sendo esta punição branda em relação à conduta, pois, na verdade, este ato é uma verdadeira violência ao futuro da nação.

Os policiais, que estão diretamente no enfrentamento à criminalidade, percebem com facilidade como nossas crianças e nossos adolescentes são literalmente usados pelos criminosos, como *longa manus* do crime, seja pela imaturidade e ausência de medo relativo à idade, seja pelas limitações punitivas previstas no ordenamento jurídico especial conhecido como ECA.

Quando da apreensão de um menor de idade armado, dificilmente observa-se uma investigação de quem foi o responsável pelo fornecimento da arma de fogo, tornando-se essa prática comum, deixando o inciso em estudo inerte, fomentando a impunidade, deixando pelos morros e pelas favelas das grandes cidades um combate nefasto entre homens da lei e meninos dispostos a matar e morrer, mesmo sem saber o verdadeiro significado dessa realidade.

VI – produzir, recarregar ou reciclar, sem autorização legal, ou adulterar, de qualquer forma, munição ou explosivo.

6.3.44 – Explosão de caixa eletrônico

Neste inciso, o objeto material é específico, munições ou explosivos. O processo legal de recarga possui controle de insumos e habilitação de profissionais controlados diretamente pelo Exército Brasileiro, dificultando a adulteração e recarga de munição de forma improvisada. Entretanto, na prática, a entrada desses materiais em nosso país é fácil, assim como outros contrabandos, já sendo observados, com frequência, esses hábitos por criminosos.

Com relação aos explosivos, é mais comum a ocorrência com granadas improvisadas, potencializadas com o implemento de metais aumentando a produção de estilhaços e, consequentemente, as lesões nas forças policiais. Atividade criminal lucrativa, a explosão de caixas eletrônicos cresce a cada dia, existindo quadrilhas especializadas na atividade, dificultando a ação das forças policiais. Durante patrulhamento na Comunidade da Mangueira, equipe policial descobre paiol de manipulação de explosivo destinado à produção de artefatos para o cometimento deste tipo específico de crime, sendo o criminoso preso em flagrante pela conduta típica de "produzir", equivalente ao porte ilegal de arma de fogo.

Art. 20. Nos crimes previstos nos arts. 14, 15, 16, 17 e 18, a pena é aumentada da metade se forem praticados por integrante dos órgãos e empresas referidas nos arts. 6º, 7º e 8º desta Lei.

Como já mencionamos anteriormente, diversos institutos jurídicos agravam o crime e, consequentemente, as penas quando a conduta é cometida por agentes públicos, e, no artigo estudado, observamos a figura específica dos policiais. A agravante é extremamente justa, os controladores sociais e da aplicação legal devem ser os primeiros a cumprirem as normas, sempre buscando dar o exemplo para os demais integrantes da sociedade.

Art. 25. As armas de fogo apreendidas, após a elaboração do laudo pericial e sua juntada aos autos, quando não mais interessarem à persecução penal serão encaminhadas pelo juiz competente ao Comando do Exército, no prazo máximo de 48 (quarenta e oito) horas, para destruição ou doação aos órgãos de segurança pública ou às Forças Armadas, na forma do regulamento desta Lei.

6.3.45 – Utilização de armas apreendidas pelas forças de segurança

Finalmente, encerrando o estudo da lei de armas, o artigo 25 prevê as possíveis destinações das armas de fogo apreendidas. Basicamente, respeitando os trâmites legais e administrativos, os armamentos poderão ter dois destinos: a destruição ou a doação a órgãos de segurança pública.

Os números de apreensões de armas pelas forças de segurança pública no Brasil impressionam, batendo recordes a cada ano, demonstrando que, apesar das dificuldades encontradas pelas polícias, estas instituições trabalham incessantemente. Fuzis e pistolas, quase todos em perfeito funcionamento, sendo difícil explicar o porquê de ainda termos instituições policiais com déficit de armamento.

Suprindo a lacuna, muitas vezes deixadas pela burocracia, determinados juízes, engajados nas causas da segurança pública, através de medidas judiciais precárias, mas eficientes, determinam que os armamentos apreendidos, em plena condição de uso, sejam utilizados pelas unidades policiais, diminuindo a dificuldade operacional dos agentes operacionais no enfrentamento direto à criminalidade violenta.

6.4 – Lei 11.343/06 – Lei antidrogas

Esta lei, sem dúvida, é uma das mais controversas dentro do Direito Penal, possuindo grande impacto na atividade operacional policial, reforçando a necessidade do estudo dos agentes operacionais constantemente. Sociedades do mundo inteiro discutem sobre a intensificação da criminalização ou descriminalização das drogas. Aqui, não entraremos nessa polêmica, focaremos nos crimes, bem como nas repercussões diretas aos servidores que enfrentam essa dura realidade, principalmente nas grandes cidades brasileiras.

Inúmeras discussões ocorrem nos meios acadêmicos, políticos e até em nossos tribunais superiores sobre o assunto, mas a primeira informação relevante é que as drogas não foram descriminalizadas no Brasil. Para alguns importantes doutrinadores, este fenômeno ocorreu apenas no artigo 28 da lei, referindo-se à figura do usuário, debatida de maneira pormenorizada neste trabalho. Apesar do respeito às opiniões contrárias, é fato que portar drogas é crime no Brasil.

Sem entrar no mérito se a política de combate às drogas adotada no Brasil é o caminho correto na resolução deste grave problema, o que salta aos olhos é que são os policiais os únicos profissionais que pagam um alto preço nesse enfrentamento, derramando sangue diariamente em solo nacional em uma guerra, por vezes, sem fundamento.

Grande parte das ocorrências policiais tem ligação direta ou indireta com drogas, seja na questão do tráfico propriamente dito, no financiamento aos crimes contra o patrimônio, ou até mesmo no cometimento de pequenos delitos praticados por viciados para sustentar em esse degradante hábito. No Rio de Janeiro, não é segredo para ninguém a existência de inúmeras comunidades carentes sob influência direta e indireta de traficantes de drogas. Pessoas se beneficiam direta e indiretamente com a grande massa de capital que gira neste mercado ilegal, demonstrando, assim, a magnitude e o impacto da referida prática criminal na ordem pública e na paz social.

A lei 11.343, de 2006, pode ser considerada como um dispositivo jurídico inovador na regulamentação do assunto, iniciando-se pelo próprio nome: "lei de drogas". A substituição da antiga definição — lei de entorpecentes — demonstra um caráter ampliativo e técnico da mudança, uma vez que as drogas podem ser divididas em: entorpecentes, estimulantes e alucinógenos.

Outro aspecto introdutório fundamental está no bem jurídico tutelado, na objetividade jurídica, ou seja, no que a lei se propõe a proteger. De maneira primária, a tutela é direcionada à saúde pública, sendo secundariamente buscada a proteção do usuário, sempre pelo viés terapêutico. O legislador, na prática, vê o usuário como uma vítima das drogas e dos traficantes, como bem preleciona o artigo primeiro da lei especial estudada.

Art. 1º Esta Lei institui o Sistema Nacional de Políticas Públicas sobre Drogas - Sisnad; prescreve medidas para prevenção do uso indevido, atenção e reinserção social de usuários e dependentes de drogas; estabelece normas para repressão à produção não autorizada e ao tráfico ilícito de drogas e define crimes.

Parágrafo único. Para fins desta Lei, consideram-se como drogas as substâncias ou os produtos capazes de causar dependência, assim especificados em lei ou relacionados em listas atualizadas periodicamente pelo Poder Executivo da União.

6.4.1 – Não basta parecer ou ser, deve ter efeito

O parágrafo único traz a definição de droga, para efeitos legais, necessitando dois requisitos básicos cumulativos: conter princípio ativo, causando dependência físico ou psíquica, e estar em relação do serviço de vigilância sanitária, especificamente a 344, de 1998, sendo este um rol taxativo, caracterizando, assim, esta lei como uma norma penal em branco. Não basta parecer. Se um indivíduo é pego vendendo um pó branco, com todas as características aparentes de cocaína, entretanto, após laudo pericial, procedimento obrigatório segunda à norma, não sendo constatado princípio ativo, não haverá qualquer responsabilização.

Na Comunidade do Jacarezinho, conhecida como distribuidora de maconha para outras favelas do Rio de Janeiro, é fato comum para as unidades policiais encontrarem significativa quantidade de maconha sem a necessidade de vasculhamento apurado.

Tal ocorrência funciona apenas como isca para as forças policiais, ou seja, apreendendo o referido material, as equipes, de regra, saem da comunidade. Ao realizar laudo técnico, fica comprovado que as drogas estão de fato "vencidas". Como qualquer mercadoria, as drogas também são perecíveis, inexistindo assim princípio ativo, sendo desconsiderada como droga pela lei. O criminoso é criativo, e o tráfico não é diferente. A estratégia criminosa serve para proteger mercadorias ilícitas mais valiosas.

6.4.2 – "Fraude" no tráfico de drogas

Durante patrulhamento, é comum serem encontrados laboratórios improvisados dentro das comunidades dominadas pelo tráfico. Não satisfeitos com todas as substâncias lesivas ao organismo, originárias das drogas, os traficantes adicionam todos os tipos de porcaria nas substâncias ilegais, objetivando exclusivamente o aumento do lucro: fermento de bolo, cal, solventes industriais e até mesmo fezes de animais são alguns dos materiais encontrados. O comprador viciado está levando, como diz o ditado popular, "gato por lebre". Mas, como se aprende nas importantes lições de Direito Civil e Direito do Consumidor, a apreciação do judiciário só é possível se o objeto comercializado estiver revestido de legalidade, estando as drogas longe dessa característica.

Art. 28. Quem adquirir, guardar, tiver em depósito, transportar ou trouxer consigo, para consumo pessoal, drogas sem autorização ou em desacordo com determinação legal ou regulamentar será submetido às seguintes penas:

I - advertência sobre os efeitos das drogas;

II - prestação de serviços à comunidade;

III - medida educativa de comparecimento a programa ou curso educativo.

6.4.3 – Art. 28 - Usuário: doente ou causador?

A primeira conduta delitiva, como afirma a doutrina majoritária, foi despenalizada, reforçando o argumento adotado pela lei, visando uma descarcerização observada pela ausência de previsão de pena de prisão para o crime de posse de droga para consumo próprio. O tipo supracitado trata da figura do usuário. A legislação adotou o critério terapêutico, prevendo penas alternativas e a impossibilidade, sob qualquer hipótese, de penas restritivas de liberdade. Na prática, existe uma grande incoerência. A legislação trata o usuário como doente e, parte da polícia, como criminoso, tendo esse fator efeitos devastadores na eficácia da resolução da problemática.

A norma, como já mencionado anteriormente, tem como objeto de proteção a saúde pública. O usuário é tratado como vítima secundária, sendo esta a corrente mais aceita pela atual jurisprudência. Em sentido contrário, existe ainda posição, muitas vezes capitaneada por agentes policiais, de que se não houvesse consumo, consequentemente, não haveria tráfico e nem todas as mazelas resultantes desta conduta criminal. Apesar de certa razoabilidade em ambos os argumentos, o problema é mais complexo. Os agentes operacionais, por sua vivência, conhecendo o lado mais podre das drogas, entendem facilmente que cada caso é um caso. Nem todos os usuários são doentes, muito menos os únicos culpados pelo atual cenário caótico brasileiro.

Questão de suma importância deste tipo, servindo de fator de diferenciação para as condutas de maior grau de reprovação, está no elemento subjetivo do tipo, ou seja, para que a referida droga era destinada. No artigo 28, a posse da droga se restringe ao uso pessoal do agente, diferenciação complicada na prática, uma vez que a intenção está no intelecto do autor, não sendo possível de o policial entrar na cabeça do criminoso para saber qual seria o real objetivo. A fim de diminuir essa dificuldade, a lei usa critérios que veremos adiante de maneira detalhada, quando da análise do parágrafo segundo do mesmo tipo penal.

6.4.4 – "Fila na boca de fumo"

Analisando os verbos previstos, representando as condutas incriminadoras, observamos cinco, que analisaremos individualmente, visando sempre a facilitar o entendimento. "Adquirir" — é a única conduta positivada, na qual é cabível a modalidade tentada. Viciado espera na fila da "boca" quando equipe policial impede o ato, prendendo os traficantes. Durante atividades de inteligência, monitorando a movimentação do tráfico, não é raro ver bocas de fumo em pleno funcionamento. O movimento e a movimentação financeira é de deixar qualquer rede de *fast food* com inveja. Na prática, ao realizar a prisão dos traficantes, caberia a condução de todos os "clientes" — usuários — à delegacia policial, baseados no artigo 28, na modalidade tentada.

"Guardar" e "tiver em depósito" — a diferença entre as duas ações está para quem se destinava a droga. Como em uma atividade policial é raro encontrar réu confesso, o flagrante é sempre do outro, principalmente se este for menor, sendo este o caso quando, em vasculhamento em residência ou estabelecimento, são encontradas drogas dentro de requisitos específicos que estudaremos a diante.

6.4.5 – Material ilícito nunca tem dono

"Transportar ou trouxer consigo" — condutas relacionadas com o meio de deslocamento da droga de um lugar a outro; basicamente estando junto ao corpo, caracteriza o ato de trazer consigo. O emprego de meios auxiliares define melhor a conduta de transportar, sendo indiferentes as condutas para aplicação de pena. Durante operação de trânsito, equipe revista veículo e encontra pequena quantidade de droga no interior dele. Como material ilícito nunca tem dono, todos os ocupantes do veículo são conduzidos para avaliação da autoridade de Polícia Judiciária.

6.4.6 – Usar não é crime

O verbo usar não está positivado, por isso, usar droga é fato atípico, consumir droga não é crime. O Direito Penal, em regra, entende que autolesão não é crime, é o denominado princípio da austeridade. Neste caso, punido pela norma, é o perigo resultante da circulabilidade da droga. Logo, se o policial observa indivíduo se drogando e, ao realizar o deslocamento até ele, a droga é consumida em sua plenitude, some a materialidade, o crime mais uma vez é estar de posse da droga e não usá-la.

O tipo penal em análise é de perigo abstrato ou presumido, não existindo a necessidade de ocorrer um dano para a consumação. Entretanto, nossos tribunais superiores, de regra, descartam o argumento da bagatela como tese defensiva. Em termos práticos, não importa a quantidade de droga apreendida, mesmo que pouquíssima quantidade, existe o crime previsto no artigo 28.

6.4.7 – Impacto do uso de drogas para terceiros

Policial em patrulhamento aborda indivíduo com cigarro de maconha, já no final do consumo. Existindo quantidade suficiente para a realização do exame, estará tipificada a conduta. O assunto é polêmico e, no dia a dia das ruas, coloca o agente operacional em dificuldades, visto que o uso da droga traz consequências aos usuários, podendo causar instabilidade na paz social e na tranquilidade pública, interferindo em direitos de terceiros. Mas como a lei não prevê qualquer reprimenda contra o uso, o que fazer para evitar possíveis danos à coletividade?

As denominadas cracolândias, que se formam principalmente nas grandes cidades brasileiras, são uma verdadeira tragédia social, que impacta não só aos usuários, mas toda a sociedade. Durante patrulhamento na Avenida Brasil, principal via do Rio de Janeiro, usuário, durante transtornos resultantes do uso da droga, arremessa pedra em direção aos veículos, causando graves acidentes.

Sem dúvida, aqueles que estão nesta situação sub-humana necessitam de ajuda, mas as vítimas desses tipos de ataque não podem ser penalizadas, visto que, em nenhum momento, concorreram diretamente para o fato criminoso, seja o previsto no artigo 28 da lei de drogas ou para os possíveis danos e as lesões corporais resultantes. As polícias são constantemente cobradas, sem possuírem, de fato, ferramentas eficientes para atuarem neste caótico cenário, esbarrando no dilema de usuários ou criminosos, caso de polícia ou de saúde.

As penas previstas para os usuários são um forte argumento de que o crime foi despenalizado. De fato, tais medidas não apresentam eficiência. Se o objetivo é ajudar na diminuição de usuários, não será uma simples advertência que, possivelmente já ocorre no seio familiar ou no convívio salutar entre amigos, que terá efeito esperado. No cotidiano operacional, o que se fala é que a condução do usuário para apreciação da autoridade de Polícia Judiciária não dá em nada. De fato, existe descrença das forças policiais com relação à capacidade penal do tipo, obrigando à reflexão se os atos administrativos e judiciais, caracterizados por custo de dinheiro público, possuem impactos positivos na resolução deste problema.

6.4.8 – Impossibilidade de prisão do usuário sob qualquer hipótese, a relação polícia e usuários

Segundo o artigo 69, parágrafo único da lei 9.099, lei que regula os procedimentos relativos aos crimes de menor potencial ofensivo, no qual se enquadra o tipo analisado, não haverá prisão em flagrante. O usuário, sendo conduzido à delegacia, assumirá o compromisso de comparecer em juízo, entretanto, se não cumprir, nem assim poderá ter sua pena convertida em restritiva de liberdade por ausência de previsão legal, deixando o poder público com poucas opções, na esfera penal, no tocante à punibilidade.

Medida possível é a conversão da pena em multa, além dos efeitos lesivos relativos à reincidência. Agora o que precisa ficar claro é que o gasto de tempo dos agentes públicos atuantes na persecução penal e, principalmente da polícia operacional, não é compatível com os efeitos e resultados da norma. Durante patrulhamento na praia, equipe se depara com o flagrante de posse de droga para consumo. Jovens consumiam drogas sem o menor pudor na frente de famílias inteiras, sem mudar a postura, chegando a afrontar os policiais.

Sem entrar na análise do possível cometimento do crime de desacato, visto que a postura dos usuários, por vezes, tem como objetivo menosprezar a figura da autoridade policial, a condução da ocorrência para a delegacia, os procedimentos obrigatórios de oitivas, a realização de exames periciais da substância e os demais procedimentos administrativos demandam tempo e recursos públicos, impactando no escasso policiamento ostensivo. E, no final da persecução criminal, o usuário, na prática, levará uma bronca do juiz, sendo inerte para a recuperação dele ou mesmo para a manutenção e o restabelecimento da ordem pública.

A relação entre polícia e usuário nem sempre é salutar, seja pela ineficiência da lei ou pela realidade das instituições policiais serem as únicas com atuação direta na prevenção e repressão relacionada às drogas. O sentimento de impunidade é grande por parte dos agentes policiais, pelos diversos motivos já relatados neste trabalho. Não cabe aos agentes policiais questionarem a lei, apesar de serem estes profissionais os que mais sentem a defasagem entre a aplicação e a realidade dos fatos. O ordenamento jurídico se cumpre, principalmente, pelos policiais.

Policial é constantemente provocado por usuários de drogas, conhecedores da norma e de suas medidas punitivas, e em um momento de instabilidade emocional, decide fazer justiça com as próprias mãos, cometendo lesões corporais e humilhações no momento da abordagem e consequente flagrante. Independente de qualquer fator, o policial deve sempre agir dentro da técnica, legalidade e com controle emocional contra uma ação delituosa em que a sociedade discute a descriminalização. No caso concreto, o servidor comete crime grave, sofrendo as devidas responsabilizações, aumentando as já existentes adversidades.

§ 1º Às mesmas medidas submete-se quem, para seu consumo pessoal, semeia, cultiva ou colhe plantas destinadas à preparação de pequena quantidade de substância ou produto capaz de causar dependência física ou psíquica.

6.4.9 – Transporte de sementes e cultivo de maconha

"Semear" caracteriza-se quando um indivíduo é encontrado plantando. Caso concreto de difícil ocorrência, principalmente nas grandes cidades. Em relação às sementes, cabe frisar que o transporte delas não configura crime, visto que estas não possuem princípio ativo, afastado o requisito obrigatório de responsabilização penal da norma.

Já a ação de "cultivar" é bem mais observada. Durante patrulhamento de rotina, equipe encontra, no interior de determinada residência, uma planta de *cannabis sativa*. Ao ser interpelado, o morador comunica ser usuário da droga, argumentando que não cometerá crime uma vez que não estaria fomentando o tráfico, produzindo a própria droga. A alegação não apresenta fundamento. Mesmo que não exista a circulabilidade imediata da droga, há a previsão legal da conduta, cabendo a condução do autor, com base no artigo 28, parágrafo primeiro, pela modalidade cultivo.

Por fim, o ato de "colher" é o resultado final das duas primeiras ações supracitadas. Cabem duas observações relevantes em relação à conduta. Para a devida capitulação do delito, é fundamental analisar o elemento subjetivo, ou o especial fim de agir do indivíduo. A plantação deve ser destinada para consumo próprio, e a conduta de cultivar trata-se de crime permanente, estendendo o estado de flagrância enquanto a planta estiver sendo cultivada, ampliando as possibilidades de realização de prisões.

§ 2º Para determinar se a droga destinava-se a consumo pessoal, o juiz atenderá à natureza e à quantidade da substância apreendida, ao local e às condições em que se desenvolveu a ação, às circunstâncias sociais e pessoais, bem como à conduta e aos antecedentes do agente.

Dentre os artigos estudados neste trabalho, este é um dos mais importantes, reforçando o argumento da importância do conhecimento jurídico para os agentes operacionais. É no depoimento dos agentes operacionais, que na maioria dos casos são os responsáveis pelo ato de prisão em flagrante, que se inicia a persecução criminal. Sendo este ato fundamental para a aplicação da norma e a realização da almejada justiça ao final de todo o processo, dentro do Sistema Jurídico Policial.

6.4.10 – Critério do reconhecimento judicial, diferenciação entre usuários e traficantes

Como já mencionado anteriormente, o elemento subjetivo do agente, ou seja, sua intenção, é algo que se encontra na psique do autor, sendo tarefa complicada a devida definição. O legislador adotou o critério do reconhecimento judicial. O juiz deverá formar sua convicção através dos critérios legais previstos no parágrafo estudado, diferenciando as condutas entre uso ou tráfico. Entretanto, sabemos que a justiça é inerte, e as provas são produzidas e levadas até o judiciário pelas forças policiais, de regra, por quem realizou o ato de prisão em flagrante, sendo sua narrativa peça fundamental para a chegada à verdade dos fatos.

6.4.11 – Importância do depoimento do policial

Por vezes, ocorre um distanciamento considerável entre a realidade dos fatos e o autuado nos inquéritos e processos, relacionados aos crimes previstos na lei de drogas. A fim de sanar essa dificuldade, o relato do autor da prisão é o mais importante, devendo ser prestado com o maior número de detalhes. No caso específico da lei de drogas, sempre frisando as circunstâncias previstas no parágrafo segundo do artigo 28, devendo ser narrado para a devida aplicação de forma concomitante pelo judiciário.

Quando a norma fala em "natureza", pode ser interpretada como espécie ou estado da droga. Na prática, sabe-se que as drogas comercializadas nos morros cariocas sofrem grandes adulterações em seu conteúdo. Logo, a prisão de indivíduo com cocaína pura levanta a suspeita de tráfico dependendo do caso concreto, dando um norte para a investigação. Da mesma forma, o criminoso flagrado com grande variedade, mesmo que em pequenas quantidades, apresenta forte indício de tráfico, sendo esta uma prática bem comum dos traficantes, porque, quando presos, não sofrem grandes prejuízos financeiros.

6.4.12 – A polêmica distinção entre uso e tráfico

Várias legislações penais pelo mundo adotam o critério quantitativo para definir o tipo, diferenciando uso de tráfico, facilitando a dosimetria punitiva. De fato, a quantidade de drogas é um forte indício, entretanto, esse fator não pode ser analisado de maneira exclusiva. A avaliação do caso concreto é fundamental. Pode-se pegar uma ocorrência de um usuário de alto poder aquisitivo, que adquire grandes quantidade para manter em estoque e, em sentido contrário, o exemplo citado acima, o qual o traficante carrega pequena quantidade visando diminuir perdas, ganhando agilidade ao fugir da polícia ou até mesmo a estratégia de se passar por usuário, evitando a punição estatal. Dessa forma, a melhor maneira de distinção entre as ações incriminadoras é a exercida por nossa norma, analisando os fatores em conjunto, mas só funciona com a efetiva participação do agente operacional.

"O local e as condições em que se desenvolveu a ação" — necessita, fundamentalmente, de uma análise e descrição pormenorizada pelo autor da prisão, sendo necessária a autuação. Com a prática operacional, é comum que os policiais saibam onde funcionam os pontos de venda de drogas, bem como os fatos, as informações e o *modus operandi* da criminalidade, fatores que desencadearam a operação policial. O fator psicológico é preponderante na atividade operacional. Nas operações contra o tráfico de drogas, o estresse sempre estará presente, impactando diretamente na narrativa da ocorrência e nos detalhes procedimentais e processuais. Sem dúvida, o detalhamento de ações dentro de gabinetes é mais fácil do que sob fogo inimigo, devendo este fator ser levando sempre em consideração no Judiciário.

Por último, segundo a norma, devem ser levadas em consideração as "circunstâncias sociais e pessoais, bem como a conduta e os antecedentes dos agentes". As primeiras são alvos de justas críticas, uma vez que a condição social não é o que define o *status* de criminoso em qualquer pessoa. Os policiais devem saber como regra básica que não existe indivíduo suspeito, e sim atitudes suspeitas. Os criminosos não têm rosto ou perfil físico definido, devendo ser analisado em conjunto, posteriormente, os hábitos, as companhias e as condutas sociais do referido preso.

Os antecedentes são fundamentais, as atitudes pregressas do indivíduo deverão ser analisadas, mas de forma isolada não significam ou definem a periculosidade do preso. A viabilidade desta análise imediata é complexa, necessitando de investigação posterior ou até mesmo informações de inteligência. É possível existir chefes de quadrilha sem qualquer anotação criminal.

Resumidamente, são esses critérios que irão definir através do livre convencimento do juiz, sempre baseados no conteúdo probatório, qual a conduta realizada pelo criminoso, existindo enorme diferença da reprimenda estatal, entre os crimes de porte para uso ou tráfico. Devido à periculosidade e às questões operacionais adversas, grande parte do que chega ao conhecimento da autoridade de polícia judiciária é o narrado pelo autor da prisão ou das testemunhas do fato, que podem ser ou não policiais integrantes da equipe.

Importante orientação aos agentes operacionais é que a narrativa da notícia crime deve sempre ocorrer de maneira detalhada, discorrendo sobre cada requisito positivado imposto no parágrafo segundo, do artigo 28 da lei. Em operação no Morro do 18, após intensa troca de tiro, equipe encontra próximo à boca de fumo, identificada por cadeiras e mesas, resíduos de material de endolação, pichações e barricadas e um indivíduo escondido em área de mata próxima, com apenas poucos papelotes de drogas e quantidade razoável de dinheiro em notas de pouco valor. Narrando o fato com detalhes, o preso foi autuado e, posteriormente, condenado na conduta mais grave.

Os policiais não tinham dúvidas de que se tratava de um traficante, entretanto, o juiz deve ser convencido, sendo o depoimento fundamental. Caso contrário, teríamos mais um traficante solto nas ruas, se passando por mero usuário. O caso concreto reforça que a quantidade de droga, apesar de sua importância, não é o fator fundamental para a devida capitulação.

6.4.13 – A falta de agilidade do sistema persecutório

O caminho dos atos procedimentais e processuais pode demorar anos dentro do sistema persecutório penal. As problemáticas existentes dentro do Sistema Jurídico Policial podem impactar diretamente no agente operacional. A quantidade de crime no Brasil impressiona. Os policiais vivem uma peregrinação constante entre policiamento, oitivas e depoimentos no Judiciário. Com a quantidade de prisões realizadas, é comum e compreensível confusão e esquecimento por parte destes profissionais. É importante que esses servidores mantenham arquivo pessoal, com o material e a descrição de cada prisão, apreensão e, principalmente confrontos, para consulta imediata, diminuindo a possibilidade de contradições em sede judicial que, com certeza, serão usadas pela parte adversa, podendo gerar absolvição de criminosos ou até mesmo a responsabilização do profissional da segurança pública.

Art. 33. Importar, exportar, remeter, preparar, produzir, fabricar, adquirir, vender, expor à venda, oferecer, ter em depósito, transportar, trazer consigo, guardar, prescrever, ministrar, entregar a consumo ou fornecer drogas, ainda que gratuitamente, sem autorização ou em desacordo com determinação legal ou regulamentar:

Pena - reclusão de 5 (cinco) a 15 (quinze) anos e pagamento de 500 (quinhentos) a 1.500 (mil e quinhentos) dias-multa.

6.4.14 – Art. 33 – Tráfico

Aqui está a previsão do crime de tráfico de drogas. Sem dúvida, uma das ocorrências mais enfrentadas no cotidiano das forças policiais brasileiras. Importante saber que o crime em análise apresenta vários verbos, ou seja, várias ações incriminadoras, tendo a mesma responsabilização que a conduta de traficar, como ficou conhecido o crime. Na prática, uma conduta acaba sendo ato preparatório da outra, devendo sempre serem analisados o caso concreto e o contexto fático da prisão ou da investigação, podendo o criminoso responder por um ou mais crimes.

A fim de facilitar o entendimento, serão analisadas todas as condutas individualmente, focando sempre naquelas que apresentam maior volume nas ocorrências policiais.

6.4.15 – "Disque droga"

As condutas de "importar, exportar e remeter" estão diretamente relacionadas com a remessa ou recebimento de drogas, podendo ocorrer por meios regulares ou não, existindo a necessidade de provar a condição do agente como remetente do material ilícito. Nas grandes cidades, é comum a conduta conhecida como "Disque droga", na qual o usuário solicita a droga via telefone, recebendo confortavelmente a substância ilícita sem a necessidade de contato direto com traficantes e bocas de fumo, geralmente localizadas em locais de risco, caracterizando, na prática, um *delivery* do crime. Nestes casos, as entregas geralmente ocorrem pessoalmente, entretanto, se tal encomenda se realizar via correio, por exemplo, configurará um exemplo de tráfico na modalidade remeter, devendo o remetente ser preso pelo tipo em análise.

6.4.16 – "Adulteração" de drogas

"Preparar, produzir e fabricar" são condutas que a doutrina faz distinção, entretanto, operacionalmente falando, todas as práticas citadas estão relacionadas ao manejo da droga para fins comerciais ilícitos, tornando-as aptas ao mercado. É comum adentrar em locais com atuação do tráfico e encontrar uma série de utensílios destinados à preparação da droga. O problema é que geralmente, como de costume no Brasil, não observamos, de regra, laboratórios de produção, adquirindo os traficantes a droga pronta de nossos vizinhos produtores. Estes laboratórios improvisados servem para adulteração da droga, misturando substâncias originalmente legais como, por exemplo, fermento de bolo, com o único objetivo de ampliação do lucro, não caracterizando o artigo estudado.

6.4.17 – Material de endolação e atacadistas e varejistas das drogas

Como qualquer produto destinado ao mercado, seja ele lícito ou ilícito, ele deverá estar apto para o consumo. A prática conhecida como endolação consiste em embalar a droga, permitindo a mínima condição de comercialização. Durante as operações, é comum que criminosos escondam as drogas e fiquem apenas com este tipo de material, diminuindo as perdas pecuniárias, dificultando a responsabilização penal. Aos agentes operacionais não restam dúvidas de que a conduta está diretamente relacionada ao tráfico de drogas, mas como para a configuração do tipo é necessária, obrigatoriamente, a existência da droga, a certeza dos policiais não representa a certeza da devida punibilidade, podendo a conduta ser avaliada por outro tipo penal que analisaremos à frente.

"Adquirir" — conduta também prevista no artigo 28, que trata do usuário, devendo aqui ser interpretada como uma aquisição para fins de traficância, voltada para a prática de atacado. No caso de dúvida de tipificação ideal, deve-se sempre aplicar as regras previstas no parágrafo segundo do artigo 28. A maioria das drogas consumidas no Brasil não é produzida em nosso território, adquirindo os traficantes brasileiros o material ilícito no exterior para revenda, configurando a conduta estudada. Cabe a ressalva de que a quantidade, apesar de representar forte indício de diferenciação entre os crimes previstos nos artigos 28 e 33, não é o único fator decisório.

"Vender" — a conduta de vender não apresenta grande dificuldade de observação prática, cabendo somente a observação de que o ato não se resume às trocas pecuniárias. Que as drogas afetam as condições de saúde dos usuários não restam dúvidas, visto pelo bem jurídico tutelado na norma, a saúde pública. Entretanto, além da saúde, ocorrem, constantemente, impactos no patrimônio do usuário e de seus familiares, visto que, para o sustento do vício, qualquer bem de valor é trocado nas bocas de fumo pela droga. Durante patrulhamento, equipe flagra boca de fumo em funcionamento, onde, além de dinheiro em espécie, havia vários bens tais como: bicicletas, televisões, joias, sendo todo material devidamente apreendido.

6.4.18 – Ostensividade das "bocas de fumo"

A ação de "expor à venda" apresenta grande aplicabilidade operacional, sendo o delito configurado como um crime de perigo abstrato. O simples ato de expor à venda já coloca a saúde pública em risco, mesmo que não aparece qualquer comprador. Nas áreas sob grande influência do tráfico, é comum a realização de feiras livres de droga, não só expondo o material ilícito, mas realizando o chamamento dos usuários, como verdadeiros clientes de um mercado popular, configurando outra ação prevista no tipo "oferecer". Durante ação de inteligência, equipe flagra traficantes expondo à venda. Mesmo sem ocorrer qualquer compra, com a devida identificação, foi solicitada a prisão à autoridade competente pelo crime de tráfico, baseada na conduta estudada.

"Ter em depósito, transportar e trazer consigo", condutas igualmente previstas no artigo 28, se diferenciam basicamente pelo *animus* do agente. Se a intenção é a posse da droga para posterior traficância, o crime será caracterizado na conduta mais gravosa.

6.4.19 – "Mulas" e "aviãozinho" do tráfico

A conduta de transportar para traficância, geralmente se caracteriza pelo deslocamento de considerável quantidade de droga por meios auxiliares de drogas. Até a chegada no Rio de Janeiro, ocorre grande deslocamento, geralmente realizado por indivíduo terceirizado, recebendo determinado valor em espécie para realizar somente a entrega, sem possuir maiores informações sobre remetentes e destinatários, sendo coloquialmente conhecidos como mulas. A PRF possui *expertise* neste tipo de atividade, apreendendo diariamente drogas que circulam em nossas estradas federais. Equipe, em abordagem de rotina, para caminhão de batata. Percebendo que o motorista apresentava aparente nervosismo, decide realizar abordagem técnica com o auxílio de cães, flagrando mais de uma tonelada de maconha vinda do Paraguai, com destino aos morros cariocas.

"Trazer consigo", pela definição doutrinária, é trazer a droga junto ao corpo, normalmente com o auxílio de equipamentos, tais como mochilas e bolsas. Uma das atividades mais observadas no tráfico caracteriza bem essa ação. Os denominados popularmente de "aviõezinhos" são traficantes que carregam pouca quantidade de droga, em busca de usuários, agindo com pouco peso, ágil, facilitando sua fuga das forças policiais e, no caso de flagrante, pequeno prejuízo pecuniário. A diferenciação com o crime previsto no artigo 28 se dá uma vez que estes são presos, na maioria das vezes, armados, com diversidade de drogas, dinheiro em espécie, geralmente com notas de baixo valor, afastando, assim, qualquer argumentação de porte de droga para consumo próprio.

"Prescrever" configura crime próprio, só podendo ser realizado por profissional de saúde. Já "ministrar" é a aplicação direta da droga no usuário, sendo muito comum com a utilização de anabolizantes, sem a devida autorização. Por fim, importante comentário está relacionado com a positivação legal de que o ato será configurado ilícito, mesmo que ocorra de maneira gratuita. Apesar de o tráfico apresentar características mercantilistas, principalmente a obtenção de lucro, o legislador decidiu ampliar a possibilidade punitiva.

§ 1º Nas mesmas penas incorre quem:

I - importa, exporta, remete, produz, fabrica, adquire, vende, expõe à venda, oferece, fornece, tem em depósito, transporta, traz consigo ou guarda, ainda que gratuitamente, sem autorização ou em desacordo com determinação legal ou regulamentar, matéria-prima, insumo ou produto químico destinado à preparação de drogas;

6.4.20 – Ingredientes de drogas

Ao contrário da droga propriamente dita, os ingredientes não precisam ter princípio ativo ou estarem na já mencionada portaria do Ministério da Saúde, requisitos fundamentais da configuração de drogas na legislação brasileira. Na prática, o policial deverá saber quais são os principais insumos para a produção de droga, levando sempre em consideração que, para a configuração direta e imediata do tipo, eles devem ser de uso exclusivo para a produção do material ilícito, o que operacionalmente dificulta a aplicação do crime, principalmente pelos agentes operacionais convencionais.

Por exemplo, a cocaína, para seu refino, é necessário grande quantidade de éter, sendo comum encontrar essa substância nas bocas de fumo. Apesar de este não ser um exemplo de uso legal deste agente químico, analisando as circunstâncias do fato, somadas com outros meios de prova, poderá ser realizada a prisão em flagrante por tráfico, no inciso estudado, mesmo sem a materialidade de qualquer droga.

Durante patrulhamento é extremamente comum encontrar, nas bocas de fumo, fermento de bolo. Esse produto químico, utilizado na culinária, é usado pelos traficantes para diluição da droga, para aferir maiores lucros em suas atividades ilícitas. Com a prática policial, sabe-se que, dependendo do local da apreensão, o material não seria destinado às padarias da comunidade, entretanto, somente este fator dificulta a configuração do flagrante, visto que esta substância apresenta diversas outras destinações originárias.

II - semeia, cultiva ou faz a colheita, sem autorização ou em desacordo com determinação legal ou regulamentar, de plantas que se constituam em matéria-prima para a preparação de drogas;

Ao contrário do artigo 28 já estudado, aqui temos que analisar o elemento subjetivo do tipo, ou seja, a intenção do agente, o que, na prática, será pela quantidade, e os demais fatores previstos no parágrafo segundo do mesmo artigo, pelo simples motivo de que o ato de traficância visa mercado, sendo realizada produção em larga escala. O legislador criminalizou todas os atos práticos relacionados à agricultura ilegal. Indivíduo que planta, mantém a plantação ou realiza a colheita da produção é responsabilizado, igualmente, com base no inciso estudado.

III - utiliza local ou bem de qualquer natureza de que tem a propriedade, posse, administração, guarda ou vigilância, ou consente que outrem dele se utilize, ainda que gratuitamente, sem autorização ou em desacordo com determinação legal ou regulamentar, para o tráfico ilícito de drogas.

O uso ostensivo de droga é mais perceptível a cada dia, principalmente maconha e *crack*. De maneira lógica, só ocorre o uso porque anteriormente ou, muitas vezes, em ato contínuo, ocorreu o tráfico, visto que as drogas não estão liberadas em nosso país. O inciso terceiro tem o objetivo de punir indivíduo que dispõe local móvel ou imóvel de que tenha posse ou controle para a realização do crime de tráfico, bem como suas figuras assemelhadas.

O dolo é necessário e fundamental para a capitulação, devendo o detentor de poderes sobre a coisa saber que está cedendo ou permitindo a utilização da localidade ou do bem para a realização do fato típico. Proprietário aluga barco para realização de uma festa sabendo que ocorrerá venda e, consequentemente, consumo de drogas dentro de sua propriedade, devendo, assim, ser responsabilizado por esta conduta.

6.4.21 – Festa "regada" a drogas

Não é incomum que em determinadas festas ocorra sabidamente o consumo de drogas. Entretanto, seria um exagero punir penalmente quem aluga clube ou local onde ocorre tal evento. É fato que o proprietário não aluga seu imóvel com essa exclusividade, e não são todos os participantes da festa que cometem tal conduta criminosa, sendo fundamental a comprovação de dolo direto e a aplicação de possível dolo eventual, ou seja, o argumento de que assumiu o risco representaria rigor excessivo, ressalvando que o inciso em análise se restringe à figura do tráfico, deixando de fora as condutas previstas no artigo 28 da lei de drogas.

6.4.22 – Beneficiários indiretos do tráfico

Durante ocupação na comunidade Cidade de Deus, para a implementação da Unidade de Polícia Pacificadora (UPP), equipe, ao entrar em determinada padaria da localidade, percebe, como de costume, recepção pouco cordial por parte do proprietário, piorando a cada dia. Incomodado, o comandante da equipe pergunta se algo tinha acontecido, sendo respondido de maneira imediata que, antes da presença constante da polícia, a boca de fumo funcionava em seu estabelecimento, proporcionando mais movimento, aumentando as vendas. De fato, o comerciante poderia até não está satisfeito com a presença policial, entretanto, o exemplo poderá configurar o inciso em análise, dependendo das inúmeras variáveis do caso concreto.

§ 2º Induzir, instigar ou auxiliar alguém ao uso indevido de droga:

Pena - detenção, de 1 (um) a 3 (três) anos, e multa de 100 (cem) a 300 (trezentos) dias-multa.

Famílias inteiras são destruídas pelo tráfico e, consequente, pelo uso da droga que, na maioria das vezes, inicia-se com más companhias. Esta prática possui previsão legal, mas, infelizmente, nem sempre alcança a devida apreciação do poder público. "Induzir" basicamente é dar a ideia, podendo ser representada por aquele indivíduo que diz: "por que não vamos ali comprar uma droga, para dar aquela relaxada?". "Instigar" seria reforçar uma ideia já existente. Viciado está a fim de comprar um baseado, e colega diz: "vamos sim, eu vou com você". Já "auxiliar" é prestar apoio, fornecer fósforo, sabendo que o indivíduo vai fazer uso de maconha.

A conduta de auxiliar, em nenhuma hipótese, poderá ser caracterizada pelo fornecimento direto da droga, senão a conduta será configurada como tráfico. Importante destacar que as formas de incentivo devem estar diretamente ligadas ao uso. Se o incentivo for para a ação de traficância, o autor responderá pelo artigo 33, na figura especial de partícipe.

Por fim, o tipo penal utiliza a expressão "alguém", logo, a conduta deverá ser direcionada à pessoa determinada, não podendo ser feita de forma genérica. Bom exemplo é o indivíduo que usa camisa ou utensílios com o símbolo da folha de maconha, ou até mesmo a marcha em prol da liberalização da droga, evento que já foi reconhecido pelo STF como legal, baseado no princípio constitucional da liberdade de expressão, manifestação e debate, impedindo a responsabilização destes indivíduos no artigo estudado.

§ 3º Oferecer droga, eventualmente e sem objetivo de lucro, a pessoa de seu relacionamento, para juntos a consumirem:

Pena - detenção, de 6 (seis) meses a 1 (um) ano, e pagamento de 700 (setecentos) a 1.500 (mil e quinhentos) dias-multa, sem prejuízo das penas previstas no art. 28.

6.4.23 – Uso compartilhado, "cachimbo da paz"

No parágrafo terceiro, observa-se a figura do uso compartilhado, conduta com punição abrandada em relação ao tráfico, existindo a necessidade, para a punibilidade, de existência de condições cumulativas obrigatórias. A condição prescrita de oferecer droga "eventualmente" significa atuação não rotineira em atividade relativa ao tráfico, sem o objetivo de lucro, não adquirindo qualquer vantagem pecuniária com a cessão da droga. O ato ocorre de maneira gratuita. Outra condição fundamental é que o oferecimento deve ocorrer para pessoa do seu relacionamento social. O autor deve conhecer, ter e conviver minimamente com a pessoa a quem se oferece, podendo ser citado como exemplo amigos, colegas de trabalho, vizinho ou até mesmo uma namorada ou um namorado. Por fim, a última condição obrigatória para a consumação do parágrafo é o consumo compartilhado, logo, o traficante do parágrafo analisado também é um usuário de droga.

Na falta de um das condições, a conduta deverá ser capitulada como tráfico propriamente dito. Outro fator importante é que a conduta, por se tratar de crime formal, independe que o molestado, ou seja, quem recebe a proposta, aceite a droga, ficando, assim, excluída a condição de consumo compartilhado. Este é o entendimento majoritário na doutrina, lógico, uma vez que não seria justo tratar esse criminoso com as mesmas penas previstas nos demais tópicos do artigo 33, sendo esta uma modalidade de tráfico privilegiado. Na prática, a distinção dos diferentes tipos de tráfico não é uma missão simples. É óbvio que, na maioria das vezes, os argumentos de defesa, tentarão levar à capitulação e ao consequente julgamento do fato para a modalidade privilegiada, pelo simples motivo de abrandamento da pena. Daí a importância dos diversos meios de prova, da apresentação do fato pelo autor, da prisão precisa, detalhada, narrando os fatos nos mínimos detalhes.

6.4.24 – Uso recreativo

Amigos da escola recolhem dinheiro de toda a turma e decidem ir à boca de fumo mais próxima comprar droga para todo o grupo. Quando estão consumindo a droga, são surpreendidos pela polícia. Em uma rodinha de amigos, onde todos usam a droga de maneira recreativa, como alguns militantes da liberação defendem. Apesar dos argumentos, a conduta configura-se crime, de acordo com o artigo estudado. Outro clássico exemplo é o namorado que chama a namorada para a praia deserta e lá puxa o cigarro de maconha, oferecendo a droga para a companheira. No caso de flagrante, o namorado deverá ser tipificado no tráfico privilegiado. De fato, o legislador foi coerente, apesar da gravidade do fato, de oferecimento da droga, quem comete essa ação não pode ser comparado aos demais traficantes, que visam lucro na atividade criminosa, atacando um número indeterminado de pessoas.

§ 4º Nos delitos definidos no **caput** *e no § 1º deste artigo, as penas poderão ser reduzidas de um sexto a dois terços, vedada a conversão*

em penas restritivas de direitos, desde que o agente seja primário, de bons antecedentes, não se dedique às atividades criminosas nem integre organização criminosa.

6.4.25 – A indignação policial: "polícia prende e judiciário solta", se justifica?

Durante as discussões jurídicas no meio policial, uma das frases que mais escutamos é que a polícia prende e, mesmo em crimes graves, o judiciário solta, estando o criminoso nas ruas rapidamente cometendo novos crimes. A reincidência é uma realidade no sistema jurídico policial, mas não seria justo colocar tal responsabilidade sobre o judiciário, que atua pautado no princípio da legalidade.

Apesar de penas razoáveis em relação à gravidade quando comparadas aos demais países do mundo, em nosso ordenamento existem vários institutos jurídicos que servem como instrumento legal de diminuição de pena, sendo o parágrafo supracitado um bom exemplo, abrandando e muito a capacidade punitiva do Estado, para delitos graves tais como o tráfico.

6.4.26 – Tráfico privilegiado

Como mencionado anteriormente, esta conduta é definida pela doutrina como tráfico privilegiado, uma vez que a pena poderá ser consideravelmente reduzida desde que os requisitos citados estejam presentes na figura do autor do delito. Primariedade e bons antecedentes não apresentam dificuldades de avaliação pelas diversas autoridades públicas atuantes no sistema, entretanto, a não dedicação à atividade criminosa e a não participação em organização criminosa apresenta alto grau de interpretação e subjetividade, dependendo o devido julgamento da efetiva produção de provas iniciadas com a fidedigna apresentação dos fatos.

Na prática, o crime de tráfico de droga, principalmente nas grandes cidades, está diretamente ligado à atuação de organizações criminosas, seja pelo risco ou lucratividade inerente a esta modalidade criminosa. É quase inviável a realização da atividade de maneira individualizada.

6.4.27 – Funções no tráfico

São inúmeras as funções dentro de uma organização criminosa que comete o crime estudado; "gerente" ou "patrão", pessoa responsável pela organização dos meios e contabilidade da boca; "vapor", indivíduo responsável pela venda e transporte de pequenas quantidades de drogas; "olheiro", geralmente responsável pelo monitoramento das atividades relacionadas a operações policiais ou invasão de facções criminosas rivais e por fim, o "segurança", normalmente aquele criminoso que porta armamento pesado promovendo o controle e a segurança da área sob influência da quadrilha.

6.4.28 – Flagrante preparado no tráfico

Conduta em que o agente influencia diretamente para que o crime ocorra. Sem a atuação motivacional do policial, o criminoso não agiria delituosamente, sendo assim, o entendimento doutrinário e jurisprudencial de ilegalidade na prisão. Policial do serviço reservado, à paisana, aborda indivíduo na rua, desconfiando que o mesmo atua como traficante. Objetivando a realização da prisão, solicita que o mesmo abordado vá até a boca de fumo mais próxima e compre droga, trazendo para posterior revenda. Tal ato de prisão é ilegal, visto que, segundo o entendimento dos especialistas do Direito, se o policial não solicita, se, o então criminoso não teria realizado a traficância.

Por outro lado, em sentido contrário, aplica-se no caso do policial, também disfarçado, que se dirige a determinada boca de fumo, passando, se por usuário, solicitando a droga diretamente ao traficante que ao realizar o ato de vender, é preso em flagrante. Mesmo que se argumente que a modalidade vender está viciada juridicamente, por se tratar de crime plurissubjetivo, o criminoso já estaria realizando outros verbos típicos previstos na norma incriminadora, tais como: manter em depósito, expor a venda, configurando o estado flagrancial, sendo, neste caso totalmente legal a prisão.

Art. 34. Fabricar, adquirir, utilizar, transportar, oferecer, vender, distribuir, entregar a qualquer título, possuir, guardar ou fornecer, ainda que gratuitamente, maquinário, aparelho, instrumento ou qualquer objeto destinado à fabricação, preparação, produção ou transformação de drogas, sem autorização ou em desacordo com determinação legal ou regulamentar:

Pena - reclusão, de 3 (três) a 10 (dez) anos, e pagamento de 1.200 (mil e duzentos) a 2.000 (dois mil) dias-multa.

Qualquer fabricação ou comercialização em larga escala necessita de maquinário, e com a droga não é diferente. Por este fato, aliado à lucratividade do mercado, os criminosos vêm a cada dia aprimorando suas capacidade de produção, aumentando consideravelmente a disponibilização da droga para o mercado consumidor. A dúvida jurídica operacional que surge em relação ao artigo é que tipo de maquinário seria o mencionado na letra da lei, e se ele deverá ser de uso exclusivo para a produção de droga. Entendemos que a resposta só pode ser negativa. Por se tratar de um mercado ilícito, os criminosos geralmente utilizam equipamentos improvisados ou adaptados, dificultando a aplicação prática do artigo, quando nenhuma droga é encontrada conjuntamente.

Durante as operações policiais, é comum encontrar, em locais de atuação do tráfico, maquinário ou equipamentos, tais como balança de precisão, peneira, máquinas de prensa e outros relacionados as atividades de escritório que, apesar de destinação originária distinta, dentro do contexto operacional apresentam a função de preparar a droga para a sua comercialização. É comum, com a chegada das forças policiais, que os criminosos fujam somente com as drogas, pelo alto valor comercial agregado, deixando os materiais citados abandonados na boca de fumo.

De fato, a prisão de indivíduo com este tipo de material apresenta latente fragilidade no flagrante, permitindo como tese defensiva que os objetos apreendidos eram usados para os fins originários, de regra, lícitos. Com a prática policial, percebe-se que esses equipamentos possuem destinação ilícita e, para materializar a prisão, basta o mínimo de resíduo, facilmente perceptível pelos meios periciais. Como o tipo não define o tipo de maquinário, muito menos a apreensão conjunta da droga, a prisão com base neste artigo é plenamente possível.

6.4.29 – Material de endolação

Material de endolação são as embalagens onde a droga é embalada, para posterior venda aos usuários; normalmente separadas por quantidade, tipo, preço, qualidade, quase sempre fazendo referência a facções criminosas, localidades ou líder de organizações atuantes na localidade. Quando apreendida sozinha, não representa flagrante delito, não configurando o tipo estudado, uma vez que os equipamentos e maquinários relacionados devem servir basicamente a produção de drogas e não a sua preparação para o mercado.

Em suma, portar material de endolação, de regra, não configura crime, apesar da conduta estar, na prática, diretamente relacionada ao tráfico. Sendo assim, para que haja o flagrante, existe a necessidade de apreensão de droga conjuntamente, entretanto, estas embalagens poderão servir de argumento para o afastamento da figura conhecida como flagrante privilegiado, já estudado neste trabalho.

Art. 35. Associarem-se duas ou mais pessoas para o fim de praticar, reiteradamente ou não, qualquer dos crimes previstos nos arts. 33, **caput** *e § 1º, e 34 desta Lei:*

Pena - reclusão, de 3 (três) a 10 (dez) anos, e pagamento de 700 (setecentos) a 1.200 (mil e duzentos) dias-multa.

Parágrafo único. Nas mesmas penas do **caput** *deste artigo incorre quem se associa para a prática reiterada do crime definido no art. 36 desta Lei.*

O artigo supracitado trata da associação para traficância de drogas. Dentre todas as figuras similares espalhadas em nosso ordenamento jurídico, esta é a mais gravosa, uma vez que é necessário o mínimo de dois participantes, diferente do crime de associação criminosa, já estudado neste trabalho, que exige o mínimo de três integrantes. Logo, uma dupla, modo operativo bem comum dos criminosos, já poderá ser responsabilizada pelo delito em análise.

Outra questão interessante, com grande aplicabilidade punitiva, está na não exigência de prática de crime reiterada, como no crime previsto no Código Penal, para configurar estabilidade. Logo, os criminosos iniciantes poderão ser responsabilizados por essa conduta. Tais características só serão exigidas para artigo 36, da norma especial, que analisaremos a seguir. A associação geralmente é imputada em concurso material com o tráfico, o que não impede a responsabilização individualizada, sendo um crime formal, não precisa traficar diretamente. Associando-se para esse fim, já estará configurado o crime.

Art. 36. Financiar ou custear a prática de qualquer dos crimes previstos nos arts. 33, **caput** *e § 1º, e 34 desta Lei:*

Pena - reclusão, de 8 (oito) a 20 (vinte) anos, e pagamento de 1.500 (mil e quinhentos) a 4.000 (quatro mil) dias-multa.

A modalidade mais gravosa da lei, representando um claro exemplo de evolução legislativa, visto que a conduta anteriormente era uma modalidade prevista no tipo que trata do tráfico. Tal rigor se justifica, uma vez que os financiadores são os principais responsáveis pela propagação desta grave modalidade criminosa, lucrando com a desgraça e destruição das famílias por meio da droga.

6.4.30 – Prisão de traficante só ocorre em comunidade carente?

As forças policiais operacionais, principalmente as de caráter ostensivo, são severamente criticadas por restringirem o combate ao tráfico de drogas nas áreas carentes. De fato, o maior número de ocorrências está concentrado nestes territórios, pelo simples motivo de maior visibilidade da conduta criminosa, principalmente quando atrelada ao porte de arma e à influência dos traficantes sobre determinado território. O combate à modalidade de financiamento, prevista neste tipo penal, requer capacidade investigativa, tempo e investimento em inteligência, e esses fatores, fundamentais para a eficácia de qualquer atividade, nem sempre estão disponíveis para as forças policiais brasileiras.

Outro fato notório e observado somente por aqueles que estão no enfrentamento diário a este tipo de crime é que, ao contrário do argumento divulgado, os financiadores do tráfico podem ser oriundos da própria comunidade carente, não resumindo sua atividade às práticas varejistas. São vários casos de traficantes que, pessoalmente, buscam produtores internacionais de drogas, principalmente nos nossos vizinhos da América do Sul, assumindo toda a cadeia de distribuição das substâncias ilícitas, do produtor ao usuário, acabando este indivíduo a financiar sua própria atividade.

Art. 37. Colaborar, como informante, com grupo, organização ou associação destinados à prática de qualquer dos crimes previstos nos arts. 33, **caput** *e § 1º, e 34 desta Lei:*

Pena - reclusão, de 2 (dois) a 6 (seis) anos, e pagamento de 300 (trezentos) a 700 (setecentos) dias-multa.

6.4.31 – "Simpatizantes" do tráfico

No artigo 37, observa-se a figura do informante, aquele que não possui vínculo direto com o tráfico de drogas, caracterizado no linguajar policial como simpatizante do crime. O morador de comunidade sob influência do tráfico que, devido à proximidade natural com os criminosos, informa movimentação policial por livre e espontânea vontade comete o crime. Durante operação policial, equipe observa que integrantes do mototáxi local informam aos traficantes a posição das equipes policiais, configurando o crime estudado, devendo ser realizada a prisão em flagrante.

Durante as instruções de patrulhamento urbano, ao tratar especificamente da abordagem de pessoas dentro da patrulha, orienta-se que as equipes não devem deixar o cidadão que desloca-se na direção dos agentes voltar, sem ser revistado, por um local onde a equipe ainda não passou, visto que este poderá passar informações sobre a localização dos policiais aos criminosos, colocando todos os agentes em grave risco.

6.4.32 – "Fogueteiro e radinho"

Apesar de aparentemente cometer a figura típica, os criminosos conhecidos popularmente como "fogueteiro" e "radinho", que possuem como função básica no tráfico de drogas o monitoramento da área sob influência do tráfico, não poderão ser enquadrados neste delito. O tipo possui como condição precípua a falta de vínculo constante, e os elementos citados usufruem de benefícios diretos da atividade criminosa, respondendo como partícipe do crime de tráfico previsto no artigo 33, conduta mais grave que a estudada, em concurso com a associação, dependendo do caso concreto.

Art. 38. Prescrever ou ministrar, culposamente, drogas, sem que delas necessite o paciente, ou fazê-lo em doses excessivas ou em desacordo com determinação legal ou regulamentar:

Pena - detenção, de 6 (seis) meses a 2 (dois) anos, e pagamento de 50 (cinquenta) a 200 (duzentos) dias-multa.

Parágrafo único: o juiz comunicará a condenação ao conselho federal da categoria profissional a que pertença o agente.

Modalidade de crime próprio, visto que só poderá ser cometido por pessoas específicas. No caso específico, aquelas que exercem atividades na área da saúde. No caso de autores, sem a devida regulamentação profissional, o crime cometido será de tráfico, podendo ser citado como exemplo o profissional de educação física que, a fim de melhorar a potência muscular de seus alunos, ministra anabolizantes sem a devida regulamentação legal.

Art. 39. Conduzir embarcação ou aeronave após o consumo de drogas, expondo a dano potencial a incolumidade de outrem:

Pena - detenção, de 6 (seis) meses a 3 (três) anos, além da apreensão do veículo, cassação da habilitação respectiva ou proibição de obtê-la, pelo mesmo prazo da pena privativa de liberdade aplicada, e pagamento de 200 (duzentos) a 400 (quatrocentos) dias-multa.

Parágrafo único. As penas de prisão e multa, aplicadas cumulativamente com as demais, serão de 4 (quatro) a 6 (seis) anos e de 400 (quatrocentos) a 600 (seiscentos) dias-multa, se o veículo referido no **caput** *deste artigo for de transporte coletivo de passageiros.*

Por fim, o último dispositivo estudado visa à proteção da coletividade, preservando os meios de transporte marítimo e fluvial, exclusivamente, visto que o viário possui normatização específica, existindo figura assemelhada prevista no artigo 306, do Código de Trânsito Brasileiro (CTB). Como já debatido neste trabalho, usar droga não é crime, entretanto, se após este ato, usuário assume o risco de pilotar meios de transporte, colocando em risco terceiros, deverá ser preso em flagrante com base no artigo supracitado.

REFERÊNCIAS BIBLIOGRÁFICAS

REFERÊNCIAS BIBLIOGRÁFICAS

BRASIL. **Constituição** (1988). Constituição da República Federativa do Brasil: promulgada em 5 de outubro de 1985. 8. ed. Niterói: Impetus, 2017.

BRASIL. Decreto 2848/1940. Define o Código Penal Brasileiro. 8. ed. Niterói: Impetus, 2017.

BRASIL. Decreto-Lei 3689/41. Define o Código de Processo Penal Brasileiro. 8. ed. Niterói: Impetus, 2017.

BRASIL. Lei 4898/65. Regula o Direito de representação e o processo de responsabilidade administrativa Civil e Penal nos casos de abuso de autoridade. 8. ed. Niterói: Impetus, 2017.

BRASIL. Lei 9495/97. Define os crimes de tortura e dá outras providências. 8. ed. Niterói: Impetus, 2017.

BRASIL. Lei 10826/03. Dispõe sobre o registro, posse e comercialização de armas de fogo, munição, sobre o sistema nacional de armas – Sinarm e define crimes e dá outras providências. 8. ed. Niterói: Impetus, 2017.

BRASIL. Lei 11343/06. Institui o Sistema Nacional de Políticas Públicas sobre Drogas – Sisnad; prescreve medidas para prevenção do uso indevido, atenção e reinserção social de usuários e dependentes de drogas; estabelece normas para repressão à produção não autorizada e ao tráfico ilícito de drogas; define crimes e dá outras providências. 8. ed. Niterói: Impetus, 2017.

BRASIL. Decreto-Lei nº 1001 de 21 de outubro de 1969. Código Penal Militar. Brasília, DF, 1969. Disponível em: http://www.planalto.gov.br/ccivil_03/decreto-lei/Del1001.htm. Acesso em: 7 de jan. 2017.

BRASIL. Decreto-Lei nº 1002 de 21 de outubro de 1969. Código de Processo Penal Militar. Brasília, DF, 1969. Disponível em: http://www.planalto.gov.br/ccivil_03/decreto-lei/Del1002.htm. Acesso em: 7 de jan. 2017.

BRASIL. Decreto-Lei nº 3688 de 03 de outubro de 1941, lei de contravenções penais, Brasília, DF, 1941. Disponível em: http://www.planalto.gov.br/ccivil_03/decreto-lei/Del3688.htm. Acesso em: 12 de jan. 2017.

BRASIL. Lei nº 5172/66. Código Tributário Nacional. 8. ed. Niterói: Impetus, 2017.

BRASIL. Lei nº 7170/83. Define os crimes contra a segurança nacional, a ordem política e social, estabelece seu processo e julgamento e dá outras providências.

Disponível em: http://www.planalto.gov.br/ccivil_03/leis/L7170.htm. Acesso em: 11 jan. de 2017.

BRASIL. Lei n° 7716/89. Define os crimes resultantes de preconceito de raça ou de cor. Disponível em: http://www.planalto.gov.br/ccivil_03/leis/L7716.htm. Acesso em: 2 de fev. 2017.

BRASIL. Lei 8069/90. Dispõe sobre o Estatuto da Criança e do Adolescente e dá outras providências. Disponível em: http://www.planalto.gov.br/ccivil_03/leis/L8069.htm. Acesso em: 18 de jan. 2017.

BRASIL. Lei 9099/95. Dispõe sobre os Juizados Especiais Cíveis e Criminais e dá outras providências. Disponível em: http://www.planalto.gov.br/CCIVil_03/leis/L9099.htm. Acesso em: 24 de jan. 2017.

BRASIL. Lei 9605/98. Dispõe sobre as sanções penais e administrativas derivadas de condutas e atividades lesivas ao meio ambiente e dá outras providências. Disponível em: http://www.planalto.gov.br/ccivil_03/LEIS/L9605.htm. Acesso em: 22 de fev. 2017.

BRASIL. Lei 9426/96. Altera dispositivos do Decreto-Lei n° 2.848, de 7 de dezembro de 1940 – Código Penal – Parte Especial. Disponível em: http://www.planalto.gov.br/ccivil_03/LEIS/L9426.htm. Acesso em: 15 de fev. 2017.

BRASIL. Lei 9472/97. Dispõe sobre a organização dos serviços de telecomunicações, a criação e funcionamento de um órgão regulador e outros aspectos institucionais nos termos da Emenda Constitucional n° 8, de 1995. Disponível em: http://www.planalto.gov.br/CCIVIL_03/LEIS/L9472.htm. Acesso em: 25 de jan. 2017.

BRASIL. Lei 9434/97. Dispõe sobre a remoção de órgãos, tecidos e partes do corpo humano para fins de transplante e tratamento e dá outras providências. Disponível em: http://www.planalto.gov.br/ccivil_03/LEIS/L9434.htm. Acesso em: 20 de jan. 2017.

BRASIL. Lei 9503/97. Código de Trânsito Brasileiro. 8. ed. Rio de Janeiro: Impetus, 2017.

BRASIL. Lei 10741/03. Dispõe sobre o Estatuto do Idoso e dá outras providências. Disponível em: http://www.planalto.gov.br/ccivil_03/Leis/2003/L10.741.htm. Acesso em: 9 de fev. 2017.

REFERÊNCIAS BIBLIOGRÁFICAS

BRASIL. Lei 9807/99. Estabelece normas para a organização e a manutenção de programas especiais de proteção a vítimas e a testemunhas ameaçadas, institui o Programa Federal de Assistência a Vítimas e a Testemunhas Ameaçadas e dispõe sobre a proteção de acusados ou condenados que tenham voluntariamente prestado efetiva colaboração à investigação policial e ao processo criminal. Disponível em: http://www.planalto.gov.br/ccivil_03/Leis/L9807.htm. Acesso em: 28 de jan. 2017.

BRASIL. Lei 9983/00. Altera o Decreto-Lei no 2.848, de 7 de dezembro de 1940 – Código Penal, e dá outras providências. Disponível em: http://www.planalto.gov.br/ccivil_03/LEIS/L9983.htm. Acesso em: 17 de jan. 2017.

BRASIL. Lei 11340/06. Cria mecanismos para coibir a violência doméstica e familiar contra a mulher, nos termos do § 8o do art. 226 da Constituição Federal, da Convenção sobre a Eliminação de Todas as Formas de Discriminação contra as Mulheres e da Convenção Interamericana para Prevenir, Punir e Erradicar a Violência contra a Mulher; dispõe sobre a criação dos Juizados de Violência Doméstica e Familiar contra a Mulher; altera o Código de Processo Penal, o Código Penal e a Lei de Execução Penal; e dá outras providências. Disponível em: http://www.planalto.gov.br/ccivil_03/_Ato2004-2006/2006/Lei/L11340.htm. Acesso em: 11 de jan. 2017.

BRASIL. Lei 11923/09. Acrescenta parágrafo ao art. 158 do Decreto-Lei no 2.848, de 7 de dezembro de 1940 – Código Penal, para tipificar o chamado "sequestro relâmpago". Disponível em: http://www.planalto.gov.br/ccivil_03/_Ato2007-2010/2009/Lei/L11923.htm. Acesso em: 14 de jan. 2017.

BRASIL. Lei 12720/12. Dispõe sobre o crime de extermínio de seres humanos; altera o Decreto-Lei no 2.848, de 7 de dezembro de 1940 – Código Penal; e dá outras providências. Disponível em: http://www.planalto.gov.br/ccivil_03/_Ato2011-2014/2012/Lei/L12720.htm. Acesso em: 18 de jan. 2017.

BRASIL. Lei 12850/13. Define organização criminosa e dispõe sobre a investigação criminal, os meios de obtenção da prova, infrações penais correlatas e o procedimento criminal; altera o Decreto-Lei no 2.848, de 7 de dezembro de 1940 – Código Penal; revoga a Lei no 9.034, de 3 de maio de 1995; e dá outras providências. Disponível em: http://www.planalto.gov.br/ccivil_03/_Ato2011-2014/2013/Lei/L12850.htm. Acesso em: 13 de jan. 2017.

BRASIL. Lei 12965. Estabelece princípios, garantias, direitos e deveres para o uso da Internet no Brasil. Disponível em: http://www.planalto.gov.br/ccivil_03/ ato2011-2014/2014/lei/l12965.htm. Acesso em: 23 de jan. 2017.

BRASIL. Lei 13010/14. Altera a Lei no 8.069, de 13 de julho de 1990 (Estatuto da Criança e do Adolescente), para estabelecer o direito da criança e do adolescente de serem educados e cuidados sem o uso de castigos físicos ou de tratamento cruel ou degradante, e altera a Lei no 9.394, de 20 de dezembro de 1996. Disponível em: http://www.planalto.gov.br/ccivil_03/_Ato2011-2014/2014/Lei/L13010.htm. Acesso em: 5 de fev. 2017.

BRASIL. Lei 13104/15. Altera o art. 121 do Decreto-Lei no 2.848, de 7 de dezembro de 1940 – Código Penal, para prever o feminicídio como circunstância qualificadora do crime de homicídio e o art. 1o da Lei no 8.072, de 25 de julho de 1990, para incluir o feminicídio no rol dos crimes hediondos. Disponível em: http://www.planalto.gov.br/ccivil_03/_Ato2015-2018/2015/Lei/L13104.htm. Acesso em: 17 de jan. 2017.

BRASIL. Lei 13142/15. Altera os arts. 121 e 129 do Decreto-Lei no 2.848, de 7 de dezembro de 1940 – Código Penal, e o art. 1º da Lei nº 8.072, de 25 de julho de 1990 (Lei de Crimes Hediondos). Disponível em: http://www.planalto.gov.br/ccivil_03/_Ato2015-2018/2015/Lei/L13142.htm. Acesso em: 10 de jan. 2017.

BRASIL. Lei 13188/15. Dispõe sobre o direito de resposta ou retificação do ofendido em matéria divulgada, publicada ou transmitida por veículo de comunicação social. Disponível em: http://www.planalto.gov.br/ccivil_03/ Ato2015-2018/2015/Lei/L13188.htm. Acesso em: 5 de jan. 2017.

BRASIL. Lei 13491/17. Altera o Decreto-Lei nº 1.001, de 21 de outubro de 1969 – Código Penal Militar. Disponível em: http://www2.camara.leg.br/legin/fed/lei/2017/lei-13491-13-outubro-2017-785566-publicacaooriginal-153949-pl.html. Acesso em: 9 de nov. 2017.

BRASIL. Lei 13497/17. Altera a Lei no 8.072, de 25 de julho de 1990, para incluir o crime de posse ou porte ilegal de arma de fogo de uso restrito no rol dos crimes hediondos. Disponível em: http://www.planalto.gov.br/ccivil_03/ Ato2015-2018/2017/Lei/L13497.htm. Acesso em: 22 de fev. 2017.

BRASIL. Lei 13654/18. Altera o Decreto-Lei nº 2.848, de 7 dezembro de 1940 – Código Penal, para dispor sobre os crimes de furto qualificado e de roubo quando envolvam explosivos e do crime de roubo praticado com emprego de

REFERÊNCIAS BIBLIOGRÁFICAS

arma de fogo ou do qual resulte lesão corporal grave, e altera a Lei nº 7.102, de 20 de junho de 1983, para obrigar instituições que disponibilizem caixas eletrônicos a instalar equipamentos que inutilizem cédulas de moeda corrente. Disponível em: https://legis.senado.leg.br/legislacao/DetalhaSigen.action?id=26579387. Acesso em: 15 de dez. 2017.

BRASIL. Decreto 3665/00. Dá nova redação ao Regulamento para a Fiscalização de Produtos Controlados (R-105). Disponível em: http://www.planalto.gov.br/ccivil_03/decreto/d3665.htm. Acesso em: 21 de fev. 2017.

BRASIL. Decreto 3897/01. Fixa as diretrizes para o emprego das Forças Armadas na garantia da lei e da ordem e dá outras providências. Disponível em: http://www.planalto.gov.br/ccivil_03/decreto/2001/d3897.htm. Acesso em: 15 de jan. 2017.

BRASIL. Decreto 5123/04. Regulamenta a Lei no 10.826, de 22 de dezembro de 2003, que dispõe sobre registro, posse e comercialização de armas de fogo e munição, sobre o Sistema Nacional de Armas – SINARM e define crimes. Disponível em: http://www.planalto.gov.br/ccivil_03/_Ato2004-2006/2004/Decreto/D5123.htm. Acesso em: 21 de fev. de 2017.

BRASIL. Decreto 5289/04. Disciplina a organização e o funcionamento da administração pública federal para desenvolvimento do programa de cooperação federativa denominado Força Nacional de Segurança Pública e dá outras providências. Disponível em: http://www.planalto.gov.br/ccivil_03/_Ato2004-2006/2004/Decreto/D5289.htm. Acesso em: 10 de jan. 2017.

GRECO, Rogério. **Atividade policial**: aspectos penais, processuais penais, administrativos e constitucionais. 2. ed. Niterói: Impetus, 2009.